Das Kind, das unbekannte Wesen

Ruth Dirx

DAS KIND

das unbekannte Wesen

Geschichte
Soziologie
Pädagogik

Burckhardthaus-Verlag, Gelnhausen

Umschlagfoto: Will McBride
Herstellung: Joachim Emrich, Gelnhausen
Druck und Verarbeitung: Ebner Ulm

CIP-Kurztitelaufnahme der Deutschen Bibliothek

Dirx, Ruth:
Das Kind, das unbekannte Wesen: Geschichte; Soziologie; Pädagogik / Ruth Dirx. – Nachdruck d. Ausg. von 1964. – Gelnhausen: Burckhardthaus-Laetare Verlag, 1981.

ISBN 3-7664-2022-4

Inhalt

Das Kind in der Gesellschaft

Das Bild des Kindes

Vorwort zur 2. Auflage

Im Jahre 1964 erschien das Buch von Ruth Dirx mit dem Titel »Das Kind – das unbekannte Wesen« in erster Auflage. Es kam in einer Buchreihe heraus, die »das moderne Sachbuch« genannt wurde. Wollte man eine fachliche Zuordnung vornehmen, so müßte man feststellen, daß es sich um ein Sachbuch der Pädagogik handelt. Es enthält, wie es für Sachbücher charakteristisch ist, eine umfassende Darstellung, und zwar der Sozialgeschichte des Kindes in unserem Kulturkreis. In anderen Worten ausgedrückt: Es enthält eine umfassende Darstellung des Verständnisses des Kindes und seiner Erziehung in den Epochen der abendländischen Geschichte.

Zu einem Vorwort für die Neuauflage gebeten, muß ich gestehen, daß es keiner besonderen Einführung des Lesers bedarf, die den Inhalt des Buches für ihn sachlich öffnet und ein Vorverständnis bereitet. Es braucht aber auch keine emotionale Einstimmung des Lesers für die Lektüre. Das Buch, das in den Kanon der großen Sachbücher der ersten beiden Jahrzehnte nach dem Zweiten Weltkrieg gehört, leistet selbst Einführung und Einstimmung. Es beachtet didaktische Kategorien, wie sie jedem Lehrer zur Ehre gereichen, wenn ihm guter Unterricht gelingt, und wie sie für Sachbücher gelten, wenn sie dem Anspruch genügen, gute Sachbücher zu sein.

Zum Belege dessen sei hier der Auftakt des Buches herangezogen. Wie den überlegten Eröffnungszug eines Schachspiels, der zu einer spannenden Partie führt, so setzt Ruth Dirx ihre erste »Figur«: *»Der Hirschgraben zu Frankfurt am Main war um die Mitte des 18. Jahrhunderts noch eine stille Straße. Niemand bemerkte den kleinen Wolfgang, als er mit einem Tonschüsselchen in der Hand aus dem Vorbau des Goetheschen Hauses heraustrat.«* Schon beim nächsten Zug, ein paar Zeilen weiter, läßt sie den kleinen Wolfgang, jetzt aber als den Dichter im reifen Alter, zu Wort kommen, wohl wissend, daß die Originalität eines Autors am besten in seiner eigenen Sprache deutlich wird, nicht aber in einem Referat seiner Gedanken. Die Didaktiker haben für einen solchen Eröffnungszug den Begriff »Einstieg«.

In solcher Art ließe sich die didaktische Struktur des Buches von jedem einzelnen Kapitel her aufweisen. Hier sei für die Ausweitung über den Auftakt des Buches hinaus lediglich noch auf das Kapitel »Wohin mit dem Kleinkind« aufmerksam gemacht: Es folgt dem genetischen Prinzip, indem es von der Antike an über die Stellung der Menschen zum frühen Kindesalter in den einzelnen Epochen erzählt. Das ist schon an und für sich ein spannendes Geschehen. Ruth Dirx schafft aber zusätzliche drama-

turgische Elemente, indem sie historisch bedeutsame Details in die »Ketten« des Gewebes der genetischen Darstellung »schießt«, zum Beispiel die Veränderungen der Kleinkindererziehung durch die Frauenarbeit im Industrialisierungsprozeß. Überhaupt ist das ganze Kapitel durch den Widerstreit alternativer Positionen bestimmt, die schon in der als Frage formulierten Überschrift angedeutet sind: Soll das Kind in der Familie erzogen werden, wie es Ellen Key für »Das Jahrhundert des Kindes« proklamiert hat, oder soll das Ziel seine Erziehung in Gruppen Gleichaltriger sein, wie es Clara Zetkin für die kommunistische Gesellschaft vorschwebte. Vielleicht kann im Kindergarten eine Vermittlung dieser Positionen gesehen werden. Darauf könnte eine »Geschichte des Kindergartens« verbindliche Antwort geben, die allerdings bis heute noch nicht geschrieben ist. Wer diese Aufgabe übernimmt, sollte Ruth Dirx über die Schulter und vor allem in das 4. Kapitel des Buches gucken.
Hier stellt sich nun die Frage, welchen Sinn ein Vorwort für das Buch haben soll, wenn es, wie gesagt, keiner besonderen Einführung und Einstimmung bedarf. Eigentlich kann es nur darum gehen, zu verdeutlichen, warum es angemessen ist, sechzehn Jahre nach der ersten Auflage eine Neuauflage herauszubringen.

1964 – das Erscheinungsjahr des Buches von Ruth Dirx – ist in der deutschen Bildungspolitik ein markantes Jahr. In ihm hatte Georg Picht in der Wochenzeitung »Christ und Welt« eine Artikelserie unter dem Titel »Die deutsche Bildungskatastrophe« veröffentlicht. Kaum eine Publikation in den Jahren nach dem Ende des Krieges hatte eine so breite Resonanz in der Öffentlichkeit, und kaum eine Publikation hatte so starke Einflüsse auf reformerische Bemühungen im Bildungsbereich in den sechziger und siebziger Jahren. Die Fakten, die Picht für die Bundesrepublik beschrieb, waren für jedermann einsehbar:

- die Abiturientenzahlen seien so niedrig, daß eigentlich jeder Abiturient Lehrer werden müßte, um für die kommenden großen Schülerjahrgänge Unterricht und Erziehung zu sichern;
- Bildungsdefizite zeigten sich besonders auf dem Lande, bei den Volksschülern, bei den Mädchen, und später wurde festgestellt: auch in der katholischen Bevölkerung;
- das deutsche Bildungswesen könne den internationalen Vergleich nicht mehr aushalten.

Kaum ein halbes Jahr vor dem Erscheinen der Artikelserie von Georg Picht war Konrad Adenauer zurückgetreten, und Ludwig Erhard, der Wirtschaftsminister der Adenauer-Ära, folgte ihm als Bundeskanzler. Es schien, als sollte das Wirtschaftswunder der Nachkriegszeit eine Neuauflage für das letzte Drittel des Jahrhunderts erfahren. Schule und Bildung aber waren in den Jahren des Wirtschaftswunders vernachlässigt, sträflich vernachlässigt worden, weil vornehmlich die Leistung der Menschen im Wirtschaftssystem der Bundesrepublik das Interesse der Politiker auf sich zog. Dagegen wandten sich die Artikel von Georg Picht. Er wollte die Aufmerksamkeit auf das Bildungswesen lenken, und dazu wies er auf die Abhängigkeit der Wirtschaft von der Bildung hin. Schon am Beginn des ersten Artikels formuliert er deshalb: »Bildungsnotstand heißt wirtschaftlicher Notstand. Der bisherige wirtschaftliche Aufschwung wird ein rasches Ende nehmen, wenn uns die qualifizierten Nachwuchskräfte fehlen, ohne die im technischen Zeitalter kein Produktionssystem etwas leisten kann.«

Mit diesem Auftakt hatte Georg Picht implizit den Leistungsschulgedanken in die Mitte seiner Überlegungen gerückt. Schule sollte in seinem Verständnis für die qualifizierten Nachwuchskräfte sorgen, die den wirtschaftlichen Aufschwung fortsetzen können, den Menschen der Leistungsgesellschaft hervorgebracht haben. Der Leistungsgesellschaft sollte die Leistungsschule entsprechen. Die Leistungsschule sollte die Zukunft der Leistungsgesellschaft sichern. Das war in den sechziger Jahren die verbreitete Auffassung. Ganz in diesem Sinne hatte die Ständige Konferenz der Kultusminister wenige Jahre zuvor in einem »Gutachten zur Ordnung des Sonderschulwesens« erklärt, die allgemeinen Schulen sollten sich von Kindern und Jugendlichen entlasten, die im Unterricht und in der Erziehung »ihre Mitschüler erheblich hemmen«. Der im Anschluß an diese offizielle Verlautbarung erfolgte Ausbau von für sich bestehenden Sonderschulen führte zu einer pädagogischen Verarmung der allgemeinen Schulen, weil sie sich nicht mehr um die Kinder zu kümmern brauchten, die wegen ihrer besonderen Lebenssituation pädagogischer Hilfe in besonderer Weise bedürfen.

Erst im Verlauf der siebziger Jahre kommen andere Akzente in die pädagogische Diskussion: In offiziellen Richtlinien und Lehrplänen für die Grundschule heißt es beispielsweise, daß sie eine Stätte sein soll, »in der sich Kinder glücklich fühlen«; Zensuren werden in diesen Jahren in Frage gestellt und gar für die ersten beiden Schuljahre abgeschafft; die Auslesetendenzen des Schulwesens werden problematisiert und dagegen die Förderung jedes einzelnen Kindes seinen individuellen Möglichkeiten gemäß gefordert; die Fragwürdigkeit der Leistungsdifferenzierung wird erkannt, und die Verherrlichung der Differenzierung des Unterrichts insgesamt zurückgenommen. Wie ehedem wird wiederum ein den Unterricht umgreifendes Schulleben mit Spiel und Feier, Wanderung und außerunterrichtlichen Aktivitäten erstrebt; die Integration der Behinder-

ten in die allgemeinen Schulen ist ein neuer Schwerpunkt pädagogischen Denkens und Handelns geworden.
Die Artikelserie von Georg Picht ist in diesem neuen Zusammenhang zur Geschichte geworden. Das Buch von Ruth Dirx aber, das schon 1964 eine pädagogische Stimme in dem reformerischen Aufbegehren war, gewinnt in dem pädagogischen Bemühen der Gegenwart neue Aktualität.

Im Dezember 1980 Jakob Muth

Von demjenigen nun, der die Geschichte irgendeines Wissens, oder menschlichen Verhaltens, überliefern will, können wir mit Recht verlangen, daß er uns Nachricht gebe, wie die Phänomene nach und nach bekanntgeworden, was man darüber phantasieret, gewähnt, gemeint und gedacht habe. Dieses alles im Zusammenhange vorzutragen hat große Schwierigkeiten, und eine Geschichte zu schreiben ist immer eine bedenkliche Sache, denn bei dem redlichsten Vorsatz kommt man in Gefahr, unredlich zu sein, ja, wer eine Darstellung unternimmt, erklärt zum voraus, daß er manches ins Licht, manches in Schatten setzen werde.

JOHANN WOLFGANG VON GOETHE:
AUS DEM VORWORT ZUR FARBENLEHRE

Einleitung

Kinder sind anders
Die ›gute‹ alte Zeit
Der Vater steigt von seinem Thron
Die Emanzipation der Frau
Die Befreiung des Kindes

Kinder sind anders

Der Hirschgraben zu Frankfurt am Main war um die Mitte des 18. Jahrhunderts noch eine stille Straße. Niemand bemerkte den kleinen Wolfgang, als er mit einem Tonschüsselchen in der Hand aus dem Vorbau des Goetheschen Hauses heraustrat; nur die drei Ochsensteinschen Buben, herangelockt durch ein merkwürdiges Geräusch, verfolgten gespannt ein Schauspiel, an das sich GOETHE noch im Alter gut erinnert:

Es war eben Topfmarkt gewesen, und man hatte nicht allein die Küche für die nächste Zeit mit solchen Waren versorgt, sondern auch uns Kindern dergleichen Geschirr im kleinen zu spielender Beschäftigung eingekauft. An einem schönen Nachmittag, da alles ruhig im Hause war, trieb ich im Geräms mit meinen Schüsseln und Töpfen mein Wesen, und da weiter nichts dabei herauskommen wollte, warf ich ein Geschirr auf die Straße und freute mich, daß es so lustig zerbrach. Die von Ochsenstein, welche sahen, wie ich mich daran ergötzte, daß ich sogar fröhlich in die Händchen patschte, riefen: Noch mehr! Ich säumte nicht, sogleich einen Topf und, auf immer fortwährendes Rufen: Noch mehr! nach und nach sämtliche Schüsselchen, Tiegelchen, Kännchen gegen das Pflaster zu schleudern. Meine Nachbarn fuhren fort, ihren Beifall zu bezeigen, und ich war höchlich froh, ihnen Vergnügen zu machen. Mein Vorrat aber war aufgezehrt, und sie riefen immer: Noch mehr! Ich eilte daher stracks in die Küche und holte die irdenen Teller, welche nun freilich im Zerbrechen noch ein lustigeres Schauspiel gaben; und so lief ich hin und wider, brachte einen Teller nach dem anderen, wie ich sie auf dem Topfbrett der Reihe nach erreichen konnte, und weil sich jene gar nicht zufriedengaben, so stürzte ich alles, was ich von Geschirr erschleppen konnte, ins gleiche Verderben. Nur später erschien jemand, zu hindern und zu wehren.

Zu allen Zeiten haben Kinder Dinge angestellt, die die Erwachsenen ärgerten, verwunderten oder verwirrten. Einige mögen über das Scherbengericht schallend gelacht haben, die meisten sahen sich in ihrer Entrüstung sogleich nach einem Schlagwerkzeug um. Über das Wieso und Warum des kindlichen Tuns nachzudenken kam früher kaum einmal jemand in den Sinn, mit solchen ›Nichtigkeiten‹ gab man sich nicht ab. Die Welt des Kindes gehörte zu den ganz und gar unwichtigen Dingen. »Kinder sind eben Kinder«, war das Äußerste, was man an Verständnis aufzubringen vermochte.

Schwierig wurde es, wenn Kinder wirkliche Rätsel aufgaben; wie sollte sich der Erwachsene verhalten, der sich in der Seele des Kindes nicht auskannte. Eine merkwürdige Geschichte erzählt uns GOTTFRIED KELLER aus seiner frühen Kindheit.

Als man ihn einst dabei ertappte, daß er beim Spiel einige rohe und unflätige Worte vor sich hin sprach, und ihn fragte, woher er diese unanständigen Sachen habe, da gab er – verwundert über diese Frage – einige ältere Knaben an, die er aus der Schule flüchtig kannte, mit denen er aber noch nie ein Wort gesprochen hatte. Als man noch weiter mit Fragen in ihn drang, erzählte er bereitwillig eine lange, frei erfundene, schaurige Geschichte, wie die Knaben ihn eines Tages in den Wald verschleppt, bedroht und geschlagen und gezwungen hätten, die häßlichen Worte auszusprechen. Die Geschichte klang so überzeugend, daß die Erwachsenen dem kleinen Lügner aufs Wort glaubten.

Sosehr die Knaben auch ihre Unschuld beteuerten, *sie erhielten die härtesten Schulstrafen, wurden auf die Schandbank gesetzt und überdies noch von ihren Eltern geprügelt und eingesperrt. Soviel ich mich dunkel erinnere, war mir das angerichtete Unheil nicht nur gleichgültig, sondern ich fühlte eher noch eine Befriedigung in mir, daß die poetische Gerechtigkeit meine Erfindung so schön und sichtbarlich abrundete, daß etwas Auffallendes geschah, gehandelt und gelitten wurde, und das infolge meines schöpferischen Wortes. Ich begriff gar nicht, wie die mißhandelten Jungen so lamentieren und erbost sein konnten gegen mich, da der treffliche Verlauf der Geschichte sich von selbst verstand und ich hieran so wenig etwas ändern konnte als die alten Götter am Fatum.*

Zu solchen Fehlurteilen konnte es allzuleicht kommen, da man den Ursachen des kindlichen Verhaltens gar nicht nachging. Man suchte nur den Schuldigen, um ihn ›ohne viel Federlesens‹ bestrafen zu können. Natürlich hat man immer gewußt, daß ›Kinder Kinder sind‹, aber man wollte ihre

Eigenart, ihr Recht auf ein Eigenleben nicht wahrhaben. Wichtig war nur, daß das ›Häkchen‹ frühzeitig lernte, sich zu ›beugen‹.

Diese Einstellung zum Kind deckte sich mit den allgemeinen sozialen Verhältnissen. Jahrtausendelang wurden auch die Erwachsenen von ihren Herrschern als unmündige Kinder behandelt. Man hat das Kind nicht als Kind und den Untertanen nicht als erwachsenen Menschen betrachtet. Vor diesem historischen Hintergrund muß man die veränderte Stellung des Kindes sehen, die sich in den letzten zweihundert Jahren vorbereitet hat und die sich unter unseren Augen vollzieht.

Wenn heute in der Öffentlichkeit darüber diskutiert wird, welche Stellung das Kind in unserer Gesellschaft einnimmt, dann stellt sich bald heraus, daß die Meinungen darüber geteilt sind. Einige von uns vertreten die Auffassung, daß wir dem Kind zuwenig Raum gönnen. Sie weisen auf den Mangel an geeignetem Spielraum hin, auf die viel zu kleinen Wohnungen, in denen sich die Kinder nicht bewegen können, und sie beklagen auch, daß die Eltern zuwenig Zeit für ihre Kinder haben, weil sie zuviel mit sich selbst, mit dem Geldverdienen und mit dem Geldausgeben beschäftigt sind.

Man kann zu dem gleichen Thema aber auch eine ganz andere Meinung hören. Sie stammt von den Menschen, die die Vergangenheit gern in einem verklärten Licht sehen. Früher, so sagen sie, durften sich die Kinder viel weniger erlauben als heute, sie waren bescheidener und wurden nicht so wichtig genommen. Sie glauben allen Ernstes, daß die Jugend heute egoistischer und rücksichtsloser ist als früher, weil sie es ›zu gut hat‹.

Unzufrieden mit der heutigen Situation sind beide Meinungen. Daß sie einander scheinbar widersprechen, darin drückt sich die Unsicherheit unserer Zeit aus, die in einer Umwandlung begriffen ist.

Die ›gute‹ alte Zeit

Die Kinder sind in der Tat ganz anders als früher, aber sind nicht auch die Verhältnisse heute ganz anders? Die Welt, in der wir leben, die demokratische Gesellschaft, ist noch jung, so jung, daß wir, wenn wir von ihr reden, besser davon sprechen, wie sie sein sollte, denn die Form, die sie in ihren jungen Jahren erreicht hat, ist noch recht unvollkommen.

Während wir heute alle als gleichberechtigte Bürger nebeneinanderstehen, glich die Gesellschaft im Feudalstaat einer Pyramide, deren Spitze die ›gehobenen Stände‹ bildeten, die von einer breiten Basis der arbeitenden und unfreien Menschen getragen wurden. Dazu muß man sich vorstellen:

Seit den etwa sieben oder acht Jahrtausenden züchterischer und bäuerlicher Wirtschaft waren stets 99 Prozent der Menschheit mit der Nahrungsbeschaffung voll beschäftigt, und nur ein Prozent stellten die Krieger,

Priester, Beamten, Händler, Künstler und Bürger. Die technischen Verbesserungen der letzten zweieinhalb Jahrhunderte hatten zum vorläufigen Ergebnis, daß nur noch zwei Drittel der Menschen in der Landwirtschaft zu arbeiten brauchten und etwa ein Drittel bereits in anderen Berufen sich betätigen konnte. Initiative wurde bei den einen wie bei den anderen gebraucht. Die Technik des letzten Jahrhunderts hat dann – zum Teil unter Verzehnfachung der Einwohnermengen – ein Drittel der Menschheit in den Stand gesetzt, sich selbst und die beiden anderen Drittel zu ernähren, und zwar besser als früher. Ja, in volltechnisierten Ländern ist es etwa nur noch ein Zehntel der Bevölkerung, die für diese Art von Arbeiten gebraucht wird, zu noch ganz unvergleichlich besserer Ernährung aller. (W. TRITSCH)

Bevor sich in den letzten Jahrhunderten die Lebensverhältnisse allmählich besserten, gab es »*in jedem Staat*«, wie PLATO einmal sagte, »*zwei Staaten*«, den Staat der Armen und den der Reichen, »*zwischen diesen beiden Staaten ist Krieg*«.

Während die kleine Schicht der Reichen in einem für uns heute unvorstellbaren Luxus lebte, hatten die Armen härteste Fronarbeit zu leisten. Wenn wir heute bewundernd vor den Zeugnissen ägyptischer Kultur und Kunst stehen, sollten wir unsere Augen nicht vor dem Bericht des DIODORUS SICULUS verschließen, der die Arbeiter in den ägyptischen Bergwerken schildert:

Wer diese Unglücklichen zu Gesicht bekommt, die ihren Körper weder reinigen noch seine Blöße bedecken können, kann ihr trauriges Los nur beklagen. Es gibt weder Schonung noch Nachsicht für die Kranken, die Schwachen, die Alten und die Frauen, wenn sie sich unwohl fühlen. Sie alle treibt man mit Schlägen zur Arbeit, und erst der Tod setzt ihren Leiden und Qualen ein Ende.

Solch unmenschliche Arbeitsbedingungen gab es noch bis ins 19. Jahrhundert hinein. Noch vor hundert Jahren konnte DISRAELI feststellen:

Jede Nation besteht in Wirklichkeit aus zwei Nationen, zwischen ihnen gibt es keinerlei Verkehr, keinerlei Sympathie. Die eine hat keine Ahnung von den Gedanken und Gefühlen der anderen. Es ist, als ob sie in verschiedenen Erdteilen oder auf verschiedenen Planeten lebten. Zwei Nationen, entstanden aus verschiedenen Menschenschlägen, ernährt durch verschiedene Speise, verschiedene Gepflogenheiten beachtend und nach verschiedenen Gesetzen lebend – die Armen und die Reichen.

Über die unterschiedliche Ernährung dieser beiden ›Nationen‹ können wir heute noch in dem berühmten Kochbuch der HENRIETTE DAVIDIS nachlesen. Beim Studium der Speisefolge für ein Herrenessen mit zwölf Gängen bekommt man einen gewaltigen Respekt vor dem Fassungsvermögen eines Herrenmagens. Aber auch der bürgerliche Mittagstisch setzt uns in Verwunderung, wenn man liest, daß bei einer ›einfachen‹ Mahlzeit für eine vier- bis sechsköpfige Familie mit Braten, Fleisch und Gemüse allein für die Vorsuppe sechs und für den Nachtisch neun Eier verwendet wurden. In dem gleichen Kochbuch empfiehlt HENRIETTE DAVIDIS: *Zu Sauerkraut für den Dienstbotentisch, ohne Fleisch gekocht, kann ein Guß Rüböl und Schmalz, in kaltem Wasser aufs Feuer gesetzt, angewendet werden.*

Auch die Wohnverhältnisse ließen den weiten Abstand zwischen arm und reich erkennen. Während sich bei den Bauern und Arbeitern oft zehn und mehr Personen mit einem Raum begnügen mußten, bewohnten die gehobenen Stände Räume und Häuser von verschwenderischen Ausmaßen. Außer einzelnen Revolutionären, die es zu allen Zeiten gab, sah jedermann diesen Zustand als gottgegeben an.

Dem Kontrast dieser äußeren Lebensbedingungen entsprach der Bildungsunterschied zwischen den ›oberen‹ und den ›niederen‹ Ständen. Mochte es hier und da auch einem Armen gelingen, sich durch rastlosen Fleiß ›emporzuarbeiten‹, so waren seine ›Bildungslücken‹ jedoch nicht so leicht zu schließen. Der Bildungsweg, der eine jahrelange Erziehung erforderte und in früher Jugend beginnen mußte, war dem armen Mann so gut wie verschlossen. PESTALOZZI gibt uns einmal ein anschauliches Bild von dem damaligen ›Bildungsgebäude‹:

Es kam mir wie ein großes Haus vor, dessen oberstes Stockwerk zwar in hoher vollendeter Form strahlt, aber nur von wenigen Menschen bewohnt ist; in dem mittleren wohnen dann schon mehrere, aber es mangelt ihnen an Treppen, auf denen sie auf eine menschliche Weise in das obere hinaufsteigen könnten, und wenn etwa einige Gelüste zeigen, in ihrem Notzustand etwas tierisch in dieses obere Stockwerk hinaufzuklettern, so schlägt man ihnen, wo man das sieht, ziemlich allgemein auf die Finger und hie und da wohl gar einen Arm oder ein Bein, das sie beim Hinaufklettern anstrengten, entzwei; im dritten, unten, wohnt dann endlich eine zahlreiche Menschenherde, die für Sonnenschein und gesunde Luft vollends mit der oberen das gleiche Recht haben, aber, sie wird nicht nur in ekelhaftem Dunkel fensterloser Löcher sich selbst überlassen, man macht ihnen, durch Binden und Blendwerke, die Augen sogar zum Hinaufgucken in dieses obere Stockwerk untauglich.

Die tiefe Kluft, die einst die Armen und die Reichen trennte, war sicherlich kein Zeichen einer gesunden und heilen Gesellschaft. In ihren besten Zeiten zeigte zwar auch die Feudalherrschaft ein stärkeres Gefühl der Verantwortung den Untergebenen gegenüber. Da das Volk damals noch unwissend und darum unmündig war, fühlte sich der Herrscher mit einem gewissen Recht als der Vater seiner Landeskinder. Wenn allerdings der Landesvater, wie es der Kurfürst von Hessen tat, seine Landeskinder kidnappte, um sie den verschiedensten Kriegsherren zur Auffüllung seiner Kasse als Soldaten zu verkaufen, dann bekam das Vertrauensverhältnis schwere Risse und wandelte sich rasch in Mißtrauen und Haß.

Die Gebrechlichkeit eines jeden Obrigkeitsstaates besteht in der Willkür, der das Volk durch die unbeschränkte Macht einzelner ausgeliefert ist. Der unumschränkte Herrscher kann sich auf die Dauer nur aufrechterhalten, wenn er das kritische Denken und alle Änderungswünsche der Untertanen bei Strafe verbietet. Dagegen zeigt die Demokratie, wie sie in Amerika zum Beispiel seit beinah zweihundert Jahren besteht, gerade dann ihre größte Stabilität, wenn die stets wache und intelligente Kritik des Bürgers nicht nur erlaubt, sondern gewünscht und geübt wird.

Der Vater steigt von seinem Thron

Die vertikale Schichtung der Gesellschaft des alten Obrigkeitsstaates fand ihre Parallele in der verschiedenen Bewertung der Geschlechter. An der Spitze stand der Mann als der ›Herr der Schöpfung‹, darunter die Frau als seine Dienerin und an letzter Stelle das Kind. Auch hier hat sich, etwas abseits vom Getriebe der Öffentlichkeit, ein Wandel vollzogen. Die Emanzipation der Frau, die neue rechtliche Stellung des Kindes erregten zwar gelegentlich Aufsehen, standen aber in keinem Vergleich zu den blutigen Unruhen, die der Wandel vom Feudalsystem zum Bürgerstaat und zur Massengesellschaft verursachten. Daß sich auch die Stellung des Mannes inzwischen gewandelt hat, wurde zunächst kaum wahrgenommen. Erst in den letzten Jahren bemerkte man, was sich in aller Stille vollzogen hatte: den Vater, wie man ihn sich seit vielen hundert Jahren vorgestellt hatte, die Respektsperson, das würdige Familienoberhaupt, den gab es auf einmal nicht mehr.

Die Väter hatten einiges auszustehen in diesen letzten Jahren; man warf ihnen vor, sie hätten ihre Sicherheit, ihr Selbstbewußtsein verloren, sie stellten keine Leitbilder mehr dar. Man begab sich in vielen Zeitungsartikeln, in Vorträgen und Diskussionen auf die Suche nach dem verlorengegangenen Vater, während sich unterderhand längst eine recht sympathische und stabile neue Vaterpersönlichkeit entwickelt hatte. Natürlich gab es den Vater nicht mehr, der mit ›Herr‹ angeredet wurde, der bei Tisch das größte – oft einzige – Stück Fleisch vorgesetzt bekam, der bedingungslosen Gehorsam verlangte und irgendwo, immer griffbereit, einen Stock liegen hatte.

Dem Vater war plötzlich alle ›Würde‹ abhanden gekommen. Während er früher verlangen konnte, daß man sogar seine eventuelle Unaufrichtigkeit oder Dummheit schweigend übersah, läßt er es sich heute gefallen, wenn seine Kinder zu ihm sagen: »Nun red doch keinen Unsinn!« Es ist ja auch durchaus möglich, daß er einmal ›Unsinn redet‹, und er läßt sich unter Umständen auch überzeugen, da heute in der Familie jeder mitreden darf.

Dieser Vater der sechziger Jahre sitzt nicht mehr auf einem symbolischen Thron, er geht mit seinen Kindern zum Fußballplatz oder zum Rodeln, er kriecht mit seinem Sohn auf dem Fußboden um die elektrische Eisenbahn

Der Vater als Oberhaupt der Familie. Chodowiecki 1770

herum, und er geht – im Gegensatz zu seinem Vorgänger vor fünfzig oder hundert Jahren – kaum noch ins Wirtshaus, sondern trinkt sein Bier zu Hause. Er spielt mit seinen Kindern Sechsundsechzig oder sieht fern, und sonntags, wenn er mit Frau und Kindern im Kleinwagen ins Grüne fährt, dann sind sie ein kleiner, aber ungeheuer solidarischer Verein. Man freut sich, man redet miteinander ›wie mit seinesgleichen‹. Damit soll keineswegs gesagt sein, daß die heutigen Väter besser sind als die früheren, es gab früher und es gibt heute Prachtexemplare und Nieten unter ihnen. Es soll hier nur festgestellt werden, daß sich die Stellung des Mannes im allgemeinen und des Vaters im besonderen verändert hat. Er übernimmt wie eh und je die Verantwortung für seine Familie, aber er verzichtet auf seine unumschränkte Herrscherrolle.

Der Mann von heute ist jünger als seine Vorfahren waren, mit ihren hohen steifen Kragen, mit ihren Schnurr- und Schnauzbärten. Als erste begannen die Pioniere der Jugendbewegung sich dieser Zeichen männlicher Würde zu entledigen. Sie gaben sich betont jungenhaft, trugen Schillerkragen und kurze Hosen und versuchten sich natürliche Umgangsformen anzugewöhnen. Ihr Beispiel fand zunächst nur wenig Nachahmung, aber unterderhand änderte sich das Bild des Mannes langsam und stetig. Viele

Väter mißtrauten selbst dem Autoritätsprinzip insgeheim. Das zeigte sich zunächst in einer immer weiter um sich greifenden Unsicherheit. Im anfänglichen Nachgeben und späteren Auftrumpfen, ihren Kindern gegenüber, machten viele Väter damals keine besonders gute Figur. Manche verhielten sich auch gleichgültig ihrem Erziehungsauftrag gegenüber. Erst die darauffolgende Generation der heutigen Väter, die selbst schon ohne allzu strengen Gehorsamszwang aufgewachsen ist, hat das Gleichgewicht wiedergefunden und erkennt in der partnerschaftlichen Familie ihre neue, volle Verantwortung.

Die Emanzipation der Frau

Während die ›Herren der Schöpfung‹ ihre bevorzugte Stellung ziemlich kampflos aufgaben, hatten sich die Frauen gegen mancherlei Widerstände durchzusetzen, um aus ihrer untergeordneten Stellung aufzusteigen. Zwar gab es schon immer einzelne Frauen, die die Schranken durchbrachen und selbständige Leistungen vollbrachten, es fehlte auch nicht an Männern, die sie respektierten. Aber sie standen stets außerhalb der öffentlichen Meinung, die das weibliche Geschlecht lediglich nach dem Wert und der Nützlichkeit beurteilte, den es in den Augen des Mannes besaß.

In Zeiten, in denen die Familie hochgeschätzt wurde, bekam allerdings auch die Frau ein höheres Ansehen. 1739 schrieb das ›Nutzbare, galante und curiöse Frauenzimmerlexikon‹: *Frauenzimmer heißet dasjenige schöne und edle Geschlechte so dem männlichen entgegengesetzt wird,* und Frau oder Weib: *ist eine verehelichte Weibsperson, so ihres Mannes Will und Befehl unterworfen, die Haushaltung führt und in selbiger ihrem Gesinde zu befehlen hat. – Die besten Wissenschaften sind wohl diese, daß eine Frau verstehe, wie ihre Küche, ihre Vorratskammer und andere häusliche Verrichtungen besorget werden können.*

In der Tat vollbrachte die Frau im Selbstversorgerhaushalt enorme Leistungen. Je weiter wir in der Geschichte zurückblicken, desto mehr wurden nahezu alle Gebrauchsgüter, die wir heute fabrikmäßig herstellen und fertig kaufen können, von der Frau selbst hergestellt. Wenn die Frau trotzdem in gewissen Zeiten so viel geringer eingeschätzt wurde als der Mann, so teilte sie dieses Los mit dem gesamten ›arbeitenden‹ Volk. Arbeit galt lange Zeit als eines freien Mannes unwürdig, und das Nützlichkeitsdenken, das in der Frau, wie im arbeitenden Bauern, nur den Sachwert erkannte, zweifelte sogar zeitweise daran, daß die Frau eine Seele besitze. Diese Einstellung wandelte sich erst langsam, parallel laufend mit dem Wertbegriff der Arbeit. Während SCHILLER in seinem ›Lied von der Glocke‹ schon einen Arbeitsvorgang zu Ehren brachte, schrieb GOETHE noch: *Dienen lerne beizeiten das Weib nach ihrer Bestimmung,* aber er räumte doch schon ein: *denn durch Dienen gelangt sie doch endlich zum Herrschen.* Der Volksmund hatte diese Situation längst erkannt und ulkte: »Der Mann ist der Kopf, die Frau ist der Hals, wonach der Kopf sich dreht.«

Die Ideen der Aufklärung und der Französischen Revolution bereiteten auch die Befreiung der Frau aus ihrem beschränkten Zustande vor. Als im 19. Jahrhundert immer mehr Gebrauchsgüter nicht innerhalb des Haushalts, sondern außerhalb, fabrikmäßig hergestellt wurden, bekam die Frau nach und nach etwas mehr Zeit zur Selbstbesinnung und Erweiterung ihres Gesichtskreises. Die öffentliche Meinung, jahrhundertelang daran gewöhnt, den Wirkungskreis der Frau ausschließlich auf das Haus beschränkt zu sehen, weigerte sich jedoch lange Zeit energisch, diese allmähliche Veränderung zur Kenntnis zu nehmen. Selbst viele Frauen wollten es nicht wahrhaben, daß die häuslichen Aufgaben langsam so zusammengeschmolzen waren, daß sie ihre Aufmerksamkeit getrost einmal auch auf andere Dinge lenken konnten, die außerhalb des Bereichs ihres Kochtopfes lagen. Viele sträubten sich energisch gegen alle Lebensaufgaben und Interessen, die außerhalb des Hauses lagen, und sie verstanden es, die immer geringer werdenden häuslichen Pflichten künstlich aufzubauschen. So entstand der ›Putzteufel‹, der noch bis in unsere Zeit sein Wesen treibt.

Soviel sich das ›Heimchen am Herd‹ auch dagegen sträubte, es konnte die fortschreitende Emanzipation der Frau in keiner Weise behindern oder aufhalten. Bereits um die Mitte des vorigen Jahrhunderts nahmen Frauen, denen im eigenen Land die Bildungsmöglichkeiten versperrt waren, den oft recht beschwerlichen Weg ins Ausland auf sich, um sich weiterzubilden und auf Berufe vorzubereiten, die ihnen bis dahin verschlossen waren. So fand sich in Ländern wie Schweden und Frankreich eine bunte internationale Gesellschaft von studierenden Frauen zusammen.

Als dann die Frauen in England das Wahlrecht verlangten, erklärte man sie entweder für verrückt oder versuchte sie von ihren Forderungen abzubringen, indem man sie einfach totschwieg. Als sich die ›Suffragetten‹ mit Regenschirmen bewaffnet auf die Straße begaben, um zu demonstrieren, wurden sie verhöhnt und beschimpft. Aber die unerschrockenen englischen Frauen sahen keine andere Möglichkeit, die Mauer des Schweigens zu durchbrechen.

Die Frau gehört ins Haus! hieß die Parole aller Gegner der Frauenbewegung. Bildung wollte man ihr allenfalls zugestehen, aber nur im Hinblick auf ihren häuslichen Herd, wie die Mädchenschulpädagogen 1872 erklärten:

Es gilt, dem Weibe eine der Geistesbildung des Mannes in der Allgemeinheit, der Art und der Interessen ebenbürtige Bildung zu ermöglichen, damit der deutsche Mann nicht durch die geistige Kurzsichtigkeit und Engherzigkeit seiner Frau an dem häuslichen Herd gelangweilt und in seiner Hingabe an höhere Interessen gelähmt werde, daß ihm vielmehr das Weib mit Verständnis dieser Interessen und der Wärme des Gefühls für dieselben zur Seite stehe.

Daß die Frau gelegentlich das Haus verließ, um armen Leuten eine warme Suppe zu bringen, wurde von jedermann gern gesehen, wenn sie aber Gedanken über die Beseitigung der Not äußerte, erregte sie sofort Mißtrauen. Die Frau sollte sich nicht in öffentliche Angelegenheiten mischen. Bis 1908 bestand ein Gesetz, das *Frauen, Geisteskranken, Schülern und Lehrlingen die Zugehörigkeit zu politischen Vereinen* verbot.

Es gab zwar schon in der zweiten Hälfte des 19. Jahrhunderts viele Frauen, die in der praktischen Wohlfahrtspflege arbeiteten, die gegen Alkoholismus und Prostitution, gegen die Ausbeutung von Frauen und Jugendlichen kämpften und schrieben, aber sie durften nicht in der Öffentlichkeit reden. Seit 1902 erlaubte man ihnen lediglich, bei öffentlichen Versammlungen in einem abgetrennten Teil des Saales, im ›Segment‹, zu sitzen und zuzuhören. Hier saß die bedeutende Sozialpolitikerin Helene Simon und hörte ihren eigenen Vortrag über die Arbeitszeitverkürzung der Frauen an, der von einem Mann verlesen werden mußte.

Nach etwa hundertjährigem Bemühen hat die Frau zwar die gewünschte Gleichberechtigung bekommen, aber dieses Geschenk weist noch mancherlei Mängel auf. Unser öffentliches Leben, an dem die Frau nun gleichberechtigt teilnimmt, ist seit Jahrhunderten nach rein männlichen Gesichtspunkten geordnet. Um sich dieser Welt anzupassen, nimmt sie nicht selten eine Doppelbelastung auf sich, da sich gewisse Aufgaben des häuslichen Lebens, mögen sie gegen früher auch stark zusammengeschmolzen sein, immer noch auf die Frau konzentrieren.

Man hat sich längst darauf eingestellt, daß die Frau heute einen außerhäuslichen Beruf ausübt. Die Wirtschaft bräche zusammen, wenn plötzlich alle Frauen ihre Arbeit niederlegen würden. Aber in diesem sonst so perfektionierten Wirtschaftsgefüge fehlt es immer noch an einem finanziell und zeitlich gesicherten Raum für die mütterlichen Pflichten der Frau. Sie hat die Wahl, entweder auf viele Annehmlichkeiten der modernen Zivilisation zu verzichten oder ihre mütterlichen Aufgaben auf die Zeit nach Feierabend zu beschränken. In einem modernen Industriestaat, wo die Maschinen hundert- und tausendmal schneller arbeiten, als Hände es vermögen, müßte es durchaus möglich sein, der Frau, zumindest während der Jahre, in denen sie kleine Kinder zu versorgen hat, die Zeit und die wirtschaftliche Sicherheit zu geben, die sie für diese Aufgabe benötigt. Dieses Problem ist lediglich eine Frage der Organisation.

Jedoch in einer nach männlichen Gesichtspunkten verwalteten Welt sucht man immer noch vergeblich nach einem Weg, der der Frau durch einen finanziellen Ausgleich und durch eine labilere Arbeitszeit eine Art der Mitarbeit ermöglicht, die ihren natürlichen Bedürfnissen und ihren häuslichen Aufgaben gerecht wird.

Als zu Beginn des 20. Jahrhunderts viele Länder die Gleichberechtigung der Frau einführten, wurden wenig später auch die ›Menschenrechte des Kindes‹ feierlich erklärt und gesetzlich verankert.

Viele Leute schüttelten damals verständnislos den Kopf. War nicht das Kind in guten Familien immer als Mensch betrachtet worden? Aber vor dem Recht gehörte es zum Besitz des Hausherrn. Nach der antiken Rechtsauffassung tat der Vater durchaus nichts Unrechtes, wenn er sein Kind verkaufte, aussetzte oder gar tötete. Genau wie das Tier oder ein Möbelstück, war das Kind völlig rechtlos.

Gegen diese Rechtsvorstellung steht die christliche Auffassung von der persönlichen Würde eines jeden Menschenkindes, sie hat nahezu zweitausend Jahre gebraucht, um sich durchzusetzen.

Noch zu Beginn des 19. Jahrhunderts wurden in vielen europäischen Ländern kleine vier- bis sechsjährige Kinder an Kaminkehrer verkauft, die die armen Geschöpfe in die geheizten Schornsteine herabließen und durch angezündetes Stroh und Nadelstiche wieder heraufhetzten. Das war nur möglich, weil man das Kind immer noch als eine Sache betrachtete, die dem zugehörig und darum ›hörig‹ war, der sie gerade besaß.

Wie wenig ein Kind einstmals wert war, das konnte man noch vor nicht allzu langer Zeit in abgelegenen ländlichen Gebieten erleben, wo immer noch die Regel galt, daß der Bauer eher den Tierarzt zu seiner kranken Kuh hole als den Arzt zu seinem kranken Kind.

Auf Verständnis für seine Eigenart hatte das Kind keinen Anspruch. Im Obrigkeitsstaat war das Zusammenleben zwischen höheren und niederen Ständen – zwischen alt und jung – durch Befehlen und Gehorchen geregelt. Rücksicht konnte immer nur der Höherstehende erwarten, und das Kind stand auf der letzten Sprosse der sozialen Stufenleiter. Mit den politischen Verhältnissen hat sich allmählich auch die Einstellung zum Kind gewandelt.

Bei einem geschichtlichen Rückblick auf die Stellung des Kindes in der Gesellschaft stellt sich uns jedoch ein immer gleichbleibendes Hindernis in den Weg. Wenn wir zum Beispiel an Hand von historischen Quellen beweisen können, daß es den Kindern in der Vergangenheit kaum einmal vergönnt war, sorglos zu spielen, dann werden wir sofort durch Beispiele widerlegt, die jedermann bekannt sind: Natürlich durfte der kleine Wolfgang (GOETHE), der kleine Theodor (FONTANE), die kleine Bettina (BRENTANO) nach Herzenslust spielen. Ist nicht in der deutschen Literatur von spielenden Kindern viel mehr die Rede als von solchen, die ihren Eltern spätestens vom fünften Lebensjahr an helfen oder in der Fabrik arbeiten mußten?

Nun – die Arbeiter- und Bauernkinder, die unter den kärglichsten Verhältnissen aufwuchsen, haben ihre Erinnerungen kaum einmal zu Papier gebracht, aber sie waren in der erdrückenden Mehrzahl. Die Schicht der Bürger, die ohne Sorgen leben konnten, wuchs erst gegen Ende des 19. Jahrhunderts auf etwa zehn Prozent. Diese Verhältniszahlen darf man nicht unterschlagen, wenn man sich vorstellen will, wie die Kinder in der Vergangenheit gelebt haben. Dann erst kann man den Wandel ermessen, der sich inzwischen vollzogen hat.

Die Kinder der Armen, die bis zum dritten Lebensjahr ganz nackt herumliefen und später, in spärliche Lumpen gehüllt, die Straßen bevölkerten, erregten weniger Mitleid als Abscheu. Abgesehen von einzelnen frommen Männern und Frauen, die sich der Armen und Verlassenen annahmen, kümmerte sich niemand um sie.

Erst im 18. und 19. Jahrhundert erwacht hier und da die öffentliche Verantwortung. Einzelne Erzieher sammeln die Kinder der Ärmsten um sich, um sie vor der drohenden Verwahrlosung zu schützen. Gleichzeitig, getrennt davon, regt sich das Mitleid mit den unnatürlichen, gekünstelten Lebensbedingungen, unter denen die Kinder der Reichen aufwuchsen, die, eingeengt in ungesunde Kleider, darauf dressiert wurden, sich wie kleine Erwachsene zu verhalten. Die ›Befreiung des Kindes‹, die sich hier anbahnt, ist zunächst nur eine körperliche. Nachdem man erkannt hat, wie wichtig eine vernünftige Ernährung, frische Luft, Bewegung und Sauberkeit für die gesunde Entwicklung des Kindes sind, steigen seine Lebenschancen beträchtlich.

Nach und nach sieht man auch die ›Unarten‹ des Kindes in einem anderen Licht. Die Psychologen versuchen sich in die Seele des Kindes hineinzudenken, in diese merkwürdigen kleinen Wesen, die keinen Augenblick stillsitzen können, die alles anfassen wollen, die zur Unzeit lärmen und mit zerbrechlichen Sachen so fahrlässig umgehen. Was bis dahin in Bausch und Bogen als ›Ungezogenheit‹ ausgelegt wurde, versucht man nun aus der kindlichen Eigenart, aus den Verhältnissen, aus der Erziehung und aus der Umwelt zu erklären. Zögernd folgen einzelne Pädagogen den Ratschlägen der Psychologen, aber in der öffentlichen Meinung wurzelt die Geringschätzung alles ›kindischen‹ Wesens noch allzu tief. Man ist überrascht und sogar etwas skeptisch, wenn sich gelehrte Leute, wie Ärzte und Psychologen, auf einmal mit etwas so Unwichtigem beschäftigen. Etwas vorschnell spricht man von einem ›Jahrhundert der Erziehung‹ und später von einem ›Jahrhundert des Kindes‹.

Wenn diese Schlagworte von den meisten auch noch mit etwas mokantem Unterton ausgesprochen wurden, so hatten doch die beharrlichen Bemühungen einer kleinen Gruppe von Ärzten, Pädagogen und Psychologen zu Beginn des 20. Jahrhunderts ein verändertes Klima geschaffen. Gleichlaufend mit dem allgemeinen wirtschaftlichen Aufschwung wurde Schritt für Schritt auch das ärmste Kind in ein Netz von Schutzbestimmungen einbezogen, die es vor Ausbeutung bewahrten, die ihm ein Anrecht auf Nahrung, Kleidung und Erziehung gewährleisteten.

Zum erstenmal in der Geschichte der Menschheit steht das Kind nicht mehr an sozial letzter Stelle, es wird nicht mehr als kleiner Erwachsener behandelt und darf ganz Kind sein.

In aller Welt finden sich heute Menschen, die es sich zur Aufgabe gemacht haben, das Leben und die Entwicklung des Kindes zu schützen und zu fördern. In den skandinavischen Ländern findet alljährlich ein Kongreß ›Zum Wohlergehen des Kindes‹ statt, der sich dafür einsetzt, daß dem Kind die einmal gewonnenen Rechte auch erhalten bleiben und neuentstandene Mißstände behoben werden. Dänemark ist in der ganzen Welt durch seine vorbildlichen Kinderspielplätze berühmt geworden. In Norwegen wird im Parlament über Spielzeugfragen diskutiert. In der Schweiz beschäftigt sich das Heimatwerk ›Pro juventute‹ ständig mit Fragen der Kinder- und Jugendfürsorge. In Amerika zeigt die Öffentlichkeit schon seit Jahren ein starkes Interesse an allen Fragen, die das Kind betreffen. Bücher und Schriften über seine Pflege und Erziehung gehören zu den meistgelesenen Publikationen. Auf internationaler Ebene verkörpert die UNICEF die weltweiten Bemühungen um das Wohl der hungernden Kinder in den Ländern, die noch nicht in den Genuß der technischen Zivilisation gekommen sind.

Wie sich die Anteilnahme an der Welt des Kindes im Laufe der Jahrhunderte laufend verstärkt hat, das wird uns besonders an der ›Spielgrenze‹ deutlich, die nach und nach immer mehr heraufgesetzt wurde. Im Mittelalter darf nur das Kleinkind ungestört spielen, vom vierten Lebensjahr an gibt es für das Kind schon Arbeiten und Pflichten. Seit der Einführung der Schulpflicht wurde die Spielgrenze auf fünf bis sechs Jahre heraufgesetzt. Im 19. Jahrhundert regt sich das Mitleid der Öffentlichkeit über die Kinder, die unter zehn Jahren in den Fabriken arbeiten müssen, und man ruft nach Gesetzen, die das verbieten. Kurz vor dem ersten Weltkrieg wird die Altersgrenze für das arbeitende Kind auf zwölf Jahre hinaufgesetzt, und nach 1918 dürfen nur Kinder über vierzehn Jahren arbeiten.

Heute werden Spiel und Freizeit längst nicht mehr als ›Zeitvergeudung‹ angesehen. Nicht nur der Jugendliche, auch der Erwachsene meldet seinen Anspruch auf eine freie, spielerische Betätigung an, die ihm neben seiner Berufsarbeit Entspannung und Ausgleich bietet.

Die Welt des Kindes ist seitdem bedeutend heller und freundlicher geworden, das Kind darf sich unbeschwerter seiner Kindheit erfreuen. Seitdem wir das kindliche Wesen nicht mehr als ›kindisch‹ abtun, bekommt für uns das Jesuwort *So ihr nicht werdet wie die Kinder* einen ganz neuen, tieferen Sinn.

Das Leben in der Familie

Vom Ursprung der Familie
Eltern und Kinder in der Welt der Antike
Zwischen mittelalterlichem Aberglauben und dem Zeitalter der Aufklärung
Pestalozzis Botschaft an die Eltern
Nur wer im Wohlstand lebt, lebt angenehm
Familien, wie sie waren, wie sie sind und wie sie sein sollten
Andere Länder, andere Verhaltensweisen

Vom Ursprung der Familie

Die Anfänge menschlichen Zusammenlebens liegen so weit zurück, daß wir uns darüber kein genaues Bild machen können, so ist die Vorgeschichtsforschung auf Vermutungen angewiesen, und es darf uns nicht wundern, wenn sich die Ansichten über den Ursprung der Familie mit jeder Generation wandeln.

Die Form der Familie entspricht im allgemeinen den politischen und sozialen Verhältnissen ihrer Zeit. In einem Obrigkeitsstaat ist auch die Familie autoritär, und in einer Demokratie wirkt sich die Gleichberechtigung bis in die Familie aus. Wenn man jedoch die Familie über weitere Zeiträume hinweg betrachtet, stellt sich heraus, daß sie sich etwas langsamer ändert als die sie umgebenden Verhältnisse. Darum gibt uns manchmal die Form der Familie über bereits vergangene Zustände Auskunft.

Um die Mitte des vorigen Jahrhunderts entdeckte der amerikanische Ethnograph L. H. Morgan bei den indianischen Stämmen eine verwirrende Form von Verwandtschaftsbeziehungen, die auf den ersten Blick den Anschein erweckte, als sei hier jeder mit jedem verwandt. Er interessierte die amerikanische Regierung für seine Beobachtung und bekam für seine Forschungen zahlreiche Hilfskräfte zur Verfügung gestellt. So gelang es ihm schließlich mit Hilfe von Missionaren und Lehrern, die in den verschiedensten Gebieten die Familienverhältnisse der Ureinwohner studierten, ein System in der scheinbaren Unordnung zu erkennen. Bei den meisten Stämmen lebten die Paare in leicht löslichen Einzelehen. Der Vater nannte nicht nur seine eigenen Kinder, sondern auch die seiner Brüder Kinder. Die Kinder seiner Schwestern nannte er Nichten und Neffen. Die Frauen nannten umgekehrt, neben ihren eigenen Kindern, die ihrer Schwestern ihre Kinder und die ihrer Brüder Nichten und Neffen. Aus dieser Verwandtschaftsform glaubte Morgan schließen zu können, daß die Ureinwohner Amerikas in noch früherer Zeit in einer Art Gruppenehe zusammen gelebt hätten, wo mehrere Frauen mehreren Männern zugehörten, eine Familienform, die bei einzelnen Stämmen auch noch angetroffen wurde.

Vielleicht war bei den Überlegungen Morgans nicht klar genug zum Ausdruck gekommen, daß sich auch die Gruppenehe, wo sie vorkam, nach streng geregelten Sitten vollzog. Jedenfalls erschien sie für viele Forscher einfach darum nicht akzeptabel, weil sie in dieser Form des Zusammenlebens etwas Anstößiges sahen. Diese Ablehnung ging so weit, daß einige Forscher sich zwar herabließen, Morgan zuzugestehen, im Hinblick auf die ›wilden‹ Indianer möge er vielleicht recht haben, aber bei ihren eigenen, europäischen Vorfahren handele es sich um sittlich hochstehende Menschen, denen man solch eine ›unmoralische‹ Art des Familienlebens nicht zutrauen könne.

Etwa gleichzeitig mit Morgan lebte in Basel der Rechts- und Kulturhistoriker BACHOFEN, der in der griechischen Mythologie nach frühen Familienformen forschte. Er fand in den Sagen und Mythen so innige Zusammenhänge zwischen religiösen und profanen Sitten und Gebräuchen, daß er zu dem Schluß kam, die Formen des Zusammenlebens der Menschen seien aus religiösen Vorstellungen entstanden. Bei verschiedenen frühen Kulturen im Mittelmeerraum bemerkte er eine hohe Achtung der Frau, wie sie bei den Griechen und Römern längst nicht mehr üblich war. Von den Lykiern berichtet HERODOT, daß sie sich nicht nach dem Vater, sondern nach der Mutter benennen. *Sie haben keine geschriebenen Gesetze, sondern nur ungeschriebene Gebräuche. Von alters her werden sie von Weibern beherrscht.* Die Töchter, nicht die Söhne beerbten die Eltern. Bachofen glaubte hier eine frühe Form einer mutterrechtlichen Familie gefunden zu haben, die der patriarchalischen, vaterrechtlichen Form vorausging. In der Nachfolge von Bachofen und Morgan konstruierten Ethnologen und Soziologen eine vermutliche Entwicklung der Familie, die von der Gruppenfamilie ihren Anfang nahm. Da die Vaterschaft in der Gruppenfamilie nicht unbedingt bekannt war, nannten sich die Kinder nach der Mutter und gaben auch den Besitz in weiblicher Erbfolge weiter. Große Vermögen konnten in dieser Zeit noch nicht entstehen, da die Forscher das Matriarchat in eine sehr frühe Zeit verlegen, als die Menschen weder Pflug noch Viehherden kannten, sondern als Sammler von Kleintieren und Früchten und Pflanzen von der Hand in den Mund lebten.

Mit der Erfindung der ersten Werkzeuge und der Ausnützung von Tierherden – so nahm man an – wurde es durch handwerkliche Geschicklichkeit und Klugheit einzelnen ›Sammlern‹ möglich, mehr zu erwerben, als der Tagesbedarf erforderte. Diesen Zeitpunkt hat man als den Beginn des Patriarchats angesehen, zunächst in dem Verband einer größeren Gruppe oder Gemeinde, schließlich auch in der Familie.

So einleuchtend diese Gedankengänge klingen, so werden sie doch von einigen jüngeren Forschern nicht mehr als ausschließlich zutreffend angesehen, weil man inzwischen Völker entdeckte, die in vorzivilisatorischen Verhältnissen leben und doch schon vaterrechtliche Einzelfamilien kennen.

Das Musterbeispiel einer sehr frühen Familienform finden wir heute noch bei den Pygmäen im Kongogebiet. Hier gehören jeweils mehrere Einzelfamilien zu einer Gruppe. Den Männern fällt die Suche nach neuen Lagerstätten, der Aufbau des Wohnzeltes zu. Die Frauen, durch Geburt und Schwangerschaft ans Haus gebunden, sorgen für die Ernährung und die Kleidung. Sie suchen Kleintiere, Pilze und Früchte, dabei begleiten sie die kleinen Mädchen, die auch unter Anleitung der Mutter das Flechten von Körben, das Anfertigen von Ketten, Armringen und Lendenschurzen erlernen. Der Vater nimmt die Knaben mit, die, bevor sie ihm helfen können, mit kleinen Werkzeugen seine Arbeit spielerisch nachahmen. Die kleinsten Kinder liegen auf dem Boden der dunklen feuchtheißen Hütte, auf Bambusmatten oder auf Blättern, sie rollen auf der schmutzigen Erde herum und überstehen oft nicht die ersten Lebensmonate.

Von den Südseevölkern erzählt Margaret Mead, daß die Eltern dort die Kindererziehung fast ausschließlich den älteren Geschwistern überlassen. Sobald ein sechs- bis siebenjähriges Kind in der Lage ist, ein Baby zu tragen, wird das Bündel auf seinem Rücken zu seinem ständigen Begleiter. Sobald das Kleine laufen lernt, beginnt der noch schwierigere Teil der Betreuung, denn nun müssen die älteren Geschwister ständig auf der Hut sein, damit das Krabbelkind die zum Trocknen aufgestellten Kokosnüsse nicht umstößt, die Fäden des Webstuhls nicht zerreißt, die Tonschüsseln nicht umwirft und dergleichen Verbote allmählich beachten lernt. Da es den kleinen Erziehern in der Hauptsache darum zu tun ist, ihren eigenen Frieden und ihre Freiheit so gut wie möglich zu wahren, versuchen sie die kleinen Geschwister, sobald sie sich durch falsches Verhalten oder Geschrei bemerkbar machen, außerhalb der Reich- und Hörweite der Erwachsenen zu bringen. Das macht die kleinen Schreihälse durchaus nicht gefügiger, im Gegenteil. Da sie aber, sobald sie heranwachsen, selbst wieder mit der Aufsicht über ein kleines Geschwisterkind betraut werden, erledigt sich dieses Problem ganz von selbst.

Von den Eingeborenen in Melanesien, die noch in mutterrechtlichem Familienverband leben, berichtet Malinowski, daß dort die Kinder sehr frei und unabhängig leben dürfen. Der Vater hängt mit großer Liebe und Zärtlichkeit an den Kindern. Stundenlang trägt er das Kleinkind auf dem

Arm und zeigt dabei eine Liebe und einen Stolz, wie man es bei anderen Völkern nur selten beobachtet. Das läßt auch nicht nach, wenn die Kinder heranwachsen. Je nach Geschicklichkeit und Charakter der Eltern gehorchen die Kinder ihnen mit mehr oder weniger Bereitwilligkeit, aber eine strenge Disziplin oder so etwas wie Gehorsamspflicht fehlt vollkommen. Wenn die Eltern beobachten, daß ihr Kind etwas Falsches tut, so bitten oder schmeicheln sie, um es davon abzubringen. Auch wenn sie sich etwas bestimmter ausdrücken, sprechen sie mit ihm stets wie mit ihresgleichen. Es kommt gelegentlich vor, daß Eltern ihre Kinder in der Erregung schlagen, aber ebenso häufig schlagen Kinder nach ihren Eltern, und diese wehren den Schlag ärgerlich oder gutmütig ab. Manchmal wird er auch genauso erwidert. Als Malinowski den Eltern riet, ihre Kinder doch einmal, wenn sie irgendeine Missetat begangen hatten, zu schlagen oder sonstwie ernsthaft zu bestrafen, um ihnen eine Lehre zu geben, wiesen sie diesen Gedanken wie etwas Unnatürliches oder Unsittliches weit von sich.

Man hat beobachtet, daß fast alle Naturvölker sehr kinderlieb sind. Sie schlagen ihre Kinder selten, höchstens einmal in einer plötzlichen Aufwallung von Zorn. Wenn ein Kind nicht hören will, läßt man es gewähren, wenn es unrecht tut, wird es getadelt; durch Überreden und Zurechtweisen sucht man es zu belehren.

Über das Leben der Kinder bei den Indianerstämmen im Gran Chaco in Südamerika berichtet ein Forscher um die Jahrhundertwende:

Das Indianerkind lernt das Leben im Spiel. Wenn die Mutter mit ihrem Töchterchen im Arm Wasser holt, so trägt das Mädchen einen winzigkleinen, dem der Mama ganz gleichen Krug. Füllt die Mutter ihren großen Wasserkrug, so füllt sie auch den ihres kleinen Töchterchens. Das Mädchen wächst und der Krug wächst. Es begleitet seine Mutter bald zu Fuß und trägt gleich ihr einen eigenen Krug auf dem Kopf. Spinnt die Mutter, so spinnt auch ihr Kind auf einer Spielzeugspindel. Der kleine Junge spielt mit seinem Netz im Dorf. Er fängt Laub, er fängt Tonscherben. Oft sind die Großväter die Lehrer. Ist er größer, so erhält er von dem Großvater ein größeres Netz und begleitet ihn auf den Fischfang. Anfänglich fängt er nicht viel. Er und das Netz wachsen, und der Knabe, der Laub und Tonscherben gefischt hat, fängt große Siluroiden, Palometas und vieles andere. Auf dieselbe Weise lernen die Kinder alles, was sie zu wissen nötig haben. – Die kleinen Kinder sind die Freude aller, besonders die Alten haben sie lieb. Sie werden niemals gezüchtigt, hören niemals harte Worte. Während sie klein sind, tyrannisieren sie Eltern und Großeltern. Werden sie älter und verständiger, so sind sie infolge dieser Erziehung freundlich und aufmerksam. Wenn es nötig ist, können auch die Indianermütter bestimmt sein. Einmal sah ich einen Chorotiknaben, der einen Sandfloh im Fuß hatte. Unbekümmert um das Geschrei des Knaben zog die Mutter das gefährliche Insekt mit einer knöchernen Nadel heraus, während zwei Frauen den Knaben festhielten.

Ganz allgemein darf man wohl annehmen, daß sich das Zusammenleben der Menschen nach und nach an dem Beispiel der Mutter-Kind-Beziehung orientiert hat. Das immer wiederkehrende Bild der Mutter, die in selbstloser Weise das hilfsbedürftige, schutzlose Wesen ernährt und betreut, mag auf die Dauer, stärker als eine Ordnungsmacht, auf das Verhalten der Menschen zueinander eingewirkt haben. Wenn wir das in bezug auf die frühen Entwicklungsstadien der Menschheit vermuten, so können wir es in geschichtlicher Zeit sogar nachweisen, denn alle großen Pädagogen, die unsere Erziehung richtunggebend beeinflußt haben, leiten ihre Grundhaltung vom Beispiel der Mutterliebe ab. Dieser Gedanke scheint der Menschheit, alternierend zum reinen Nützlichkeitsstreben, eingeboren zu sein. Soviel er auch übersehen oder verwischt wird beim Aufeinanderprallen egoistischer Interessen, so erscheint er doch in gewissen Abständen in immer neuer Form, um uns auf die Mutterliebe, als Beispiel sozialen Verhaltens, hinzuweisen.

Eltern und Kinder in der Welt der Antike

Nicht allein das soziale Verhalten bestimmt den Zusammenhalt der Familie, eine ebenso wichtige Rolle spielen die wirtschaftlichen Interessen und Notwendigkeiten. Die Kinder sind zwar zunächst schutz- und hilfsbedürftig, stellen aber daneben auch einen Sachwert dar, als heranwachsende Arbeitskraft und als Stütze des Alters. Man hat gelegentlich darüber gestritten, ob der soziale Instinkt oder der Selbsterhaltungstrieb als die stärkere Triebkraft anzusprechen sei. Wir dürfen annehmen, daß eine harmonische Wechselwirkung zwischen beiden die günstigsten Voraussetzungen für eine Familie schaffen, in der alle Glieder zu ihrem Recht kommen.

Wohl kann man bei einem Rückblick in frühere geschichtliche Epochen feststellen, daß meist die wirtschaftlichen Interessen stark im Vordergrund standen. Aber es waren die äußeren Verhältnisse, die dies bedingten. Je mehr Hilfsmittel dem Menschen bei der Befriedigung seiner Bedürfnisse zur Verfügung standen, desto günstiger waren die Bedingungen auch für die Schutz- und Hilfsbedürftigen.

Wenn heute ein Kind geboren wird, dem Arme oder Beine fehlen, so schlägt ihm eine Welle von Mitgefühl entgegen. Das ›Sorgenkind‹ erfreut sich der besonderen Zuneigung seiner Familie. Der Gedanke, daß die Griechen einst verkrüppelte und schwächliche Kinder aussetzten oder unmittelbar nach der Geburt töteten, erfüllt uns heute mit Widerwillen. Für die Spartaner mag dieser Kindermord eine Notlösung gewesen sein. In ihrer geographischen Lage, eingeklemmt zwischen unwirtlichen Gebirgszügen und ohne geeignete Häfen, durften sie sich nicht unbegrenzt vermehren.

In einer solchen Abkapselung entstanden Angst und Haß jedem Eindringling gegenüber. Jeder Fremde wird mißtrauisch und als Feind betrachtet.

Auch das Kind ist bei seinem Eintritt in die Welt für den Spartaner zunächst ein ›Fremdling‹. Die Eltern dürfen es nicht großziehen, bevor der Rat es begutachtet hat. Entspricht es den Vorstellungen, ist es gesund und kräftig ›wie ein echter Spartaner‹, so wird es in die Gemeinschaft aufgenommen. Wenn es aber von dieser Vorstellung abweicht, durch Krankheit, Schwäche oder ungestalte Glieder, dann erregt es Furcht und Abscheu und muß die Welt wieder verlassen.

›Die Welt‹, das ist für den Spartaner sein Staat, denn hier spielt sich sein eigentliches Leben ab.

Das Kind erscheint für den Spartaner praktisch erst mit sieben Jahren auf der Bildfläche des öffentlichen Lebens. Die Zeit vorher, die es in der Familie, unter der Obhut der Mutter verbringt, ist so etwas wie eine verlängerte Schwangerschaft, darum nimmt man das Kleinkind kaum zur Kenntnis.

In Sparta haben sich Lebensgewohnheiten von besonderer Härte gebildet, aber in abgemilderter Form sind die Grundzüge bestimmend für ganz Griechenland. Die Familie tritt in der Geschichtsschreibung wenig in Erscheinung, da die Frau ausschließlich das Haus und die Kleinkinder hütet. Schon in früher Jugend nimmt der Staat die Erziehung der Kinder in die Hand. Bei den wohlhabenden Bürgern verschwindet zwar allmählich die Sitte der Kinderaussetzung, aber bei den Armen wird sie noch allgemein geübt und beschränkt sich nicht nur auf die Kranken, sondern auf alle überzähligen Esser.

Plato ist der Meinung, daß ein wohlgeordneter Staat sich vor der Gefahr des Massenelends dadurch hüten soll, *daß nicht über die Unterhaltsmittel hinaus Kinder gezeugt werden.* Er sah in einer Überbevölkerung eine ständige Kriegsgefahr. Wenn ein Staat in Not war, fiel er über den Nachbarstaat her, unterjochte die Bürger und raubte, was er zum Leben benötigte. Eine Bodenkultur in unserem Sinne war den Griechen nicht bekannt. Sie beuteten ihre Äcker aus und ließen, wenn sie nichts mehr hervorbrachten, die letzten spärlichen Grashalme von Schafherden abnagen und vernichteten damit die letzte Vegetationsmöglichkeit. So verblieb ihnen, wenn sie nicht verhungern wollten, entweder die Geburtenbeschränkung oder der Raubüberfall auf die Nachbarstaaten. Diese Gewaltlösung verlor jedoch ihren Reiz, als alle Nachbarstaaten ›abgegrast‹ waren. Darum ist auch Aristoteles schon der Meinung, daß eine Polis, sobald sie zu volkreich sei, nicht mehr gesetzlich regiert werden könne. Wenn man also keine Kriege wollte, mußte man einen Ausweg suchen, der das Leben eines jeden Neugeborenen ständig bedrohte, denn die durch Raubbau verwüsteten Äcker und die durch Abholzen verkarsteten Hügel waren nicht wieder zum Leben zu erwecken. Die ganze Hilflosigkeit gegenüber dieser Situation spricht aus den Worten des kultivierten Plutarch:

Die Armen ziehen ihre Kinder nicht auf, aus Besorgnis, dieselben möchten ein elenderes Leben führen als billig ist, geknechtet, ohne Erziehung, ohne alle Teilnahme am Schönen, denn die Armut halten sie für das äußerste aller Übel und bringen es nicht über sich, den Kindern diese schreckliche Krankheit mitzugeben.

Aus diesen Sätzen klingen, wenn auch noch verschwommen, die Anfänge eines sozialen Gewissens, das den Griechen bis dahin unbekannt war. PLUTARCH führte mit seiner Frau eine glückliche Ehe. Daß die grausame Sitte, neugeborene Kinder umzubringen, ihn nicht ganz ungerührt ließ, verstehen wir um so besser, wenn wir den Brief zum Tode seiner zweijährigen Tochter an seine Frau Timoxena lesen:

Die Geburt der Tochter machte Dich nach vier Söhnen sehr glücklich, und darum gab ich ihr mit Freuden Deinen Namen. Sie wurde mein Liebling vor allen anderen. Außerdem ergriff mich eine besondere Neigung zu dem Kind, das zärtlich an mir hing; die Freude an ihm war rein und nie von Zorn oder Vorwürfen getrübt. Das Kind war von Natur außerordentlich freundlich und sanft, und sein Bestreben, jede erwiesene Liebe und Gefälligkeit zu erwidern, machte uns Freude und versprach für die Zukunft den edelsten Charakter. So verlangte es oft von seiner Amme, daß sie anderen Kindern, ja selbst den Gefäßen und Spielsachen, an denen es Vergnügen fand, die Brust reichen solle: so rief das Kind sie gleichsam aus Menschenliebe an seine Tafel und ließ sie für die ihm gemachte Freude wieder an seinen Freuden und Vergnügen teilnehmen. – Die in der Kindheit sterben, erhalten keine Totenopfer; man unterläßt bei ihnen auch noch andere Zeremonien, die sonst bei Toten gebräuchlich sind, und zwar, weil sie mit der Erde und dem Irdischen noch keine Gemeinschaft haben. Man pflegt ihre Gräber und Denkmäler nicht zu besuchen noch sich bei ihren zur Schau gestellten Leichnamen gerne aufzuhalten und hinzusetzen. Überdies verbieten es die Gesetze, sie zu beweinen, weil das bei Wesen, die in ein besseres Reich und in einen glücklicheren Zustand übergegangen sind, für unerlaubt gehalten wird. Da es nun gefährlicher ist, einen solchen Glauben zu bezweifeln, als ihn für wahr zu halten, so wollen wir alles Äußerliche nach Vorschrift jener Gesetze beobachten, noch mehr aber das Herz rein, unbefleckt und weise erhalten.

In der Deutung PLUTARCHS bekommt die alte Sitte, von dem Tode eines Kindes kein Aufhebens zu machen, einen religiösen Sinn. Von diesem Standpunkt aus gesehen wird der arme Mann, der seinem Kinde das Leben wieder nimmt, von Gewissensnöten befreit.

Im Römischen Reich war bereits zur Zeit der Republik das Recht des Vaters, sein Kind zu töten, nur auf Verbrechen beschränkt. In der Kaiserzeit wurde auch das verboten. Auch das Recht, seine Kinder in die Sklaverei zu verkaufen, erhält einige Beschränkungen.

Die römische Familie stellt das Musterbild eines konsequenten Patriarchats dar. Während wir vom griechischen Familienleben nur wenig hören, weil der Staat dort die wesentlichere Rolle im Leben des Menschen spielt, steht die römische Familie ganz im Mittelpunkt, als ein kleiner Staat im Staate. CICERO sagt einmal, daß es nichts Ehrwürdigeres gibt als das Haus eines Bürgers. Dieses Ansehen ist auch religiös untermauert. Der Herd gilt als heilig und wird von der Göttin Vesta beschützt, die übrigen Räume, besonders die Vorratskammer, sind der Obhut der Penaten anvertraut. Göttliche Verehrung genießen auch die verstorbenen Eltern. Sie spielen, wenn sie diese Welt verlassen haben, die Mittlerrolle zwischen Göttern und Menschen und genießen bis zu ihrem Tode die hohe Achtung und Verehrung der Kinder und Enkel. Viele Köpfe zählt die römische Familie, da die Kinder und ihre späteren Familien mit im Hause wohnen. Die Autorität des Vaters war zwar schon in der griechischen Familie tonangebend, aber bei der römischen ist sie juristisch genau festgelegt und praktisch unbegrenzt. GAIUS sagt: *Es gibt fast keine anderen Menschen, die so große Gewalt über ihre Söhne haben, wie wir.*

Trotz dieser ausgeprägten Vatergewalt ist die Würde der Frau ungleich größer als bei den Griechen. Die Römerin nimmt an den Gesprächen ihres Mannes und seiner Freunde regen Anteil, sie begleitet ihn auch in der Öffentlichkeit. Wenn eine römische Matrone über die Straße geht, hat man ihr Platz zu machen.

Die Erziehung der Kinder vollzieht sich ausschließlich in der Familie. Die Mutter oder eine Sklavin betreut die Kleinkinder, sie lehrt die Mädchen spinnen und weben, und die heranwachsenden Knaben werden vom Vater angeleitet. Er lehrt sie lesen und schreiben. Bei Verhandlungen mit Klienten darf der Sohn mit zuhören, und auch in die Volksversammlung oder zum Gericht begleiten die Knaben ihre Väter. Während die Griechen ihre Kinder in den Schulen durch Vorschriften belehren, erziehen die Römer durch Vorbild. Durch Zusehen und Zuhören werden die Kinder schrittweise in das Leben der Erwachsenen eingeführt.

Die Familie hat das Römische Reich überdauert. Als der Staat bereits korrupt und brüchig und die Staatsreligion unterhöhlt war, blieb der Zusammenhalt der Familie noch lange unerschüttert bestehen.

Zwischen mittelalterlichem Aberglauben und dem Zeitalter der Aufklärung

Als die römischen Mönche gen Norden zogen, um die Heiden jenseits der Alpen nebst Ackerbau und Viehzucht das Evangelium zu lehren, befanden sich diese zum Teil noch nomadisierenden Völker auf einer ähnlichen Entwicklungsstufe wie heute manche Entwicklungsländer.

Wir kennen die Schwierigkeiten eines solchen Unterfangens, darum können wir uns leicht vorstellen, daß aus den Familien der Gallier, der

Germanen und der Briten nicht unmittelbar nach der Missionierung ›christliche Familien‹ wurden. Das war schon deshalb nicht möglich, weil sich auch die Gesellschaft mit der Umstellung auf den christlichen Glauben durchaus nicht im Sinne der brüderlichen Liebe neu ordnete, sondern ihre alten, strengen, autoritären Formen beibehielt.

JESUS hatte die Frau dem Manne gleichgestellt, ja er sah nicht nur die ›geringsten‹ unter seinen Brüdern, sondern sogar die Kinder auf einer Stufe mit sich selbst, und seine Ordnungsmacht war die Liebe.

PAULUS ging wieder einen halben Schritt zurück und paßte sich mit dem Wort *Das Weib sei dem Manne untertan* den gegebenen Sitten an. Aber auch er stellte das Vater-Mutter-Kind-Verhältnis unter das Gebot der Liebe.

Auch THOMAS VON AQUIN ließ die patriarchalische Form der voraufgegangenen Zeit bestehen. Die Kirche kam damit dem natürlichen Bedürfnis entgegen, das, wie wir eingangs erwähnten, alte, gewohnte Familienverhältnisse noch lange bestehen läßt, wenn sich die allgemeinen Vorstellungen bereits gewandelt haben. Zögernd wurden die strengen Gesetze der Unterordnung durch den Gedanken der Freiwilligkeit und der Liebe gemildert. Durch das ganze Mittelalter ziehen sich die Bestrebungen der toleranten und offenen Vertreter der Kirche, die Familienverhältnisse zu vermenschlichen, während ihre harten und konservativen Berater immer wieder die strenge Unterordnung unter die Vatergewalt verlangen. Sie glauben nicht an die Kraft der Liebe, sie fürchten den Zerfall der Familie und damit der ganzen Gesellschaft. In ständiger Furcht vor dem Chaos setzen sie allen freiheitlichen Bestrebungen ihren strengen Ordnungswillen entgegen. Vielleicht haben sie damit nicht ganz unrecht, denn unter der Decke einer oberflächlichen Missionierung schwelt noch dumpfer Aberglaube.

Die Grundhaltung des Christentums, darin sind sich alle Richtungen einig, ist familienfreundlich und kinderlieb. In vielen Heiligenlegenden wird die Liebe zum Kind verbreitet, die häufige Darstellung der Gottesmutter mit dem Kind zeigt die Mutterliebe in erhabenster Form und macht sie sogar zu einem Bindeglied zwischen Mensch und Gott.

Diese neue Entwicklung duldete nur in ihren Anfängen noch den Kindermord und die Aussetzung der Neugeborenen, wie sie im Altertum und bei den Germanen üblich waren. TACITUS berichtet zwar, daß die Germanen die Kindstötung bestraften, aber sie galt nur dann als Rechtsbruch, wenn Vermögensschäden damit verbunden waren. Bei den Germanen bestimmte der Vater über Leben oder Tod des Neugeborenen. Die Sitte verlangte, daß man es ihm vor die Füße auf die bloße Erde legte; hob er es auf, so durfte es am Leben bleiben; wenn er es liegenließ, bedeutete das Tod oder Aussetzung. Von der Gefahr des Aussetzens waren besonders die Mädchen bedroht, da sich die Knaben bereits bei ihrer Geburt eines höheren Ansehens erfreuten.

Das Sittengesetz nahm, zumindest im Norden Europas, auf diese

Kind im Bade.
Kupferstich um 1470

Gewohnheit noch Rücksicht, es erlaubte in den ersten Jahrhunderten die Kindsaussetzung, wenn sich die Eltern in großer Not befanden.

Die Stellung des Kindes änderte sich mit dem Vordringen des Christentums zunächst einmal in der religiösen Vorstellung. Durch den Hinweis JESU: *Lasset die Kindlein zu mir kommen – denn ihrer ist das Reich Gottes,* wurde wenigstens die Seele des Kindes als gleichberechtigt anerkannt. Diese neue Anschauung erstreckte sich sogar auf das Kind im Mutterleib, darum war die Abtreibung bei strenger Strafe verboten. Mit der Taufe wurde das Kind theoretisch zur Person erhoben. Sein nacktes Leben konnte ihm nun nicht mehr genommen werden. Aber die Geringschätzung des Kindes saß zu tief in den Vorstellungen der Menschen; sie zu beseitigen gelang nicht von heute auf morgen. Im Laufe der Jahrhunderte können wir jedoch beobachten, wie, zumindest in Zeiten geistiger und politischer Freiheitsbestrebungen, das Kind Stück für Stück seines Lebensraumes hinzugewinnt, der ihm zwar in autoritären und absolutistischen Epochen stark beschnitten, aber nicht wieder ganz genommen werden kann.

Vorbereitet von Persönlichkeiten, wie NIKOLAUS VON CUES, ZWINGLI und ERASMUS VON ROTTERDAM, dringt in der ersten Hälfte des 16. Jahrhunderts eine menschenfreundlichere Atmosphäre bis in die Kinderstuben. Es beginnt mit dem Wunsch, dem neugeborenen Kind auch das Leben zu erhalten, denn die Kindersterblichkeit bei der Geburt und im Säuglingsalter ist noch ungemein hoch.

Wenn die Frau ihr erstes Kind bekommt, ist sie auf den Beistand der Nachbarinnen angewiesen. *Mein Herr, mich dünkt, mir sei gleich weh –*

Ancilla, nach der Wehmutter lauf! – Ruf etlich Nachbarin herauf! – Denn ich muß wahrlich bald gebären. So läßt HANS SACHS Rebekka zu Isaak sprechen, in dem Lustspiel *Jakob mit seinem Bruder Esau.* Die Aufgabe der Wehmutter übernahm in vielen Fällen die Guts- oder Landesherrin. Es gab auch schon Hebammen. Ihre Tätigkeit wurde jedoch in manchen Gegenden dadurch erschwert, wenn nicht gar unterbunden, daß sie keine Bezahlung annehmen durften. Da die adligen Damen diese Dienste ehrenhalber verrichteten, galt es zeitweise als unehrenhaft, Geld für die Geburtshilfe anzunehmen. Man half sich aus dieser Zwickmühle, indem man der Hebamme einen Dukaten in das erste Bad des Kindes legte. Dieses Geldstück diente zugleich einem abergläubischen Zweck. Es sollte bewirken, daß es dem Kind im späteren Leben an nichts mangele.

Die Hilflosigkeit und Unwissenheit angesichts der Säuglingssterblichkeit war groß, darum griff man vor, während und nach der Geburt zu allerlei abergläubischen Mitteln. Dabei wurde nicht selten gute und richtige Überlieferung mit heidnischen Riten vermischt oder verwechselt. Eine Verwirrung, die sich durch den Kampf der Kirche gegen die Reste alten heidnischen Glaubens noch beträchtlich steigerte. So konnte es dazu kommen, daß kluge, erfahrene Frauen, die noch über alte, überlieferte Kenntnisse in der Heilkunde verfügten, als Hexen verbrannt wurden, während man zugleich abergläubische Vorstellungen unbedenklich in das christliche Brauchtum einbezog.

Nach der Erfindung der Buchdruckerkunst fanden die unsinnigsten Ratschläge, als Einblattholzschnitte gedruckt, reißenden Absatz. Aber gleichzeitig bestand nun auch die Möglichkeit, den Hebammen und den unwissenden Wöchnerinnen einige Aufklärung zu vermitteln. Mit Bildern geschmückt und zum leichteren Einprägen in Reime gefaßt, erschienen Anleitungen zur Pflege und Wartung des Neugeborenen:

Nun merk mit Fleiß, was ich dir sag,
Das Kind soll baden alle Tag,
Mit lauem Wasser, und so bald
Nach dem Bad du es salben sollt
Mit Rosenöl, ist ihm gesund.
Du sollst auch ihm zur selben Stund
Sein Glieder streichen auf und ab,
Wann es dieselben strecken mag.
Du magst sie ihm auch lenken fein,
Dieweil sie noch so linde sein.

Weint das Kind, so soll die Mutter ihm die Brust darreichen oder ihm etwas vorsingen, *denn die mild Stimm erfreuet es am Herzen.* Auch vor dem Einschlafen wird leises Singen empfohlen:

Sing auch dazu ein süße Weis,
Mit halber Stimm ohn groß Geschrei,
Das bringt ihm Frommen mancherlei.

Sein Geist wird ihm dadurch erfreut,
Ein süßer Schlaf ist ihm bereit.

Wie gut sich die Mütter darauf einzustellen verstanden, davon zeugen die vielen alten Wiegenlieder, die zum Teil kleine Kunstwerke an einfacher Klangschönheit darstellen.

Der Schlaf des Kindes wird überhaupt aufs sorgsamste gehütet. In den ersten sechs Wochen muß es in einem halbdunklen Raum liegen, damit es sich langsam an das Licht der Welt gewöhnt. *Daß weder Sunnen- noch Mondschein über es scheine, auch daß weder Katz noch andere Vieh über das Kind komme, dadurch es erschrecken mög oder sunst ein Schaden empfinge.*

Den stillenden Müttern wird geraten, Met zu trinken, ein gutes Neubier oder Fenchel mit Milch, aber keinen neuen Wein! Bei den Frauen vornehmer Stände galt es zeitweise als unfein, das Kind selbst zu stillen. Gegen diese Sitte ereifern sich ERASMUS und gleich ihm viele Gelehrte seiner Zeit. Nur wenn die Mutter selbst nicht stillen kann, soll sie eine Amme nehmen, aber auch dann nicht jede beliebige, sondern eine, die sich durch körperliche Gesundheit und Sittenreinheit auszeichnet.

THOMAS PLATTER erzählt, daß seine Mutter ihn nicht stillen konnte, *das war mins ellentz ein anfang.* Auch eine Amme bekam er nicht. *Han also durch ein Hörnlein, wie im Lande der Brauch ist, wenn man die Kind entwöhnt, müssen Kuhmilch säugen. Dann gibt man den Kindern nit zu essen, bis sie oft vier oder fünf Jahre alt werdent, sunder allein Milch zu säugen.*

Wie lange man ein Kind stillen darf, darüber gibt GEILER VON KAISERSBERG Auskunft: *Es hat seine Zeit und Ordnung, wie lang man ein Kind säugen soll, wann sie kummet und bringen ein Schemel und sprechen: Muoter ..., den Kindern soll man die Ruoten geben.*

Wenn das erste ›dumme Vierteljahr‹ vorbei ist, beginnt die Mutter mit allerlei neckischen Spielen. Sie tippt dem Kind mit dem Finger auf Mund, Nase, Ohren und singt dazu: *Kinne Wippchen / rote Lippchen / Nuppelnäschen / Augenbräunchen / Zupf, Zipf, mein Härchen.* Oder sie krabbelt mit ihren Fingern am Körper des Kindes empor und zupft es am Ohrläppchen: *Da kommt die Maus / da kommt die Maus / Klingeling / ist der Herr zu Haus?* Wenn es etwas größer wird, darf es auf Vaters Knien reiten, viele alte Kniereiterliedchen sind bis heute erhalten geblieben. Für hunderterlei Gelegenheiten im Tageslauf des Kleinkindes gibt es gesprochene oder gesungene Verschen. Wenn es sich gestoßen hat oder gefallen ist, singt die Mutter: *Heile, heile Segen / drei Tage Regen / drei Tage Sonnenschein / bald wird's wieder besser sein.* Auch beim Kämmen sucht sie es durch Sprüche abzulenken, damit es nicht weint. Wenn es aber gar nicht stillehalten will, so soll sie ihm, wie GEILER VON KAISERSBERG rät, drohen: *Also thuot die Mutter dem Kind, so sie ihm strelt und es weinet. Sie zeigt ihm die Lüs und spricht: lassestu sie nit herab thun, so tragen sie dich in den Wald, alo macht sie, daß es sich lidet gedultiglich.*

Die Kinder waren zu jener Zeit nicht nur von Läusen bedroht, im Hause und auf dem Hof lauerten mancherlei Gefahren. Da standen und hingen Ackergeräte herum, an denen man sich schneiden oder stechen konnte, der Brunnen mußte stets zugedeckt sein, die Regentonne, das Waschfaß mit heißem Wasser, das offene Feuer drohten. In einer solchen Umgebung hatte das Kind einen Schutzengel mehr als nötig. Da meist mehrere kleine Kinder zu betreuen waren, mußten die Kleinsten in Sicherheit gebracht werden, dafür gab es zahlreiche Geräte, verschließbare und fahrbare Stühlchen und Bänke, auf denen gleich mehrere Kinder Platz fanden, kleine Laufställchen auf Rädern, Laufrahmen mit einem Lenkstab versehen und das Gängelband, an dem die Mutter das Kind mit sich führen konnte.

Auf dem Lande fehlten oft auch diese einfachen Schutzmaßnahmen. Da die von der harten Fron bedrängten Eltern sich kaum um ihre Kinder kümmern konnten, waren die Kinder ganz sich selbst überlassen:

Der arme Bauernsohn wird gleich nach seiner Geburt in grobe Zotten eingewalgen, auff das harte Stroh geleget, dort schauet die Mutter offt den halben Tag nicht zu ihme, sondern last ihn auff der Erde wie einen jungen Affen herumb walgen, oder traget ihn mit auff das Feld, daß er dorten in der haißen Sonne halb gebratten wird, er muß mit grober Speiß, und schlechter Warthung vorlieb nemmen. Wachset er ein wenig auff, wird er schon zur Arbeit angespannt, darneben er offt deß groben Brods nicht genug hat, für seinen Trank anderst nichts, als das Wasser. (Amandus)

Das Spielalter war auf wenige Jahre beschränkt. So bald als möglich wurden die Kinder zur Arbeit angehalten. Thomas Platter berichtet, daß er mit sechs Jahren die Ziegen hüten mußte. Wenn er die zirka achtzig Tiere aus dem Stall ließ, warfen sie ihn um, trampelten über ihn hinweg und rannten in die Saatfelder. Da er wußte, daß er deswegen geschlagen wurde, weinte er bitterlich. Das Schwesterchen des Bürgermeisters von Stralsund mußte mit fünf Jahren schon spinnen. Als sie im Jahre 1550 vom Reichstag hörte, daß dort Gesetze beschlossen würden, seufzte sie: *Ach du lieber Gott, wenn sie doch auch ernstlich verordnen möchten, daß so kleine Mädchen nicht spinnen dürften.*

Hermann von Weinsberg mußte seiner Mutter Garn haspeln: *Hiermit hielt sie mich von der Straßen.* In der Tat suchten die Eltern ihre Kinder durch Arbeit von ›dummen Streichen‹ abzuhalten. Das gelang ihnen allerdings nur teilweise, denn der Spieltrieb, der in jedem gesunden Kinde steckt, wurde durch die Arbeit nur unterdrückt und brach sich oft gewaltsam Bahn.

Mit harten Strafen suchte man die Kinder zu bändigen und auf ›den rechten Weg‹ zu bringen. *Wenn deine Kinder geschleckt haben und dann aufahen und sich entschuldigen mit Lügen und brechen also Blätter und machen Questen von Feigenblättern (wie beim Sündenfall), so sollst du Birkenquesten machen von Birkenreißern und mit derselbigen ihnen das wehren, daß sie hinten und vorne blitzen und ufspringen.*

Kind im Laufstuhl.
Kupferstich 1614

Da die Kinder aus Furcht vor solch schmerzhaften Strafen natürlich rasch gehorchen, glaubte man in der Rute das beste Erziehungsmittel schlechthin zu sehen. *So oft es lügt, gib ihm ein Schlecklin mit der Ruten, es ist nit bessers dafür uf Erdreich weder eben das.* HANS SACHS ging sogar so weit, zu behaupten: *Wer seinem Kind der Ruten spart, der haßt sein Sohn nach Feindes Art.* Selbst LUTHER, dessen harmonisches Familienleben oft zitiert wird, sieht, bei aller Liebe zu seinen Kindern, den Gebrauch der Rute bei der Erziehung als unumgänglich an. Aber während die landläufigen Erziehungsratschläge seiner Zeit sich ausschließlich auf die Gehorsamspflicht der Kinder berufen, warnt Luther schon die Eltern:

Wer zornig herrscht, der macht übel Ärger, die Erfahrung lehrt, daß durch Liebe weit mehr ausgerichtet werden könne als durch knechtische Furcht und Zwang. Daraus, daß die Kinder mit Ungestüm erzogen werden kommt, daß ihr Gemüt, weil es noch so zart ist, ganz in Furcht und Bangigkeit gerät, und erwächset in ihnen ein Haß gegen die Eltern, daß sie entlaufen und thun, was sie sonst nimmer gethan hätten. Ein Kind, das einmal blöde und kleinmütig geworden ist, dasselbige ist zu allen Dingen untüchtig und verzagt und fürchtet sich allezeit, so oft es etwas thun oder angreifen soll. Und das noch ärger ist, wo eine solche Furcht in der Kindheit bei einem Menschen einreißt, die mag schwerlich ausgerottet werden sein Leben lang. Denn weil sie zu einem jedlichen Worte des Vaters oder der Mutter erzittern, so fürchten sie sich hernach ihr Leben lang vor einem rauschenden Blatte.

Hier wird von Luther recht deutlich erklärt, warum die Furcht vor der

Strafe ein denkbar schlechtes Erziehungsmittel darstellt. Mit dieser Meinung stand Luther nicht allein. Es gab zu allen Zeiten kluge und einsichtige Eltern, die ihre Kinder ohne Prügel zu erziehen verstanden. Ihre Zahl ist klein und kleiner, je weiter wir in der Geschichte zurückblicken. Daß es sie gab, darüber belehren uns einige Sprichwörter:

Zorn wirft blinde Junge.

Vom Schlagen hat niemand einen Vorteil als der Metzger.

Wenn man ein Kind mit einem Weidengertlein schlägt, wächst es nicht mehr.

Derjenige Vater, der sein Kind mit Füßen treten will, der ziehe zuvor die Schuhe aus, damit sie der Teufel ihm putzen kann.

Es ist kein Zufall, daß diese Sprichwörter weniger bekanntgeworden sind. In der Debatte, ob man Kinder mit oder ohne Schläge erziehen soll, hatten die Verteidiger der Prügelstrafe jahrhundertelang die Mehrheit.

In den Ehe- und Hausbüchern des 16. bis 18. Jahrhunderts beschränken sich die Pflichten der Eltern fast ausschließlich auf die Züchtigung. Der Begriff der ›Kinderaufzucht‹ wird stets mit ›Züchtigung‹ gleichgesetzt. Im lebhaften Temperament, im energischen Spiel- und Beschäftigungstrieb sieht man den Eigenwillen des Kindes, den es zu brechen gilt.

Denn weil der eigene Wille (die Quelle des Verderbens) in die Kinder von ihrer Geburt an tieff eingewurzelt ist, so muß er vermittelst der Züchtigung so lange gebrochen werden, bis sie endlich selbst so weit kommen, daß sie ihn aus Liebe zum Guten selbst brechen und mehr und mehr ablegen lernen.

In dieser und ähnlicher Form starren alle, die sich mit der Erziehung befassen, gebannt und ängstlich auf die ersten Willenskundgebungen des Kindes, die nach ihrer Ansicht teuflischen Ursprungs sind. Aus dieser Furcht spricht die alte mittelalterliche Angst vor dem Teufel und der Glaube an die Erbsünde, mit der das Kind behaftet ist. Guten Gewissens dürfen deshalb die Eltern diese Willensäußerungen mit Prügeln bestrafen, sie treiben damit nur den Teufel aus.

Wenn man bis dahin der Erziehung des Kindes in der Familie schon wenig Beachtung geschenkt hatte, so gingen alle pädagogischen Bemühungen in den Wirren des Dreißigjährigen Krieges vollends unter. Wie die Kinder, wenn sie überhaupt diese Zeit überlebten, existierten, das schildert uns Grimmelshausen im ›Simplizissimus‹. An seine Familie hat der kleine Simplicius nur noch sehr spärliche Erinnerungen, weil eines Tages sein Vaterhaus von räuberischen Soldaten angezündet wurde und seine Angehörigen vertrieben wurden. Ein Einsiedler, zu dem sich das heimatlose Kind verirrt, versucht durch Fragen herauszubekommen, wo der Kleine zu Hause ist:

Einsiedler: Wie heißt du?
Simplicius: Ich heiße Bub.

EINSIEDLER: Ich sehe wohl, daß du kein Mägdelein bist. Wie haben dich deine Eltern gerufen?
SIMPLICIUS: Ich habe keinen Vater oder Mutter gehabt.
EINSIEDLER: Wer hat dir denn das Hemd gegeben?
SIMPLICIUS: Ei, mein Meuder.
EINSIEDLER: Wie nannte dich denn dein Meuder?
SIMPLICIUS: Sie hat mich Bub genannt, auch Schelm, ungeschickter Tölpel, Galgenvogel.
EINSIEDLER: Wer ist denn deiner Meuder Mann gewesen?
SIMPLICIUS: Niemand.
EINSIEDLER: Bei wem hat denn deine Meuder des Nachts geschlafen?
SIMPLICIUS: Bei meinem Knan.
EINSIEDLER: Wie hat dich denn dein Knan geheißen?
SIMPLICIUS: Er hat mich auch Bub genannt.
EINSIEDLER: Wie heißt aber dein Knan?
SIMPLICIUS: Er heißt Knan.
EINSIEDLER: Wie hat ihn aber deine Meuder gerufen?
SIMPLICIUS: Knan und auch Meister.
EINSIEDLER: Hat sie ihn nie anders genannt?
SIMPLICIUS: Ja, sie hat.
EINSIEDLER: Wie denn?
SIMPLICIUS: Rülp, grober Bengel, volle Sau und auch anders, wenn sie haderte.

Der lange Krieg hatte nicht nur die materielle Existenz vernichtet, auch die gewohnten Formen des Zusammenlebens waren in Verwirrung geraten. Darum ist es nur verständlich, daß nach Beendigung des Krieges ein überstarkes Bedürfnis nach Zucht und Ordnung erwachte. Wenn die Kinder während des Krieges durch Unordnung und Unsauberkeit verwahrlosten, so hatten sie in der darauffolgenden Zeit des Rokoko unter einer allzu strengen Zucht zu leiden, die dem kindlichen Bewegungsdrang und der Spielfreude harte Fesseln anlegte. Dem Ordnungswillen der Zeit entsprach es, daß man wieder großen Wert auf gute Manieren legte, und sicherlich mangelte es nach den Wirrnissen des Krieges hieran oft. In einem Anstandsbuch für Kinder, das sich mit dem Benehmen bei Tisch befaßt, heißt es:

Zuallererst schneide deine Nägel ab, daß sie nicht scheinen, als ob sie mit Sammet verbrämet wären, wasche deine Hände und setze dich züchtig nieder. Schlürfe die Speise, etwa die Suppe nicht hinein wie ein Schwein; blase die Kost nicht, daß es allenthalben herumspritze. Schnaube nicht wie ein Igel. Trink und iß soviel, als dir Not ist, darüber getan, gebiert Krankheit. Deine Hände müssen nicht lange auf dem Teller liegen. Schlenkre auch nicht mit den Füßen hin und her unter dem Tische, wie ein Leineweber. So du trinkest, säubre die Lefzen nicht mit der Hand, sondern mit einem Tüchlein. Trink auch nicht, weiland du die Speise noch im Mund hast. Stochere die Zähne nicht mit dem Messer, sondern mit dem Zahnstocher oder dem Federkiel, denn von dem Messer rosten die Zähne wie Eisen im Wasser. Halte jedoch die Hand vor den Mund, wenn du solches tust. Schmatze nicht wie eine Sau über dem Essen. Dieweil du issest, kratze dein Haupt nicht. Fege auch nicht an der Nase. Du sollst auch nicht zugleich reden und essen, denn solches ist bäurisch. Mach das Tischtuch oder das Wams nicht unsauber. Wirf auch die Beine nicht unter den Tisch, damit von den Hunden kein Scharmützel entstehe. So du gegessen hast, wasch dein Angesicht und deine Hände, spüle den Mund aus, und sage Gott für seine väterliche Wohltat Dank.

Hier begann man, zumindest im Hinblick auf die Umgangsformen, sich für das Benehmen und das Verhalten in der Familie zu interessieren, ein Gebiet, das lange grob vernachlässigt worden war. Die gute Erziehung in der Familie LUTHERS und mancher Fürstenhäuser wurde zwar lobend anerkannt, blieb aber ohne Breitenwirkung. Gedanken über Erziehung überließ man den Lehrern. Eltern und Kinder blieben weitgehend sich selbst überlassen. Wer durch mangelnde oder fehlgeschlagene Erziehung versagte oder strauchelte, landete im Armenhaus, wenn nicht gar am Galgen. Ein Versagen der Eltern sah man nur sehr ungenau, weil klare Erziehungsvorstellungen noch fehlten.

ERASMUS, der die Zusammenhänge von Familie und Staat, Erziehung und Leben klarer als seine Zeitgenossen durchschaute, hatte schon 1550 ernste Mahnungen an die Eltern gerichtet, sich mit größerer Sorgfalt der Erziehung ihrer Kinder anzunehmen:

Und wer sieht darum nicht, daß diejenigen vollkommen verkehrt handeln, welche die größte Sorgfalt auf den Acker- und Häuserbau, auf die Pflege ihrer Pferde verwenden, und dafür auch den Rat kluger und durch reiche Erfahrung einsichtiger Männer einholen – sich aber um die Erziehung ihrer Kinder, um derentwillen man doch alles übrige erwirbt, so wenig kümmern, daß sie weder mit sich selbst darüber zu Rate gehen, noch die Meinung verständiger Männer nachsuchen. Wem säen, wem pflügen, wem bauen sie Häuser, für wen jagen sie zu Wasser und zu Lande nach Reichtümern, wenn nicht für ihre Kinder? Mit Eifer trachtet man nach Besitz – um den Besitzer kümmert sich niemand. Wer läßt einen, der nicht spielen kann, ein Instrument machen; wer sammelt einem Ungebildeten eine bedeutende Bibliothek? Aber Reichtümer werden für den zusammengetragen, der nie gelernt hat, vernünftig damit umzugehen! Du schaffst Hilfsquellen für das Gute und Rechte, wenn du die notwendigen Mittel einem wohlerzogenen Sohn erwirbst; bei einem ungebildeten Tölpel hingegen nur die Werkzeuge für Schlechtigkeit und Verbrechen.

ERASMUS spricht hier für die damals sehr dünne Schicht der Besitzenden, seine Stimme wurde darum nur von wenigen vernommen. Als sich dreihundert Jahre später PESTALOZZI mit ähnlichen Worten an »alle Eltern«

Unterricht der Mädchen in weiblichen Handarbeiten. Holzschnitt 1689

Die Näherin.

IM Würken/Nähen/Klippeln/Sticken:
Wird sichs mit euch aufs Beste schicken
Wann ihr nur folget meinem Rath/
Und das verrichtet in der That
Was ich euch zeig/ so wird es heissen:
Hoch diese Jungfern sind zu preisen.

Die Mutter.

IHr Kinder wollet Fleiß anwenden/
Mit eueren subtilen Händen/
Die Kunst im Nähen zu begreiffen/
Die Augen lasst nicht umher schweiffen;
So werdet ihr mir wohl behagen/
Und bey den Leuten Ruhm erjagen.

wandte, waren es schon einige mehr, die auf ihn hörten. Aber ehe diese Gedanken in das Bewußtsein breiter Schichten dringen konnten, mußten mehr als vierhundert Jahre vergehen.

Während schon gegen Ende des 17. und im 18. Jahrhundert die Rationalisten in vielen europäischen Ländern das soziale Gewissen der Menschheit weckten und sie zu größerer Humanität anregten, wurden die Kinder in das enge Gerüst der Formvorstellungen des Rokoko gepreßt. Das bedeutete für die Knaben und Mädchen der vornehmen Stände eine gewaltige Verkürzung ihrer Kinderjahre. Schon in zartem Alter suchte man aus ihnen kleine Damen und Herren zu machen. Besonders schwer hatten es die kleinen Mädchen. Für sie mußte zwangsläufig der ›Ernst des Lebens‹ sehr früh beginnen, wenn sie die Anfertigung der zahlreichen Gebrauchsgüter erlernen wollten, die man damals noch alle im Haushalt selbst herstellte.

Im ländlichen Hauswesen des 17. und 18. Jahrhunderts war man Erzeuger, Hersteller und Verbraucher zugleich. Die städtische Hausfrau konnte zwar Mehl kaufen, mußte aber das Brot selbst backen. Der Garten lieferte Gemüse und Obst, die für den Winter getrocknet, gedörrt und gesalzen wurden. Zu jedem Hause gehörte demzufolge eine ausreichende Anzahl von Vorratsräumen, wo man Nahrungsmittel für den ganzen Winter lagern konnte. Nur komplizierte Kleidungsstücke verfertigte der Schneider; Bettwäsche, Leibwäsche, Tücher und Röcke entstanden im Hause, da jede Frau sich aufs Spinnen, Weben, Wirken und Färben verstand. Tiere kaufte man zumeist lebend auf dem Markt und schlachtete sie eigenhändig. Was nicht sofort verwertet werden konnte, wanderte mit Salz bestreut oder mit Fett verschlossen in Töpfen und Fässern in den Keller. Von den Abfällen des Schlachtfestes, aus Fett und Talg, machte man Lichter, Seife und Salben. Im Herbst wollten Trauben und Früchte zu Wein und Säften verarbeitet werden. Aus Garten- und Feldkräutern wußte die Hausfrau Arzneimittel herzustellen.

Mit dem steigenden Wohlstand der Städte und den größeren Ansprüchen begann man für die tausenderlei Rezepte ›Hausbücher‹ zu drucken. Dabei ergab sich bald, daß die Kenntnisse, die sich ein Mädchen anzueignen hatte, mehrere dickleibige Bücher umfaßten.

Seitdem die Aufklärungszeit das Interesse für ferne Länder und fremde Kulturen geweckt hatte, drangen neue Kenntnisse und neue Gebrauchsgüter bis in die wohlbehüteten Küchen und Wohnstuben. Das Spinnrad verdrängte allmählich die Handspindel, und unter den neuen Nahrungsmitteln brachte besonders die Kartoffel eine regelrechte Umwälzung mit sich.

Mit den vielen neuen Dingen verbreiteten sich auch die französischen Umgangs- und Lebensformen des Rokoko bald über ganz Europa. Es waren weniger die humanen Gedanken der Aufklärung als die äußeren Formen der ›galanten Zeit‹, die das Bild des Menschen im 17. und 18. Jahrhundert prägten. So wurde die ›neue Zeit‹ gleich zu Anfang in das enge Kleid der galanten Zeit gezwängt, und die freiheitlichen Gedanken erstickten bald in Formproblemen, weil jedermann ängstlich besorgt war, keinen Fingerbreit von der Mode der Zeit abzuweichen. Man benahm sich und kleidete sich nicht nur ›galant‹, man redete, kochte, wohnte sogar auf galante Weise.

In den Kaufmannsfamilien der Städte wehte noch ein verhältnismäßig frischer Wind. Durch Kontakte mit vielen Menschen, anderen Städten und fernen Ländern war man aufgeschlossener und beweglicher. Dagegen schuf die übertriebene Etikette auf den abgelegenen Landhäusern oft Vatergestalten von geradezu komischer Würde.

Mein Vater, so erzählt K. v. STROMBECK, *ein alter, tunlich rechtschaffener und biederer Mann, war in hohem Grade ernst und eifersüchtig auf sein Ansehen. Den tiefsten Respekt gegen ihn, die strengste Erfüllung der Pflichten verlangte er beständig, und nicht das Mindeste sah er in dieser Beziehung nach. Daher war denn in Beziehung gegen ihn die ganze Hausgenossenschaft, die Mutter mit eingeschlossen, in dem Zustand der größten Unterwürfigkeit. Diese Art zu sein war meinem Vater so sehr zur zweiten Natur geworden, daß er sich nur unter den von ihm abhängigen Hausgenossen behaglich fühlen konnte und er hatte keinen Umgang, am wenigsten freundschaftlichen. Um elf Uhr wurde der Bediente hereingerufen, und die Ankleidung des Vaters begann mit einem Ernste, als wenn dies eine Haupt- und Staatsaktion gewesen sei.*

Wenn auch bei dieser Vatergestalt die Würde leicht übertrieben erscheint, so ist doch das gemessene und ernste, wenn nicht gar hoheitsvolle Gebaren typisch für die Väter dieser Zeit. Daß sich, wie in GOETHES Elternhaus, die Kinder trotzdem einer ziemlich unbeschwerten Jugend erfreuen konnten, ist dem ausgeglichenen und heiteren Temperament der Mutter zu verdanken, die den Einfluß des strengen Vaters durch ihr pädagogisches Geschick zu kompensieren verstand. Ein anschauliches Bild davon gibt uns GOETHE in seinen Jugenderinnerungen:

Die alte, winkelhafte, an vielen Stellen düstere Beschaffenheit des Hauses war dazu geeignet, Schauer und Furcht in kindlichen Gemütern zu erwecken. Unglücklicherweise hatte man noch die Erziehungsmaxime, den Kindern frühzeitig alle Furcht vor dem Ahnungsvollen und Unsichtbaren zu nehmen und sie an das Schauderhafte zu gewöhnen. Wir Kinder sollten daher allein schlafen, und wenn uns dieses unmöglich fiel und wir uns sacht aus den Betten hervormachten und die Gesellschaft der Bedienten und Mägde suchten, so stellte sich im umgewandten Schlafrock und also für uns verkleidet genug, der Vater in den Weg und schreckte uns in unsere Ruhestätten zurück. Die daraus entspringende üble Wirkung denkt sich jedermann. Wie soll derjenige die Furcht loswerden, den man zwischen ein doppelt Furchtbares einklemmt? Meine Mutter, stets heiter und froh und andern das gleiche gönnend, erfand eine bessere pädagogische Auskunft. Sie wußte ihren Zweck durch Belohnungen zu erreichen. Es war die Zeit der Pfirsiche, deren reichlichen Genuß sie uns jeden Morgen versprach, wenn wir des Nachts die Furcht überwunden hätten. Es gelang, und beide Teile waren zufrieden.

Zu allen Zeiten hat es solche Mütter gegeben, die man als ›geborene Erzieher‹ ansprechen darf. Auch unter den schwierigsten Verhältnissen fand man zufriedene Familien und glückliche Kinder. Aber das ist nicht die Regel. Die meisten lassen sich, auch im Verhalten zu ihren Kindern,

Fritz von Uhde 1848–1911
Das 19. Jahrhundert prägt den Begriff der »guten Kinderstube« (oben).

Frans Hals 1580–1666
Um 1600 wird es Mode, die Schoßkinder in feierlichen Prunkgewändern malen zu lassen (Seite 42).

Andrea Mantegna 1431–1506
Wohlbehütet, aber eingezwängt in Wickelbänder, ruht hier das Kind im Arm der Mutter (Seite 41).

Paula Modersohn 1876–1907
Hier tritt uns zum ersten Mal das Kind als eigenständige Person entgegen (Seite 44).

von den Zeitströmungen treiben, und die allgemeine Tendenz ging selbst gegen Ende des 18. Jahrhunderts immer noch dahin, von den Kindern nebst strengem Gehorsam die peinliche Beachtung äußerer Formen zu verlangen.

In den Städten und auch in den Familien des Landadels gab man sich große Mühe, den Kindern ›gute Manieren‹ beizubringen. Wem das Glück eine gütige und verständige Mutter vergönnt hatte, dem wurde außerdem auch eine gute Erziehung zuteil. So konnte GOETHE zu Recht darauf hinweisen, daß der Mensch sich nicht nur von innen nach außen bildet, sondern daß er durchaus auch die Möglichkeit hat, sich von außen nach innen zu bilden.

Da sich die guten Manieren jedoch, wo es an Herzensbildung fehlt, nicht so leicht aufpfropfen lassen, artete die Erziehung oft in Drill und Dressur aus. Kinder lassen sich aber nun einmal nicht so leicht dressieren wie Hunde und Pferde. Gerade die aufgeweckteren unter ihnen durchbrachen gelegentlich die engen Maschen der Etikette, die dem Spieltrieb des Kindes

Der Kinderfresser.

Einblattholzschnitt aus dem 17. bis 18. Jahrhundert

aufs heftigste widerstrebt. Durch strenge Strafen suchte man diese ›wilden, ungezogenen Rangen‹ zu bändigen. Nur so ist die fürchterliche Gestalt des Kinderfressers zu verstehen, eigens ausgedacht, um die unbequemen, lebhaften Kinder einzuschüchtern. Nicht genug, daß er einmal im Jahr persönlich erschien, als Begleiter des heiligen Nikolaus auch Ruprecht oder Butzenbrecht genannt; um die Kinder immer an diese Schreckgestalt erinnern zu können, gab es Flugblätter oder Bilderbögen zu kaufen, die den Kinderfresser zeigten und in schauerlichsten Farben seine Grausamkeit ausmalten. Texte von verschiedenster Form, die aber immer den gleichen Inhalt hatten:

Still, still, und werdet fromm, ihr gar zu bösen Kinder,
Springet und brüllt nit so, als wie die dummen Rinder,
Laßt euch was wehren doch, seyd nicht so ungehalten,
Folgt euren Elteren, Lehrmeister und den Alten,
Wo nit, so komm ich gar geschwind zu euch gelauffen,
Und friß euch alle auf: Seht an dem großen Hauffen,
So ich schon bey mir hab, die Säcke seyn gefüllet,
Mein Korb ist starzend voll, ein Teil trag ich verhüllet,
In meinen Hosen, und ein Theil in meinen Taschen,
Diese all hab ich geraubt, zum Fressen und zum Naschen.
Wird mir die Zahl zu viel, daß ichs nicht kann auffressen,
So henk ich theils in Rauch, theils pflege ich zu pressen,
So lang bis alles Blut aus Adern ist geflossen,
Das sauf ich Maaß weiß aus mit meinen Hausgenossen,
Dem Wau Wau und der Brecht; viel pfleg ich klein zu hacken,
Zu Knöpflein oder Wurst, theils aber laß ich backen,
Als wie ein Birenknopf, zum Theil thu ich verstecken
Ins stinkend Mägdeloch, Mistgrub und bey der Hecken,
Bis mich zum Fressen mahnt mein hungeriger Magen,
Alsdann verschlingt sie auch des Kinderfressers Kragen,
So mache ichs auch euch, wann ihr wollt bös verbleiben,
Faul seyn, und nichts thun, denn nur Muthwillen treiben;
Ich steck euch in mein Sack, und beiß ab Füß und Ärme,
Händ, Ohren, Naß und Kopf, zernage das Gedärme,
Herz, Leber, Lung und Bauch. Wollt ihr mir gleich entfliehn,
So hab ich Strick genug, womit ich kann euch zu mir ziehn,
Ich frage nichts darnach, ihr mögt zu Hülfe rufen
Der Regel, Ursul, Lies, Ann, Berbel und Margrethen,
Ich nehm euch dannoch mit, frag nichts nach euren Klagen,
Wann ihrs gleich zehnmal wollt eurer Mutter sagen,
Drum seyd gehorsam, still, gesellt euch zu den Frommen,
Daß ihr nicht dörft in Bauch des Kinderfressers kommen.

Die Gestalt des Kinderschrecks hat noch lange ihr Unwesen getrieben. Seine Nachfahren tauchen sogar heute noch als ›Buhmann‹ oder als ›Schwarzer Mann‹ auf. Dieses Schreckgespenst hat aber zugleich die ersten Psychologen auf den Plan gerufen. Die philanthropisch gesinnten Erzieher verurteilten nicht nur die perverse Grausamkeit des ›Kinderfressers‹, sie machten auch die Eltern darauf aufmerksam, daß solche gewaltsamen Einschüchterungsversuche in der Seele des Kindes einen nicht wiedergutzumachenden Schaden anrichteten.

In England schenkte man diesen Stimmen verhältnismäßig früh Gehör. Auch als die Philanthropen noch einen Schritt weitergingen, die Kinder von den Erwachsenenkleidern befreien und der spielerischen und sportlichen Betätigung mehr Raum geben wollten, fanden sie in England viel mehr Zustimmung als auf dem Kontinent. Reisende, die von England kamen, berichteten von dem gesunden, kräftigen Aussehen der dortigen Kinder, die sich frei bewegen, ungehindert spielen, springen und klettern durften. Als die Kunde nach Deutschland drang, daß in England die Säuglinge mit Armen und Beinen frei strampeln durften und nicht mehr in ein Wickelband gepreßt wurden, schrieb JOHANN GOTTFRIED HERDER ein bissiges, zweideutiges Gedicht ›Der Säugling‹, in dem er die drückenden politischen Verhältnisse gegen Ende des 18. Jahrhunderts mit der Einengung der Allerkleinsten verglich:

Wer ist der kleine Sklave, der in Banden
Aus diesem frühen Sarge Klagen weint?
Ein Mensch? O löset ihn, macht frei ihn von den Banden!
Wer Seufzer hemmet, ist ein Menschenfeind.
Der Wurm darf sich im Staube winden,
Das Lamm hüpft um die Mutter her;
Und ihn umhüllen Binden,
Zwangsfesseln, eng und schwer.

Pestalozzis Botschaft an die Eltern

Gegen Ende des 18. Jahrhunderts lebten nicht nur die französischen Bauern in schier unerträglichen sozialen Verhältnissen, auch in der Schweiz wurde der Druck der Zinsknechtschaft immer stärker, aber in Frankreichs Metropole wohnten die Menschen dichter gedrängt, und der befreiende Gedankenaustausch konnte sich schließlich bis zur Hysterie steigern und den jahrhundertelangen Druck zur Explosion bringen.

PESTALOZZI sah das Elend der Bauern in der Schweiz mit dem gleichen scharfen Blick wie die Revolutionäre in Frankreich, aber er war kein geborener Umstürzler. Seine Stärke und Leidenschaft lag auf dem Gebiet

Bescherung zu Weihnachten. Kupferstich 18. Jahrhundert

des Helfens und Heilens. Die Armut der Bauern seiner Umgebung hatte den Stand erreicht, wo der Wille zur Auflehnung oder Änderung längst erlahmt ist. Da in diesem Zustand auch die moralischen Kräfte nachlassen, denkt der flüchtige Kritiker gern: Diese Leute wollen es ja gar nicht besser haben. Pestalozzi, mit seiner angeborenen Menschenliebe, gab die Schuld an der Misere nur zur Hälfte den äußeren Verhältnissen. Als einen Teil des Unglücks erkannte er die völlige Unbildung und Unwissenheit der Bauern. Um das Übel an der Wurzel zu bessern, ging er den ›untersten Weg‹. Er lehrte die Erwachsenen lesen, schreiben und rechnen, vor allem aber die Erziehung der Kinder.

Bildung, das war auch zu Beginn des 19. Jahrhunderts immer noch das Vorrecht der gehobenen Schichten. Mit seiner Armenschule erregte Pestalozzi in weiten Kreisen das Aufsehen eines Idealisten, wenn nicht gar Utopisten. Wohl haben ihn im Laufe des Jahrhunderts die Berufspädagogen ›entdeckt‹ und seinen Lehrmethoden einen gebührenden Platz eingeräumt, aber sein Grundgedanke, die Bildung und die pädagogische Schulung der Eltern, insbesondere der Mutter, ist bis auf den heutigen Tag zuwenig erfaßt und nur in bescheidenem Umfang verwirklicht worden.

Bei seiner Erziehungsarbeit an den ärmsten und verachtetsten unter seinen Mitbürgern hatte Pestalozzi die Zuversicht gewonnen, daß in jedem Menschen ein unzerstörbarer Keim bildungsfähigen Menschentums liegt, der nur geweckt und geformt werden muß. Je früher mit dieser Bildung begonnen wird, desto stärker kann sie sich auswirken. Darum sucht Pestalozzi das ›Heil in der Wohnstube‹, er sieht seine erste und letzte Aufgabe darin, die Eltern von der Notwendigkeit und der Art und Weise ihrer Erziehung zu überzeugen. Da er die Wirksamkeit des Beispiels kennt, wird er nicht müde, die ›wohlgeordnete Familie‹ zu beschreiben und zur Nachahmung zu empfehlen. Die treibende Kraft, die dieses kleinste Gemeinwesen zu einer ›guten‹ Familie macht, ist die Liebe zwischen Eltern und Kindern. Wie die Ethnologen auf der Suche nach dem Ursprung der Familie die Mutterliebe als Vorbild allgemeinen sozialen Verhaltens erkannten, stellt Pestalozzi die Elternliebe als Beispiel der Grundeinstellung hin, die er der Schule, der Gesellschaft, der Regierung eines Staates zur Nachahmung empfiehlt.

Natürlich denkt er dabei an die echte und verständige Art der Elternliebe, denn er weiß genau, daß es viele Familien gibt, in denen die Kinder verwahrlosen. Ständig bemüht er sich um eine genaue Definition der ›Wohnstube‹, wie sie sein sollte. Er geht dabei aus von der Frage nach dem Menschen: *Was bin ich, und was ist das Menschengeschlecht? – Ich will wissen, von was für Fundamenten das Thun und Lassen meines Geschlechts, und welchen Gesichtspunkten seine wesentlichen Meinungen eigentlich ausgehen – und unter den Umständen, unter denen er lebt, eigentlich ausgehen müssen.* Das ist die gleiche Frage, von der auch die Philosophie seiner Zeit ausgeht, aber Pestalozzi möchte ja, daß jeder Vater, jede Mutter sich diese Frage stellt, darum bleibt er nicht bei der Frage nach dem Sein stehen: *Ich wollte nicht blos sagen, es ist so, ich versuchte zu zeigen, warum ist es so? und wie kann man machen, daß es anders werde?* Das ist die Grundlage, auf der er aufbauen kann: wenn die Eltern erst einmal erkannt haben, daß sie durch ihr Tun etwas ändern können, sind sie bereit zu lernen. Dieses Lernen soll mit der Geburt des Kindes einsetzen, wenn der gute Wille noch nicht durch Fehlschläge in der Erziehung vertan ist. Pestalozzi nennt das Versagen der Eltern ›Kindermord‹, weil der Mensch in seinen ersten Lebensjahren noch in hohem Maße bildungsfähig ist. Da alles, das Gute wie das Böse, sich fest einprägt, trägt der Mensch die Folgen einer guten oder schlechten Kinderstube ein Leben lang mit sich herum.

In der ›Wohnstube‹ lernt das Kind die richtige Beziehung zu seinen Mitmenschen, hier wird ihm aber auch die Frage nach dem Sinn des Lebens beantwortet: *Daß der Mensch nicht um seiner selbst willen in der Welt sey, daß er sich selbst nur durch die Vollendung seiner Brüder vollende.* Pestalozzi geht sogar so weit, zu sagen: *Wer die Geschäfte des Lebens ohne Interesse am Mitmenschen betreibt, gerät in die Nähe des Verbrechens.* Er vergleicht die Menschheit mit einer Kette, bei der jedes Glied sorgfältig gearbeitet sein muß, wenn das Ganze zusammenhalten soll.

Hier wird das alte Sprichwort »Eine Kette ist so stark wie ihr schwächstes Glied« auf die menschliche Gesellschaft angewendet, und sofort entstehen ganz neue Wertmaßstäbe. Im alten Obrigkeitsstaat war der Gehorsam das Bindemittel der Gesellschaft, dabei kam es auf die Qualität der einzelnen Glieder erst in zweiter Linie an. Die Gleichberechtigung der Bürger setzt nicht nur ein gewisses Maß an Bildung und Urteilsfähigkeit voraus, sie ist undenkbar ohne mitmenschliches Verhalten. Brüderlichkeit nannte die Französische Revolution dieses Verhalten, und es ist sicher kein Zufall, daß es unter den drei Forderungen: *Freiheit, Gleichheit, Brüderlichkeit,* an letzter Stelle stand. Bei Pestalozzi nimmt diese Tugend den ersten Platz ein, und er erkennt, daß man in der Familie eine hervorragende Gelegenheit hat, sie zu üben. In den täglichen Erfahrungen zwischen Menschen verschiedenen Alters und verschiedener Begabung erlebt das Kind die Du-Beziehung. Durch gemeinsame Arbeit, kleine Pflichten, Freud und Leid, Glück und Not entsteht die Bindung, die den Menschen bildet.

Hier lernt er Wesentliches vom Unwesentlichen unterscheiden und den Sinn und Wert der Wahrheit erkennen. *Die Kraft zu einer einzigen Tugend in Vollkommenheit giebt dem Menschen Kraft zu allen anderen.* Alle Teilbemühungen münden schließlich in der ›Bildung zur Menschlichkeit‹. In diesem Sinne sieht Pestalozzi die ›Wohnstube‹ als Muster für das Staatswesen an. Die Regierung soll sich wie Eltern einer Familie fühlen. *Tausend Köpfe brüten jetzt über Staatsverfassung und kaum einer über das Wesen der Menschennatur – um das Wesen der Menschennatur mit der Verfassung unserer öffentlichen Einrichtungen in Übereinstimmung zu bringen.* Er fordert eine Vermenschlichung des Staates und verlangt, daß nicht der Staat, sondern die Eltern die Erziehungsformen bestimmen sollen. Aus der guten ›Wohnstube‹ wächst der gute Staatsbürger, der sich für seine Nächsten, für die Gemeinde und für den Staat verantwortlich fühlt.

Die Methode einer solchen Erziehung ist einfach und schwierig zugleich: *Kein Kind kann mit Schlägen überzeugt werden, man macht bey der Auferziehung wie bey allem Regieren, aus dem Selber recht brav seyn, nicht so die Hauptsache, wie es doch sein sollte. – Die Eltern müssen den Kindern zeigen, daß sie sich selber scheuen etwas zu thun, das Gott im Himmel zuwider ist.* Diese Forderung verlangt von den Eltern mehr, als sie bislang zu geben gewohnt waren. Die strenge Gehorsamspflicht der Kinder deckte die Fehler der Eltern zu. Eine gute Familie, das war im alten autoritären Sinne eine Familie, in der durch Befehle und Gehorchen Ordnung herrschte. In den Familien Pestalozzis ging es etwas lebhafter und bunter zu, darum wurde ihm von seinen zeitgenössischen Gegnern gern ›Mangel an Disziplin‹ vorgeworfen. Aber er ließ sich nicht beirren, denn er wußte, daß strenge äußere Disziplin die echte Bildung verhindert. Gerade in der kleinen Gemeinschaft der Familie sah er die hervorragende Gelegenheit, das freiwillige Sichbeschränken untereinander in gegenseitiger Liebe und Achtung zu üben. ›Üben‹, das besagt, daß die freiwillig gegenseitige Rücksichtnahme langsam wachsen muß und nicht sogleich in ihrer Vollendung verlangt werden kann. Darum meint Pestalozzi auch: *Zwang zum Gottesdienst und Gewalt für Tugend zu pflanzen ist Unsinn.* Durch das ständige gute Beispiel der Eltern wird das Kind allmählich ermuntert, auch gut zu handeln. Eine solche Erziehung erfordert viel Geduld und Liebe. Liebe, das ist kein triebhafter Instinkt für ihn, sondern die ›Urkraft der Sittlichkeit‹. Da alle Liebe letztlich zu Gott führt, bekommt seine ›Wohnstube‹ eine religiöse Überhöhung. Mangel an Gottes- und Nächstenliebe ist für Pestalozzi ein Zeichen von Unbildung. So gesehen, gibt es für ihn kein Sonntags- und Werktagschristentum, keinen Konflikt zwischen Wollen und Vollbringen, das ganze Leben ist für ihn Gottesdienst.

Pestalozzis Grundidee: die Kinder des ›niederen Volkes‹ durch Selbsthilfe in den Familien auf ein höheres Bildungsniveau zu heben, wurde von seinen Zeitgenossen sehr verschieden beurteilt. FREIHERR VOM STEIN sah in ihm einen Geistesverwandten, weil sein Verfahren *die Selbsttätigkeit des Geistes erhöht, den religiösen Sinn und alle edleren Gefühle des Menschen erregt.* Auch ERNST MORITZ ARNDT war von seiner Unterrichtsmethode angetan, aber er verargte es Pestalozzi, daß er nur die armen und geringen und verwahrlosten Kinder im Auge gehabt habe, wo es doch auf die Jugend aller Stände anzuwenden sei. FICHTE sagt: *... seine Erfindung, in ihrer ganzen Ausdehnung genommen, hebt das Volk, hebt allen Unterschied zwischen diesem und einem gebildeten Stande auf, und hätte wohl das Vermögen, den Völkern und dem ganzen Menschengeschlechte aus der Tiefe seines dermaligen Elendes emporzuhelfen.*

Nur wer im Wohlstand lebt, lebt angenehm

PESTALOZZIS Aufforderung, das ›Heil in der Wohnstube‹ zu suchen, fand zunächst wenig Beachtung. Die Armen, denen Pestalozzi damit helfen wollte, konnten sich um ihre Kinder, geschweige denn um die Erziehung kaum kümmern, weil die Nahrungssorgen sie aufzehrten. Die Reichen lebten unter der Diktatur ihrer geselligen Verpflichtungen und Vergnügungen; sie überließen ihre Kinder den Ammen und Kinderfrauen. Die Mathematikerin KOWALEWSKI erzählt in ihren Kindheitserinnerungen, daß sie ihre Mutter kaum einmal zu sehen bekam, da sie ihre Kinderjahre ausschließlich unter der Obhut der Kinderfrau zubrachte:

Manchmal schaute die Mutter kurz herein. In meinen Erinnerungen an sie aus der damaligen Zeit erscheint sie mir stets als eine ganz junge und sehr schöne Frau. Wie immer war sie in heiterer Stimmung und prächtig anzusehen in ihrer meist tiefdekolletierten Balltoilette und mit ihren bloßen Armen, an denen kostbarer Schmuck funkelte; sie ging zu einer Abendgesellschaft und kam, um uns gute Nacht zu sagen.

Nun gab es aber im 19. Jahrhundert neben den Armen und den Reichen bereits eine Bürgerschicht. Dort konnte sich genau das entfalten, was man landläufig ein glückliches Familienleben nennt. Auf den Darstellungen Ludwig Richters, durch viele pathetische oder rührende Schilderungen sind uns diese Familien wohl bekannt. Da wimmelt es geradezu von braven und tüchtigen Müttern, umringt von einer munteren Kinderschar. Die Väter, die sich ganz der Familie widmen, sind auch vorhanden, aber spärlicher. Häufiger erscheint die Respektsperson, von Weib und Kind mit freundlicher List bei guter Laune gehalten.

Diese vielgerühmten gutbürgerlichen Familien sind es, über die sich Jean Paul in minuziöser Schilderung leise mokiert. Und wenn Heinrich Heine die Sorgen um sein Heimatland des Nachts nicht schlafen lassen, dann denkt er an diese Familienväter, die ihrem Bildungsstand entsprechend politisch längst mündig waren, die sich aber nicht getrauten, ihr Mitspracherecht geltend zu machen, weil sie fürchteten, ihre Beamtenstellen oder ihre Illusionen zu verlieren. Die politisch wachen unter diesen Männern müssen, wenn sie es wagen, die Freiheitsbeschränkungen öffentlich zu kritisieren, auswandern. Die zaghafteren ziehen sich beleidigt oder resigniert in ihre vier Wände zurück und entwickeln sich in ihrem gekränkten Stolz nicht selten zu heimlichen Haustyrannen. So kommt, durch die unterentwickelten politischen Verhältnisse, auch in die Idylle des glücklichen Familienlebens oft ein falscher Ton. Von der Teilnahme am öffentlichen Leben ausgeschlossen, kapseln sie sich nach außen ab, und während sie sich in der Familie gemütlich einrichten, schreitet die Zeit über sie hinweg.

Unser gewöhnliches Kinderhausleben, so berichtet Ernst Moritz Arndt, *war durch die Sitte der damaligen Zeit, durch die Umstände der Familie und durch den Charakter der Eltern bestimmt. Die Sitte war damals beides, feierlich und streng, und Kinder und Gesinde wurden bei aller Freundlichkeit und Gutherzigkeit der Eltern und Herrschaften immer in gehörigem Abstand gehalten. Der Vater war von Natur zu gleicher Zeit heftig und lebhaft und freundlich und mild, tummelte und beschäftigte die Jungen meist draußen herum, aber überließ sie im Hause, wie es in diesem Alter sein mußte, ganz der Mutter.*

Die Mütter hatten es nicht leicht zu jener Zeit. Wenn heute eine Mutter einer Halbtagsbeschäftigung nachgeht, so findet sie immer noch mehr Zeit für ihre Kinder als die Hausfrauen des 19. Jahrhunderts, die mehrere Berufe gleichzeitig ausübten, weil immer noch vieles im Hause selbst hergestellt wurde. Vom häuslichen Leben in den dreißiger Jahren erzählt uns Wilhelm Busch:

Mein gutes Großmütterlein war zuerst wach in der Früh. Sie schlug Funken am P-förmigen Stahl, bis er zündend in die ›Usel‹ sprang, in die halbverkohlte Leinwand im Deckelkästchen des Feuerzeuges, und bald flackerte es lustig in der Küche auf dem offenen Herde unter dem Dreifuß und dem kupfernen Kessel; und nicht lange, so hatte auch der Kanonenofen in der Stube ein rotglühendes Bäuchlein, worin's bullerte.

Als ich sieben, acht Jahre alt war, durfte ich zuweilen mit aufstehen, und im Winter besonders kam es mir wonniglich geheimnisvoll vor, so früh am Tage schon selbstbewußt in dieser Welt zu sein, wenn ringsumher noch alles still und tot und dunkel war. Dann saßen wir zwei bis das Wasser kochte im engen Lichtbezirk der pompejanisch geformten zinnernen Lampe. Sie spann. Ich las ein paar schöne Morgenlieder aus dem Gesangbuch vor.

Die Beleuchtung war in der Tat noch sehr kümmerlich. Wenn man selbstgezogene Talglichter verwendete, mußte die Lichtputzschere alle paar Minuten in Aktion treten. Die ›Ölfunzeln‹ besaßen noch keine Zylinder, qualmten beträchtlich und waren nicht ungefährlich. *Messer, Gabel, Schere, Licht taugt für kleine Kinder nicht.* Dieser Spruch wurde schon den Kleinsten fest eingeprägt. Aber Wilhelm Busch erinnert sich auch an andere Gefahren:

Was weiß ich denn noch aus meinem dritten Jahr? Knecht Heinrich macht schöne Flöten für mich und spielt selber auf der Maultrommel, und im Garten ist das Gras fast so hoch wie ich, und die Erbsen sind noch höher; und hinter dem strohgedeckten Hause, neben dem Brunnen, stand ein Kübel voll Wasser, und ich sah mein Schwesterchen drin liegen, wie ein Bild unter Glas und Rahmen, und als die Mutter kam, war sie kaum noch ins Leben zu bringen.

Die meisten Kinder wuchsen in ländlicher Umgebung auf. Den größten Teil des Tages verbrachten sie draußen im Freien in der Gesellschaft von Geschwistern oder Nachbarskindern. Einzelkinder waren selten. So verlebte Gottfried Keller seine frühen Kinderjahre in einem städtischen Mietshaus, als einziges Kind einer Witwe, ohne Spielgefährten seines Alters, nur auf den Umgang mit seiner Mutter und den erwachsenen Hausbewohnern angewiesen.

Auf meinen Wanderungen durch das Haus, so erzählt er im ›Grünen Heinrich‹, *drang ich allmählich tiefer in den Haushalt der Mitbewohner ein und ließ mich oft aus ihren Schüsseln bewirten, und undankbarerweise schmeckten mir die Speisen überall besser als bei meiner Mutter. – Den Speisen meiner Mutter ermangelte sozusagen jede Besonderheit. Ihre Suppe war nicht zu fett und nicht zu mager, der Kaffee nicht zu stark und nicht zu schwach, sie verwendete kein Salzkorn zuviel und keines hat je gefehlt; sie kochte schlecht und recht, ohne Manieriertheit, wie die Künstler sagen, in den reinsten Verhältnissen; man konnte von ihren Speisen eine große Menge genießen, ohne sich den Magen zu verderben. Sie schien mit ihrer weisen und maßvollen Hand, am Herde stehend, täglich das Sprichwort zu verkörpern: Der Mensch ißt um zu leben, und er lebt nicht um zu essen! Nie und in keiner Weise war ein Überfluß zu bemerken und ebensowenig ein Mangel. Die nüchterne Mittelstraße langweilte mich, der ich meinen Gaumen dann und wann anderswo bedeutend reizte, und ich begann über ihre Mahlzeiten eine scharfe Kritik zu üben, sobald ich satt und die letzte Gabel vertilgt war. Da ich mit meiner Mutter immer allein am Tisch saß und sie lieber auf Gespräch und Unterhaltung dachte, als auf ein genaues Erziehungssystem, so wies sie mich nicht kurz und strafend zur Ruhe, sondern widerlegte mich mit Beredsamkeit und stellte mir hauptsächlich vor, auf Menschenschicksale und Lebensläufe übergehend, wie ich vielleicht eines Tages froh sein würde, an ihrem Tische zu sitzen und zu essen; dann werde sie aber nicht mehr da sein. Obgleich ich dazumal nicht recht einsah, wie das zugehen sollte, so wurde ich doch jedesmal gerührt und von einem geheimen Grauen ergriffen und so für einmal geschlagen.*

Als einziges Kind aufzuwachsen, das erschien jedem ein bedauernswertes Schicksal zu sein, auch MÖRIKE hat es erlebt:

Ich bin meiner Mutter einzig Kind,
Und weil die andern ausblieben sind
– Was weiß ich wieviel, die sechs oder sieben –,
Ist eben alles an mir hängen blieben;
Ich hab' müssen die Liebe, die Treue, die Güte
Für ein halb Dutzend allein aufessen,
Ich will's mein Lebtag nicht vergessen.
Es hätte mir aber noch wohl mögen frommen,
Hätt' ich nur auch Schläg' für sechse bekommen!

Wo mehrere Geschwister miteinander groß wurden, da fühlten sich die älteren berechtigt, die jüngeren zu erziehen, und maßten sich sogar, getreu

Familie bei Tisch. Kupferstich 1645

dem Vorbild ihrer Eltern, das Züchtigungsrecht an. Wie WERNER VON SIEMENS berichtet:

Es waren glückliche Jahre, die ich in Menzendorf mit meinen Geschwistern, ziemlich frei und wild mit der Dorfjugend aufwachsend, verlebte. Die ersten Jahre streiften wir älteren Kinder frei und ungebunden durch Wald und Flur. Vater und Mutter waren durch ihre wirtschaftlichen Sorgen und letztere auch durch die in schneller Folge anwachsende Schar meiner jüngeren Geschwister zu sehr in Anspruch genommen, um sich viel mit unserer Erziehung beschäftigen zu können. Mein Vater war ein herzensguter, aber sehr heftiger Mann, der unerbittlich strafte, wenn einer von uns seine Pflicht nicht tat, nicht wahrhaft war, oder sonst unehrenhaft handelte. Furcht vor des Vaters Zorn und Liebe zur Mutter, der wir keinen Kummer machen wollten, hielt unsere kleine, sonst etwas verwilderte Schar in Ordnung. Als erste Pflicht galt die Sorge der älteren Geschwister für die jüngeren. Es ging das so weit, daß die älteren mit bestraft wurden, wenn eines der jüngeren etwas Strafbares begangen hatte. Das lastete namentlich auf mir als dem Ältesten und hat das Gefühl für Verpflichtung, für meine jüngeren Geschwister zu sorgen, schon früh in mir geweckt und befestigt. Ich maßte mir daher auch das Strafrecht über meine Geschwister an, was oft zu Koalitionen gegen mich und zu heftigen Kämpfen führte, die aber immer ausgefochten wurden, ohne die Intervention der Eltern anzurufen.

Nicht alle Kinder lebten so frei und ungehemmt. Auf den meisten Gütern kümmerte sich ein Hauslehrer um die Erziehung der Knaben. Auch SONJA KOWALEWSKI wächst in der ländlichen Abgeschiedenheit eines Gutshofes auf, viele Stunden weit von Leningrad entfernt. Der damaligen Sitte entsprechend, sorgt eine Kinderfrau für das leibliche Wohl der Kleinen, und eine Gouvernante, meist eine englische, ist für den Unterricht verantwortlich:

Sobald ich nur an unsere Kinderstube denke, verspüre ich infolge einer Ideenverbindung einen besonderen Geruch, ein Gemisch von Weihrauch, Leinöl, Balsam und Talgkerzen. Seit langem habe ich den seltsamen Geruch nicht mehr wahrgenommen. Als ich aber vor zwei Jahren meine Freundin auf dem Lande besuchte und die dortige Kinderstube betrat, schlug mir sofort der altbekannte Geruch entgegen und rief in mir eine ganze Reihe längst vergessener Gefühle und Eindrücke wach.

Kaum daß unsere Gouvernante das Kinderzimmer betrat, so führte sie schon voller Ekel das Taschentuch an die Nase.

»Aber warum öffnen Sie denn niemals das Fenster?« wandte sie sich in gebrochenem Russisch mit vorwurfsvollem Ton an Njanja.

Die Kinderfrau betrachtete diese Bemerkung als eine persönliche Beleidigung. »Da seht nur, was so eine Ungläubige sich ausdenkt! Ich soll wohl das Fensterchen öffnen, daß die Kinder meiner Herrschaft sich eine Erkältung holen!« brummte sie vor sich hin, während die Gouvernante hin-

ausschwebte. Die kleinen Gefechte zwischen der Kinderfrau und der Gouvernante wiederholten sich regelmäßig an jedem Morgen.

Die Sonnenstrahlen drangen schon längst in unser Zimmer. Eins nach dem andern schlug die Augen auf, aber wir hatten es keineswegs eilig, aufzustehen und uns anzuziehen. Zwischen Erwachen und Ankleiden verging noch eine beträchtliche Zeit mit Balgereien, Kissenwerfen, Sich-in-die-nackten-Beine-Zwicken und allerlei Unsinn schwatzen.

Im Zimmer verbreitete sich ein verlockender Kaffeeduft; die noch nicht richtig angekleidete Njanja vertauschte bloß ihre Nachthaube mit einem seidenen Kopftuch, das sie tagsüber zu tragen pflegte, brachte auf einem Tablett die große kupferne Kaffeekanne herein und wartete uns, die wir noch ungewaschen und ungekämmt in unseren Bettchen lagen, mit Milchkaffee und Butterbrötchen auf. Manchmal schliefen wir nach dem Frühstück, ermüdet vom vorangegangenen Herumtoben, wieder ein.

Aber da wurde die Tür heftig aufgerissen, und auf der Schwelle erschien zornig die Gouvernante. »Was muß ich sehen, Annette, Sie sind noch nicht aufgestanden! Es ist schon beinahe elf Uhr. Sie kommen wieder zu spät zum Unterricht«, rief sie aufgebracht. »So lange dürfen die Kinder nicht schlafen; ich werde mich beim General beklagen«, wandte sie sich an Njanja.

»Nun gut, mach, daß du weiterkommst, du Schlange!« brummte Njanja, und nachdem die Gouvernante längst hinausgegangen war, konnte sie sich immer noch nicht beruhigen, und man hörte sie vor sich hin murmeln: »Die Kinder hier sollen sich nicht mal ausschlafen dürfen! Zu spät zum Unterricht kommen! Was für ein Unglück! Du kannst ruhig warten, du Wichtigtuerin!«

Ungeachtet ihrer Brummerei hielt es Njanja doch für angebracht, sich ernstlich an die Arbeit zu machen, und wenn auch die Vorbereitungen dazu lange gedauert hatten, so ging dafür das Ankleiden sehr rasch vor sich. Die Kinderfrau fuhr uns mit einem feuchten Handtuch über Gesicht und Hände, kämmte ein- oder zweimal durch unsere zerzausten Mähnen, streifte uns die Kleidchen über, an denen nicht selten einige Knöpfe fehlten – und fertig waren wir. Meine Schwester begab sich zum Unterricht, mein Bruder und ich blieben in der Kinderstube. Njanja ließ sich durch unsere Gegenwart nicht stören, wirbelte beim Kehren ganze Staubwolken auf, deckte unsere Bettchen zu, schüttelte ihr eigenes Federbett auf, und damit war das Kinderzimmer für den ganzen Tag in Ordnung gebracht.

Ich saß mit meinem Bruder auf dem Wachstuchsofa, aus dem stellenweise das Roßhaar hervorquoll, und wir vertrieben uns mit unserm Spielzeug die Zeit. Wir kamen nur selten an die Luft und auch nur bei schönem Wetter und großen Festtagen, wenn Njanja mit uns in die Kirche ging.

Die Zahl der Kinder, die durch Gouvernanten, Hauslehrer und Ammen betreut wurden, ist klein. Die meisten mußten erleben, wie ihre Väter und Mütter sich von früh bis spät abmühten und für ihre Arbeit und Anstrengungen so gering bezahlt wurden, daß sie ihre Kinder nur notdürftig satt machen konnten. Der Bildhauer Ernst Rietschel erinnert sich, daß seine Eltern unter dem ständigen Druck der Zinsen lebten, die sie für eine auf ihrem Häuschen lastende Hypothek zu zahlen hatten; obwohl die Mutter fleißig mitverdiente, fehlte es doch immer an Geld:

Die Mutter, erfahren in weiblichen Arbeiten, hatte immer Beschäftigung, teils nähte sie für die Leute zu Haus, teils ging sie bei den vornehmen, reichen Leuten des Ortes zum Nähen. Auch verrichtete sie Krankenpflege, wozu sie, da jeder sie gern hatte, sich besonders eignete und wobei sie, trotz ihrer untergeordneten Stellung, von allen mit einer gewissen Auszeichnung behandelt wurde. Was sie verdiente – trotz ihres Fleißes sehr wenig –, davon erhielt sie ihre einfache Kleidung in sauberer Ordnung und gab das übrige zum Haushalt. Im Sommer gingen wir mit der Mutter oft in den Wald, um Reisig zu sammeln. – Wir gingen auch Ähren lesen, die dann gedroschen wurden und den Eltern mehrere Metzen Korn einbrachten. Der Gaumen wurde nicht verwöhnt, Kartoffel- und Wassersuppen in dieser und jener Form waren der durchschnittliche Mittags- und Abendtisch.

Ganz ähnlich lagen die Verhältnisse bei Friedrich Hebbel. Er mußte schon sehr früh die Erfahrung machen, daß selbst bei gut veranlagten Menschen so üble Eigenschaften wie Neid und Streitsucht hervortreten, sobald die Armut so groß wird, daß man sich nicht mehr satt essen kann:

Meine Eltern lebten in bestem Frieden, solange Brot im Hause war, wenn es mangelte, was im Sommer selten, im Winter, wenn es an Arbeit mangelte, öfter vorkam, ergaben sich zuweilen ängstliche Szenen. Mein Vater wurde, wenn er seinem Handwerk nachging, meistens bei den Leuten, bei denen er arbeitete, beköstigt. Mitunter mußte er sich gegen eine Entschädigung im Tagelohn selbst die Kost halten. Dann wurde das Mittagessen verschoben und zur Abwehr des Hungers um zwölf Uhr nur ein einfaches Butterbrot genossen. Es war in dem kleinen Haushalt, der keine doppelte Hauptmahlzeit vertrug, eine billige Einrichtung. An einem solchen Tag buk meine Mutter Pfannekuchen, sicherlich mehr um uns Kinder zu erfreuen, als um eigenes Gelüst zu stillen. Wir verzehrten sie mit dem größten Appetit und versprachen, dem Vater am Abend nichts davon zu sagen. Als er kam, waren wir bereits zu Bett gebracht und lagen in tiefstem Schlaf. Ob er gewohnt sein mochte, uns noch auf den Beinen zu finden, und aus dem Gegenteil Verdacht schöpfte, daß gegen die Hausordnung gefehlt worden sei, weiß ich nicht; genug, er weckte mich auf, liebkoste mich, nahm mich auf den Arm und fragte mich, was ich gegessen habe. »Pfannekuchen!« erwiderte ich schlaftrunken. Hierauf hielt er es der Mutter vor, die nichts zu entgegnen hatte und ihm sein Essen auftrug, mir aber einen unheilverkündenden Blick zuwarf. Als wir am nächsten Tag wieder allein waren, gab sie mir nach ihrem Ausdruck mit der Rute eine eindringliche Lektion im Stillschweigen.

In den ländlichen Gegenden war die Not vor allem auf die Wintermonate beschränkt, im Sommer gab es in Feld und Wald Früchte, Pilze und Beeren und für die kleineren Kinder, zumindest für die Knaben, auch Zeit zum fröhlichen Spiel. Die Mädchen wurden zur Aufsicht über die kleineren Geschwister oder zu allen möglichen häuslichen Arbeiten herangezogen.

Weit trauriger war das Los der armen Kinder in den Städten. Der Handwerkslohn sank durch die Konkurrenz der Fabrikarbeit so tief, daß auch bei äußerstem Fleiß das Lebensminimum nicht mehr erreicht wurde. Auch der Fabrikarbeiter bekam, wenn er überhaupt Arbeit fand, nicht mehr. Auf die ersten Streikdrohungen der Arbeiter antworteten die Fabrikanten: Laßt sie nur streiken, dann stellen wir Kinder ein; und das geschah in der Tat überall, denn für Kinder- und Frauenarbeit wurden noch winzigere Löhne bezahlt.

Oastler, ein englischer Vorkämpfer für den Kinderschutz, berichtet 1830:

Diese Kinder kennen ihre Eltern gewöhnlich nicht näher und wissen nur, daß jeden Morgen um fünf oder oft schon vor vier Uhr ein Mann oder eine Frau kommt, um sie zu wecken. Man sagt ihnen, es sei ihr Vater, der sie aus dem Bett holt, wenn sie kaum erwacht sind. Mir haben das Dutzende von Fabrikkindern so erzählt. Die älteren tragen ihre noch schlafenden kleinen Geschwister auf dem Rücken in die Fabrik, und sie sehen ihre Eltern in der Regel erst wieder, wenn sie abends nach Hause kommen und ins Bett geschickt werden.

Hier wuchs eine Generation von Kindern heran, die man verächtlich ›das Lumpenproletariat‹ nannte. Daß diese Kinder, denen weder Erziehung noch Bildung zuteil geworden war, die nie ein menschenwürdiges, geschweige denn glückliches Familienleben kennen gelernt hatten, sich nicht zu rechtschaffenen und frommen Menschen entwickelten, kann man sich leicht vorstellen. Es kam auch immer öfter vor, daß arbeitslose Väter, deren Frauen und Kinder zur Fabrik gingen, in ihrer Verzweiflung zur Branntweinflasche griffen. Wenn man weiß, daß in der Vorstellung des 19. Jahrhunderts der Vater viel ausschließlicher als heute als der Ernährer der Familie und als Respektsperson galt, kann man verstehen, wie erbärmlich sich der Mann vorkommen mußte, dessen Frau und Kinder zur Arbeit gingen, während er zu Hause ›herumlungerte‹. Daß er seine ohnmächtige Wut für Stunden im Suff zu vergessen suchte und dadurch seine Lage natürlich noch verschlimmerte, empörte besonders die wohlhabenden Kreise. Wofür veranstalteten sie Wohltätigkeitsbasare, rauschende Feste mit neckischen Verlosungen, deren Erlös den Armen zugute kommen sollte, wenn diese ihre Almosen doch nur in Alkohol umsetzten? Fromme Männer, wie der Baron von Selb, reisten durch ganz Deutschland, besuchten die Armenviertel, um den Arbeitern Gottes Wort und die Enthaltsamkeit zu predigen.

BETTINA VON ARNIM verfaßt eine anklagende Schrift, um alle Welt auf die verzweifelte Situation der Armen aufmerksam zu machen. Ihre Vorwürfe richten sich vor allem gegen die Reichen und gegen die Regierung. *Dies Buch gehört dem König*, nennt sie ihre Schrift, aus der ihre Zeitgenossen zum erstenmal genaue Kenntnis von der Lebensweise der Armen erhalten. Die ›Erhebungen‹ stammen von einem jungen Schweizer, der in Bettinas Auftrag die Armenviertel von Berlin besuchte und gewissenhaft aufschrieb, was er in den einzelnen Familien zu sehen bekam.

Da ist zum Beispiel ein Schuster, der durch die Konkurrenz der Schuhfabriken, durch Krankheit und schließlich durch Alkohol tief in Mietschulden verstrickt wird. Die Flickarbeit wird so schlecht bezahlt, daß der Erlös nicht einmal für die Lebensmittel reicht. So muß er nacheinander seinen Hausrat und die Kleider verkaufen und weiß schließlich nicht mehr aus noch ein:

Es war drei Uhr abends, und er hatte an demselben Tag erst zwei Silbergroschen verdient; den einen gab er wieder aus für Zwirn, für den anderen kaufte er Brot. Das Kleine fing an vor Hunger zu weinen. Der Schuster hatte soeben einen Schuh geflickt und gab ihn der Frau mit den Worten: »Trage ihn fort, laß dir einen Sechser dafür geben und bring dem Kind einen Semmel, es hungert.« Die Frau kam mit leerer Hand zurück; das Mädchen, dem der Schuh gehörte, konnte nicht bezahlen. Das Kind weinte noch immer und Vater und Mutter weinten mit. Ich half mit einigen Groschen aus der augenblicklichen Verlegenheit. Schnell sagte der Schuster zu seiner Frau: »Nun geh, hole für sechs Pfennig Brot, für drei Pfennig Kaffee und für drei Pfennig Holz; das übrige lege in den Schrank, ich will es dem Inspektor bringen; vielleicht hält er die Klage noch zurück.« Es war ihm ein Stein vom Herzen genommen, er schaute zum Fenster hinaus und meinte, es könne doch ein fruchtbares Jahr werden.

Ein Haus nach dem anderen besucht der Schweizer und sieht die verschiedensten Familienverhältnisse, aber das Elend ist überall der gleiche ständige Gast, weil die Einnahmen nirgendwo auch nur die bescheidensten Ausgaben decken. Er sieht kranke Kinder, die auf nacktem Stroh schlafen, Mütter, die nicht aus dem Hause können, weil sie aus ihren Kleidern Röckchen für die Kinder genäht haben, Väter, die hungrig zur Arbeit gehen müssen. Selten sind ›Lichtblicke‹ wie dieser:

In Nr. 5 wohnt Unger, ein recht geschickter Weber. Er hat auf seinem Stuhle einsiebenachtel Elle breite gestreifte Leinwand. An einem Stücke von sechsundsechzig Ellen, mit welchem er in vierzehn Tagen fertig wird, verdient er drei Taler und fünfzehn Silbergroschen. Die Frau sagte mir, daß sie abwechselnd Kartoffeln und Hafergrütze koche; jede Mahlzeit koste zweieinhalb Silbergroschen; da die Kinder schlecht gekleidet seien, so müßten sie frieren, wenn sie nicht täglich für eineinhalb Silbergroschen Holz einlege. Wenn diese Leute nur zweimal am Tage essen, so beläuft sich die monatliche Ausgabe (zwei Taler Miete eingerechnet) auf sieben

Arme Schuhmacherfamilie. Litho von Hosemann 1845

Taler fünfzehn Silbergroschen, während die Einnahme im günstigsten Falle nur sechs Taler zehn Silbergroschen beträgt. Ich unterhielt mich lange mit Unger und seiner Frau; er ist ein so verständiger und braver Mann, und sie so heiter und freundlich, daß es mir ganz wohl zu Mute wurde. Ich dachte nicht mehr an jenes unglückliche Zahlenverhältnis, sah das Stroh nicht unter der leichten Bettdecke und achtete nicht mehr auf die Lumpen, in welche die Kinder gehüllt waren. Ich hörte keine Klage; der Hausvater trieb emsig das Weberschiffchen hin und her und erzählte mir scherzend, daß es ihm mit den Kindern gehe, wie dem bekannten Schuster Flick, der ein kleines forttragen wollte und zwei zurückbrachte. Die Mutter hielt das kleinste auf der Schürze und trieb das Spulrad. Dabei erzählte sie vergnügt, daß zwei Kinder die Schule besuchten und recht viel lernten. Es zeigt sich auch hier, daß die Armen ihre größte Freude an den Kindern haben und fest darauf rechnen, daß diese durch den Schulunterricht aus dem Elende herausgerissen werden. Ist es nicht barbarisch, daß man heutzutage die Fruchtbarkeit der Armen so hart tadelt? Ich hörte schon oft sagen: Warum zeugen die Leute so viele Kinder, wenn sie diese doch nicht ernähren können!

Wenn die Armen so viel Zähigkeit und Zuversicht zeigten wie

diese Familie Unger, durften sie sich auch des Wohlwollens der Reichen erfreuen. Die Kinderbücher des 19. Jahrhunderts erzählen viele rührende Geschichten von armen Leuten, die, fromm, fleißig und mit wenigem zufrieden, das Mitleid der Kinder wecken sollten. Wenn diese schöne Seelenregung auch noch weit von einem Gefühl der Mitverantwortung entfernt war, so gab sie doch den Kindern, die in geordneten Verhältnissen aufwuchsen, das Bewußtsein, daß außer ihnen noch Kinder lebten, die es nicht so gut hatten wie sie selbst.

Ein getreueres Bild als diese sentimentalen Kindergeschichten vermittelt uns ein um die Jahrhundertwende erschienenes Buch mit den ›Erinnerungen eines Arbeiters‹. Die Kindheit dieses Mannes fällt in die fünfziger Jahre, in eine Zeit, wo der Handwerker mehr und mehr seine Existenzgrundlage verliert und zum heimat- und besitzlosen Proletarier wird. Er schildert das Dorf, in dem sein Vater eine kleine Bäckerei betreibt, und erzählt von seiner Familie:

Des Morgens zum Kaffee waren es nicht ganz viel, die sich Semmeln oder Brötchen holten; die meisten aßen da Brot dazu, aber das backten sie selber. Und viele machten es so wie wir auch, die tranken gar keinen Kaffee. Denn als meine Mutter einmal keine Kaffeebohnen mehr hatte und mein Vater sollte mir Geld geben, damit ich welche holen sollte, da sagte er zu meiner Mutter: Von morgen ab wird kein Kaffee mehr gekocht, da kochst du jeden Morgen Mehlsuppe. Brot konnten die armen Leute da auch nicht viel essen, da ging's akkurat wie bei uns auch: mittags Kartoffeln und abends Kartoffeln, denn das Getreide war dazumal teuer, und zu den Kartoffeln gab es auch nicht viel dazu. Meistens mußte ich dazumal einen Hering holen, da nahm mein Vater die Hälfte davon, die andere Hälfte gab er meiner Mutter, die mußte sie aber mit uns Kindern teilen, und wer damit nicht auskam, dafür stand das Salzfäßchen auf dem Tische; sonst gab's da etwas Butter oder Fett dazu, aber das Salzfäßchen war immer die Hauptsache. Und Leute, die womöglich noch ärmer waren als wir, die holten sich beim Kaufmann für einen oder zwei Pfennige Heringslake zu ihren Kartoffeln. – Freien Willen hatte ich nicht im geringsten; ich durfte nichts tun, als was mir mein Vater zu tun befohlen hatte, dafür gab er mir aber Arbeit genug. Sprechen durfte ich nur, wenn er mich etwas fragte; um alles mußte ich meinen Vater um Erlaubnis bitten, erhielt aber selten welche. Überaus gerne lief ich mit den anderen Jungens umher, aber ich gewann mir dadurch jedesmal so viel Schläge von meinem Vater, daß ich das ließ, wenn ich aber fragte, dann bekam ich keine Erlaubnis. Da bin ich einmal trotzdem weggelaufen, ein bis zwei Stunden lang, das bekam mir aber so schlecht wie zuvor. Da sah ich ein, daß ich mich immer noch besser stand, wenn ich überhaupt nicht fragte. Denn wenn ich etwa eine Woche lang gar nicht 'rausgekommen war als bis in die Schule, und hatte die übrige Zeit in der Backstube gesessen, und etwa ein Dutzend Pfund Zucker, harten, im kleinen Mörser recht fein gestoßen, oder mehr als tausend Pfennigstückchen, bestehend aus Hasen, Hühnern, Eichhörnchen, Fischen und dergleichen schön mit roter und gelber Farbe angemalt, oder sonst dergleichen meinem Vater behülflich gewesen war, dann sehnte ich mich wieder mächtig 'raus, nach andern Jungens, und lief wieder weg.

Gegen Ende des Jahrhunderts war eine, wenn auch noch nicht überall spürbare, leichte, allmähliche Verbesserung der Verhältnisse zu verzeichnen, die bis zum Beginn des ersten Weltkrieges anhielt. Durch die Tätigkeit der Gewerkschaften, die bescheidenen Anfänge einer Sozialversicherung und -gesetzgebung und durch ein langsames Umdenken der Unternehmer wurde das Lohnniveau etwas angehoben. Mit den steigenden Löhnen und besseren Wohnverhältnissen sank zugleich ebenso langsam, aber merklich der Branntweinverbrauch.

Das leichte Aufatmen der Familien ist, bei aller herben Sozialkritik, auch in den Zeichnungen von Heinrich Zille zu spüren. Neben vielerlei Elend gibt es doch auch wieder spielende Kinder und Eltern, die sich selbst, ihre Kinder und die Umwelt erleben können. Daß die Freuden zunächst recht derb und die Feste nicht besonders kultiviert sind, darf einen nicht wundern, wenn man die elenden Bedingungen kennt, unter denen diese Familienväter und -mütter aufgewachsen sind, die da in Biergärten im Beisein ihrer Kinder anstößige Witze erzählen.

Die kleinen ›Rotznasen‹, die in den engen Hinterhöfen der Mietskaser nen eine Zirkusveranstaltung anstaunen, dürfen aber bereits nicht mehr in die Fabrik gehen, sondern müssen zur Schule, wenn sie sie auch gelegentlich schwänzen. Sie tummeln sich des Sonntags mit ihren Eltern im Freibad und im Winter auf dem Eis. Viele von ihnen spielen noch in engen, lichtlosen Höfen, aber einige besitzen auch schon einen Schrebergarten. Sonntags kann man ganze Familien mit Sack und Pack und Kinderwagen dorthin ziehen sehen.

Die wohlsituierten Bürger rümpfen die Nase und mokieren sich über diese turbulenten Familienkarawanen, die des Sonntags aus den Arbeitervierteln quellen. Wenn die bürgerlichen Familien auf der Promenade erscheinen, sieht das natürlich ganz anders, vielleicht eine Spur zu wohlgeordnet aus. Die Kinder haben sich sittsam an der Hand gefaßt und stolzieren genauso steif wie ihre Eltern daher. Während nach außen noch unkindliches Wesen zur Schau getragen wird, beginnt man in den Familien aber doch bereits die Richtigkeit der allzu strengen Erziehung zu diskutieren. Von Amerika dringt die Kunde einer freieren, kindgemäßeren Methode herüber. Man ist ja auch nicht mehr für barbarisches Prügeln, aber ganz ohne Schläge auskommen, nein, das hält man doch noch für unrealistisch.

Dem amerikanischen Kind wird von Anfang mehr Freiheit gewährt als dem unsrigen. Steckkissen und schwere Betten im Kinderwagen engen es nicht ein, in seinen Handlungen wird es möglichst wenig bevormundet,

Körperstrafen werden vermieden. Erfahrung soll klug machen, Lebensfreude und Spielsucht werden nicht eingeschränkt. Überall wird das Kind zur Selbsttätigkeit, zur individuellen Selbständigkeit erzogen. Staunend, bewundernd und skeptisch zugleich wurden diese Nachrichten aufgenommen.

Familien, wie sie waren, wie sie sind und wie sie sein sollten

Länger als in den meisten anderen Ländern westlicher Zivilisation konnte sich in Deutschland der Obrigkeitsstaat aufrechterhalten, darum wurde auch die Autorität des Vaters in den meisten Familien lange Zeit nicht in Frage gestellt. Bedenkliche Risse zeigten sich zwar schon vor dem Weltkrieg. Die Eltern bemühten sich aber sorgsam, diese Risse nicht zu bemerken, oder zu mißbilligen, wo sie durch den offenen Protest der Jugendbewegung zutage traten. Diese Auseinandersetzungen betrafen jedoch vorwiegend die Jugendlichen, die Kinder verstand man noch im gewohnten Sinne, durch Furcht vor Strafen im Zaum zu halten.

Das änderte sich nach dem ersten Weltkrieg, nicht mit einem Schlage, aber doch in bedeutend rascherem Tempo als zuvor. Auf einmal befanden sich die strengen Eltern, die gewohnt waren, daß ihre Kinder ›aufs Wort gehorchten‹, nicht mehr in der Mehrzahl. Inzwischen hatten die einst Jugendbewegten selber geheiratet und Kinder bekommen, und sie setzten mit mehr oder weniger Konsequenz den Protest gegen die Tradition in ihren jungen Familien fort. Manche ließen sich nicht mehr mit Vater und Mutter, sondern mit ihren Vornamen anreden und erlaubten ihren Kin-

Vorstadtmilieu. Heinrich Zille um 1910

dern, die Wohnzimmerwände als Malgrund zu benutzen. Die meisten von ihnen machten den ehrlichen Versuch, mit ihren Kindern ein partnerschaftliches Verhältnis zu verwirklichen. Aber auch diese Familien, die in voller Absicht ihre Kinder zur Selbständigkeit und Eigenverantwortung erzogen, waren in der Minderheit.

Die Mehrzahl der Eltern besaß in den zwanziger Jahren überhaupt keinen Erziehungsplan. Die Umstellung auf die demokratische Regierungsform berührte das Familienleben kaum, da die schwachen Versuche einer Umerziehung zu demokratischen Lebens- und Denkformen nicht bis in die Familien reichten. Einen viel entscheidenderen Einfluß übten die wirtschaftlichen Verhältnisse aus. Die großen Städte bekamen ständig Zuwachs vom Lande, Leute, die von den besseren Verdienstmöglichkeiten in der Stadt angelockt wurden. Viele merkten jedoch schon nach kurzer Zeit, daß sie sich kaum verbessert hatten, da die höheren Lebenshaltungskosten den Mehrverdienst wieder aufzehrten. In dieser Enttäuschung setzten sie ihre vagen Hoffnungen auf die Kinder, die wenigstens sollten es besser haben. Diese jungen Eltern, selbst in der strengen Zucht einer ländlichen Familie groß geworden, verloren oft allen Halt, sobald sie die Heimat verlassen hatten. Wenn der Mann den Lohn nach Hause brachte, lebte man über seine Verhältnisse, dann bekamen auch Kinder allerlei Unnützes zugesteckt, und während der übrigen Tage mußte über Gebühr gespart werden. So wuchsen die Kinder heran in einem dauernden Wechsel von Verschwenden und Einschränken, der um so mehr Ärger, Unzufriedenheit und auch Neid erzeugte, wenn man bemerkte, daß einige Familien sich bedeutend mehr ›leisten‹ konnten.

Den fleißigeren und geschickteren Arbeitern boten sich nämlich schon etwas bessere Verdienstchancen, und so kamen sie in den Genuß eines wenn auch bescheidenen Wohlstandes. Bei ihnen zeichnete sich der Wunsch, ›unsere Kinder sollen es besser haben‹, bedeutend konkreter ab. Er machte sich zunächst in einer bewußten Beschränkung der Kinderzahl bemerkbar. Je geringer die Zahl, so sagte man sich, desto besser können wir sie kleiden und ernähren. Auch der Wunsch nach besseren Wohnverhältnissen war mit der Kleinfamilie leichter zu realisieren. Darüber hinaus hatte jeder irgendein bestimmtes Ziel. Manche suchten ihren Traum von einem Einfamilienhaus zu verwirklichen, einige mieteten sich einen Schrebergarten, andere legten Wert auf gute Kleidung, und wo die Kinder Begabung zeigten, stellte man oft persönliche Bedürfnisse rigoros zurück, um ihnen eine gute Schul- und Berufsausbildung zu ermöglichen.

Die Erziehungsvorstellungen in diesen ›strebsamen‹ Familien neigten weder zu übertriebener Strenge noch zur Ungebundenheit, sie suchten ihre verschiedenartigen Ziele alle unter einen Nenner zu bringen, der hieß ›vorwärtskommen‹.

Diese letztere Gruppe der Familien wuchs trotz Wirtschaftskrise und Arbeitslosigkeit zahlenmäßig beständig an. Das Interesse am persönlichen

Fortkommen nahm diese Familien so gefangen, daß die politische Entwicklung kaum beachtet wurde.

HITLER wußte recht genau, was er diesen strebsamen Leuten, denen es an politischen Ambitionen mangelte, versprechen mußte, um sie zu gewinnen: geordnete wirtschaftliche Verhältnisse. Es gelang ihm sogar, diese nur auf ihr eigenes Wohl konzentrierten Familien oberflächlich für Politik zu interessieren. Seine maßlose Selbstüberschätzung und seinen Rassenwahn konnte er gerade denjenigen leicht einreden, denen es nun allmählich wirtschaftlich etwas besser ging. Er appellierte an ihre Tüchtigkeit, die sie angeblich allen anderen Völkern voraushatten. So etwas glaubten ihm Arbeiter und Akademiker, und nicht nur die Strebsamen unter ihnen, gern. Auch der Faule und Nichtsnutzige fühlt sich geschmeichelt, wenn man ihm erklärt, der wirtschaftliche Aufschwung sei ein Erfolg seines Fleißes.

Das einmal geweckte, aber fehlgeleitete Selbstbewußtsein der ehemaligen Untertanen übersah großzügig die verbrecherische Seite der Rassenpolitik. Wenn die Kinder aus der Hitlerjugend nach Hause kamen und erzählten, daß Juden, Slawen und Zigeuner zu einer minderwertigen Menschenrasse gehörten, dann wurde das von den meisten Eltern schweigend oder sogar zustimmend akzeptiert. »Halt den Mund« oder »das ist doch völliger Unsinn«, so fuhr man die Kinder höchstens an, wenn sie fragten: »Ist es wahr, daß in den Konzentrationslagern Menschen verbrannt werden?« Ängstlich suchte man vor diesen Tatsachen die Augen zu verschließen. Man schaute einfach weg, wenn von Zeit zu Zeit jüdische Mitbürger auf den Bahnhöfen mit verzweifelten Gesichtern in Gruppen zusammenstanden und auf den Abtransport ›mit unbekanntem Ziel‹ warteten.

Über das qualvolle Leben und Sterben der Kinder jüdischer Familien berichten uns die tagebuchartigen Aufzeichnungen eines zwölfjährigen Mädchens:

Ich küßte Papa zum letztenmal und ging hinaus. Als ich an der Straßenecke war, drehte ich mich um und sah ihn, wie er vor dem Tor stand, mir mit den Augen folgte und mir eine Kußhand zuwarf. – Die Straße war voll junger Burschen, sie schlugen mit Besen, Teppichklopfern und Steinen auf die Juden ein. Ich lief schnell durch und bog in die Legionsstraße ein. Auch hier, in den öffentlichen Anlagen, wurden Menschen geschlagen. Das Schreien und Weinen wurde immer stärker. Ich schloß die Augen, hielt mir die Ohren zu und lief aus Leibeskräften nach Hause. Die Großmutter hatte schon das Bett gemacht, aber ich setzte mich im Kleidchen aufs Sofa und schlief sitzend die ganze Nacht hindurch. – Am 26. Juli morgens, an einem Donnerstag, wollte Mama mit mir zu Onkel Jerzy, weil es auf der Straße ruhig war. Wir gingen auf die Straße. Vor dem Haustor lag ein blutbesudelter Mann ohne Stiefel, er stöhnte. Plötzlich traten zwei junge Burschen mit gelbblauen Armbinden auf uns zu. »An die Arbeit, bitte, und du, Kleine, nach Hause!« Ich kehrte um, und Mama ging in die

Sobieskischule den Fußboden scheuern. Ich machte mir Sorgen, daß Mama hungrig zurückkommen und wir zu Hause nichts zu essen haben würden, aber Mama kam nach einer Stunde wieder. Am anderen Tage war auch Unruhe. Überall erfolgten Festnahmen. Abends klopfte jemand. Die Großmutter machte auf. Vor der Tür stand der Nachbar und stützte den ohnmächtig gewordenen Gustav. Sein Gesicht war fahl und geschwollen. Wir legten ihn hin, zogen ihn aus und brachten ihn zur Besinnung. Sein Arm blutete und der Körper war vom Schlagen blau angelaufen.

Ein halbes Jahr später befindet sich das Kind mit der Mutter im Gefängnis, in einer kleinen Zelle, in der schon sechzig Menschen auf der Erde saßen.

In der Zelle war es heiß von Schweiß und dumpfer Luft, obwohl der 22. Februar war. In einer Ecke stand ein zerlöcherter Kübel, in den Frauen und Männer ihre Notdurft verrichteten. – Wir wußten nun, daß wir verloren waren. Ich konnte mich nicht länger beherrschen und brach in Tränen aus. Ich hatte nicht so sehr vor dem Tode Angst als davor, daß Kinder nicht erschossen, sondern lebendig begraben würden. Einige flehten in Gebeten um einen sofort tödlichen Schuß, einige sangen hebräische Hymnen. Mama beruhigte mich und versprach, mir die Augen zu verdecken, wenn sie anfangen würden zu schießen. Ich wurde ganz ruhig und schloß mich dem Gesang der anderen an.

Als nach dem Kriege dieser millionenfache Mord in der Öffentlichkeit diskutiert wurde, fragten die Kinder ihre Eltern: »Wie konnte so etwas nur geschehen?« In den meisten Fällen erhielten sie darauf zur Antwort: »Wir haben nichts davon gewußt!« Man war geneigt, die Schuld – ähnlich wie beim Kriege – als ein nationales Unglück anzusehen.

Hier und da hat man zwar versucht, die Ursachen dieses Massenmordens bloßzulegen und das schläfrige Gewissen wachzurufen. Sicherlich erkennen heute mehr Menschen als in der Hitlerzeit die Gefahren der nationalen Überheblichkeit, des blinden Gehorsams und der politischen Leichtgläubigkeit, aber daß die Erziehung zu demokratischer Freiheit und Mitverantwortung schon in der Familie beginnen muß, begreifen immer noch zu wenige.

Nachdem die Schrecken des Krieges vergessen sind, versucht man sich in der Familie wieder gemütlich einzurichten. Groß ist die Neigung, sich nach außen abzukapseln. Mögen die Architekten in den modernen Siedlungen noch so große Fenster bauen, die Hausfrau versteht es, sie durch dichte Gardinen und rankende Blumen wieder zu verhängen.

Wenn heute die Familie trotzdem nicht mehr so stark von der Außenwelt abgeschlossen lebt wie früher, dann verdanken wir das einem Wandel, der mehr von außen als von innen gekommen ist. Allein durch die Gebrauchsgüter, die heute nahezu ausschließlich fertig gekauft werden, ist die Familie aufs engste mit der Wirtschaft verbunden. Die modernen Haushaltmaschinen ersparen – richtig angewandt – so viel Zeit, daß die Frau nicht mehr so viele Stunden des Tages ans Haus gefesselt ist wie einst, wo sogar die Kinder ständig mithelfen mußten. Durch die Berufstätigkeit, und sei es auch nur für wenige Stunden des Tages, kommen viel mehr Frauen mit der Öffentlichkeit in Berührung. Autos und Reisegesellschaften bringen die Familien aus dem Hause heraus. Sie lernen andere Gegenden, neue Menschen kennen und erweitern ihren Gesichtskreis. Zeitungen, Zeitschriften, am meisten vermutlich das Fernsehen vermitteln der Familie einen Zugang zum politischen Geschehen, wie er in dieser Breitenwirkung noch niemals erlebt worden ist.

Aber – nicht nur die Familie tritt aus ihrer Isolierung heraus, auch die Öffentlichkeit steckt ihre Nase in die Angelegenheit der Familie. Soziologen und Meinungsforscher interessieren sich aus den verschiedensten Gründen für alles, was in der Familie vorgeht. Das Bild, das sie uns entwerfen, trifft nicht auf jede einzelne zu, aber von der Durchschnittsfamilie bekommen wir doch eine relativ klare Vorstellung.

Am meisten fällt dabei die Beschränkung der Kinderzahl ins Auge. Sie begann bei einem Teil der Familien bereits in den zwanziger Jahren. Heute ist sie bei den Arbeitern und Angestellten allgemein verbreitet, während die Familien der Akademiker häufig drei, vier und mehr Kinder haben. In der Bundesrepublik haben heute von 100 Familien 32 keine Kinder, 29 ein Kind, 24 zwei Kinder, 10 drei Kinder, 3 vier Kinder, 1 fünf Kinder, 1 sechs und mehr Kinder.

Die Frage, ob es besser sei, Kinder zu haben als keine, wird von allen Eltern, die selbst Kinder haben, selbstverständlich bejaht. Erkundigt man sich aber bei ihnen danach, ob sie der Meinung sind, daß auch ihre Kinder wieder Kinder haben sollten, antworten die meisten, das sei ihnen gleichgültig, oder, das müßten ihre Kinder selbst wissen. Aus dieser Einstellung spricht möglicherweise der Respekt vor der Entscheidungsfreiheit der Kinder. Da aber dieselben Eltern bei anderen Gelegenheiten sehr genau wissen, was sie ihren Kindern gönnen und wünschen, muß man in den meisten Fällen daraus auf ein völliges Desinteresse an Kindern schließen. Die eigenen Kinder werden gerade noch akzeptiert, man liebt sie, weil man sich an sie gewöhnt hat, aber grundsätzlich ist man Kindern gegenüber gänzlich uninteressiert.

Diese Auffassung entspricht genau der Indifferenz, die die meisten Familien heute den Fragen des öffentlichen Lebens und der Politik entgegenbringen. Man kapselt sich ab, sorgt nur für sich und läßt ›die da oben‹ regieren, wie sie es für richtig halten. Der Gedanke, daß in der Demokratie jeder mitverantwortlich ist und mitbestimmen kann, ist höchstens bei 25 Prozent ins Bewußtsein gedrungen, die übrigen, darunter vornehmlich die Mütter, glauben, daß der Bürger völlig machtlos den guten oder schlechten Entscheidungen der Regierung ausgeliefert ist.

Von der gleichen Unsicherheit zeugt die Einstellung zu Erziehungsfragen. Die meisten Eltern haben überhaupt keine klaren Vorstellungen, sie geben an, daß sie ihre Kinder genauso erziehen, wie sie selbst erzogen wurden. Ein Viertel der Eltern möchte es anders machen, sie wollen ihren Kindern mehr Verständnis entgegenbringen und streben engere, freundschaftlichere Bindungen an.

Obschon man weiß, daß die Mutter die Hauptverantwortung trägt, sagen die meisten, wenn man sie danach fragt, nach alter Gewohnheit, der Vater habe die Entscheidung in Erziehungsfragen, sie geben nur zu, daß die Mutter stärker das Vertrauen der Kinder besitzt, während der Vater die Respektsperson darstellt.

Im Hinblick auf die Bestrafung der Kinder geben immer noch zwei Drittel der Eltern an, daß sie, zumindest bei Knaben, Prügel als das richtige Erziehungsmittel ansehen, und sie bedienen sich dabei oft recht drastischer Ausdrücke. Nur etwa 17 Prozent wollen ihre Kinder, wenn sie etwas Unrechtes getan haben, durch Tadel, Mahnungen und Belehrungen auf den richtigen Weg führen.

Der Unkenntnis der Eltern in pädagogischen Fragen ist es wohl zuzuschreiben, daß sie, wenn man sie danach fragt, mit Gedanken und Vorstellungen ihrer Eltern und Großeltern antworten, selbst dann, wenn sie ihr eigenes Verhalten der heutigen Zeit angepaßt haben. Man beobachtet im allgemeinen, daß die Kinder heute mehr Vertrauen zu ihren Eltern besitzen. Ein persönlicheres, kameradschaftlicheres Verhältnis bahnt sich an, seitdem die Autorität der Eltern mehr und mehr dem Gefühl für Verantwortlichkeit weicht.

Trotz der pädagogischen Unbildung der meisten Eltern wächst die Zahl der Familien langsam, aber stetig, die sich mit herzlicher Zuneigung, fröhlich und gewissenhaft der Erziehung ihrer Kinder widmen. Man muß bei dieser Feststellung das Wort fröhlich besonders betonen, weil das Familienleben bei mangelnder Erziehung, für Kinder und Eltern, zu ununterbrochenen, nervenaufreibenden Ärgernissen und Zusammenstößen führt, während das Zusammenleben mit guterzogenen Kindern sich zu einer ständigen Quelle der Freude und Zufriedenheit entwickelt.

Das gesunde Klima in ›guten‹ Familien ist vor allem durch eine humane Art des Zusammenlebens bestimmt: man hilft sich gegenseitig und nimmt Rücksicht aufeinander. Eine nicht kleinliche, aber doch spürbare Ordnung und eine gutgelaunte Grundstimmung geben den Kindern das Gefühl der Geborgenheit, das ihnen gerade in den ersten Lebensjahren so not tut wie die Luft zum Atmen.

Die äußere Umgebung, die Wohnung, ist, zumindest solange Kleinkinder darin herumkriechen und laufen, ›kinderfest‹ eingerichtet. Damit sich das Kind frei bewegen kann, verzichtet man in dieser Zeit am besten auf zu geräumige Möbelstücke, auf Vasen, Blumentöpfe und dergleichen. Leicht zerbrechliche Gegenstände werden nicht gerade dort aufgestellt, wo die wißbegierigen Kinderhände sie erreichen können. Da ein gesundes Kind sich oft und unbedacht schmutzig macht, stellt sich die Mutter auf leicht sauberzuhaltende Gegenstände ein. Dadurch erspart sie sich und den Kindern manchen Ärger.

Das Kind soll sich zu Hause wohl fühlen. Es muß aber auch lernen, sich seiner weiteren Umgebung anzupassen. Wenn ihm in der Familie nicht ständig befohlen wird, was es tun und lassen soll, wird es auch im späteren Leben besser über sich selbst bestimmen können. Das Leben fordert heute von den Menschen die ständige Anpassung an immer neue, wechselnde Verhältnisse. Wer als Kind nicht gelernt hat, die Dinge selbständig zu beurteilen und Wertloses von Wertvollem zu unterscheiden, um das Richtige zu wählen, der wird sich willenlos hierhin und dorthin dirigieren lassen. Darum sollte sich das Kind schon darin üben, mitzubestimmen, was es spielen und mit wem es spielen möchte. Daß eine solche Erziehung zur Selbständigkeit gerade in der Kleinfamilie leicht zu verwirklichen ist, davon gibt uns der Familienbericht eines jungen Mädchens ein gutes Bild:

Schon als ich klein war, hatte ich das Gefühl einer gewissen Selbständigkeit; meine Eltern fragten mich nach meiner Meinung, ich durfte mitbestimmen, wohin wir gingen auf unseren Spaziergängen, und ich wurde von der Mutter genauso gefragt wie der Vater, was ich gern einmal essen möchte. Ich habe mir nie überlegt, wer eigentlich in unserer Familie das meiste zu sagen hat – ich wüßte gar nicht, was ich dazu sagen sollte. Es ist gar nicht festgelegt – einmal bestimmt der Vater, einmal die Mutter, einmal ich. Es kommt ganz darauf an; wer am meisten davon versteht, worüber gerade verhandelt wird, den lassen wir dann gewähren. Wenn ganz selten einmal Verwandte zu Besuch kamen, haben sie oft zu meinen Eltern gesagt: »Ihr erlaubt dem Kind zuviel Freiheit. Das ist ja kein Mädchen, das ist ja ein Junge.« Meine Eltern haben nur gelacht und gesagt, ich sei ihnen schon recht. Sie haben mir nie etwas verboten, aber weil ich sie so liebhatte, wußte ich schon ganz genau, ob ich sie mit etwas kränken würde. Manchmal kam es ja vor; aber mein Vater sagte zu meiner Mutter, wenn sie mir Vorhaltungen machte: »Laß das lieber, es hat doch keinen Zweck. Sie muß schon ihre Erfahrungen selber machen, dabei lernt sie am meisten.« Wenn ich einmal in eine dumme Situation geriet und dann zu ihnen kam, haben sie mir nie erklärt: »Siehst du, das kommt davon!«, sondern sie haben mir zugehört und mir geholfen ...

Nicht allen Familien gelingt es, in so erfreulicher Weise das richtige Maß an Selbständigkeit zu finden. Oft sieht man Eltern, die ihren Kindern entweder zuwenig Mitbestimmungsrecht gönnen oder sie zu oft und zu früh selbst entscheiden lassen. Nicht selten beobachten wir auch ein zielloses Hin und Her zwischen den beiden Extremen. Trotzdem beginnt sich allmählich ein neuer Familientyp abzuzeichnen, der sich der Partnerschaftsfamilie, wie sie eben beschrieben wurde, immer mehr nähert.

Ein harmonisches Familienleben ist allerdings auch an bestimmte Voraussetzungen gebunden: ausreichende Wohn- und Lebensverhältnisse, die, wenn sie ein Mindestmaß unterschreiten, für Kinder und Eltern zu quälen-

Der Zuchtwagen. Wer den Zuchtwagen spannt hinden an/ Der hat spot vnd schandt zum Fuhrlan.

Hie schaw ein Eheuolck Fraw vñ Man/
Zu eim Spiegel den wagen an.
Thut mit fleiß ewre Kinder ziehen/
Alle schand vnd laster zufliehen.
Mit hand vnd Mund in irer Jugent/
Auff Gottes forcht sitten vnd tugent.
Beide ziecht Töchter vnd die Sön/
Wann sie einmal erwachsen thün.
Das Ehrlich/dapffer leut drauß werden/
Mit worden wercken vnd geberden.
Das Vater vnd Mutter ihr hab Ehr/
Die durch ihr fleissig zucht vnd lehr.
Haben ihr Kinder bracht darzu/
Das sie sich auch in stiller rhu.
Neeren als Erber Biderleut/
Das ihr Eltern dann hoch erfrewt.

Die sie fürten die rechten straß/
In jr Jugent an vnterlaß.
Da sie solchen Ehrling furlohn/
An jren Kindern verdienet han.
Wo aber Frawen oder Man/
Den wagen spannen hinden an.
Jr Kinder nicht ziehen noch lehren/
Sonder jr zeit Gottloß verzeren.
Haben nit lust zu Gotsforcht noch tugent/
Von den sicht nit viel guts die Jugent.
Noch weniger viel guts von jn leren/
Sonder das hinder herfür keren.
Lassen den Kinden jrn mutwillen/
Jr Thorheit nit straffen noch stillen.
Sonder helffen jn selb darzu/
Was schalckheit jedes treiben thu.

Mit naschen/liegen vnd schambarn worten/
Deß lachen die Eltern an den orten.
Wann dann jr Kinder kommen zun jaren/
Kein zucht noch leer haben erfaren.
In eignem willen aufferzogen/
Durch die Ruten sind vngepogen.
Dañ lebens ohn Gotsforcht/zucht vñ thunt/
Wie wilde Thier/Wolff Sew vnd Hundt.
Hoffertig/Stoltz/Brechtig vnd Brenckisch/
Widerbellendt/hadrisch vnd zenckisch.
In Spilsucht/Faulkeit/Schlemmerey/
In nachred Neydt vnd Hurerey.
Auß diesen schendtling Lastern allen/
Sie in Elend vnd vnglück fallen/
In armut/Kranckheit/Sünd vnd schandt/
Offt endlich in deß Henckers handt.

Dann geht erst an der Eltern rew/
Das sie auß Vätterlicher trew.
Jr Kinder jung nit bas zogen han/
Den Wagen hinden gespannet an.
Vnd jn jrn mutwillen nicht geweret/
Sonder Gotsforcht vnd zucht gelernt.
Die jn jetzt geben verdienten lohn/
Wie man dann gleich sicht täglich an.
Was hertzen leids bringen vngezogne Kind
Mit dem Wagen gewarnet sind.
Die Eltern solches vngemachs/
Drumb ziecht die Kind jung rett Hanns Sachs.

Gedruckt zu Nürnberg/ bey Katharina Hanns Wenglin Formschneiderin.

Einblattholzschnitt über die mangelnde Kinderzucht mit einem Text von Hans Sachs. 16. Jahrhundert

den Beschränkungen führen. Da in vielen Familien, gerade wenn die Kinder noch klein sind, das Existenzminimum nicht erreicht wird, sieht sich die Mutter gezwungen, mitzuverdienen. Wenn eine Mutter, deren Kinder bereits zur Schule gehen, einer Halbtagsbeschäftigung nachgeht, ist dagegen nicht viel einzuwenden. Das vorschulpflichtige Kind hingegen braucht seine Mutter noch. Das heißt nicht, daß die Mutter sich ständig mit ihm beschäftigen soll, aber das Kind muß wissen, daß sich die Mutter immer in erreichbarer Nähe befindet, denn die Loslösung von der Mutter ist ein sehr langsamer Prozeß, den man nicht ungestraft vorzeitig beschleunigen kann. Es schadet der gesunden seelischen und geistigen Entwicklung und der Persönlichkeitsbildung, wenn das Kind zu früh aus der Mutter-Kind-Beziehung entlassen wird und sich einer größeren Gruppe anschließen muß. In einigen europäischen Ländern sind die Kinderbeihilfen bereits so hoch, daß die Mütter nicht gezwungen sind, Geld zu verdienen, solange sie kleine Kinder zu betreuen haben. In den meisten anderen Ländern macht man sich bereits Gedanken darüber, auf welche Weise man dem Kind die natürlichen Wachstumsbedingungen in der Familie besser als bisher garantieren kann.

Die Überlegungen erstrecken sich nicht nur auf einen finanziellen Ausgleich, der den Lebensstandard der zur Zeit noch benachteiligten Familien mit Kindern heben soll. Es gibt noch eine Reihe anderer Unzulänglichkeiten, die das Familienleben zum Teil erheblich stören. So wird in einer Wohnung, in der sich die Kinder nicht bewegen können, die körperliche und geistige Entwicklung beträchtlich gehemmt. Auch die Wohnung in einem Hochhaus ist für kleine Kinder denkbar ungeeignet, weil die Spielplätze, wenn überhaupt vorhanden, dem Blickfeld der Mutter viel zu weit entzogen sind.

Der Idealfall bleibt immer noch das Einfamilienhaus am Stadtrand oder eine Wohnung in einem Mehrfamilienhaus, mit einem Spielplatz, den die Mutter während der Hausarbeit beobachten kann. In Amerika hat sich längst die Sitte eingebürgert, daß die junge Familie, wenn die Kinder heranwachsen, nach Möglichkeit ein kleines Haus am Stadtrand bezieht. Seitdem diese Stadtrandsiedlungen sich immer weiter ausdehnen, tritt allerdings ein anderes Hindernis auf, das bisher wenig beachtet wurde. Durch die Ausdehnung der Stadtränder ergeben sich oft stundenweite Anfahrtswege zur Arbeitsstelle des Vaters. So bekommt der Vater seine Kinder kaum zu sehen. Diese Situation, die heute schon in sehr vielen Familien besteht, wird merkwürdigerweise selten einmal als besonders unnatürlich empfunden. Daß eine natürliche und harmonische Kindererziehung nicht ausschließlich in die Hände der Mutter gehört, daß auch die Person des Vaters einflußnehmend am Leben der Kinder teilnehmen muß, wird allgemein noch viel zuwenig berücksichtigt. Heute erleben die Kinder ihren Vater oft nur als einen müden Mann, der, wenn er abends nach Hause kommt, nicht gestört sein möchte. Er zieht die Schuhe aus, sinkt in den Sessel neben der Leselampe und vertieft sich in die Zeitung. Einen Vater, der eine sichtbare Tätigkeit ausübt, der eine Leistung vollbringt, sehen die Kinder kaum einmal. Diesem Mangel mag mit der Zeit eine noch kürzere Arbeitszeit abhelfen, auch die wirtschaftlichen Gegebenheiten werden daran einiges ändern. Je billiger die Maschine produziert, desto höher steigt jede Handarbeit im Preis. Damit werden die verschiedensten Reparaturen und häuslichen Dienstleistungen allmählich so unerschwinglich, daß sich die Familie und mit ihr der Vater entschließen wird, bei all den Dingen, die sich der Fertigung durch die Maschine entziehen, selbst Hand anzulegen. Hieraus mag sich eine Wandlung anbahnen, die es den Kindern ermöglicht, gemeinsam mit Vater und Mutter in das praktische und tätige Leben hineinzuwachsen. Aber um seine Kinder das Leben zu lehren, dazu braucht der Vater Zeit. Vielleicht wird eines Tages der Plan verwirklicht, der nicht nur den Müttern, sondern auch den Vätern kleiner Kinder Teilarbeitszeiten ermöglichen möchte, damit sie sich, mehr als das bisher üblich war, ihren Kindern widmen können.

Alljährlich um die Sommerzeit beginnt eine große Völkerwanderung. Von Norden nach Süden, kreuz und quer durch ganz Europa bewegen sich reisefreudige Menschen, um ihren ständigen Wohnort für einige Wochen mit einer Unterkunft in einem fernen Land zu vertauschen. Dabei spielt mehr und mehr die Erholung eine zweitrangige Rolle, man möchte nebenbei oder auch in erster Linie eine ferne Landschaft, fremde Menschen und andere Verhältnisse erleben.

Wer sich längere Zeit in einem anderen Land aufhält, der wird feststellen, daß sich zumindest die europäischen Länder in ihren Sitten immer ähnlicher werden. Aber gerade dem flüchtigen Beobachter fallen die wenigen Merkmale auf, in denen die Länder noch ihre Eigenart bewahrt haben. Da sich die Familie stets etwas langsamer wandelt als die übrigen Verhältnisse, kann man gerade hier noch manche Unterschiede beobachten.

Dem Reisenden, der die Mittelmeerländer, zum Beispiel Italien und Spanien, besucht, entgeht nicht, daß hier die Kinder viel stärker in Erscheinung treten. Stirnrunzelnd wird von den Deutschen gern berichtet, daß man die Kinder dort maßlos verwöhnt, daß sie des Abends vor zehn, elf Uhr nicht zu Bett gebracht werden. Der flüchtige Reisende bemerkt allerdings nicht, daß sich diese ›verwöhnten‹ Kleinen in spätestens zehn bis fünfzehn Jahren zu sehr freundlichen, rücksichtsvollen und höflichen Erwachsenen entwickeln. Man läßt in der Tat in diesen Ländern die Kinder mehr gewähren, die Mutter kommandiert weniger. Sie bittet, beschwichtigt und überredet. Bei dieser Methode macht das Familienleben einen etwas turbulenteren Eindruck, aber die Mutter läßt sich davon nicht stören. Sie weiß, daß kleine Kinder hin- und herlaufen, alles anfassen möchten und ab und zu Freude an lärmenden Spielen haben. Besonders die Ein- bis Dreijährigen, die so oft unwissend und unvermittelt den Elefanten im Porzellanladen spielen, werden mit besonderer Liebe und Nachsicht behandelt. Die Aufmerksamkeit der Mutter geht weniger dahin, ihr Mobiliar vor dem Zugriff des Kindes zu schützen, sie ist vielmehr ständig bemüht, das Kind vor allerlei Gefahren liebevoll zu behüten. Die ausgeprägte Zuneigung, die dem Kind entgegengebracht wird, gibt ihm ein starkes Gefühl der Geborgenheit.

Es lernt durch Nachahmung, weil es am Leben der Erwachsenen ständig teilnimmt. Da sich in den südlicheren Ländern die Mußestunden und das gesellige Beisammensein in die kühlere Tageszeit, die späten Abendstunden, verlagert, werden auch die Kinder nicht ins Bett geschickt. Die Erwachsenen empfinden die Gegenwart der Kinder nicht als störend. Das freundliche und höfliche Verhalten der Eltern teilt sich im Laufe der Zeit den Kindern mit. Die älteren Geschwister betreuen schon die Kleinen mit derselben freundlich-fröhlichen Nachsicht, die sie bei der Mutter gesehen haben.

Wie der Mutter die Liebe gedankt wird, geht aus der Achtung hervor, die man ihr in diesen Ländern entgegenbringt. Selbst wenn die Kinder älter werden, nehmen sie den Rat der Mutter gern an. Nach ungeschriebenen Gesetzen verhalten sie sich so, wie es die Mutter gern sieht. Mit zunehmender Kinderzahl entwickelt sich die Frau körperlich und seelisch zu einer so starken Persönlichkeit, daß der Vater daneben oft wie der älteste Sohn der Familie wirkt.

Eine ganz ähnliche Stellung nimmt die Mutter in Frankreich ein. Sie versteht es, der Familie ein sehr starkes Zusammengehörigkeitsgefühl zu vermitteln. An schönen Frühlingstagen sieht man auf allen Parkbänken Mütter mit ihren Babys in der Sonne sitzen und stricken. An Sonntagen gruppieren sich draußen im Grünen ganze Familien, vom Kleinsten im Kinderwagen bis zu den Großeltern, an Wiesenrändern und auf Waldlichtungen, und in den Ferienmonaten, wenn die Menschen den Städten entfliehen, beherrscht die Familie so sehr das Bild, daß man den Eindruck hat, in Frankreich gäbe es gar keine kinderlosen Ehepaare.

Auch hier gilt die größte Fürsorge dem kleinen Kind. Wenn das Ein- bis Zweijährige noch undicht ist, dann wechselt seine Mutter sogleich seine Hosen, und wenn es zehnmal am Tage einnäßt, dann wechselt sie unverdrossen zehnmal seine Hosen. Besonders im Süden Frankreichs fallen die stolzen Väter und die liebevoll besorgten Mütter dem Fremden auf. So sparsam die Eltern, so bescheiden sie im Hinblick auf ihre eigene Kleidung sind, für ihre Kinder ist ihnen das Beste gerade gut genug. Die kleinen Knaben und Mädchen erfreuen sich, geliebt und gelitten, einer ungemein sorglosen Jugend.

Von früh bis spät ist die Mutter auf den Beinen und denkt gar nicht daran, sich von ihren Kindern bei der Arbeit helfen zu lassen. Selbst die jungen Mädchen werden weitgehend von aller Hausarbeit verschont. Sie halten ihre eigenen Kleider in Ordnung, machen sich schön und können ungerührt stundenlang im Garten sitzen und der Mutter bei der Arbeit zuschauen. Sobald die junge Dame aber selbst eine Familie gründet, opfert sie sich mit der gleichen Hingabe für ihre Kinder, wie sie es bei ihrer Mutter gesehen hat. Sie hütet die Kleinen wie ihren Augapfel und interessiert sich nun erst an letzter Stelle für ihre eigene Person. Darum sind in Frankreich die bestangezogenen Leute stets die kleinen Kinder.

Gerade auf diesem Gebiet unterscheiden sich die Deutschen von den anderen Ländern. Ausländer, die in die Bundesrepublik kommen, fragen zuweilen: Haben eigentlich in Deutschland nur die armen Leute Kinder? Selbst in solchen Äußerlichkeiten tritt in Erscheinung, daß hier für Familien mit drei Kindern die Mark nur zwanzig Pfennig wert ist. In der Bundesrepublik sieht man vorwiegend Ehepaare ohne Kinder reisen. Das überrascht jeden Fremden, und sie fragen sich: Haben diese Leute alle keine Kinder, oder bringen sie ihre Kinder in den Ferien anderswo unter? Sicherlich können hier viele Eltern mit ihren Kindern nicht verreisen, weil ihnen die Mittel dazu fehlen.

In den meisten europäischen Ländern wird diese Lücke durch Kinderzulagen ausgeglichen. Daß sie in Deutschland viel geringer sind als in den meisten anderen Ländern, liegt nicht zuletzt an der öffentlichen Meinung, die längst nicht so kinderfreundlich ist wie etwa in Frankreich.

Man scheint in der Bundesrepublik Kinder vornehmlich unter dem Gesichtspunkt der Schwierigkeiten zu betrachten, die sie bereiten, schrieb ein italienischer Korrespondent. *Die Hochachtung, mit der man sowohl in den westlichen wie in den östlichen Ländern normalerweise einer Mutter in der Öffentlichkeit begegnet, ist hier nur selten anzutreffen.* Diese Unterbewertung der Mutter geht auf die Einstellung zum Kind zurück. Gewiß findet man in allen Ländern Leute, denen Kinder ausgesprochen lästig sind, aber, daß ein Hausbesitzer seine Wohnung ausdrücklich ›nur an kinderloses Ehepaar‹ vermietet, das wäre anderswo undenkbar, weil so etwas allgemein als unsittlich gilt.

Daß die Deutschen den Südländern vorwerfen, sie verwöhnten ihre Kinder maßlos, ist nur verständlich, wenn man sieht, wie selbst die Mütter hier mit ihren Kindern umgehen. Energisch werden die Kinder am Arm gezogen, wenn sie mit ihren kleinen Beinen noch nicht Schritt halten können, und wenn so ein kleines, noch unwissendes Kind nicht versteht, was die Mutter eigentlich von ihm will, wird es barsch angefahren oder gar geschlagen. *Die Deutschen empfinden Kinder als störend,* sagten spanische Arbeiterinnen, als sie über ihre Eindrücke gefragt wurden; *sie lieben Hunde und Katzen mehr als die Kinder.*

Natürlich gibt es auch in Deutschland liebevolle Eltern, man muß aber, wenn man die Grundeinstellung miteinander vergleicht, feststellen, daß die Kinderfreundlichkeit ganz allgemein zu wünschen übrig läßt.

Es ist eine Probe auf die Menschlichkeit einer Gesellschaftsordnung, ob in ihr diejenigen auch zu ihrem Recht kommen, die es selber noch nicht fordern können. So heißt es in einem Gutachten des ›Deutschen Ausschusses für Erziehung und Bildungswesen‹.

Selbst in der Sowjetunion, wo man vorübergehend die Familie gänzlich ignorieren zu können glaubte, hat sie heute wieder beträchtlich an Ansehen gewonnen. Wohl in keinem anderen Land waren die Beziehungen zwischen Eltern und Kindern einem so großen Wandel unterworfen wie dort.

Die Familien, mit denen uns Gorki in seinen Kindheitserinnerungen bekannt macht, leben noch in streng patriarchalischer Bindung. Da erscheinen Väter, die zwischen spontaner Gutmütigkeit und brutaler Grausamkeit hin- und herschwanken, Mütter, die gelegentliche Prügel zähneknirschend oder mit stummer Ergebenheit als etwas Unabänderliches hinnehmen, und Kinder, die fast regelmäßig hemmungslos geschlagen werden.

Die Theoretiker des Kommunismus beschlossen, nebst anderen unterdrückten und ausgebeuteten Menschen auch die Frau zu befreien. Sie glaubten ihr dadurch den besten Dienst zu erweisen, daß sie die Familienbande kurzerhand lösten. Man betrachtete in den ersten Jahren nach der

Revolution die Ehe als ein überholtes Requisit aus der kapitalistischen Zeit.

Aber wo immer diese ›Befreiung‹ konsequent durchgeführt wurde, ergaben sich für die Kinder große Schwierigkeiten, die die Grundlagen des neuen Staates zu erschüttern drohten. Wie man sich damit auseinandersetzte, kommt in einem Erziehungsbuch zum Ausdruck, das in der Sowjetunion allgemein verbreitet ist. Um den Eltern an Beispielen die richtige und falsche Erziehung zu zeigen, gibt der berühmte Pädagoge MAKARENKO ihnen einen Einblick in die verschiedensten Familien. Er schildert Eltern, die zuviel und solche, die zuwenig für ihre Kinder übrig haben, einige übertreiben den Gerechtigkeitssinn, und andere behandeln ihre Kinder ungerecht. Wir erleben Kinder, die ihre Eltern auf egoistische Weise ausnützen, und Eltern, die ihre Kinder heimlich tyrannisieren. Mahnend erhebt er seine Stimme gegen die Einkindfamilie, und lobend beschreibt er ein Elternpaar, das mit seinen dreizehn Kindern bereits ein regelrechtes Kollektiv bildet. Trotz liebevoller und verständiger Einfühlung in die Entwicklung und Erziehung des Kindes wird dieser hervorragende Pädagoge ein gewisses Mißtrauen gegen die Familie nicht los, denn gerade die Kleinfamilie entzieht sich dem Einfluß einer Kollektivierung. Die persönliche Atmosphäre, in der das Kleinkind nur wachsen und gedeihen kann, läßt sich nicht ›über einen Kamm scheren‹.

Inzwischen hat sich der Sowjetstaat damit abgefunden, daß er mit der Familie rechnen und sie fördern muß. Wenn auch die Familie wiederhergestellt und durch Gesetze gefestigt ist, so hat sie doch ihren Charakter, ähnlich wie in allen europäischen Ländern, grundlegend gewandelt. Die Autorität des Vaters ist der Partnerschaft der Eltern gewichen, ja man muß sogar sagen, daß auch hier die Mutter den stärkeren Einfluß besitzt. Das ist neben der Persönlichkeit der russischen Frau auch ihrer Berufstätigkeit zuzuschreiben, die ihr, wie in allen Ländern, durch die größere Belastung auch mehr Verantwortung gibt.

Noch auffallender hat sich die Stellung des Kindes gewandelt. In seinen Lebenserinnerungen beschreibt GORKI einmal, wie ein Kind erbarmungslos geschlagen wird, und in einer Fußnote erinnern die Herausgeber des Buches den Leser besorgt daran, daß sich diese Szene vor der Revolution ereignet hat, damit nur ja keiner auf den Gedanken komme, anzunehmen, daß in der Sowjetunion noch geprügelt würde. In der Tat ist das Schlagen der Kinder heute verpönt, sie werden von ihren Eltern fürsorglich betreut und herzlich geliebt. Das mag gewiß zu einem Teil durch die großzügige Förderung bedingt sein, die der Staat der Jugend angedeihen läßt, aber in der liebevollen Hinwendung zum Kinde wird vermutlich auch ein Ausgleich gesucht gegen die Überbetonung des Solidaritätsbewußtseins, das in der Sowjetunion, stärker als in allen westlichen Ländern, nicht nur angestrebt, sondern auch gefordert wird. Wo immer heute neue Staaten entstehen, da steht der Gemeinsinn stärker im Vordergrund als die Interessen des einzelnen: Diesen Weg beschreitet auch das jüdische Volk in seiner neuen Heimat.

Eine aus der Not geborene Form des Zusammenlebens wie der Kibbuz in Israel hat auch eine neue, den Verhältnissen angepaßte Form des Familienlebens geschaffen. Als dieser moderne Staat sich vor die Aufgabe gestellt sah, in möglichst kurzer Zeit, sozusagen aus dem Nichts eine menschenwürdige Existenz für alle zu schaffen, gründete man Wohn- und Arbeitsgemeinschaften, die unter wirtschaftlich und sozial möglichst rationellen und entspannten Verhältnissen funktionieren mußten. Der gemeinsame Glaube beseelte den Willen zu einem mitmenschlichen Verhalten, das alle persönlichen Besitzwünsche zugunsten des gemeinsamen Ziels zurückstellte. Hier geht die kleine Familie teilweise ganz in der großen Kibbuzfamilie auf. Die Kinder schlafen im Kinderhaus, gehen vor- und nachmittags zur Schule und zum gemeinsamen Mittagessen. Der späte Nachmittag von fünf bis acht Uhr gehört der Familie. In dieser Zeit können sich die Eltern mit den Kindern beschäftigen. Nach dem gemeinsamen Abendessen bringt jede Mutter ihr Kind zu Bett.

Bemerkenswert ist bei diesem Versuch, daß er eine vorzügliche Gelegenheit bietet, im täglichen Miteinander den Gemeinsinn der Kinder zu bilden, zugleich gibt er ihnen im privaten Bereich der Familie Gelegenheit, ihre Persönlichkeit zu entfalten. Diese gleichzeitige Bildung des Gemeinsinns und der Persönlichkeit existiert bei uns bis heute nur in der Theorie, sie erscheint uns wünschenswert, aber wir haben noch keinen Weg gefunden, sie gleichwertig nebeneinander in unserer Erziehung wirksam werden zu lassen. In der Hitlerzeit entartete die Solidarität in gewissenloses Mitläufertum, und in der Gegenwart gedeiht im Schutzraum des privaten Lebens ein üppiger Egoismus. Da wir aber beides mit der Zeit zu überwinden hoffen, interessiert uns jeder Versuch, das Ichbewußtsein und das Solidaritätsgefühl des Menschen in ein harmonisches Gleichgewicht zu bringen.

Auch in den skandinavischen Ländern beschäftigt sich der Staat intensiv mit der Familie, aber sein Einfluß beschränkt sich auf die Unterstützung durch finanzielle Beihilfen, durch Wohnungsbau und Städteplanung, die der Familie und vor allem den Kindern einen angemessenen Lebensraum sicherstellen sollen. Erfreulich ist in diesen Ländern die undogmatische Einstellung zu ihren eigenen Einrichtungen. Man legt sich nicht fest und lernt ständig hinzu, wenn sich herausstellt, daß die getroffenen Maßnahmen doch nicht, wie erwartet, den Lebensgewohnheiten des Menschen entsprechen. Hier sind die ersten, absolut vorbildlichen und wirklich zahlreichen Kinderspielplätze angelegt worden; und wenn man anfangs den berufstätigen Eltern durch Einrichtung von Kindertagesstätten zu helfen suchte, so ist man inzwischen zum Bau von Wohnzentren übergegangen, die der Familie wieder einen stärkeren Zusammenhalt geben möchten.

Wo immer wir heute fortschrittlichen Gedanken über Erziehungs- oder Familienprobleme begegnen, da haben sie meist von den skandinavischen oder angelsächsischen Ländern ihren Ausgang genommen. Während in Deutschland Erziehungsliteratur lange Zeit fast ausschließlich nur den Berufspädagogen bekannt war, hatten viele englische und amerikanische Eltern bereits im 19. Jahrhundert ›ihren SPENCER gelesen‹. Selbst wer dieses Buch nur dem Namen nach kannte, wußte, daß Schläge ein denkbar ungeeignetes Erziehungsmittel sind. Das bedeutete nicht, daß die amerikanischen Eltern ihre Kinder nicht mehr prügelten, aber sie taten es nicht aus Überzeugung, sondern mit dem schlechten Gewissen eines Menschen, der wider besseres Wissen handelt.

Um die Jahrhundertwende fanden die Gedanken der europäischen Psychologen hier bereits weit mehr Anklang als in Europa selbst. Im Jahre 1900 erschien in Schweden ein aufsehenerregendes Buch von ELLEN KEY, das bald danach in viele Sprachen übersetzt wurde: ›Das Jahrhundert des Kindes‹. Während man in Deutschland dieses Buch lediglich als Schlagwort benutzte, das man, je nach Einstellung, bald ironisch, bald anklagend in die Debatte warf, hat man in Amerika die darin enthaltenen Erziehungsgedanken mit wachem Interesse aufgenommen.

Mit temperamentvollen Worten rief Ellen Key darin alle Eltern auf, sich endlich von der üblen Methode der Dressur loszusagen und die Kinder

Bürgerlicher Wohnraum. 1856. Bilderbogen

zu freien, selbständigen und wahrheitsliebenden Menschen zu erziehen. Schonungslos deckte sie das doppelbödige Verhalten der Erwachsenen auf, die ihre Kinder die Worte ›liebe deinen Nächsten‹ lehren und selbst ungeniert nach dem Grundsatz ›jeder ist sich selbst der Nächste‹ leben. Aufs schärfste verurteilte sie alle Erziehungsmittel, die absichtlich Angst, Unbehagen und Haß erzeugen, weil durch Furcht vor Strafe nur Unaufrichtigkeit und knechtische Gesinnung gefördert werden. Lieber neun- von zehnmal bei den Fehlern der Kinder ein Auge zudrücken, so beschwört sie die Eltern, und die ganze Wachsamkeit auf die Bildung der Umgebung richten, in der das Kind aufwächst, vor allem auf die Erziehung, die man sich selbst angedeihen läßt.

Bemerkenswert ist, daß Ellen Key sich so leidenschaftlich dafür einsetzt, daß die Erziehung des Kleinkindes ganz der Familie überlassen bleibt. Sie sagt das in einer Zeit, wo in Schweden und auch in Amerika überall zahlreiche Kindergärten eingerichtet wurden, die nicht nur den berufstätigen Müttern die Sorge um ihre noch nicht schulpflichtigen Kinder abnehmen sollten, man wollte damit auch den Kindern unfähiger und unwissender Mütter eine bessere Erziehung angedeihen lassen. Trotzdem setzte sich Ellen Key für die Familienerziehung ein, weil sie darin so etwas wie einen Hort der Freiheit sah, der dem Kind die Entfaltung seiner Persönlichkeit gewährleistet. In der Gruppe, so warnt sie, wird das Kind zum Herdenmenschen erzogen. Allzufrüh, bevor sich seine Persönlichkeit gefestigt hat, lernt es dort, sich den vielen anzugleichen und unterzuordnen. In der kleinen Gemeinschaft der Familie, deren Zusammenhalt durch gegenseitige Liebe gefestigt ist, darf das Kind sich selbständig beschäftigen, es kann seine Langeweile aus eigener Initiative überwinden. Es hat sogar ein Recht darauf, etwas Falsches zu tun, damit es den Unterschied zwischen Gut und Böse aus eigener Erfahrung kennenlernt und nicht aus Furcht vor Strafe, sondern aus Einsicht gehorcht. Aus Einsicht, nicht aus mechanischer Gewohnheit oder Zwang soll es sich der Gemeinschaft seiner Mitmenschen einordnen dürfen.

Diese Erziehungsgrundsätze sind letztlich nur die Konsequenz der demokratischen Gedanken, die auch der amerikanischen Verfassung zugrunde liegen. Die amerikanischen Einwanderer brachten zwar, als sie in der Neuen Welt ein neues Leben begannen, zunächst ihren patriarchalischen Familiensinn aus der alten Heimat mit. Was diese Familien aber bald von den europäischen unterschied, war die sich verändernde Stellung der Frau. Da es zur Zeit der frühen amerikanischen Einwanderung an Frauen mangelte, bekamen diese ein höheres Ansehen, und diese bevorzugte Stellung hat sich praktisch nie mehr verändert. Sie wurde noch gefestigt, als George Washington den Gedanken der Gleichberechtigung aller Bürger, Männer und Frauen, mit großer Umsicht und Sorgfalt in die amerikanische Verfassung einmauerte. Seitdem lernen die Kinder schon in der Schule die Gleichberechtigung als die wichtigste Garantie für ein menschenwürdiges

Zusammenleben hoch und heilig zu halten und jedem zu mißtrauen, der sich Autorität über andere anmaßen will. Bei dieser Grundeinstellung konnte der amerikanische Vater nie zu einer Autoritätsperson im europäischen Sinne werden.

Den Europäern, die Amerika besuchten und einen Blick in die Familien tun konnten, erschien der amerikanische Vater geradezu trottelhaft machtlos. Da diese Reisenden seine Stellung mit der Achtung verglichen, die der Vater in Europa genoß, so übertrieben sie die Gleichstellung der Mutter, indem sie ironisch feststellten, daß in Amerika die Frau die Hosen anhabe.

Diese Übertreibung stimmt nur insofern, als die Mutter bei der Erziehung der Kinder in der Tat den Hauptteil der Arbeit und der Verantwortung trägt und dementsprechend in Erscheinung tritt. Sie bleibt nicht, wie in europäischen Familien, bescheiden im Hintergrund, und das ist nur zu natürlich. Die Witzzeichnungen in den amerikanischen Zeitungen, die lustigen Sendungen im Fernsehen sind voll von Karikaturen des Vaters, der, wie einst unser ›zerstreuter Professor‹, durch seine Ungeschicklichkeit in häuslichen Dingen allerlei Unheil anrichtet.

Diese Sticheleien gegen den Vater haben inzwischen längst die – gar nicht direkt beabsichtigte – Wirkung gehabt, den Vater etwas aus seiner passiven Stellung herauszulocken. Darum treffen wir heute schon, viel öfter als die Witzzeichnungen erkennen lassen, den Vater als Partner der Mutter in allen häuslichen Arbeiten, den brüderlichen Freund und helfenden Berater der Kinder.

Trotz des ausgeprägten Selbstbewußtseins ist der Amerikaner immer bereit zu lernen. Das macht sich besonders auf dem Gebiet der Kindererziehung bemerkbar. Nirgendwo werden so viele Bücher und Schriften über die Erziehung und Pflege des Kindes verfaßt und gelesen. Als die Wirkung Sigmund Freuds in Europa noch auf den kleinen Kreis seiner Fachkollegen beschränkt war, interessierte sich in Amerika schon die breite Öffentlichkeit für Psychoanalyse. Es ist bezeichnend für die positive amerikanische Lebenseinstellung, daß man die Tendenz der Selbstzergliederung, die in Europa mit der Psychoanalyse eng verquickt war, kaum zur Kenntnis nahm. Man benutzte diese Lehre vor allem, um sich und seine Kinder kennenzulernen und um sein Innenleben in Ordnung zu bringen.

Die Wirkung aller neuen Erziehungslehren auf die amerikanische Familie ist verwirrend und fördernd zugleich. Der europäische Beobachter wird zunächst überwältigt von dem ›Durcheinander‹ der Anweisungen und Ratschläge, die auf die amerikanische Mutter einstürmen. Neben ernst zu nehmenden Publikationen versucht auch die Reklameindustrie, der die Lernfreudigkeit der Mütter ja kein Geheimnis ist, das Elternhaus mit allerlei neuen Methoden bekannt zu machen. Die Schule, der Arzt, die Nachbarschaft, alle wissen einen guten Rat und geben neue Anregungen. Durch dieses große Interesse an allen Fragen der Pflege und Entwicklung des Kindes und durch die Bereitschaft, das Beste und Richtigste zu tun, wird der dauernde Wandel der Erziehungs- und Familienformen besonders augenfällig.

Während noch vor Jahren die Meinung vorherrschte, daß der Säugling, um sich an Ordnung zu gewöhnen, die Nahrung genau abgewogen und zur bestimmten Stunde bekommen soll, setzt sich heute mehr und mehr die Ansicht durch, daß man dem Kind nicht sofort einen mechanischen Rhythmus aufzwingen, sondern es füttern soll, wenn der Hunger sich meldet.

Wenn bei diesem Hin und Her verschiedener Methoden auch viel bloße Nachahmung im Spiel ist, so hat doch im Laufe der Zeit ein jeder die Möglichkeit, sich das herauszusuchen, was ihm am zuträglichsten erscheint.

Die Bereitwilligkeit, alte Gewohnheiten oder herrschende Auffassungen rasch abzulegen, wenn sie sich als überholt erweisen, kann man natürlich als Unselbständigkeit auslegen. In der Tat spielt dabei die scheinbar mit dem Unabhängigkeitssinn des Amerikaners in Widerspruch stehende Ängstlichkeit, nur ja nicht aus der Reihe zu tanzen, eine Rolle. Die junge Mutter befindet sich, wenn sie ihr erstes Kind bekommt, stets in einer für sie völlig neuen Situation, sie ist also auf Rat und Hilfe anderer angewiesen. Da sie nicht, wie das im alten Europa der Fall war, auf seit Generationen erprobte Methoden zurückgreift und den alten Gepflogenheiten grundsätzlich mißtraut, muß sie sich in ihrer Umgebung orientieren. So bleibt die amerikanische Familie immer nach außen geöffnet, und sie kann, da sie sich nicht abkapselt, auch Schwächen und falsche Verhaltensweisen leichter ablegen. In den letzten Jahren beobachtete man zum Beispiel mit einiger Besorgnis, daß sich Mädchen – mit Billigung ihrer Mütter – bereits im Alter von zwölf Jahren nach einem männlichen Partner umsahen. Das ›Verhältnis‹, der Freund, gehörte schon regelrecht zum guten Ton. Diese frühen Freundschaften wechselten zwar, führten aber doch im allgemeinen zu sehr frühen Ehen, die zu einem hohen Prozentsatz nach kurzer Zeit wieder geschieden wurden. Gegen diese Entwicklung arbeiten in letzter Zeit Frauenverbände, Konfessionen und Zeitschriften, und man darf bei der Lernfreudigkeit der Amerikaner hoffen, daß sie sich den vernünftigen Argumenten gegen die allzu frühen Bindungen nicht verschließen.

Der Wandel, der sich zur Zeit in allen Familien der Welt vollzieht und der die Autorität eines einzelnen zugunsten einer Partnerschaft aller Familienangehörigen verlagert hat, beschäftigt immer noch die Öffentlichkeit. Wenn auch die Familie selbst ihre neue Form langsam findet, so verhält sie sich doch gegenüber den Verpflichtungen der Öffentlichkeit noch sehr unsicher. In den östlichen Ländern werden die persönlichen Belange zwischen Eltern und Kindern immer noch zu wenig berücksichtigt und die Verpflichtungen der Familie dem Staat gegenüber zu stark betont. In den westlichen Ländern ist es zum Teil umgekehrt. Ein harmonisches Verhältnis zwischen der Familie und dem Staat wird erst dann entstehen, wenn wir gelernt haben, zwischen unseren persönlichen Interessen und unserer Verantwortung dem Staat gegenüber ein gesundes Gleichgewicht herzustellen.

Spiel

Ansichten über Wert und Unwert des Spiels
Spiegel des Lebens
Schaulust und Darstellungsfreude
Zuviel Spielzeug
Zuwenig Spielplätze
Einsame und gemeinsame Spiele
Reim und Lied im Kinderleben

Ansichten über Wert und Unwert des Spiels

Mit der Einführung des Achtstundentages hat für das Spiel, ganz allgemein gesprochen, eine neue Zeitrechnung begonnen. Was man früher nur den kleinen Kindern, und auch ihnen oft nur widerwillig, gönnte, ist heute zu einem legitimen Faktor auch der Welt der Erwachsenen geworden.

Als die Arbeit noch nicht durch Maschinen erleichtert und verkürzt wurde und den ganzen Tag des Menschen randvoll in Anspruch nahm, betrachtete man das Spiel mit anderen Augen als heute. Die äußerst knapp bemessene Freizeit gestattete dem arbeitenden Menschen keine gehobenen Spielfreuden; so blieb es in der Regel bei kurz gedrängten ausgelassenen Vergnügungen. Die kleine Gruppe der Reichen hob sich wie je und immer bewußt davon ab durch gemessene, zuchtvolle, in strenge Regeln gefaßte Spiele und Feiern. In den Augen dieser tonangebenden Schicht galt fröhliches, ungehemmtes Spiel, das nicht in bestimmten Konventionen ablief, darum als ›gemein‹.

Diese Ansicht belastete zu einem großen Teil auch das Kinderspiel. Zwei Meinungen standen hier gegeneinander. Die einen gönnten dem Kind das Spiel, die anderen sahen es als Zeitvergeudung an. Trotzdem haben die Kinder zu allen Zeiten gespielt; aber das Wohlwollen, dessen sie sich dabei erfreuten, wird immer geringer, je weiter wir in der Vergangenheit zurückblicken.

Für den Griechen war das zweckfreie spielerische Tun etwas ›Kindisches‹ und als nutzlose Tändelei verpönt. Das starke Bewegungsbedürfnis des Kindes konnte selbstverständlich auch den Griechen nicht verborgen bleiben. Aristoteles riet darum, man solle den Kleinen ein Spielzeug in die Hand geben, *damit sie, während sie mit diesem spielen, im Hause nichts zerbrechen, denn das kleine Kind kann nicht ruhig sein.* Spiele möchte er nur erlauben, wenn sie irgendeinen erkennbaren Nutzen im Hinblick auf das spätere Leben aufweisen. In seinem Buch vom Staat heißt es:

Bis zum fünften Jahr bringt es den Kindern keinen Vorteil, sie mit Lernen oder mit harter Arbeit zu beschäftigen, weil dadurch ihr Wachstum aufgehalten wird; doch müssen sie insoweit Bewegung erhalten, daß sie vor Untätigkeit bewahrt werden, und diese Bewegung kann man ihnen durch Spiele und andere Beschäftigungen geben. Die Spiele dürfen jedoch der freien Männer nicht unwürdig und weder zu schwer noch zu leicht sein. Die Lehrer der Kinder müssen es sich angelegen sein lassen, daß Erzählungen und Gespräche, die die Kinder hören, ihnen zum Muster dienen; denn alle derartigen Dinge müssen so beschaffen sein, daß sie zu den Handlungen überleiten können, die sie später zu vollbringen haben. Die meisten Spiele und Belustigung müssen in der Nachahmung von ernsthaften Dingen bestehen, die später eintreten.

Plato setzt sich in seiner ›Republik‹ ebenfalls mit der Beschäftigung des Kleinkindes auseinander. Er erkennt das Bewegungsbedürfnis an, möchte aber auch nur ganz bestimmte Spiele zulassen, darum läßt er Sokrates aussprechen:

Wie wir also zu Anfang gesagt haben, müssen sich die Kinder in den ersten Jahren durch Spiele und ehrbare Scherze gewöhnen, denn wenn sie nicht unter ehrbaren Scherzen aufwachsen, so können sie später niemals gute Männer werden.

Was Plato unter ›nicht ehrbaren‹ Scherzen versteht, erfahren wir in seinen ›Gesetzen‹. Hier zieht er sehr genaue Grenzen, innerhalb derer das Spiel als erlaubt angesehen wird:

Wenn die Kinder überall und zu jeder Zeit bei denselben Belustigungen nach der Regel handeln, so ist im Bezug auf die Gesetze keine Neuerung von ernsthafter Bedeutung zu erwarten. – Wenn hingegen in den Spielen keine Beständigkeit herrscht, wenn Neuerungen eingeführt werden, wenn die Jugend nicht immer an denselben Dingen das gleiche Vergnügen findet und wenn es keine gleichförmige Regel gibt, so hat das schlimme Folgen.

Das vorgeschriebene, in feste Regeln gefaßte Spiel wird dagegen in Griechenland eifrig gepflegt. Gymnastik und Sport haben allerdings keinen Selbstzweck, sie sollen den künftigen Krieger stark und gewandt machen. Diese enge, vom direkten Nutzen bestimmte Einstellung zum Spiel bleibt richtunggebend noch bis ins späte Mittelalter hinein.

Die Römer zeigen etwas mehr Nachsicht dem kindischen Tun gegenüber: *Man erlaubt diesem Alter doch etliche Spiele,* sagt Cicero einmal, *und die*

Natur selbst versieht die Jugend reichlich mit Vergnügen; denn wenn dieses in Freude ausbricht, ohne dem Leben eines anderen nahe zu treten oder jemandes Haus zu zerstören, so pflegen wir es leicht verzeihlich zu finden.

Da sich in Rom der Staat nicht in die Erziehung der Kinder einmischt, erfreut sich das Spiel größerer Duldung als bei den Griechen. Wir kennen aus der Literatur und Kunst und durch die Ausgrabungen verschiedene Spiele, an denen sich die Kinder damals erfreuten: Steckenpferdreiten, Reifentreiben, Kreisel, Ball, Puppe, gemeinsame Ball- und Laufspiele. Bezeichnenderweise bedeutet das Wort ›ludus‹ nicht nur Spiel, sondern zugleich das Einüben körperlicher und geistiger Fähigkeiten. Der große römische Lehrer QUINTILIAN suchte die Kinder spielend das Lesen und Schreiben zu lehren. Er betrachtete aber auch das bis dahin so gering geachtete freie Spiel mit nachdenklichem Wohlwollen:

Ich habe es nicht ungern, wenn die Kinder spielen, denn es ist nicht zu erwarten, daß derjenige fleißig im Lernen sein werde, der sich immer melancholisch und langsam bei den Belustigungen zeigt, welchen sich die Kinder dieses Alters gewöhnlich mit so großem Eifer hingeben.

Mit dem Auftreten JESU tritt uns eine neue Einstellung zum Kind entgegen, die das kindliche Wesen zum erstenmal nicht nur als vollwertig anerkennt, sondern sogar dem Erwachsenen als Beispiel hinstellt. Als ›Sohn‹ Gottes empfiehlt er dem Menschen zu werden ›wie ein Kind‹, nur auf diesem Wege kann er zum ›Vater‹, zu Gott, gelangen. Auch in seinen Gleichnissen weist Jesus oft auf die Kinder hin, wenn er etwa seine Zeitgenossen mit den störrischen Spielverderbern vergleicht:

Wem soll ich aber dies Geschlecht vergleichen? Es ist den Kindlein gleich, die an dem Markt sitzen und rufen gegen ihre Gesellen und sprechen: Wir haben euch gepfiffen, und ihr wollet nicht tanzen; wir haben euch geklagt, und ihr wollet nicht weinen.

Diese positive Einstellung zum spielenden Kind klingt bereits im Alten Testament einmal auf, als SACHARJA kommende, glücklichere Zeiten prophezeit: *... und der Stadt Gassen sollen sein voll Knaben und Mädchen, die auf der Gasse spielen.* Doch ist in den ersten christlichen Jahrhunderten von spielenden Kindern wenig mehr die Rede. Die Menschen sind in ihren Gedanken und Vorstellungen jetzt mit anderen, übersinnlichen Dingen beschäftigt. Man glaubte das Reich Gottes in greifbare Nähe gerückt und stellte sich in seinem Sinnen und Trachten ganz auf die jenseitige Welt ein. Mit der heidnischen, weltlichen Freude an szenischen Darstellungen und dergleichen verfiel auch das Kinderspiel der Verachtung: Es lenke den Geist ab, diene nur der Zeitvergeudung und sei nicht selten die Wurzel des Ungehorsams gegen die Eltern, wie AUGUSTINUS es in seinen ›Bekenntnissen‹ darstellt: *Nicht weil ich Besseres mir ausersehen, war ich ungehorsam, sondern weil ich das Spiel liebte, weil mir im Spiel der Stolz des Sieges angenehm war und ich gern meinen Ohren unwahre Märchen einprägte.*

Puppenspiel. Holzschnitt um 1600

In den Schriften des frühen Mittelalters erfahren wir über das Kinderspiel so gut wie nichts, es wird nicht der Erwähnung wert gehalten. Nur in der Poesie der Minnesänger begegnen wir neben singenden Vögeln, blühenden Blumen auch spielenden Kindern: *saehe ich die megde an der strâze den bal werfen! sô kaeme uns der vogele schal,* heißt es bei Walther von der Vogelweide in einem Gedicht, das die Sehnsucht nach dem Frühling beschreibt.

Die höfische Zeit mit ihrer strengen Etikette erlaubte nur die nach strengen Regeln verlaufenden ritterlichen Spiele. Alles zufällige, spielerische Tun gehörte in den Bereich des ›Kindischen‹, Nichtigen. Erste Zweifel an der Gültigkeit dieser strengen Formenwelt tauchen allerdings schon in den Märchen und Sagen auf, wenn der Tolpatsch, der Dummerjan, der reine Tor am Ende die schwersten Prüfungen, bei denen die anerkannt Klugen und Tüchtigen versagen, unerwartet und spielend besteht.

Gern gesehen ist nur das ›nützliche‹ Spiel. Daß kleine Mädchen sich mit ›Dockenwerk‹, mit ihren Puppen beschäftigen, für sie kochen und backen, waschen und nähen, gilt als angemessen, weil sie sich damit auf ihren späteren Beruf vorbereiten. Nur den Allerkleinsten wird das Spiel erlaubt, aber für das Heranwachsende gilt es schon als unwürdig, man möchte es so bald als möglich aus diesem kindischen Zustand herausheben. Mit drei bis vier Jahren beginnt man bereits, den Kindern Lesen und Schreiben beizubringen, und die Bauernkinder müssen so früh wie möglich mitarbeiten.

Mit diesem strengen Lern- und Arbeitszwang läßt sich das Kind jedoch nur zeitweilig bändigen, immer wieder versucht es auszubrechen. Der Baseler Ratsherr ANDREAS RYFF erinnert sich:

Denn wo ich ein Häuflein Sand oder Grund auf der Gassen gewußt, dabei hat man mich gefunden, daß ich Löcher gegraben und mit Steinen hohe Türme, Häuser und Mauern gebaut hab. Bin mit Kalk und Lehm auch gern umgegangen. Obgleichwohl ich darum dick und oft geschlagen worden, hat es mir das doch nicht verleiden können dieses Bauen, welches ich geliebet bis auf den heutigen Tag.

Als mit der Renaissance eine neue, positive Einstellung zu den Dingen dieser Welt Fuß faßte, da traten zum erstenmal die Fülle und der Reichtum der Kinderspiele zutage. Quirlendes Leben herrscht auf der BREUGHELschen Darstellung der Kinderspiele. In Italien gründete VITTORINO VON FELTRE eine Schule, die er Gioiosa, ›die Fröhliche‹, nannte. Die Räume ließ er mit Bildern schmücken, die Kinderspiele darstellten. Die fröhlichen Kinder waren ihm die liebsten, weil sie, wie er sagte, auch im Lernen den gleichen Eifer zeigten.

Über alle Vorurteile gegen das Spiel setzte sich besonders der aufrührerische Franzose RABELAIS mit beißendem Spott hinweg. In seinem satirischen Roman ›Gargantua‹ läßt er den Knaben alle Spiele der Gasse, morgens, mittags und abends und zwischen dem Lernen, treiben. Singen, tanzen, springen, sich mit Würfeln und Karten vergnügen, malen und formen, mit Händen und Füßen Ball spielen und womit sich Kinder nur immer die Zeit vertreiben.

Nicht ohne Grund malte Rabelais das Bild der Spielfreude in so starken Farben. Er sah voller Sorge in Genf das ernste und strenge Kirchenreich des JEAN CAUVIN, genannt CALVIN, entstehen, dessen puritanische Gesinnung die Arbeit als einzig menschenwürdige Beschäftigung und Gesetzgebung anerkennen wollte. Mit dem eisernen Besen der Lehre suchte Calvin das Haus Gottes auf Erden zu reinigen. Dabei fegte er alle vermeintlichen Reste heidnischen Aberglaubens unerbittlich hinaus, darunter auch die Ammenmärchen, die alten Lieder, die Kinderreime und Kinderspiele. Solche ›Tändeleien‹ waren im Reich des Jean Cauvin verpönt. Und er fand an vielen Orten Gesinnungsgenossen.

Der Humanismus aber, der der kirchlichen Reformation parallel läuft, besaß unter seinen Pädagogen eine kinderfreundlichere Einstellung. Sie propagierten mehr Freiheit und Bewegungsraum für die heranwachsende Jugend, und es entstand in ganz Europa ein heftiger Streit für und wider die Kinderspiele. Während LUTHER 1524 in einem Sendschreiben ›An die Bürgermeister und Ratsherren aller Städte‹ das Recht der Knaben verteidigt, *Käulchen zu schießen, zu laufen, zu rammeln und Ball zu spielen,* wird in Zürich 1530 das ›Kluckern‹, ein Spiel mit kleinen Kugeln, bei Strafe der ›Gätterei‹ verboten. Diese Strafe bestand darin, daß der Übeltäter auf einem hölzernen Gestell bis zum Schwindel oder Erbrechen herumgewirbelt wurde.

An vielen Orten gab es aber auch Grasplätze und Spielwiesen, auf denen sich die Kinder tummeln durften. Im Nördlinger Spielgesetz von 1426 wird der Jugend ausdrücklich erlaubt: *Paarlaufen, Kegeln, Radtreiben, Ruck oder Schneid, Hafenschlagen, Topfspiel und Schnellkügelchen.*

Der freundlichen Duldung des Spiels folgten jedoch von Zeit zu Zeit energische Widersacher. Sie verschanzten sich gern hinter religiösen, moralischen oder wirtschaftlichen Argumenten. Da die Gaukler und fahrenden Spielleute zu den ›unehrlichen‹ Leuten gehörten, da sich der ›Spieler‹ durch seine Leidenschaft häufig selbst ruinierte, versuchte man das Kind von klein auf vor solchen ›Gefahren‹ zu bewahren und es an eine strenge Arbeitsdisziplin zu gewöhnen. Eine *Eingebung des Teufels* sind für den sonst so wohlmeinenden August Hermann Francke die Spiele.

Vom Standpunkt des Philosophen Leibniz sieht dieselbe Sache allerdings ganz anders aus. Mit wohlwollendem Staunen vertieft er sich oft und gern in das Kinderspiel. Lange bevor die Pädagogen und Psychologen sich mit der Theorie des Spiels befassen, studiert er seine Regeln und Abläufe und stellt bewundernd fest: *Die Menschen haben niemals größeren Scharfsinn gezeigt als bei der Erfindung des Spiels.*

Wenige Jahre vor dem Tode Leibniz' wird ein neuer Verteidiger des Kinderspiels geboren, Jean-Jacques Rousseau. Er hatte allen Grund, sich für die Freiheit der Kinder einzusetzen, denn während er seine Zeitgenossen beschwört: *Liebet die Kindheit, beschützt ihre Spiele, ihre Ergötzungen, die reizende Unmittelbarkeit ihres Wesens,* schmiedete die Rokokozeit reichverzierte, aber harte Fesseln, denn diese verspielte Zeit war durchaus keine Freundin des Kinderspiels. Es stört ihren strengen Formenkodex, der schon den Kleinsten die Lebensgewohnheiten und Umgangsformen der Erwachsenen aufzwingt. Oft kleidet man die Verbote des Spiels in fürsorgliche Maßnahmen: *Die Eltern bringen ihre Kinder um grade Glieder und Gesundheit,* heißt es in Collins ›Christlichen Gedanken von guter Kinderzucht‹, *wenn sie ihnen gestatten, des Winters auf dem Eise herumzurutschen oder des Sommers in den Flüssen und Bächen zu baden. Oh, wie manches Kind hat ein Bein gebrochen, einen gefährlichen Fall getan oder gar das Leben im Wasser lassen müssen.*

Der Kurfürst von Trier erließ ein allgemeines Verbot gegen das Schlittschuhlaufen:

Wer sich bei diesen gefährlichen Vorgängen betreffen läßt oder auch nur ohne Schlittschuhe auf dem Eise schleift oder gleitet, der soll auf dem Rathause, die studierende Jugend aber in der Schule öffentlich mit Ruten gepeitscht werden.

Steckenpferdreiter.
Holzschnitt um 1600

Noch rigoroser ging der Ober-Amts-Consistorial-Convent zu Wiesbaden vor, als er im Jahre 1749 das Kinderspiel kurzerhand ganz verbot:

Als wird denen Eltern bei drei Gulden Straf hierdurch ernstlich anbedeutet, ihre Kinder vom dato an zu Hause zu behalten und selbige auf die Werktage fleißiger zur Schule und nach deren Endigung zum Lernen und allenfalls auch zur Arbeit, an Sonn-, Fest- und Feiertagen aber zur Kirche und Katechismuslehre, nach deren Endigung aber zur Lesung geistlicher und erbaulicher Bücher an-, dergestalt von den Straßen und publiken Plätzen der Stadt abzuhalten und selbige nicht auf eine mehr als heidnische Art, als wie die ungebundenen Kälber, auf denen Straßen und Gassen zu männiglicher Ärgernis und Verdruß herum laufen zu lassen. – Wenn die Eltern hinfüro hiergegen peccieren und ihre Kinder auf Gassen und Straßen ferner herum laufen lassen werden, soll man selbige nicht nur mit obmentionirter Strafe belegen und darauf exequieren, sondern demnächst auch ihre ungezogenen Kinder durch besondere ex officio hierzu bestellte Leute von denen Gassen und Straßen hinweg und nach Hause treiben und resp. peitschen und, im Falle selbige sich dagegensetzen würden, durch die Landmiliz auffangen und auf die Wache bringen, weiterhin tags darauf entweder in der Schule oder dem Befund nach auf das Rathaus führen und selbige ersterenfalls durch den Präceptor, oder anderenfalls durch den Amtsdiener in eine Futtertonne spannen und darinnen mit den Ruten derbe castigieren lassen.

Wie sich die öffentliche Meinung zu diesem Verbot verhielt, wissen wir nicht. Es ist uns nicht bekannt, wie viele Bürger dafür und dagegen waren, aber wir können uns angesichts solcher Verbote eine Vorstellung davon machen, mit welchen Vorurteilen die Philanthropen sich auseinanderzusetzen hatten, als sie für eine freiere Erziehung eintraten und das Spiel in ihren Unterricht einbezogen. Diese Methode wird von einigen gelobt, von vielen getadelt. Auch KANT möchte Arbeit und Spiel nicht miteinander verquickt sehen:

Das Kind soll spielen, es soll Erholungsstunden haben, aber es muß auch arbeiten lernen. Es ist äußerst schädlich, wenn man das Kind daran gewöhnt, alles als Spiel zu betrachten.

Zusehends wächst das Verständnis für das kindliche Spielbedürfnis. Von nun an geht es bei allen ernst zu nehmenden Pädagogen nicht mehr um den Wert oder Unwert des Spiels, denn man ist sich spätestens seit der zweiten Hälfte des 18. Jahrhunderts darüber einig, daß man den Kindern das Spielen nicht verbieten darf. Man diskutiert fortan nur noch über den Sinn des Spiels.

Die vorherrschende Meinung hält sich zunächst an den direkten, erkennbaren Nutzen des Spiels.

Spielen macht bekannterweise Freude, also versucht man das Kind spielend an die Aufgaben des zukünftigen Lebens heranzubringen. Einige sehen darin einen Mißbrauch des Spiels, denn Spiel, so sagen sie, ist doch eigentlich Erholung von der Arbeit. Als SCHILLER dann schließlich den Satz ausspricht: *Der Mensch ist nur da ganz Mensch, wo er spielt,* da deutet er das Spiel weder nur als Erholung noch als Einübung, sondern als einen vollwertigen Teil des Lebens, eine Ergänzung und Harmonisierung, die den Menschen erst zum Menschen macht. Während Schiller an diesen Gedanken ausgedehnte philosophische Überlegungen knüpft, ist bei GOETHE davon kaum einmal die Rede, aber sein ganzes Leben kann als eine Bestätigung des Schillerschen Gedankens gelten. Mit der Erkenntnis, daß alles schöpferische Tun im Spiel seinen Ursprung hat, steht Schiller bereits mitten in unserer Gegenwart, er wird darum von den Pädagogen des frühen 19. Jahrhunderts noch hier und da korrigiert: »Schiller geht zu weit«, heißt es, und man sucht wieder zu einer rationalen Erklärung des Spiels zurückzufinden. Erholung auf der einen Seite, spielerische Einübung auf das Leben gesteht man dem Kinde gern zu, das Kind soll zwischen der Arbeit einmal Pause machen, aber allzuviel Raum darf das Spiel doch nicht einnehmen.

Auch FRÖBEL, der seine ganze Pädagogik auf das Spiel aufbaut, dringt nur langsam durch. Aber während sich die Fachleute noch über mehr oder weniger Spiel streiten, erregt das Spiel in der öffentlichen Meinung immer mehr Aufmerksamkeit. Zuerst sind es die Maler und die Dichter, die sich liebevoll mit der Welt des Kindes beschäftigen. Dann beginnen die Ethnologen sich für dieses noch unerforschte Gebiet zu interessieren. Die Volksliedersammlung ›Des Knaben Wunderhorn‹ hatte mit einem bescheidenen Anhang von Kinderliedern dieses Interesse ausgelöst. Nun entdeckten die Forscher, als sie sich erst einmal auf die Suche begaben, eine überraschende Fülle von alten Kinderreimen. Es entstanden dickleibige Bände, die diesen besonders üppig wuchernden Zweig der Volkspoesie für die Nachwelt aufzeichneten. Nicht weniger reich war die Ernte, als man die Kinderspiele sammelte und aufschrieb. In allen europäischen Ländern entstanden jetzt zahlreiche Sammlungen, die alles sorgfältig zusammentrugen, was man in den voraufgegangenen Jahrhunderten abfällig als Kindereien bezeichnet hatte.

Die einst so verachtete Welt des Kindes war zu Beginn des 20. Jahrhunderts nicht nur ein Gegenstand des allgemeinen Interesses geworden; es gibt heute kaum noch einen modernen Psychologen, Pädagogen und Philosophen, der sich nicht irgendwann einmal mit dem Phänomen des Spiels befaßt hat. Da das Spiel des Kindes nahezu alle Gebiete des Lebens umfaßt, konnte es nicht ausbleiben, daß es auf die verschiedenartigste Weise definiert wurde. Einig sind sich die Meinungen nur über die lebenswichtige Bedeutung des Spiels. Ein Kind, das nicht spielt, ist für die moderne Psychologie entweder krank oder es wird krank.

Die zahlreichen Theorien über das Kinderspiel konnten aber nicht verhindern, daß die Entwicklung der letzten Jahrzehnte wiederum eine neue, bedrohliche Einengung und Ignorierung des kindlichen Spieltriebs aufweist. Es gehört anscheinend zu den Krankheitserscheinungen der technischen Welt und ihrer heutigen Phase, daß sie, wo immer sie von einem neuen Gebiet Besitz ergreift, zunächst wenig Rücksicht auf den kindlichen Spiel- und Bewegungsraum nimmt. Der Erwachsene macht sich mit seinen Automaten und Apparaten so breit, daß für das Kind kein Platz mehr bleibt. In manchen Ländern hat man, wie in Deutschland, über Jahre hinweg die so dringend notwendige Einrichtung von Spielplätzen in der Städteplanung fast vollständig vergessen, auch der moderne Schulbetrieb weiß im großen und ganzen nur theoretisch etwas von dem harmonischen Ausgleich zwischen Spiel und Arbeit. Aber dieser Zustand wird vermutlich eine Übergangserscheinung sein, da sich bereits überall Kräfte regen, die energisch für das Recht des Kindes auf einen ihm angemessenen Spiel- und Bewegungsraum eintreten.

Essen, Trinken und Schlafen braucht das Kind nicht zu lernen, das sind angeborene Fähigkeiten, aber die meisten anderen Lebensäußerungen eignet es sich durch Nachahmung an. Dabei hält es sich nicht immer streng an das Vorbild, sondern spielt mit den Dingen, die es sich aneignet.

Lange bevor es sprechen lernt, lallt oder rollt es die Laute im Munde hin und her, manchmal imitiert es den Tonfall ganzer Sätze, ohne ein einziges richtiges Wort zu sprechen.

Diese spielerische Nachahmung beobachten wir auch bei vielen Tieren, sie beschränken sich dabei sogar nicht immer auf die eigene Art. Am verblüffendsten wirkt auf uns das ›Sprechen‹ der Papageien und Stare. Aber die Nachahmung ist in der Tierwelt weiter verbreitet, als wir es uns manchmal vorstellen. In WOODs Illustrierter Naturgeschichte wird eine hübsche Geschichte berichtet:

Einige Mäuschen hatten sich hinter dem Tisch in meiner Küche häuslich eingerichtet. Ich gestattete ihnen aus Gründen, die andere kaum verstehen werden, daselbst ständigen Aufenthalt zu nehmen. In der Küche befand sich ein Kanarienvogel, der sehr gut sang, und ich bemerkte bald, wie im Laufe der Zeit die Mäuschen mit ihrem Gepiepe das Gezwitscher des Kanarienvogels nachahmten. Anfangs ging es kümmerlich; mit der Zeit wurde es immer besser. Ich weiß nicht, ob die Bewunderung der Musik die Ursache war; es schien so, nachdem ich beobachtet hatte, daß das ruhige Allegro am schnellsten nachgeahmt wurde. Ich hörte es oft mit Vergnügen des Abends, während der Vogel mit dem Kopf unter den Flügeln schlief.

Am bekanntesten ist wohl das Nachahmungstalent der Affen, darum spricht man geradezu von ›nachäffen‹ und bezeichnet einen Menschen, der besonders eifrig den anderen ›alles nachmacht‹, als einen Affen. Das schwachsinnige Kind kommt über die reine Nachahmung nur wenig hinaus, während beim gesunden mit dem Zunehmen der geistigen Fähigkeiten das Vorbild langsam etwas zurücktritt oder selbständig umgeformt wird.

Unter einfachen, ländlichen Verhältnissen oder etwa bei den Ureinwohnern Afrikas und Asiens, wo sich Nahrungssuche und Anfertigung von Kleidung noch klar vor den Augen der Kinder abspielen, haben die Spiele einen ganz eindeutigen Charakter. Sie versuchen, es ihren Eltern gleichzutun. Beim Säen und Ernten, Fischen, Jagen und Früchtesammeln, beim Wasserholen und Kochen ahmen sie die Tätigkeit der Erwachsenen mit kleinen Spielgeräten nach. Das Mutter-und-Kind-Spiel mit der Puppe ist bei vielen Stämmen unbekannt, da die kleinen Kinder meist die noch kleineren zu betreuen haben. Häufiger beobachtet man das ›Vater-und-Mutter-Spiel‹, wobei sexuelle Spielereien von den Erwachsenen nicht besonders beachtet oder aber belustigt geduldet werden. Dort, wo die benachbarten Stämme häufig gegeneinander kämpfen, ist bei den Knaben das Kriegsspiel allgemein verbreitet.

Allen Tätigkeiten, die die Erwachsenen besonders in Anspruch nehmen, aber auch hervorstechenden Ereignissen, begegnen wir stets im Kinderspiel wieder. Die kleinen Griechen machten, gleich ihren Vätern, mit großer Begeisterung Wettkämpfe, die indischen Kinder kneten aus Lehm kleine Gräber und schmücken sie mit Blumen. Hier schlägt sich die Ahnenverehrung nieder, die in diesem Lande eine so große Rolle spielt.

Die römischen Knaben spielten mit Vorliebe ›Gericht‹. Da gab es Angeklagte, Verteidiger und Richter, ganz wie bei den öffentlichen Gerichten, zu denen schon die Knaben vom Vater mitgenommen wurden. Wie das öffentliche Leben in Italien immer noch starken Einfluß auf das Kinderspiel ausübte, beobachtet COLOZZA:

Im Jahre 1891 wurde in Neapel ein vielbesprochener Prozeß verhandelt, der eine adelige sizilianische Familie betraf. Die Sache dauerte mehrere Monate, und die Stadt war fieberhaft erregt. In dieser Zeit sah ich einige Kinder, die etwas veranstaltet hatten, was ein Gericht vorstellen sollte. Es war wirklich der Mühe wert, den Eifer zu beobachten, mit dem die Kinder den Ernst der Justizbeamten, die stramme Haltung der Gendarmen und die Strenge der Wache annahmen. Nachdem ich eines der Kinder gefragt hatte, was sie da machten, wurde mir in vorwurfsvollem und verwundertem Ton geantwortet: »Sehen Sie denn nicht, daß wir ›Prozeß der Sizilianer‹ spielen?«

Besondere Ereignisse waren seit eh und je, besonders bei Stadtkindern, beliebte Anlässe zur Nachahmung. In den bekannten ›Kinderpredigten‹ trat der Herr Pastor auf: »Ich bin der Herr Pastor, ich predige euch was vor ...«, Hochzeiten, Prozessionen wurden stets mit Begeisterung imitiert. Solange die bäuerlichen und handwerklichen Berufe noch vorherrschten, bot die Tätigkeit der Erwachsenen eine Fülle von Vorbildern für Spiele. Mit Hammer, Nägeln und Säge umzugehen war für den Knaben eine Lust. Aus Lehm und Steinen baute man kleine Häuser. Die Gartenarbeit der großen weckte den Eifer der kleinen Leute. Da entstanden ganze Landschaften aus totem und lebendigem Material, wie der Schriftsteller ZOOZMANN erzählt:

Eine große flache Kiste wurde mit Blumenerde angefüllt, in der Mitte eine zinnerne Schüssel eingegraben und mit Wasser gefüllt, auf dem kleine Boote mit Papiersegeln umherschwammen, auch Walnußschalen mit Wachslichtchen darin. Im Hintergrund der Kiste, auf der Langseite, wurde ein Dorf aufgebaut, teils plastisch aus wirklichen kleinen Holzhäuserchen, teils kulissenartig aus bemalter Pappe. Dazwischen wurden Püppchen, Bauern oder Bäuerinnen, oder Tiere aus irgendeiner ausrangierten Arche Noah aufgestellt. Aus abgebrannten Streichhölzern wurde ein Zaun markiert, der einen Garten oder einen Acker umfriedete. Auch ein kleiner Brunnen fehlte nicht, ein Wegweiser, eine Landstraße mit Bäumen, ein Wagen mit Pferd, daneben ein kläffendes Hündchen, ein Taubenhaus, ein Düngerhaufen mit Kikerikihahn oben darauf, kurz alles, was darauf Platz hatte. Der Boden wurde gewässert und nun kam das allerschönste, er wurde bepflanzt mit allerhand Sämereien. Um den zinnernen Schüsselteich wurde Spitzsamen eingesenkt, die Pflänzchen sahen nachher wie Schilf aus, die Gärten wurden mit Rübsamen bestellt, auch bunte Bohnen und andere Dinge fanden Verwendung. In einem Gazehäuschen wurden summende Fliegen gehalten, das war der Viehstall, aber meist flog das sonderbare Vieh davon; oder Maikäfer als Pferde behandelt. So entstand eine wachsende, blühende und lebende Landschaft.

Der Bauernhof mit seinem leicht überschaubaren, sich täglich wiederholenden Tageslauf hat schon immer die nachahmende Spielfreude der Kinder geweckt. Selma Lagerlöf schreibt einmal darüber:

Es ist mir oft aufgefallen, daß die Kinder nie artiger sind, als wenn sie im Spiel die Erwachsenen nachahmen. Nie ist man so sicher vor ihnen, als wenn sie einen Acker umpflügen, den sie sich mitten auf der Landstraße abgesteckt haben, als wenn sie den Braunen schnalzen oder mit der Peitsche aus Bindfaden knallen, oder mit einem Baumzweig im Straßenschmutz Furchen ziehen. Sie sind ganz vergnügt und artig, während sie versuchen, ob sie vor ihren Nachbarn mit ihrer Aussaat fertig werden können und wenn sie jammern, daß sie noch niemals einen so schweren Ackerboden zu pflügen gehabt hätten.

Ich erinnere mich wohl noch, wie hübsch es war, als ich mir einmal einen Stall aus Holzklötzchen gebaut und als Kühe Tannenzapfen hineingestellt hatte. Pünktlich jeden Morgen und Abend brachte ich den Kühen frisch gemähtes Heu, und bisweilen tat ich, als sei es Frühjahr und ich müsse meine Kühe auf die Weide treiben. Ich blies auf meiner Birkenpfeife und rief »Stern« und »Goldblatt«, daß man es auf dem ganzen Hof hören konnte. Und ich sprach mit Mutter darüber, wieviel ich von der Meierei für meine Butter bekommen könnte. Ich gab auch sehr genau acht, daß dem Stier das Stirnblatt ordentlich fest saß, und allen Vorübergehenden rief ich zu, daß sie sich in acht nehmen müßten, denn der Stier sei leicht stößig.

Ein besonderer Anreiz war für die Kinder aller Zeiten der Vorgang des Kochens. Kleines Kochgeschirr gab es schon im Altertum. Im 12. Jahrhundert wurden kleine Zinngeräte zum Kochen fabriziert, Karl VII. spielte als Kind mit einem kleinen kupfernen Kochkessel und Ludwig XIII. besaß als Knabe eine Kücheneinrichtung mit silbernem Kochgeschirr, darin kochte er Kräutersuppe, Hammelbraten und Rindfleisch mit Kohl. Die Kinderküchen waren, im Gegensatz zu vielen anderen Spielen, immer erlaubt und gern gesehen, da der pädagogische Wert selbst den strengsten Erwachsenen einleuchtete. Auch gegen das Spiel mit der Puppe hatte niemand etwas einzuwenden. Hierbei wird uns das nachahmende Tun des Kindes besonders deutlich. Da die Puppe zu einer Person, zum Kind des Kindes wird, spielt das kleine Mädchen sich selbst und seine Mutter. Die Puppe wird aus- und angezogen, gefüttert, erzogen, geliebt und gelobt und

Geertgen tot Sint Jans um 1480 (1460–1490)
In der feierlichen Umgebung des Gotteshauses spielen die Kinder auf dem Fußboden »Heilige Messe«.

Pieter Breughel um 1530–1569
Der bunte Trubel beim Kinderspiel wurde nur von wenigen Erwachsenen mit Wohlwollen betrachtet (Seite 94).

Richard Brackenburgh 1650–1702
Zu allen Zeiten haben die Kinder das Leben und Treiben, die Feste und Feiern der Erwachsenen spielerisch nachgeahmt (unten).

J. B. S. Chardin 1699–1779
In der galanten Zeit ist der Freiheitsraum des Kindes eng begrenzt. Zwischen Schulzwang und Anstandspflichten findet es kaum einen Platz zum Spielen.

gestraft. Es behandelt die Puppe genauso, wie es selbst behandelt wird, dabei ahmt es die Ausdrucksweise und die Gesten der Mutter, ihre guten und schlechten Gewohnheiten, getreulich und unverblümt nach.

Daß die kleinen Mädchen sich oft so ausschließlich auf die häuslichen Spiele beschränkten, wurde von den Eltern und Erziehern bis ins 19. Jahrhundert hinein immer noch stark gefördert. Als die ersten Frauen sich für das öffentliche Leben zu interessieren begannen, suchte man die kleinen Mädchen um so ängstlicher vor solchen ›Irrwegen‹ zu bewahren und begünstigte alle Spiele, die sich auf das Heim konzentrierten.

Bei der Erziehung der Knaben herrschte die gegenteilige Tendenz: »Der Mann muß hinaus ins feindliche Leben«, hieß es. Die Freude am Soldatenspiel der Väter dieser Zeit fand auch im Kinderspiel ihren Widerhall. Wenn die Knaben ein Stück Holz zersägten, dann wurde meist ein Säbel daraus. Wenn sie mit Pappe und Leim klebten, entstanden Ritterburgen und Soldaten. So erinnert sich FONTANE:

Die Papparbeit! Mir ganz unerfindlich jetzt, wie mich diese langweiligste Beschäftigung durch Jahre hin so ganz in Anspruch nehmen konnte, daß ich mindestens ein Drittel meiner freien Zeit damit verbrachte und mindestens zwei Drittel meines Taschengeldes für Pappe, marmoriertes Papier und Goldborten ausgegeben habe. Nun darf ich zwar hinzusetzen, daß ich den Kleisterpinsel im Dienst einer höheren Idee schwang und daß der meiner Leimtopffabrik dienende Stubenwinkel eine Art Schutzwaffenfabrik war, wo meine Völker, ich komme weiterhin darauf zurück, wehrhaft gemacht und mit Schilden und Brustharnischen ausgerüstet wurden; aber wiewohl das alles zutrifft, so kann ich doch das Entschuldigungsmoment, das darin liegt, vorm Richterstuhl der Wahrheit kaum gelten lassen, weil ich deutlich fühle, daß ich, auch wenn die Volksausrüstungsfrage mir fern gelegen hätte, dennoch dieselbe Klebebeschäftigung geübt haben würde. Dann freilich wahrscheinlich als Domarchitekt und Kathedralenbauer in Pappe.

Was sich auf der Straße abspielte, »wenn die Soldaten durch die Stadt marschierten«, das spiegelte sich im Spiel der Knaben wider. Es wurde marschiert und kommandiert und gegen Freund und Feind gekämpft. Als die Französische Revolution die Gemüter auch in Deutschland erregte, spielten die Kinder ›Sturm auf die Bastille‹ mit Zinnfiguren. Man konnte auch den Tempel, in dem die königliche Familie gefangengehalten wurde, mit beweglichen Figuren bekommen. In Frankfurt gab es zu der Zeit eine kleine blutrot gestrichene Guillotine zu kaufen, dazu Aristokratenpuppen, die man mit diesem Instrument köpfen konnte. Da dieses Spielzeug in Weimar nicht zu haben war, schrieb GOETHE seiner Mutter nach Frankfurt und bat sie, ihm für seinen Sohn August solch eine Kinderguillotine zu besorgen. Aber Frau Rat antwortete empört:

Eine solche infame Mordmaschine kaufen, das tue ich um kein Preiss. Wär ich Obrigkeit, ich möchte ihre Hersteller an das Halseisen bringen

Artilleriemanöver der Knaben beim deutschen Jugendwehrtag 1865

lassen. Die Jugend mit sowas abscheulichem spielen lassen, nein da wirdt nichts daraus.

Wenn auch diese neumodische Tötungsart die Menschen entsetzte, so betrachteten sie die soldatischen Kampf- und Schießspiele der Kinder mit einer Art stolzer Genugtuung. Selbst das Weihnachtsfest blieb von der Kriegsbegeisterung nicht verschont. Der Kerzenglanz bestrahlte friedliche Puppenmütter und kriegerische Heerscharen. Voller Rührung stimmte man ›Süßer die Glocken nie klingen‹ an und sang sogleich danach im Marschrhythmus:

Morgen kommt der Weihnachtsmann, kommt mit seinen Gaben,
Trommel, Pfeifen und Gewehr, Fahn' und Säbel und noch mehr,
ja, ein ganzes Kriegesheer möcht ich gerne haben.

Auf langen mit weißem Linnen überzogenen niedrigen Tischen standen und lagen da oben um das strahlende Baumwunder her die reichen Geschenke: immer ungezählte Bleisoldaten – ganze Armeekorps! – einmal eine klafterhohe Festung aus Holz und Pappe, erzählt Felix Dahn.

Zu Beginn des 20. Jahrhunderts nannten anläßlich einer Umfrage bei einer Reihe von namhaften Schriftstellern nach ihrem liebsten Kinderspiel alle das Soldatenspiel. *Ihre gefällige Anfrage kann ich nur dahin beantworten, daß ich als Kind besondere Vorliebe für Bleisoldaten hatte, und zwar solche mit Uniformen der Napoleonischen Zeit. Einer sonstigen Liebhaberei für Spielzeug kann ich mich nicht erinnern,* so und ähnlich klangen alle Antworten.

Wie stark der soldatische Geist der Erwachsenen dabei seinen Einfluß ausübte, geht aus manchen Antworten deutlich hervor: *Am liebsten spielte ich als Kind mit Bleisoldaten – hatte doch der Vater meiner Mutter, der mit meinen Eltern in demselben Städtchen und zuletzt gar im selben Hause wohnte, den Schillschen Feldzug 1809 als Husar und die Freiheitskriege 1813 bis 1815 als Ulanenoffizier mitgemacht und uns oft genug aus seinen ruhmreichen Kriegserinnerungen erzählt.*

Nur THOMAS MANN wich in seinen Erinnerungen etwas von dem Schema ab:

Auch mit Bleisoldaten habe ich gespielt, aber ohne rechte Leidenschaft, obgleich ich außerordentlich schöne, fast fingerlange mein eigen nannte, die man vom Pferde herunternehmen konnte, wobei mich nur der dicke Zapfen störte, den sie zwischen den O-Beinen trugen.

RUD. VON GOTTSCHALL dagegen wußte zu berichten:

Der kriegerische Geist steckte uns im Blute, besonders mir, dem Sohn eines Vaters, der sich das Eiserne Kreuz erworben hatte. Der Herweghsche Vers: »O fraget nicht, wo Feinde sind! Die Feinde kommen mit dem Wind –« hatte besondere Geltung bei der kriegslustigen Jugend. Und wir hatten unsere Feinde. Die Wöllergasse lag mit der benachbarten Weißgasse in fortwährendem Kampf. Über die Ursache hatt' ich nie nachgedacht – wir hatten einmal die Antipathie und sie hatten sie auch. Die Keckheit dieser Brut aus der Weißgasse ging aber so weit, daß sie bisweilen durch den Torweg in unsern Hof drang. Da ruhten wir nicht eher, als bis wir sie durch Steinwürfe wieder hinausgetrieben hatten. Das ging aber nicht so glatt ab – wie oft kam ich mit blutendem Kopf nach Hause. Meine Mutter war außer sich; doch mein Vater schmunzelte, er sah in mir den künftigen Krieger.

In der militanten Atmosphäre vor dem ersten Weltkrieg wurden diese rohen Streitspiele nicht ungern gesehen. Man pflegte sie nach dem Grundsatz ›früh übt sich‹ mit patriotischen und heroischen Tendenzen zu idealisieren. Da man den Streit unter diesem Gesichtswinkel als willkommenen Anlaß betrachtete, wurde ›über die Ursachen nie nachgedacht‹, wie GOTTSCHALL treffend bemerkte.

Wie überlegen die Kinder dagegen die patriotischen Händel der Erwachsenen oft durchschauen, geht aus einem Schweizer Kinderspiel hervor, das die überhebliche Streitsucht, die zu Konflikten und Kriegen führt, auf eine einfache Formel gebracht, ungeschminkt karikiert: Zwei Parteien stehen sich gegenüber, die einen rufen:

Zu leben in eurem Land
ist a gottlose Schand,

die andern antworten:

In unserm Land ist gut leben,
die Schelmen wohnen daneben.

Ein Läufer springt vor und ruft aufreizend:

Ich tret eurem König uf sine Bode
und spuck ihm uf die goldne Kommode!

Daran schließt sich ein regelrechtes Kriegsspiel an.

In den zwanziger Jahren, als der Militarismus vorübergehend etwas in den Hintergrund trat, waren die Soldatenspiele nicht mehr so ausschließlich in Mode. Man spielte Schule und Kaufladen, aber es wurde immer noch gejagt und gehetzt. Wenn die Soldaten hier und da in Vergessenheit gerieten, so verfolgte man Räuber, Indianer und anderes ›Gesindel‹. Der Psychologe FUXLOCH, der um 1930 Spiele in Kindergärten beobachtete, beschreibt das sogenannte ›Zigeunerspiel‹, bei dem ein ›Zigeuner‹ ein Kind stehlen muß und dann mit seiner ganzen Gruppe von der ›Polizei‹ verfolgt wird. Ein anderes Spiel, das die Kinder um die Passionszeit spielten, wenn die Kinderschwester ihnen die Leidensgeschichte Jesu erzählt hatte, hieß ›Soldaten und Juden‹, hier jagten die ›Soldaten‹ die ›Juden‹.

Nach dem zweiten Weltkrieg sah man zunächst kaum noch Soldatenspiele. Die Kinder hatten selten Erinnerungen an kämpfende Truppen und vor allem: es gab keine Väter, die ›begeistert‹ davon erzählten. Nur als die Welle der Comic books und Wildwestfilme uns erreichte, flackerte das Verfolgungsspiel mit Pistolen und anderen Mordinstrumenten wieder auf.

Kinder, die nicht mit Comic books oder Kriegsfilmen in Berührung kommen, bleiben von derartigen Spielen verschont. Sie ahmen nach, was sie in unserer modernen Welt am stärksten beeindruckt. Mit rollenden Fahrzeugen aller Art mimen sie den Verkehr. Sie genießen die technische Perfektion des Eisenbahnspiels oder üben sich im Verkaufen. Die kleinen Mädchen führen ihre Puppen im Wagen spazieren und übertreiben dabei die Betulichkeit ihrer Mütter mit dem gleichen Ernst wie die drei- oder zweijährigen Buben, wenn sie mit dem Topfdeckel in der Hand ein imaginäres Auto steuern. Jedoch darf man eines nicht vergessen: Die starke Nachahmungsfreude, die das Spiel der Kinder bestimmt, zieht manchmal auch Konsequenzen nach sich, die vom Erwachsenen weder gewußt noch gewollt sind. Da nicht nur die guten, sondern auch die üblen Gewohnheiten der Vorbilder im Spiel erscheinen, muß man gerechterweise nicht nur die ›schönen‹ Spiele, sondern auch die häßlichen und die bösen als einen Spiegel des Lebens ansehen. Aber das möchte niemand gern wahrhaben.

Man versucht heute oft die Schaulust und die Zuschauerfreuden als ein allzu passives Verhalten herabzusetzen. Aber trifft man dabei nicht zugleich die höchst aktive Darstellungsfreude der Schauspieler, der Spaßmacher und der Fußballspieler? Für wen sollen sie spielen, wenn nicht für den Zuschauer? Und die Zuschauer selbst? Man muß einmal erwachsene Männer auf dem Fußballplatz oder Kinder beim Kasperlspiel gesehen haben, um sich eine Vorstellung von der Mitfreude, dem Bangen und Ärger machen zu können, die hier aktiviert werden.

Während wir beim Erwachsenen noch ziemlich eindeutig die Darsteller und die Zuschauer beim Spiel voneinander unterscheiden, gehen beim Kind oft beide Gruppen ineinander über. Fast alle Kinder spielen irgendwann einmal ›Theater‹. Das kleine Mädchen mit der Puppe stellt ja schon eine andere Person dar. Oft werden sogar Gegenstände personifiziert. Da spricht das Kind mit einem Stück Holz wie mit einem Hund oder mit seiner Puppe. Wenn es abends nicht einschlafen kann und sich noch unterhalten möchte, schafft es sich zuweilen selbst imaginäre Personen, mit denen es lange Dialoge führt. Da spielt es manchmal mehrere Personen zur gleichen Zeit, die Bettdecke wird zum Dach oder zum Kaufladen, das zusammengeknotete Taschentuch stellt eine Person dar.

Die Neigung des Kindes zum Schau-Spiel tritt, wenn auch in sehr bescheidener Form, immer zutage, sobald es sich beobachtet fühlt. Es mag noch so vergnügt und intensiv im Spiel vertieft sein, sobald es spürt, daß man ihm zuschaut, verfliegt die Unbefangenheit. Es setzt sich in Positur und macht sich interessant. Nicht selten versucht es durch irgendwelche Faxen die Zuschauer zum Lachen zu reizen.

Die Freude an der komischen Situation steht beim Theaterspiel immer im Vordergrund. Ein Theaterspiel, bei dem es nichts zu lachen gibt, ist für das Kind undenkbar. Die Darstellungsfreude, die das Kind zum Verkleiden und Spielen lockt, ist niemals nur reine Nachahmung. Stets übertreibt es dabei kräftig. Die dargestellte Person wird in respektlos-drolliger Weise verändert. Im Theaterspiel will das Kind die ins Komische verzerrte Welt sehen, einen Gegenpol zum normalen, ernsten Verhalten. Dabei zeigen die kleinsten Kinder einen oft erstaunlichen Scharfblick. Sie verulken manchmal erstarrte Konventionen, deren Lächerlichkeit dem Erwachsenen selbst noch nicht zum Bewußtsein gekommen ist.

Die Freude an der spaßhaften Übertreibung findet ihren reinsten Ausdruck im Puppentheater, das in der ganzen Welt auf eine lange Tradition zurückblicken kann. Auf den sizilianischen Feldern findet man heute noch gelegentlich beim Graben kleine Terrakottefiguren mit beweglichen Gliedern, Reste des römischen Puppentheaters. Die Römer übernahmen das Puppenspiel von den Griechen. Dort erfreute der Puppenspieler POTHEINOS zur Zeit Sokrates' alle Welt mit seinem Puppentheater.

In fast allen Ländern des Fernen Ostens ist das Puppenspiel älter als das Theater mit lebenden Schauspielern. Die Puppen waren aus Holz, Leder oder Horn. Eine wichtige Rolle spielte auch dort schon von alters her der Spaßmacher. In China und in Japan stellte um die Mitte des vorigen Jahrhunderts die komische Figur einen Europäer dar, über den man sich köstlich amüsierte.

In Europa sind die Puppenspiele etwa seit dem 15. Jahrhundert in Mode gekommen. Ihre Blütezeit erlebten sie im Barock. Diese kraftvolle Zeit gab dem Puppentheater das Gesicht. Freude und Leid, Ernst und Scherz standen in jeder Handlung dicht beieinander. ›Die Historie vom unglücklichen Prinzen von Portugal – mit Hanswurst‹, stand auf dem Theaterzettel zu lesen. Eine Vorstellung mochte noch so traurig oder dramatisch sein, der Hanswurst brachte das tränenselige Publikum wieder zum Lachen. Diese Grundtendenz hat das Puppentheater bis heute beibehalten.

Im Paris LUDWIGS XIV. erfreute sich das Marionettentheater in der Gesellschaft großer Beliebtheit. Die gekünstelte Zeit des Rokoko liebte die kleinen künstlichen Menschen. Berühmte Dichter, Männer von Geist und Witz, wie VOLTAIRE, dichteten Stücke für die Puppenbühne und glossierten hier auf amüsante Weise ihre Zeit. Die deutschen Fürstenhöfe hatten ihre eigenen Marionettentheater; HAYDN schrieb eine Reihe von Operetten für sie. Fast alle großen Dichter und Dramatiker haben mit dem Marionettentheater geliebäugelt, SHAKESPEARE, GOETHE, KLEIST, JEAN PAUL und viele andere bis zu G. B. SHAW.

Das Spiel mit lebendigen Schauspielern hat aber schließlich die Puppenbühne mehr und mehr verdrängt. Als die ›gute Gesellschaft‹ sich von ihm abwandte, zogen die Puppenspieler über die Dörfer und spielten den Leuten nach dem Munde: *Wenn mehr gebildete Leut draußen sein, machen mer gebildete Witz, sein mehr ungebildete Leut da, dann kommen mer mit derbere Sachen*, berichtet ein Puppenspieler.

Diese ›derben Sachen‹ wurden der Puppenbühne aber schließlich zum Verhängnis. Puritanische Kreise bekämpften sie heftig, *weil dort nichtswürdige Landstreicher durch unanständige Zweideutigkeiten Beifall zu erhaschen suchen*. Der Geist der Aufklärung tat das seinige dazu, und man entrüstete sich bald über die Teufel und Hexen und all den dumpfen Aberglauben, der auf der Puppenbühne sein Wesen trieb. Zum ständigen Repertoire der Puppenbühnen gehörte auch die unheimliche Geschichte von dem Magier Dr. Faustus, die GOETHE zu seinem Schauspiel anregte. Sein Interesse am Puppenspiel wurde allerdings schon in der Kinderzeit geweckt; er erzählt darüber in ›Dichtung und Wahrheit‹:

Man hielt uns Kinder mehr als bisher zu Hause, und suchte uns auf mancherlei Weise zu beschäftigen und zu unterhalten. Zu solchem Ende hatte man das von der Großmutter hinterlassene Puppenspiel wieder aufgestellt und zwar dergestalt eingerichtet, daß die Zuschauer in meinem Giebelzimmer sitzen und dirigierende Personen aber, sowie das Theater selbst vom Proscenium an in einem Nebenzimmer Platz und Raum fanden. Durch die besondere Vergünstigung, bald diesen, bald jenen Knaben als Zuschauer einzulassen, erwarb ich mir anfangs viele Freunde; allein die Unruhe, die in den Kindern steckt, ließ sie nicht lange geduldige Zuschauer bleiben. Sie störten das Spiel, und wir mußten uns ein jüngeres Publikum aussuchen, das noch allenfalls durch Ammen und Mägde in Ordnung gehalten werden konnte. Wir hatten das ursprüngliche Hauptdrama, worauf die Puppengesellschaft eigentlich eingerichtet war, auswendig gelernt und führten es anfangs auch ausschließlich auf; allein dies ermüdete uns bald, wir veränderten die Garderobe, die Dekorationen, und wagten uns an verschiedene Stücke, die freilich für einen so kleinen Schauplatz zu weitläufig waren. Ob wir uns nun gleich durch diese Anmaßungen dasjenige, was wir wirklich hätten leisten können, verkümmerten und zuletzt gar zerstörten, so hat doch diese kindliche Unterhaltung und Beschäftigung auf sehr mannigfaltige Weise bei mir das Erfindungs- und Darstellungsvermögen, die Einbildungskraft und eine gewisse Technik geübt und befördert, wie es vielleicht auf keinem andern Wege in so kurzer Zeit, in einem so engen Raume, mit so wenig Aufwand hätte geschehen können.

Inzwischen ist das Puppentheater in vielen Familien zu einem festen Bestand der Kinderstube geworden. Seine Hauptperson, der Spaßmacher, ist in aller Welt bekannt. In England nennt er sich Punch, in Frankreich Polichinelle, in Köln Hännesche und in Bayern Kasperl. Überall ist er der gleiche Hanswurst, der leichte Geselle mit dem losen Mundwerk, den alle lieben, weil er mit frechem Witz jeden bösen Schurken überlistet.

Am einfachsten ist das Handpuppenspiel zu bedienen, darum hat es sich bei den Kindern am besten eingeführt. Die an Fäden aufgehängte Marionette läßt sich nicht so leicht dirigieren. Sie wird darum meist von Erwachsenen für Kinder gespielt. Diese Form der Puppenbühne war zuerst in Italien bekannt. Vermutlich ist das Wort Marionette von ›Mariechen‹ abgeleitet, wie man die kleine Puppe nannte.

Mit vielen anderen Chinoiserien kamen gegen Ende des 18. Jahrhunderts auch die ›Chinesischen Schatten‹ nach Europa, die in Asien schon in alter Zeit beliebt und berühmt waren. Dort zogen Geschichtenerzähler mit kleinen Schattenbühnen von Haus zu Haus. Die Schattenfiguren waren aus Leder und zeigten reiche, ausgeschnittene Ornamente. Man erzählt sich im Fernen Osten, daß die Erfindung des Schattentheaters von einem ›Zauberer‹ ausging, der dem König versprochen hatte, ihm die verstorbene Gemahlin zu zeigen. Er schnitt ein Schattenbild der Königin aus und ließ es hinter einer beleuchteten Wand sehen; eine Illusion, die der chinesischen Vorstellung entgegenkam, daß der Verstorbene als Schattenseele weiterlebe. Wenn auch der Zauberer, als man seinen Betrug entdeckte, mit Schimpf und Schande davongejagt wurde, so lebt er doch in der Legende als Erfinder des Schattentheaters weiter.

In fast allen Ländern des Fernen Ostens sind Schattenfiguren bekannt.

Zirkusspiele auf einem Berliner Hof. Heinrich Zille um 1910

Auf Java zeigt man lange Papierrollen mit aufgemalten schwarzen Figuren. Diese Schattenbilder werden nacheinander abgerollt, während der Erzähler seine Geschichten zum besten gibt.

In Europa haben sich die Schattenfiguren merkwürdigerweise nie so recht eingebürgert. Sie tauchen zwar gelegentlich immer wieder einmal auf, meist von geschickten Vätern selbst angefertigt. Sie eignen sich allerdings auch nicht gut für Vorstellungen in der Öffentlichkeit. Darum gingen wohl die chinesischen Schattenspieler auch in die Familien. Diese stille, geheimnisvolle Kunst übt jedoch auf einen kleinen Zuschauerkreis stets eine besondere Faszination aus.

Gegen Ende des 19. Jahrhunderts gab es in den Kinderstuben eine neue Sensation, die Laterna magica, ein rauchender Kasten, der, mit Kerzen- oder Petroleumlicht ausgestattet, bunte Glasbilder an die Wand transponierte. Dieser Apparat ist zu Anfang von Schwindlern benutzt worden, um Geistererscheinungen vorzugaukeln. In der vortechnischen Zeit sind viele Erfindungen einem schaufreudigen Publikum als ›mechanische Kunstwerke‹ vorgeführt worden. Im 16. Jahrhundert reisten PETER DÖPFER aus Schneeberg mit einem ›mechanischen Bergwerk‹ und DANIEL BARTEL aus Lübeck mit einer ›Schiffahrt von kämpfenden Christen und Türken‹ umher. Im 17. und 18. Jahrhundert gab es schon bewegliche Tiere, Puppen und Fahrzeuge, singende und zwitschernde Vögel. Lange bevor die Erfindungsgabe nützlichen Zwecken zugeführt wurde, diente sie der Belustigung und, wenn man noch weiter zurückgeht, der Erweckung von ehrfürchtigem Staunen, womit die Potentaten nicht selten ihren Untertanen Respekt einflößten, indem sie sich den Nimbus geheimnisvoller Kräfte gaben. Von solchen ›Kunstwerken‹ wurden besonders aus dem Orient wahre Wunderdinge berichtet.

Die Freude am Wundern und Staunen, die sich in neuerer Zeit mehr auf die Kinder beschränkt, belebte in der Vergangenheit die Phantasie von groß und klein. Neben der aktiven, selbsttätigen Spielfreude bereitet es dem Kind von Zeit zu Zeit ein unvergleichliches Vergnügen, seine Schaulust am Wunderbaren, Gefahrvollen oder Lustigen zu ergötzen. Dabei kommt die simple, unperfektionierte Art der Puppenbühne seinem Auffassungsvermögen entgegen, während der Film, selbst wenn er einfache Dinge aus der Welt des Kindes behandelt, meist von den schulpflichtigen Kindern noch gar nicht erfaßt wird. Die sparsamen Mittel, deren sich die Puppenbühne bedient, werden vom Kind nicht nur besser begriffen, sie lassen auch noch genug Spielraum für seine eigene Phantasie, die ja im Film weitgehend ausgeschaltet ist, denn er muß etwas von der Linse und dem Regisseur Vorgesehenes in dem Maximalwert einer rauhen Bildfolge erfassen. Aber fast ausschließlich in der Betätigung seiner Phantasie liegt der Zauber und das besondere Vergnügen für die Kinder, das schon ausgelöst wird, wenn nur der Kopf einer Kasperlfigur über der Stuhllehne erscheint und mit dem Kopf wackelt.

Zuviel Spielzeug

Zum Spielen braucht man ein Gegenüber, entweder Spielgefährten oder einen Spielgegenstand. Wo es an beidem fehlt, werden sogar die eigenen Finger oder Füße zum Spielen benützt. Oft genügt es dem Spieltrieb sogar, wenn die Augen einem sich bewegenden Gegenstand folgen können. ›Mobile‹ nennt man heute die beweglich aufgehängten, leichten Figuren, die bei jedem Luftzug leise hin und her schwanken.

In Siam ist dieses Spielzeug schon von alters her bekannt. Wenn die Mutter der Feldarbeit nachgeht, liegt das Kind in einer Wiege, die, an vier Stricken befestigt, von der Decke des Wohnraums herabhängt. Über ihm schwebt der sogenannte ›Fliegende Fisch mit seinen Jungen‹. Er besteht aus einem dünnen Palmblattstreifen, ist in sehr sinnreicher Weise geflochten, hohl und so leicht, daß er mit den unter ihm befestigten kleineren Fischen und herzförmigen Figuren sich beim geringsten Luftzug bewegt, während ein schärferer Luftzug ein Geraschel hervorbringt, dem das in der Wiege ruhende Kind gern lauscht. Die Fische sind außerdem mit bunten, das Auge auf sich ziehenden Farben bemalt, gelb und hellrot mit grünen Flecken und schwarzen Linien und Augen.

Man hat wohl zu allen Zeiten gewußt, daß die Spielfreude schon mit den ersten Sinneswahrnehmungen erwacht. Holzgeschnitzte Tiere, Äpfel und Birnen, in deren hohlem Körper eine Kugel rasselt, fanden sich bereits in den prähistorischen Gräbern. Dem griechischen Weisen und Feldherrn ARCHYTAS VON TARENT sagt man nach, daß er Kinderklappern hergestellt und eine fliegende Taube konstruiert habe. Bei den Ausgrabungen von Pompeji fand man ebenfalls Kinderklappern, aber auch kleine Glöckchen aus Metall.

Die Kinder der Germanen spielten mit geschnitzten Pferdchen und kleinem Geschirr, Näpfchen und Krüglein aus Ton. Allgemein bekannt war aber auch ein grausames Spiel mit lebendigen Tieren, das auch im Mittelalter noch gespielt wurde. Die Kinder vergnügten sich damit, kleine Vögel und Käfer an einen Faden zu binden und vor sich herfliegen oder kriechen zu lassen.

Im Mittelalter gab es wirkliches Spielzeug nur für die Allerkleinsten. Die Bauernkinder begnügten sich mit Steinchen und Holzstückchen und allerlei Abfällen. Aber ihr lebhafter Tätigkeitsdrang ließ aus diesen einfachen Gegenständen die vielfältigsten Dinge entstehen. Ein Holzscheit stellte mit einem Lappen umwickelt eine Puppe dar, aus Lappen oder Lederstückchen wurden Bälle zusammengenäht. Stöcke ergaben, mit dem Messer bearbeitet, Steckenpferde; mit Blättern besteckt, Windräder; ein altes Brett, mit einer Darmsaite bespannt, ein Musikinstrument.

Angesichts der schöpferischen Phantasie, die sofort einsetzt, wenn kein anderes Spielzeug vorhanden ist, rät JOHN LOCKE, dem Kind sowenig fertige Spielsachen wie möglich in die Hand zu geben.

Woher sollen sie nun die Spielsachen haben, sagt er. *Ich antworte, sie sollen sie selbst anfertigen oder es wenigstens versuchen und sich Mühe damit geben; bis dahin sollen sie keine haben, bis dahin brauchen sie aber auch keine kunstreichen. Ein glatter Kiesel, ein Stück Papier, der Mutter Schlüsselbund oder irgend etwas anderes, womit sie sich nicht verletzen können, dient ebensogut zur Unterhaltung der Kinder als jener kostspieligere und künstlichere Tand aus den Kaufläden, der im Augenblick verdorben und zerbrochen ist ... Wenn die Kinder klein sind, so ist ihnen alles dienlich, was ihnen in die Hände fällt, und wenn sie größer werden und nicht durch verschwenderische Torheit anderer damit ausgestattet sind, machen sie sich ihre Spielsachen selber ... Wenn man ihnen hilft, wo sie nicht zurechtkommen, wird man sich ihnen werter machen, als durch einen kostspieligen Tand, den man für sie kauft. Spielsachen, deren Anfertigung ihre eigene Geschicklichkeit übersteigt, wie Kreisel, Brummtöpfe, Ballschlägel und dergleichen, sollte man ihnen allerdings verschaffen. Es ist zweckmäßig, daß sie solche besitzen, nicht der Mannigfaltigkeit, sondern der körperlichen Übung wegen; aber man sollte sie ihnen so einfach als möglich geben. Wenn sie einen Kreisel haben, sollte es ihnen überlassen werden, Peitschenstock und Lederriemen selbst anzufertigen und zusammenzusetzen. Wenn sie mit offenem Munde dasitzen, damit solche Dinge ihnen hineinfallen sollen, so sollen sie deren ledig davongehen. Dies wird sie daran gewöhnen, das, was sie bedürfen, von sich selbst und von der eigenen Bemühung zu erwarten; sie werden dadurch Mäßigung ihrer Begierden, Fleiß, Rührigkeit, Nachdenken, Geschicklichkeit und Sparsamkeit lernen, Eigenschaften, die später für den Mann nützlich sein werden und daher nicht zu früh gelernt, noch tief genug eingewurzelt werden können.*

Locke sieht, als praktisch denkender Engländer, das Spielzeug hier in erster Linie von seiner nützlichen Seite.

Wohlwollend geduldet waren von diesem Standpunkt aus eigentlich immer nur Spielzeuge, die mit dem Puppenspiel der Mädchen und dem Soldatenspiel der Knaben zusammenhingen, weil man die Vorbereitung auf die künftige Hausfrau dabei als lehrreich und die Vorübung auf das Kriegshandwerk als wünschenswert ansah.

Im 19. Jahrhundert trat hier ein allgemeiner Wandel ein. Daß Männer wie SCHILLER, JEAN PAUL, FRÖBEL und SPENCER sich so liebevoll mit dem spielerischen Tun beschäftigten, wirkte sich wohl nur auf die kleine Schicht der Gebildeten aus. Aber während sich hier nur eine allgemeine positivere Bewertung des Spiels vorbereitete, wurden gleichzeitig, mit dem beginnenden Maschinenzeitalter, breite Kreise von einer nie ermüdenden Bastelfreude und Erfindungslust erfaßt. Von den zahllosen Erfindungen und Verbesserungen auf technischem Gebiet fiel auch immer wieder, als Brosamen vom Tisch der reinen Nützlichkeit, das heißt, etwas für das Kinderspielzeug ab. Interessiert, erstaunt und angeregt betrachteten die Väter das primitive, aber oft recht sinnreich konstruierte Spielzeug ihrer Kinder. Sie gaben Ratschläge, legten Hand an und erfanden auch oft neue Dinge. Man entsann sich auch vieler alter Dinge und stellte sie neu her. Auf den Märkten kamen die Spielsachen aus den verschiedensten Gegenden zusammen. Die polnischen Händler brachten Tonkuckuckflöten, die russischen hatten Steckpuppen, rund wie ein Fäßchen, eine immer kleiner als die andere. In Thüringen machte man Holztiere, im Erzgebirge kleine Dörfer. Aus Bayern kamen Hampelmänner, bewegliche Turner am Reck, ein Männlein, das an einem Nagelbrett herunterläuft, wackelnde Enten und pickende Hühner, Wunderdinge, die durch einen ›Trick‹ eine überraschende Bewegung ausführen.

Weit verbreitet waren auch die von Vätern selbstgebauten Dinge, wie

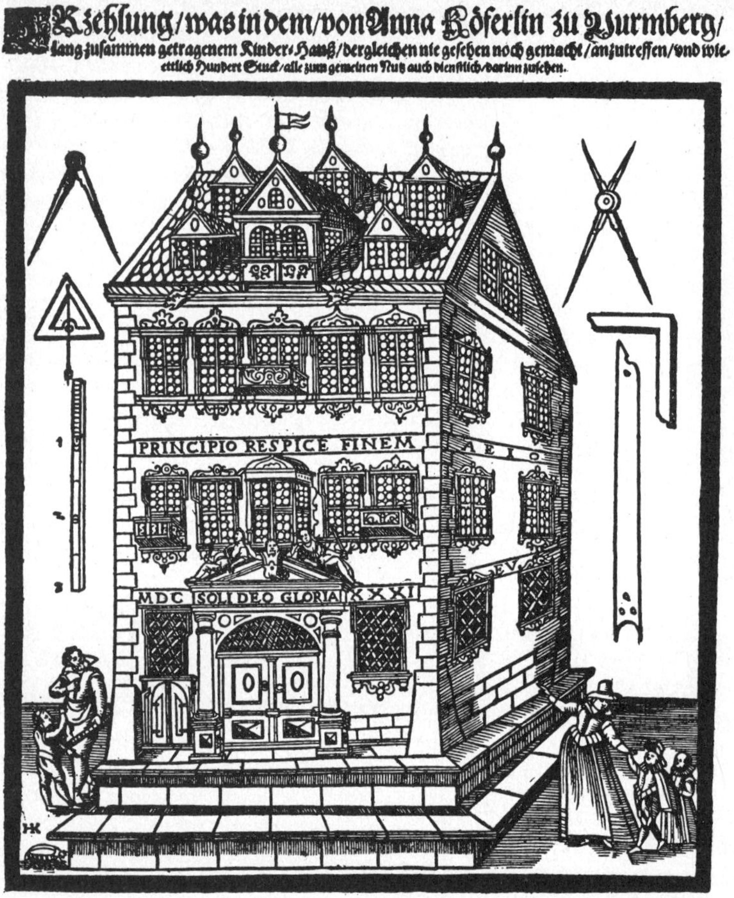

Das Puppenhaus der Anna Köferlin. Holzschnitt 1631

Drachen, Stelzen, Reifen, Flöten, Schiffe, Steckenpferde, Schaukeln und Wippen, deren Herstellungskunst sich vom Vater auf den Sohn immer weitervererbte. Der Schreiner lieferte um die Weihnachtszeit Holzabfälle, aus denen Baukästen und ganze Dörfer gesägt, gefeilt und bemalt wurden. Es gab aber auch fertige Kästen mit ganzen Bauernhöfen zu kaufen oder mit der ›Arche Noah‹. Später kamen die ›wilden‹ Tiere dazu und bildeten einen zoologischen Garten.

Als die Handarbeit mehr und mehr durch die Maschine ersetzt wurde, bekam auch das Spielzeug ein anderes Gesicht. Der erste Gummiball muß eine Sensation gewesen sein. Bald gerieten die Stoffbälle mit dem eingenähten Korken in Vergessenheit. Die Puppen bekamen echte Haare, Schlafaugen und lernten ›Mama‹ sagen. Die einfachen Holzwägelchen zum Nachziehen wurden durch Blechspielzeuge verdrängt, aufdrehbare Fahrzeuge, die sich von selbst in Bewegung setzten. Nach und nach entwickelte sich die Spielzeugherstellung zu einem blühenden Industriezweig.

Bei dem großen Angebot, das nun die Spielwarengeschäfte zierte, wuchs auch die Begehrlichkeit der Kinder. Seitdem steht beim Spielzeug gar nicht mehr immer das Spiel selbst im Vordergrund. Auch von der regen Bastel- und Erfindungstätigkeit des 19. Jahrhunderts ist nicht mehr viel zu spüren. Gleichlaufend mit ähnlichen Erscheinungen auf anderen Lebensgebieten wird heute die Spielwelt des Kindes vorwiegend von Besitzwünschen bestimmt; eine Tendenz, die mit den Verkaufsabsichten der Hersteller und Händler glücklich zusammentrifft. Die Eltern lassen sich willig zum Kauf von immer neuem Spielzeug verführen, weil sie sich durch Geschenke allzu leicht von den unbequemeren, von den meisten übrigens gar nicht klar erkannten Verpflichtungen ihren Kindern gegenüber loszukaufen wünschen. Daß die Kinder die Gepflogenheiten der Erwachsenenwelt, diesen permanenten Kreislauf von Besitzgier und Neiderwecken, getreulich nachahmen, versteht sich von selbst.

Während der Käufer bei Lebensmitteln oder Bekleidungsgegenständen zielsicher die gute Qualität und die richtige Größe anstrebt, geht er beim Spielzeugkauf noch allzu gedankenlos vor. Die Eltern bedenken zu wenig, daß ein Spielzeug, das nicht genau dem Alter des Kindes entspricht, genausowenig nützt wie ein Schuh, der um einige Nummern zu groß ist. Da es keine rechte Freude bereitet, dient es höchstens der Zerstörungswut. Sie achten auch nicht genug auf die solide Herstellung. Kaum ein anderer Gebrauchsgegenstand muß so stabil gebaut sein wie ein Spielzeug, es muß einen Schlag, einen Stoß und einen Fall vertragen können. Leicht zerbrechliche Spielwaren bereiten nur Ärger statt Freude. Auch auf die Schönheit der Form und der Farben legen die meisten viel zu geringen Wert. Es ist trostlos, anzusehen, wieviel Häßlichkeit und Kitsch sich auf einer Spielwarenmesse versammelt. Wem soll man die Schuld daran geben? Die Hersteller verschanzen sich hinter den kaufenden Eltern, die so etwas ›haben wollen‹, und wer belehrt die Eltern?

Da stehen sie in der Vorweihnachtszeit verwirrt vor dem riesigen Angebot an Spielwaren, und nach welchen Gesichtspunkten suchen sie aus? Sie kaufen entweder, was die Nachbarskinder auch haben oder was ihnen selbst aus irgendeinem Grunde drollig und possierlich erscheint. ›Kindlich‹, das deckt sich bei vielen mit der Vorstellung von ›albern‹. Wenn sich dann später herausstellt, daß das Kind für das Spielzeug noch viel zu jung ist oder das Spielzeug sich als unsolide erweist, wird bei der nächsten Gelegenheit etwas Neues angeschafft. Daß die Eltern aus diesen Erfahrungen so wenig lernen, mag daran liegen, daß sich die Kinder und ihre Bedürfnisse mit jedem Jahr ändern. Unversehens sind sie aus dem Spielalter herausgewachsen und stellen die Eltern vor neue, andere Probleme. Aber da die nachfolgende Generation meist aus den Fehlern der Älteren lernt, darf man doch auf einen allmählichen Wandel hoffen.

Wer etwas genauer hinsieht, kann die Anzeichen eines Wandels bereits erkennen. Zwar ist die Unkenntnis, die Unbildung und Geschmacksunsicherheit beim Spielzeugkauf immer noch weit verbreitet und nicht einmal auf die sogenannten ›ungebildeten‹ Kreise beschränkt, aber mehr und mehr dringt dagegen die Erkenntnis durch, daß jedes Spielzeug auch einen pädagogischen Einfluß ausübt. Immer breitere Kreise setzen sich mit dem bildenden Wert des Spielzeugs auseinander.

Verirrungen bei der Wahl des Spielzeugs hat es zu allen Zeiten gegeben. Man denke nur an die Kinderguillotine oder an die Puppen, die von einem ängstlich flatternden Vogel im Inneren des Körpers so ›drollig‹ bewegt wurden. Aber damals gab es auch nicht annähernd die Aufklärungsmöglichkeiten, über die wir heute verfügen. Vor einigen Jahren wurde von Pädagogen, Formgestaltern und Herstellern ein ›Arbeitsausschuß Gutes Spielzeug‹ gegründet. Hier versucht man durch Wanderausstellungen, Veröffentlichungen, durch Verleihung einer Auszeichnungsmarke ›spiel gut‹ vorbildliches Spielzeug bekanntzumachen.

Wenn man die Ratlosigkeit vieler Eltern im vorweihnachtlichen Trubel beim Spielzeugeinkauf sieht, wäre es auch durchaus denkbar, daß sich mit der Zeit die Publikationsmittel, die heute so pfleglich ausgestattete wie umfangreiche Ratschläge über gutes, nahrhaftes und gesundes Kochen erteilen, auch einmal mit derselben Sorgfalt dem guten Spielzeug zuwenden.

Unter der zunächst verwirrenden Vielfalt des Angebots an Spielwaren befindet sich durchaus schon eine ganze Reihe von wertvollen Dingen, die entweder der reinen Spielfreude dienen oder die Lust am schöpferischen und handwerklich-technischen Tun fördern, aber sie gehen oft in der Vielzahl unter. Weil dem Käufer die pädagogischen Kenntnisse mangeln, gerät er nur durch Zufall gelegentlich an Dinge, die den Namen ›spiel gut‹ verdienen.

Zuwenig Spielplätze

Unsere kleinen Kinder haben es oft gar nicht leicht. Niemand kann bestreiten, daß Laufen, Springen und Klettern, Lachen, Singen und Rufen für Arme, Beine und Lungen gesund, ja für die Entwicklung des ganzen Körpers und des Geistes erforderlich sind. Aber immer wieder gerät das lebhafte Bewegungsbedürfnis der Kinder mit dem Verlangen der Erwachsenen nach Ruhe in Konflikt.

Merkwürdigerweise werden Straßengeräusche, Maschinenlärm und permanente Musikberieselung oft wortlos hingenommen. Vielleicht verdrängt die Monotonie diese Geräusche auch mit der Zeit ins Unterbewußtsein. Wenn aber das Quietschen und Schreien, Lachen und Weinen spielender Kinder ertönt, dann ist oft ganz plötzlich ›das Maß voll‹. Im Gegensatz zu vielen anderen Geräuschen wird Kinderlärm fast immer als störend empfunden.

Lange Zeit haben die Erwachsenen gebraucht, ehe sie einsehen lernten, daß es nur dort störende Kinder gibt, wo man ihnen den geeigneten Spielraum vorenthält. Oft wird zwar die Ansicht vertreten, daß die Kinder früher mehr Raum zum Spielen gehabt hätten, aber die zahlreichen und manchmal sogar grausamen ›Spielverbote‹ vergangener Jahrhunderte lassen erkennen, daß die spielenden Kinder, zumindest, wenn sie den unteren Ständen angehörten, stets als ›Gassenbuben‹ oder als ›wilde Meute‹ empfunden wurden. Nur wo ein weitläufiger Garten oder Park eines Gutshauses, wo ein geräumiges Bürgerhaus zur Verfügung stand, konnten sich Spielfreude und Bewegungsbedürfnis ungestört entwickeln.

JOHANNA SCHOPENHAUER, die Mutter des Philosophen, denkt in ihren Erinnerungen noch gern an die sogenannten ›Beischläge‹ zurück, die den Bürgerhäusern ihrer Vaterstadt Danzig ein charakteristisches Gesicht gaben *und in denen in meiner frühen Jugendzeit ein großer Teil des häuslichen Lebens mit jetzt unglaublicher Offenheit, fast so gut wie auf freier Straße, betrieben wurde.*

Balkone sind diese Beischläge nicht, eher möchte ich geräumige, ziemlich breite Terrassen sie nennen, die, mit großen Steinplatten belegt, längs der Front des Hauses sich hinziehen, zu denen einige breite, bequeme Stufen hinaufführen und die straßenwärts mit steinernen Brustwehren versehen sind.

Welch einen Spielplatz bot in meiner Jugend der Beischlag den Kindern! So sicher, so bequem! Dicht unter den Augen der oben am Fenster nähenden und strickenden Mutter, die zuweilen es nicht verschmähte, mitten unter ihnen des milden Abends zu genießen. Bei leidlichem Wetter brachten wir mit unsern Gespielen alle unsere Freistunden in diesem Asyl zu, das noch den unschätzbaren Vorzug besaß, daß wir unseres lärmenden Treibens weniger gescholten wurden, weil es hier bei weitem nicht so lästig wurde wie im Hause selbst.

Auch GUSTAV FREYTAG weiß von einer gesicherten Spielwelt im Hof und Garten seines geräumigen Elternhauses zu erzählen. Sein Vater, als Arzt und Bürgermeister der kleinen Stadt ein angesehener Mann, gönnte seinen Kindern eine ungestörte Jugend:

Die meisten Kinderspiele des Jahres wurden von uns geübt, der Drache flog, der Mönch brummte, die Bleisoldaten marschierten auf dem Fußboden, und was die Händler, welche Spilleleute hießen, von geschnitzter Holzware an den Jahrmärkten ausstellten, wurde so lange sehnsüchtig betrachtet, bis wir davon heimtragen durften. Am liebsten aber spielten wir mit bunten Bohnen, welche nach verschiedenen Regeln in ein rundes Loch geschoben und geworfen werden mußten, denn die kleinen Kugeln aus Marmor und Ton waren bei uns nicht zu haben. Auch im geheimen Verstecken übten wir uns. An einer Ecke des Hofes wurde ein tiefes Loch gegraben, die Wände sorgfältig mit flachen Steinen und Moos bekleidet und in diesem Raume vieles Gute niedergelegt, das begehrlichen Blicken entzogen werden konnte, vor allem Obst; aber auch Lore und der Hanswurst mußten sich oft gefallen lassen, in der finsteren Höhlung zu kauern. Die Öffnung wurde mit großer Kunst verdeckt, so daß sie niemand finden konnte, doch drang zuweilen eine Maus räuberisch hinein. Diese geheimen Niederlagen, welche Mauken hießen, waren ein alter Kinderbrauch, wohl noch eine Nachahmung der kriegerischen Verstecke von Proviant und Lebensmitteln in längst vergangener Zeit.

In den großen Städten war aber auch damals schon der Raum zum Spielen entweder beschränkt oder gar nicht vorhanden. Zwischen engen Gassen und Hinterhöfen eingekeilt, befand sich das hohe, düstere Haus, in dem Grillparzer seine Kinderjahre verbrachte:

Finster und trüb waren die riesigen Gemächer. Nur in den längsten Sommertagen fielen um Mittagszeit einzelne Sonnenstrahlen in das Arbeitszimmer unseres Vaters, und wir Kinder standen und freuten uns an den einzelnen Lichtstreifen auf dem Fußboden. Auch die Einteilung der Wohnung hatte etwas Mirakuloses. Nach Art der uralten Häuser war es mit der größten Raumverschwendung gebaut. Das Zimmer der Kinder, das so ungeheuer war, daß vier darin stehende Betten und einige Schränke kaum den Raum zu verengen schienen, empfing sein Licht nur durch eine Reihe von Glasfenstern und einer Glastüre von einem kleinen Hofe auf gleicher Ebene mit dem Zimmer, also wie das Zimmer selbst im ersten Stockwerke. Dieser Hof war uns streng versperrt, wahrscheinlich infolge einer Konvention mit dem grämlichen Hausherrn, der den Lärm der Kinder scheute. Hierher verlegten wir in Gedanken unsere Luft- und Sommerfreuden.

Aber selbst wenn etwas mehr Raum vorhanden war, gerieten die Kinder häufig mit den Erwachsenen in Konflikt, weil in Haus, Hof und Garten vieles zum Spielen reizte, aber streng verboten war: das Klettern auf den niedrigen, leicht verletzlichen Dächern, das Buddeln in der Gartenerde, Ballspiele in der Nähe von Fenstern, das Spiel mit dem Feuer, das eine ständige Gefahr für die vielen, leicht brennbaren Gegenstände bedeutete. Die ›Unvollkommenheit‹ der Umgebung gab der Spielphantasie ständig reichliche Nahrung. Da gab es Gelegenheit zu Vergnügungen, wie sie in einem modernen Neubau nicht mehr denkbar sind.

Fontane erinnert sich:

Neben der Remise lag ein mit allerhand gläsernen und namentlich irdenen Vorratsflaschen besetzter Keller, der zumal in Herbst- und Früh-

jahrstagen eine besondere Vergnügungsstätte für uns bildete. Dann stieg hier das Grundwasser und schuf auf Wochen hin etwas wie eine kleine Überschwemmung. Anfangs half man sich mit Kloben und Bretterlagen, stieg das Wasser aber immer höher, so schafften wir Kinder schließlich Kufen und Waschfässer hinunter, auf denen wir nun, einen Riesenspatel statt des Ruders in der Hand, umherfuhren, um als Seeräuber an den vier ›Küsten‹ anzulegen. An diesen hausten wir dann unerbittlich und setzten, uns gütlich tuend, die sonderbar geformten Krüge mit Himbeer- und Johannisbeersaft wie große Methörner an den Mund. »Wo nur immer die Fruchtsäfte bleiben?« sagte dann wohl mein Vater und schüttelte den Kopf.

Immerhin, wer ein Haus und einen Garten sein eigen nannte, der konnte sich glücklich schätzen. Hier gab es, trotz vieler Verbote, doch immer einen Winkel zum Spielen, und – ›ordentliche Leute‹ besaßen ein Haus – wenn es auch noch so klein war, die anderen, die keins besaßen, rechnete man zum ›Pöbel‹.

Daß die Zahl der Besitzlosen, der Mieter, mit dem Anwachsen der Städte immer größer wurde, hat man lange Zeit als eine Art Plage betrachtet, einen Wandel, den man einfach nicht wahrhaben wollte. Daß man ihn nicht übersehen konnte, dafür sorgten die vielen kleinen Kinder, die in den überfüllten Wohnungen der Mietskasernen und in den engen Höfen keinen Raum zum Spielen fanden und darum die Straßen bevölkerten. Als die tüchtigen Fabrikanten auf die Idee kamen, diese kleinen ›Strolche‹ von der Straße weg in ihre Maschinensäle zu holen, da waren ihnen viele ehrbare Bürger aus innerster Überzeugung dankbar.

Erst nach dem Verbot der Kinderarbeit bahnte sich im öffentlichen Bewußtsein ein Wandel an. Wenn man bis dahin die wachsende Zahl der städtischen Fabrikarbeiter wie ein Krebsgeschwür betrachtet hatte, das man sich mit Ausdrücken wie ›Pöbel‹ und ›breite Masse‹ ängstlich vom Leibe zu halten suchte, so erkannte man nun die sich vollziehende Umschichtung innerhalb der Gesellschaftsordnung, mit der man sich, ob man wollte oder nicht, tätig auseinanderzusetzen hatte.

Da man die häßlichen und unzureichenden Mietskasernen der ersten Phase unserer Industrialisierung nicht von heute auf morgen durch bessere Wohnungen ersetzen konnte, begann man – in Deutschland erst nach dem ersten Weltkrieg – Spielplätze zu bauen. Ihre dringende Notwendigkeit sah man auch damals nur in beschränktem Maße ein, darum entstanden zunächst nur sehr wenige und noch recht unvollkommene.

Viel früher begannen die skandinavischen Länder mit dem Bau von Spielplätzen. Dort war der Bedarf zwar längst nicht so groß und so dringend wie in den großen Städten der Industrieländer, aber ein kinderfreundlicheres Klima gestattete schon früher einen erweiterten Bewegungsraum für das Kind.

In der Folgezeit sind, besonders nach 1945, in allen Ländern zahlreiche

Spielplätze gebaut worden, aber noch immer schreiten dabei die skandinavischen Länder mit vernünftigen, einsichtigen und pädagogischen Gedanken mutig voran, während die anderen, zum Beispiel Deutschland, mehr oder weniger mühsam nachhinken.

So gab es in Dänemark schon in den dreißiger Jahren saubere, gepflegte Spielplätze mit bunt gestrichenen Spielgeräten, wie sie im heutigen Deutschland in vielen Parkanlagen auftauchen. Eines Tages beobachtete der bekannte Gartenarchitekt SÖRENSEN, daß der von ihm mit großer Sorgfalt angelegte Spielplatz fast leerstand, während von einem nahen Gelände, auf dem allerlei altes Gerümpel abgestellt war, fröhlicher Kinderlärm ertönte. Er fand die Kinder auf alten Autos spielend, mit Brettern, Balken und Stöcken Hütten bauend und Gärten anlegend. Dieses Erlebnis regte Sörensen zur Anlage von Bauspielplätzen an, die den Kindern die Möglichkeit geben sollten, ihren Betätigungsdrang und ihre Phantasie spielen zu lassen. Da gibt es in einer Ecke des Platzes ein regelrechtes Baustofflager, Bretter und Balken und Ziegelsteine, aus denen man Buden bauen kann.

Die Idee des dänischen Architekten wurde bald in vielen Ländern aufgegriffen. In England ließ eine Schulleiterin einen Bauspielplatz anlegen, auf dem die Kinder jeden Morgen eine Stunde vor Beginn des Unterrichts bauen, basteln und spielen können. Sie machte die Erfahrung, daß die Schularbeit dadurch erleichtert wurde, weil die praktische Tätigkeit manche Verkrampfung löst und einen gesunden Ausgleich zu der sitzenden, theoretischen Beschäftigung bildet.

In der Schweiz entstand ein Spielplatz, der das bei allen Kindern so beliebte nasse Element in die Planung einbezieht. Quer durch das Gelände fließt ein Bach, auf dem man Schiffchen schwimmen lassen kann und der sich an einer Stelle zu einem flachen See verbreitert. Pfahlbauten am Ufer dienen als Spielhäuschen, und auf Pfosten gelangt man zu einem Schiff, das ständig auf dem Wasser liegt.

In Hamburg hat man einen Spielplatz mit einer 225 Meter langen Rollerbahn angelegt, die sich, in Form einer Acht, von einem Brückchen überquert, durch das ganze Gelände zieht. Sie ist ständig bevölkert. In Düsseldorf gibt es einen Wasserspielplatz mit gebogenen Rohren, die zugleich als Klettergerüst und als Schaukel benützt werden können. In diese Rohre hat man an vielen Stellen Düsen eingebaut, die bei geeignetem Wetter Wasser sprühen. An heißen Sommertagen erfreut sich dieser Platz einer außerordentlichen Beliebtheit.

Durch die verschiedenartigen Versuche angeregt, entwickelte sich allmählich in allen Ländern eine neue Form des Spielplatzes. Auch in Deutschland kann man heute schon beobachten, daß die Spielplätze mit den stereotypen Geräten Rutschbahn, Schaukel, Kletterturm und Karussell häufig unbenutzt dastehen. Sie ähneln dann mehr einem Ausstellungsplatz für Spielgeräte. Bei der Einrichtung dieser reinen Gerätespielplätze hat der

Kinderspielplatz mit Karussell. 1820

Rummelplatz als Vorbild gedient. Aber es zeigt sich, daß die reine ›Vergnügungslust‹, wie man sie fälschlicherweise beim spielenden Kind vermutete, an seinen wirklichen Bedürfnissen vorbeigeht. Das gesunde Kind hat nicht den Wunsch, ständig zu schaukeln – nein, den überwiegenden Teil der Zeit möchte es spielerisch tätig sein. Verständige Architekten befreundeten sich deshalb auch mehr und mehr mit dem Gedanken der Errichtung von Bauspielplätzen, oder, wie man sie auch häufig nennt, Robinsonspielplätzen.

So einleuchtend dem Pädagogen diese Idee auch scheinen mag, in der Öffentlichkeit stießen diese Robinsonspielplätze oft auf Widerstand. Die modernen Wohnsiedlungen mit ihren klaren, sauberen Fronten, mit ihren gepflegten und abgezirkelten Rasenflächen dokumentieren einen manchmal fast peinlich anmutenden Ordnungssinn. Sie dulden zwar freundlich bunt gestrichene Klettertürme und Schaukeln, aber Anhäufungen von alten Brettern, Balken und Steinen, improvisiert zusammengenagelte Buden stören das Ordnungsgefüge dieser blitzsauberen Welt, auf die Architekten wie Bewohner so stolz sind.

In der Nähe von Kopenhagen kam ein Architekt den Einwänden zuvor und entzog den Robinsonplatz den Blicken der Anwohner, indem er einen zwei Meter hohen Schutzwall darumlegte, den er mit einer dichten und hohen Hecke von Weißdorn, Wildrosen und Akazien bepflanzte. Innerhalb dieses Walles sollten die Kinder ganz für sich sein. Da man jedoch nicht wagte, die Kinder ganz ohne Aufsicht zu lassen, vertraute man die Leitung des Platzes einem erfahrenen Jugenderzieher an, der unter dem Namen ›Jonas‹ inzwischen in der ganzen Welt bekannt und berühmt geworden ist. Die Art und Weise, wie dieser Mann zum Freund und Berater und zum Pädagogen der Kinder wurde, hat zugleich der Idee des Bauspielplatzes zum Durchbruch verholfen. Eine Schule ohne Lehrer kann sich niemand vorstellen, aber daß auch ein Kinderspielplatz eine pädagogisch geschulte Aufsicht benötigt, das mußte der getreue ›Jonas‹ aller Welt erst einmal durch sein Beispiel in Erinnerung bringen.

Inzwischen hat sich die Vorstellung von einem vorbildlichen Kinderspielplatz etwas klarer herausgeschält. Dabei ist er beträchtlich über seine anfängliche Bestimmung hinausgewachsen und zu einem regelrechten Erholungszentrum für jung und alt geworden. Um dieser vielseitigen Bestimmung gerecht werden zu können, gliedert sich die Anlage in Flächen und Räume, die durch Hecken und Mauern voneinander getrennt sind. Möglichst viele Nischen geben Gelegenheit zum Spielen und erhöhen das Gefühl von Geborgenheit. In einer Ecke sind der Sandplatz oder mehrere Sandgruben für die Kleinsten. Unter schattenspendenden Bäumen stehen Bänke für die Mütter, die ihre Kleinen beobachten möchten. Getrennt davon liegt ein größerer Platz für Ballspiele, die sonst allzuleicht die anderen Spieler stören würden. Für die Schaulustigen gibt es ein Freilichttheater und eine Puppenbühne. Auf dem Teil des Platzes, der für die Bauspiele vorgesehen ist, stehen Baumaterial und Handwerksgeräte zur Verfügung. Auf großen Wandflächen und Tafeln können sich die Maler und Kritzler betätigen. Zum Basteln gibt es Tische und Material in überdachten Räumen. Zu einem gutausgestatteten Spielplatz gehört auch ein Gemeinschaftshaus, wo die Kinder im Winter und bei Regenwetter spielen und basteln können. Diese Räume werden am Abend von Jugendklubs benutzt. Hier können aber auch Bastelkurse für Schulentlassene und Elternkurse stattfinden.

Solch ein Spielplatz ist ein Reich, in dem das Kind voll und ganz akzeptiert und ernst genommen wird. Hier treten uns die spielenden Kinder nicht mehr – wie vor hundert Jahren – als ›pöbelhafte, wilde Meute‹ entgegen, sondern als muntere Schar heranwachsender Menschen, die sich in der Geborgenheit eines eigens dafür bestimmten Geländes bewegen und spielerisch betätigen und ausleben dürfen, wie es den Bedürfnissen ihrer Altersstufe entspricht.

Bevor das Kleinkind sich den Spielgefährten zuwendet, muß es sich seiner selbst bewußt geworden sein. In diesem Zustand spielt es allein. Selbst wenn es sich mit anderen Kindern zusammen in einem Sandkasten, in einem Zimmer befindet, sucht es keine Kontakte. In Kindergärten kann man beobachten, wie sich diese Kleinen sogar im Spiel voneinander abzugrenzen suchen. Wenn die Kindergärtnerin sie an einem Tisch versammelt und ihnen Klötze zum Bauen gibt, dann legt jedes zunächst einmal seine beiden Arme schützend um die Klötze, als ob es diesen Besitz mit niemandem teilen möchte. Bevor es die Bausteine losläßt und damit zu spielen beginnt – das dauert oft Monate –, muß es sie erst einmal ganz nahe bei sich gehabt und ›begriffen‹ haben.

Auch später, wenn das Kind längst mit anderen spielen gelernt hat, kehrt es in gewissen Abständen immer wieder gern zu ›sich‹ und seinen Dingen zurück, die es in Dosen und Schubladen und in den wunderlichsten Verstecken aufbewahrt.

Alle deine Sächelchen
Kästchen mit den Knöchelchen
deine Mutter dir bewahrt,

so heißt es in einem alten isländischen Sprüchlein. Mit diesem sorgsamen Bewahren von kleinen Dingen bringt das Kind zum Ausdruck, wie wohl es sich noch in der behüteten Welt unter dem Schutz der Mutter fühlt. In der elastischen Stabilität dieser Heimat kann sich sein Ichbewußtsein ungestört entwickeln.

Spielerisch beginnt es allmählich, sich mit der Außenwelt auseinanderzusetzen. Die ersten Spielgefährten sind Gegenstände, die es hin- und herschiebt. Bei der Beschäftigung mit den Bausteinen legt es zunächst eine lange Reihe von Klötzen aneinander, diese Reihen werden mit der Zeit gebogen. Wenn genug Klötze vorhanden sind, entstehen lange Schlangenlinien, die sich schließlich – eine neue Entdeckung – zu einem Kreis zusammenfinden. Die nächste Errungenschaft ist das Aufeinanderschichten zu einem Turm, der zu Anfang immer wieder einstürzt, aber schließlich zu fröhlich bejubelten Höhen heranwächst. Bei dieser Geschicklichkeitsübung wächst auch das erste, stolze Selbstbewußtsein. Manchmal verwandelt sich ein Bauklotz in ein Auto, das mit ›brrr‹ über den Tisch geschoben wird, die hohle Hand oder der gebogene Arm dient so lange als Brücke, bis auf einmal aus zwei hochgestellten und einem quer darübergelegten Bauklotz eine Brücke entsteht.

Der Reiz dieser spielerischen Tätigkeit besteht für das Kind darin, daß es beglückt feststellt, wie sich unter seinen Händen etwas verändert. Wenn es die Hand in den feuchten Sand drückt, entsteht eine kleine Grube. In Formen gefüllt, ergibt das gleiche Material ›Kuchen‹. Dieses ›Machen‹ und ›Tun‹ probiert das Kind an den verschiedensten Materialien aus. Beim

Ton, Wachs oder Plastilin erlebt es die Veränderung besonders eindrucksvoll. Zeitweise begnügt es sich mit dem einfachen Kneten. Bald merkt es, daß man das Material rollen kann, und nun formt es Schlangen und Kügelchen zu Broten und Eiern, die in Nestchen oder Körbchen gelegt werden. Durch Zufall entdeckt es meist, daß man Ornamente in die weiche Masse eindrücken kann, und es erfreut sich daran, Linien und Punkte in regelmäßigen Anordnungen zu stempeln.

Während beim Kneten die Umgestaltung der Form erlebt wird, vermittelt die Tätigkeit des Kritzelns und Malens das neue Gefühl von Linie und Fläche. Bereits das Zweijährige nimmt mit Vergnügen einen Stift in die Hand und bedeckt die Fläche mit Strichen. Was hier zuerst entsteht, ähnelt meist einem hoffnungslos verwirrten Garnknäuel. Erstaunen und Freude über diese Möglichkeit, ein weißes Papier mit andersfarbigen Linien zu füllen, ist sehr groß. Aber auch das Zerknittern und Zerreißen des Papiers ist ein freudiges Erlebnis dieser Altersstufe, dem man nicht wehren soll.

Das Dreijährige geht beim Kritzeln schon etwas zielbewußter vor; es gibt den Strichen eine Richtung und ›schreibt‹ Zickzacklinien, die sich in schräger Richtung fortsetzen. Nach dieser neuen Erkenntnis, daß man den Stift dirigieren kann, wird die Fläche in Besitz genommen und mit regelmäßigen Strichen, Punkten oder Linien bedeckt. Dabei wächst auch das Bedürfnis, etwas darzustellen, was mit kaulquappenähnlichen Gebilden beginnt und immer deutlicher erkennen läßt, daß ein Mensch damit gemeint ist.

Auf dieser Entwicklungsstufe ist das Kind ständig vom Erwachsenen bedroht, der durch belehrende oder korrigierende Fragen in das Wachstum seiner Vorstellungswelt eingreifen möchte. Früher hat man den kindlichen Kritzeleien und seinen Form- oder Bauspielen wenig Beachtung geschenkt. Heute ist so mancher Vater ungeheuer stolz, wenn sein Sohn anfängt, Männchen zu malen. Durch Bewundern oder Tadeln, oft sogar durch eigenhändiges Verbessern würde er am liebsten sogleich einen perfekten Maler aus ihm machen. Daß die natürliche Entwicklung der kindlichen Vorstellung gestört, gehemmt oder gar verletzt wird, wenn der Erwachsene sie durch seine ganz anders geartete Anschauung irritiert, ist immer noch viel zuwenig bekannt.

Je mehr sich heute in unserer Industriegesellschaft die Tätigkeit der Erwachsenen den Blicken der Kinder entzieht, desto wichtiger wird das Selbsttun, zu dem sich beim Formen, Malen und Basteln reiche Gelegenheit bietet. Während das Kind in der Vergangenheit – das heißt zu einer Zeit, als meist noch ein Haus unter seinem Dach die Familiengemeinschaft und den Handwerks- oder Gewerbebetrieb des Vaters vereinte – in seinen Spielen vorwiegend die Welt der Erwachsenen nachahmte, da es deren Berufe und Lebensgewohnheiten tagtäglich vor sich sah, nimmt heute seine spielerisch-selbstschöpferische Tätigkeit immer breiteren Raum ein.

Selbsttätigkeit, die immer eine Vorstufe zur Selbständigkeit darstellt, löst immer eine tiefe innere Befriedigung aus. Wenn man das Kind durch Bevormundung oder Ablenkung an einer ruhigen, kontinuierlichen, spielerischen Beschäftigung hindert, entstehen Unzufriedenheit und Zerfahrenheit. Die Freude des selbständigen Experimentierens und Probierens wird noch erhöht, wenn der Spielgegenstand sich bewegen kann, wie das beim Ball und beim Rad der Fall ist. Einen Ball in die Luft zu werfen, über den Boden zu rollen und gegen die Wand zu schleudern, bereitet dem Kind immer wieder Vergnügen. Dabei lernt es allmählich auch seine eigene Geschicklichkeit erkennen.

Beim Fahren auf Rollern und Rädern, beim Schaukeln und Wippen freut es sich ganz einfach an der Hin- und Herbewegung, die es auszulösen fähig ist, sobald es sich mit dem Rad und dem Schaukelbrett vertraut gemacht hat. Wenn Wind und Wasser als dritte Kraft dazukommen, entsteht eine neue, überraschende Bewegung, die seine Experimentierfreudigkeit anfacht. *Wenn meine Mutter in der Küche arbeitete,* erzählt der Schriftsteller MARX MÖLLER, *gab sie mir ein Stück Holz und stellte mich an den Eimer, dann spielte ich ›Wellen bewegen‹ und war lange Zeit stille.*

Wenn dann auf dem Wasser Schiffchen schwimmen, hört allmählich die Selbstgenügsamkeit auf; wenn das Windrad sich dreht, wenn der Drache in die Lüfte steigt, dann erwacht beim Kind das Bedürfnis nach lebendigen Spielkameraden, die sich mitfreuen und mitstaunen können.

GOTTFRIED KELLER, der ohne Geschwister aufwuchs, mußte sich ständig allein beschäftigen. Da seine sparsame Mutter ihm nur wenig Spielzeug anschaffte, war er auf Selbsthilfe angewiesen:

Ich sah aus der Ferne, bei anderen Knaben, daß sie artige kleine Naturaliensammlungen besaßen, besonders Steine und Schmetterlinge, und von ihren Lehrern und Vätern dazu angeleitet wurden, dergleichen selbst auf ihren Ausflügen zu suchen. Ich ahmte dieses nun auf eigene Faust nach und begann gewagte Reisen längs der Bach- und Flußbette zu unternehmen, wo ein buntes Geschiebe an der Sonne lag. Bald hatte ich eine gewichtige Sammlung glänzender und farbiger Mineralien beisammen, Glimmer, Quarze und solche Steine, welche mir durch ihre abweichende Form auffielen.

Auf die Dauer genügten ihm diese toten Gegenstände nicht mehr, und er sah sich, in Ermanglung echter Spielkameraden, nach lebendigem Spielzeug um. Als er zum erstenmal eine große Menagerie sah, faßte er sogleich den Entschluß, sich selbst eine anzulegen, und er baute eine Menge Käfige und Zellen:

Mit vielem Fleiß wandelte ich dazu kleine Kästchen um, verfertigte deren aus Pappe und Holz und spannte Gitter von Draht und Zwirn davor, je nach der Stärke des Tieres, welches dafür bestimmt war. Der erste Insasse war eine Maus, welche mit eben der Umständlichkeit, mit welcher ein Bär installiert wird, aus der Mausefalle in den Kerker hinübergeleitet wurde. Dann folgte ein junges Kaninchen; einige Sperlinge, eine Blindschleiche, eine größere Schlange, mehrere Eidechsen verschiedener Farbe und Größe; ein mächtiger Hirschkäfer mit vielen anderen Käfern schmachteten bald in den Behältern, welche ordentlich aufeinandergetürmt waren. Mehrere große Spinnen versahen in Wahrheit die Stelle der wilden Tiger für mich, da ich sie entsetzlich fürchtete und nur mit großem Umschweife gefangen hatte. Mit schauerlichem Behagen betrachtete ich die Wehrlosen, bis eines Tages eine Kreuzspinne aus ihrem Käfig brach und mir rasend über Hand und Kleid lief. Der Schrecken vermehrte jedoch mein Interesse an der kleinen Menagerie, und ich fütterte sie sehr regelmäßig.

Die Mutter sah diesem Treiben wohlwollend zu, nicht bedenkend, daß ihr Sohn dieser einsamen Beschäftigung in einem Alter nachging, wo er längst hätte lernen müssen, mit seinesgleichen zu spielen. Da er dazu keine Gelegenheit fand, wurde er still und versponnen:

Jetzt erst wird mir der trübe, kalte Schleier ganz deutlich, schrieb er, *welcher über jener Zeit liegt und mir dazumal die Hälfte des Lebens verhüllte, mich blöde und scheu machte, daß ich nicht die Leute verstand und mich selbst nicht zu erkennen geben konnte, so daß die Erzieher vor mir standen als vor einem Rätsel, und sagten: Dieses ist ein seltsames Gewächs, man weiß nicht viel damit anzufangen.*

Das gesunde Kind sucht von Zeit zu Zeit Spielkameraden, die den Ball zurückwerfen, die das Seil beim Springen halten, die vor ihm oder hinter ihm her mit dem Roller fahren. Die Begegnung im gemeinsamen Spiel vermittelt dem Kind das beglückende Gefühl der Gegenseitigkeit, denn ›geteilte Freude ist doppelte Freude‹. Wenn es mit dem Löffel an den Topf schlägt, freut es sich an dem Geräusch; das Vergnügen wird beträchtlich erhöht, sobald mehrere Kinder das gleiche tun.

Darüber hinaus erwacht nun das Interesse am Beobachten und Vergleichen der Geschicklichkeit. Beim Laufen und Springen werden Kraft und Schnelligkeit geübt. Beim Seilspringen und Ballspielen mühen sich die Mädchen, um oft recht schwierige Ausführungen und Übungen zu erlernen. Aber auch die Ausbildung der Sinne und der Denkfähigkeit kommt nicht zu kurz. Bei manchen gemeinsamen Spielen müssen Farben oder Geräusche bestimmt, bei anderen eine Tätigkeit oder ein Handwerk erraten werden. Auch ›sich beherrschen können‹ ist ein beliebtes Spiel: ›Wer zuerst lacht‹, wenn einer Grimassen schneidet. Dabei steht allerdings die Spielfreude immer im Vordergrund, die nützliche Übung bleibt stets nur ein ›Abfallprodukt‹ des fröhlichen Spiels.

Das gemeinsame Spiel mit dem Glück oder der Geschicklichkeit geht in einer gewissen Altersstufe sehr schnell in ein gegenseitiges Kräftemessen über. Geschicktes Fangen und Werfen, schnelles Laufen, starkes Ziehen, Behendigkeit und Zielsicherheit entscheiden nach und nach über mehr oder weniger Ansehen in der Spielgemeinschaft. Wem Geschicklichkeit fehlt, der gerät leicht in Versuchung, sich durch rohe Kräfte hervorzutun, und so entwickeln sich die Wettkämpfe oft sehr schnell zu regelrechten Kampf-

und Streitspielen. Zu solchen gegeneinandergerichteten Spielen kommt es überall dort häufiger, wo aus irgendwelchen Gründen kein organisches und aufbauendes Miteinanderspiel möglich ist. Darum gehörten diese Kampfspiele noch vor fünfzig und mehr Jahren zu den am meisten geübten Spielen.

Bei Völkern, die noch in einem harten Existenzkampf stehen, kennen die Knaben kaum andere Spiele. Sie werden dort auch von den Erwachsenen meist gern gesehen und als Vorübung auf die Stammeskämpfe betrachtet, die die Väter gegeneinander austragen. Wir kennen die gleiche Erscheinung aus der Tierwelt, wo sich bei fast allen Jagdtieren die Jungen spielerisch auf die Jagd nach der Beute vorbereiten.

Seitdem die technische Zivilisation die Existenz des Menschen nicht mehr vom gegenseitigen Raub oder Mord abhängig macht, sind auch die Kampfspiele der Kinder im Abnehmen begriffen, wenn sie auch gelegentlich künstlich forciert werden und, durch Reklame oder Propaganda unterstützt, vorübergehend wiederaufflackern.

Zweifel an dem pädagogischen Wert dieser Spiele sind von christlichen Philosophen schon früh geäußert worden. Lange vor den modernen Psychologen wiesen Ignatius von Loyola und Pascal bereits darauf hin, daß äußere Handlungen ein wirksames Mittel sind, die Seele in den entsprechenden Gemütszustand zu versetzen. Von diesem Standpunkt aus betrachtet, kann man sich kein brauchbareres Mittel als die Kampfspiele denken, um Neid, Eifersucht, Haß, Streitlust und Grausamkeit zu erzeugen. Militante Nationen fördern auch heute noch bewußt die Kampfspiele der Knaben, um die Streitlust wachzuhalten. Dabei wird übersehen, daß der Erwachsene durchaus in der Lage ist, sich zu einer gewissen Sachlichkeit dem Gegner gegenüber zu erziehen, während Kindern diese Fähigkeit noch vollständig abgeht. Sie entwickeln beim Kampfspiel echte Haßgefühle, die sich, je öfter geübt, um so sicherer einprägen. Diese Haßgefühle beschränken sich im späteren Leben durchaus nicht auf einen eventuellen Feind, sondern richten sich gegen jeden, der sich ihnen in den Weg stellt. Sie äußern sich in einem rücksichtslosen Erfolgsstreben, in Eigenliebe, Stolz, Hochmut und Groll, also in ausgesprochen antisozialen Gefühlen, die stets auf eine Verdrängung des Mitmenschen hinwirken.

Kleine Kinder kennen noch keine Haßgefühle, wenn sie nicht frühzeitig durch falsche Erziehung verdorben sind. Auch gelegentliche Kampfspiele erzeugen noch keine antisozialen Gefühle. Erst durch systematisches Training, also wenn Wettkämpfe und Kampfspiele den beherrschenden Raum im Spiel einnehmen, werden Haß, Neid und Hochmut sich entwickeln.

Es wäre unklug, diese Spiele ganz zu verbieten, alternierend zum Miteinanderspiel wird sich auch gelegentlich das Gegeneinanderspiel nicht vermeiden lassen. Aber gleichlaufend mit der allgemein wachsenden Erkenntnis, daß die Menschen, im öffentlichen Leben wie in der Politik, sich heute nicht mehr um jeden Preis gegeneinander durchsetzen dürfen, wenn sie nebeneinander existieren wollen, wird man in einem geordneten Staatswesen die Kampf- und Streitspiele auf die Dauer ebenso mißbilligen wie das Lügen und Stehlen. Bei kleinen Mädchen kommen Kampfspiele selten vor. Nur wo es an geeigneter Spielmöglichkeit oder an einer geordneten Häuslichkeit fehlt, beobachten wir auch bei Mädchen das streitbare Gegeneinander im Spiel. Da man die Kampfspiele beim weiblichen Geschlecht nie ermuntert oder gar forciert hat, zeigen die Mädchen meist ein ausgesprochenes Interesse an geregelten Spielen. Schon bei den Kleinsten erkennen wir, daß Regelmäßigkeit in der Pflege und Behandlung sie zufrieden macht. Ihre ersten Spiele sind noch plan- und regellos. Sobald sie jedoch zu den Spielen der Größeren hinzugezogen werden, machen sie freudig mit. Spätestens mit fünf Jahren sieht man sie schon ganz bewußt die Regeln befolgen, beim Reigen, bei Lauf und Ballspielen und beim ›Hinken‹, wobei ein Steinchen mit dem Fuß in vorgezeichnete Kästchen gestoßen wird. Die zum Teil uralten Regeln dieser Spiele werden so intensiv und sorgfältig befolgt, daß sich unzählige Spiele in der immer gleichen Form von Generation zu Generation vererbt haben.

Bei diesen Spielen ist das einzelne Kind nur als Teil des Ganzen tätig, hier spielt und handelt die Gruppe, und das Mitmachen macht Freude. Lange bevor sich die Erwachsenen zu einer demokratischen Regierungsform bekannten, konnte man bei den Kinderspielen schon eine ›Republik im Kleinen‹ beobachten. Nach ungeschriebenen Gesetzen, denen sich ein jedes freiwillig unterordnet und deren moralischer Sinn genau verstanden

Kinderspiele im Freien. J. Hellenius 1618

wird, spielen die Kinder von alters her mit ihren Murmeln und Bällen. Da die Regeln freiwillig befolgt werden, denkt niemand daran, sie zu verletzen.

So beliebt diese gemeinsamen Spiele auch sind – von Zeit zu Zeit erwacht im Kind das Bedürfnis, allein zu sein, für sich zu spielen. Instinktiv zieht es sich bisweilen zurück und bekommt so Gelegenheit, seine eigene Phantasie spielen zu lassen, eigene, neue Gedanken und Vorstellungen und Energien zu entfalten. Während es beim gemeinsamen Spiel seine Aufmerksamkeit nach außen richtet, sich den Spielkameraden anpaßt, kann es sich, sobald es allein spielt, ruhig und besinnlich auf etwas konzentrieren, was nur ihm selbst Freude macht und seiner eigenen Persönlichkeitsbildung dient.

Der verständige Erzieher wird es immer so einzurichten wissen, daß beide Spielformen zu ihrem Recht kommen, denn wo das Kind ausschließlich allein spielt, da kommt es zu einer Überbewertung der eigenen Person und zu Mißverständnissen mit der Umwelt. Andererseits darf die Gelegenheit zum Alleinespielen auch nicht fehlen, denn bei Kindern, die nichts als gemeinsame Spiele kennenlernen, entwickelt sich ein unreifes Verhältnis zur Umwelt, das sich entweder im Herdentrieb, im ängstlichen Mitläufertum oder im stetigen Bedürfnis äußert, den Anführer zu spielen und die Mitläufer zu terrorisieren.

In einem harmonischen Wechsel zwischen ›einsamem‹ und ›gemeinsamem‹ Spielen sind stets die besten Möglichkeiten für eine fortschreitende Entwicklung zu finden, die weder das gesunde Selbstbewußtsein noch das natürliche Solidaritätsgefühl verkümmern läßt.

Reim und Lied im Kinderleben

Jeder von uns bewahrt in seinem Gedächtnis den einen oder anderen Vers auf, der sich in frühestem Kindesalter eingeprägt hat. Manchmal taucht er plötzlich aus der Versenkung wieder auf, wenn eine Schar von Kindern an unserem Fenster vorbeitrappelt und den gleichen Singsang so lange wiederholt, bis wir ihn gedankenverloren mitsummen.

Wer diesen Kinderreimen einmal aufmerksam lauscht, dem tut sich eine kleine Wunderwelt auf. Er spürt bald, daß er sich hier beim Ursprung der Dichtung befindet, einer Poesie, die aus der Freude am Wortklang und am Rhythmus entsteht. Bunt wie ein Blumengarten sind diese Reime. Sie besingen den blauen Fingerhut, die roten Kirschen, das Türkenesele, eine goldene Brücke, Regen und Sonnenschein – die ganze Welt erscheint in diesen kindlichen Reimereien. Da sprechen die Tiere wie mit Menschenverstand, hier werden Brücken zwischen Wirklichkeit und Phantasiewelt gebaut, und dort guckt ein Schalk um die Ecke und dreht uns eine Nase.

Manche Reime kommen in einem scharfen Rhythmus daher wie das Kniereiterliedchen ›Hoppe, hoppe Reiter, wenn er fällt, dann schreit er...‹, andere im Hüpfschritt des Ringelreihens, ›Petersil und Suppenkraut wächst in unserm Garten...‹, und einige im sanften, wiegenden Ton, der das Kind einschläfern soll: ›Schlaf Kindchen schlaf, dein Vater hüt die Schaf...‹ Mit diesen Reimen und Liedern erlebt das Kind Musik, Rhythmus und Poesie, noch bevor es sprechen lernt. Was die Nahrung für seinen Körper, das sind Musik und Poesie für seine Gemütskräfte.

Von Kaiser FRIEDRICH II. wird erzählt, daß er zwei Säuglinge aufziehen ließ, die, sorgfältig von der Außenwelt abgeschirmt, weder Sprache noch Lied zu hören bekamen. Die Wärterinnen, die die Kinder betreuten, durften kein Wort mit ihnen reden, weil der Kaiser erfahren wollte, was für eine Sprache sie wohl von selbst sprechen würden. Aber der Chronist berichtet, daß sie *vor der Zeit sterben mußten, da man sie nicht mit Liedern einschläferte.*

Daß die menschliche Seele ohne Musik und Poesie verkümmert, ist eine Erfahrung, nach der jede Mutter instinktiv handelt, wenn sie ihrem Kind Schlafliedchen singt. Ein Säugling braucht viel Ruhe. Geräusche stören ihn, aber ein Lied wirkt immer beruhigend, selbst auf ein schreiendes Kind. Sobald ein Lied erklingt, horcht es auf und ist still, und wenn die Mutter weitersingt, schläft es meist nach kurzer Zeit ein.

Der kleine MOZART ging als Kind nie schlafen, bevor sein Vater nicht mit ihm gesungen hatte, und FRIEDRICH RÜCKERT dichtete:

Ich war ein böses Kind,
und schlief nicht ungesungen,
doch schlief ich ein geschwind,
sobald ein Lied erklungen.

Beim Rhythmus des gesprochenen Reims horcht das Kind auf. Wenn die Mutter ihre Hand bewegt und ihm vorspricht: ›Wie das Fähnchen auf dem Turm sich kann drehn bei Wind und Sturm...‹, dann streckt es ebenfalls sein Händchen wie eine Fahne in die Luft und dreht es hin und her. Das Krabbelkind, das seinen Kopf am Tischbein gestoßen hat, hört sofort auf zu weinen, wenn die Mutter ›Heile, heile, Segen...‹ singt; ob bewußt oder unbewußt, spürt es das magisch Beschwörende eines alten Zaubersegens.

Die Freude am Rhythmus bringt das Kind mit auf die Welt. Seine ersten Worte sind ›Ma-ma‹, ›Pa-pa‹, ›Ti-ti‹, selten steht eine Silbe allein, stets wird sie wiederholt. Später, wenn es sprechen lernt, ruft es immer noch gern in einem leiernden Takt: ›Mama-komma‹ oder ›Mutter – gib mir Butter‹. Beim Spiel singt es oft in selbstgemachten Melodien vor sich hin: ›Kuchen zu verkaufen...‹, zehnmal, zwanzigmal und noch öfter hintereinander.

Oft spielt es aber auch mit den Worten, es wirft sie hin und her wie einen Ball oder dreht sie kurzerhand herum und sagt ›Dramatze‹ statt Matratze und ›Kapet‹ statt Paket. Bei manchen Kinderreimen geht die

Häusliche Kinderspiele. Chodowiecki 1767

Freude am Wortspiel so weit, daß zusammenhanglose Silben, wie bunte Flecken, sinnlos aneinandergereiht werden.

Ezka dezka duzmanne,
ribbeldi rabbeldi sonderne,
ecke ho, sondem no, duze.

Bei manchen Kinderreimen, deren Sinn uns zunächst dunkel erscheint, handelt es sich allerdings nicht um eine Wortspielerei. Diese Reime sind so alt, daß sie sich im Laufe der Jahrhunderte nur noch bruchstückhaft erhalten haben. Viele entstammen der Zeit vor der Völkerwanderung. In einer Sammlung alter Kinderreime aus dem 19. Jahrhundert berichtet ROCHOLZ:

Ich habe auf der Südwand des Monterosa in Gressoney, im Hochtal der Lesia, den Auszählformeln und Spielreimen der dortigen Kinder zugehört und habe mit Erstaunen alsbald die Ähnlichkeit mit jenen Kinderreimen erkennen müssen, welche Müllenhoff in Schleswig-Holstein und auf den deutschen Inseln aufgesammelt hat. Wie kamen diese Schleswiger und Sylter Reime vom Meer weg an den höchsten Gletscher der italienischen Alpen, in ein Tal, wo die Gemse mit den Ziegen weidet, wo alle Kinder noch ohne Hebamme geboren, ohne Impfung stark und ohne Schullehrer gescheit werden müssen? Durch den Handel nicht, denn auf acht Stunden weißt ißt hier die Bevölkerung nur einjährig Brot und durch ein Jahr eingeschlachtet Fleisch; durch die Gebildeten aber noch weniger, denn diese sprechen hier welsch. Der Kinderreim ist also in dem deutschredenden Lesiatal so alt als die deutsche Einwanderung und Niederlassung daselbst: diese wird aber von dem dortigen Volke in die Hohenstaufenzeit gesetzt.

Als um die Mitte des 19. Jahrhunderts in vielen europäischen Ländern Kinderreime gesammelt wurden, stellte man überrascht fest, daß viele Reime nicht nur in Norwegen und Irland, in Böhmen und Frankreich vollständig übereinstimmten, sondern daß sie auch aufs Haar den in der Edda um 1200 aufgezeichneten Sprüchen ähnelten oder den Reimen, die die St. Gallener Mönche um das Jahr 1000 als Federübung auf Pergamentreste geschrieben hatten.

In diesen frühen Zeiten, als die meisten Menschen noch nicht lesen und schreiben konnten, bewahrten sie in einer Fülle von Reimen, Liedern und Märchen alles Wissenswerte im Gedächtnis auf. Man findet darin, oft in gleichnishaft verschlüsselter Form, allerlei Kenntnisse, die nicht verlorengehen sollten. Vieles davon ist uns in Märchen und in Kinderreimen bis heute erhalten geblieben.

Am ehesten erkennen wir das hohe Alter bei den Reimen und Geschichten, die noch heidnische Vorstellungen enthalten. Im Märchen von der Frau Holle, die die Betten schüttelt, damit es auf der Erde schneit, verbirgt sich Holda, die Göttin der Liebe, die Sonnenschein und Regen schickt. Sie begegnet uns in vielen Kinderreimen wieder:

Durch Feld und Wald
das Horn erschallt.
Die Holle kommt, huhu,
ihr Schätzchen das bist du.

Nach der Ausbreitung des Christentums werden diese Reime in manchen Gegenden umgeformt. Die Frau Holle heißt jetzt Jungfrau Maria, Mutter Gottes oder einfach ›Liebe Frau‹, also singt man:

Liebe Frau machs Türle auf,
laß die liebe Sonne raus,
laß den Regen drinnen,
laß den Schnee zerrinnen;
am Brunnen sitzen drei Engelein,
die warten auf den Sonnenschein.

Hier sind die Schicksalsgöttinnen, die drei Nornen, die uns aus vielen Reimen und Geschichten bekannt sind, zu drei Engelein geworden. Auch der Sonnenkäfer – einst ein heiliges Tier, das gutes Wetter bringt – heißt nun Herrgottstierchen oder Marienkäfer. Darum singt man in einigen Gegenden heute noch ›Liebes Sonnenkäferlein, fliege über den Rhein‹, während dasselbe Lied in anderen Gegenden mit ›Liebes Herrgottskäferlein ...‹ beginnt. Das bekannte Marienkäferlied hat eine ähnliche Wandlung erfahren. In alten Reimen heißt es noch: ›Sonnenkäfer flieg, dein Vater ist im Krieg‹, und an Stelle von ›Pommerland ist abgebrannt‹ – ›Hollerland ist abgebrannt‹; damit ist der große Weltbrand gemeint, der in der alten Dichtung ›Muspilli‹ ebenfalls eine christliche Umdeutung erfahren hat.

Viele Kreis- oder Reigenspiele, die die Kinder auf der Straße spielen, waren einst religiöse Tänze. Bei den Brückenspielen, wie ›Machet auf das Tor‹ und ›Ziehet durch, durch die goldne Brücke‹, wird der Ritt der Verstorbenen über die Totenbrücke gespielt. Zum Schluß, wenn es heißt: ›Die Engelchen werden gewiegt‹ und ›Die Teufel werden gerüttelt, geschüttelt‹, wird der Streit der Engel und Teufel um die menschliche Seele dargestellt.

Das Spiel mit den fünf Fingern, das die Mütter den Allerkleinsten vormachen, ›Das ist der Daumen, der schüttelt die Pflaumen . . .‹, knüpft an ein noch älteres Spiel an, bei dem man die einzelnen Götter an den Fingern abzählt. Jeder Finger war einer anderen Gottheit heilig, darum hob man auch beim Schwur bestimmte Finger in die Höhe.

In den ersten Jahrhunderten war die Christianisierung noch nicht sehr tief gedrungen. Man hatte die Taufe empfangen, kannte einige Gebete, aber die Lebensgewohnheiten blieben, besonders beim Volk, noch lange durchtränkt von heidnischen Gebräuchen und Vorstellungen. Von den Kobolden, die das Haus bevölkerten, hören wir in dem Reim:

Es tanzt ein Bibabutzemann
in unserm Haus herum.
Er rüttelt sich,
er schüttelt sich,
er wirft sein Säckchen hinter sich.

Diese Reste heidnischen Aberglaubens konnten sich gerade in den Kinderreimen noch so lange erhalten, da man alles, was mit der Welt des Kindes zusammenhängt, als unwichtig und nichtig ansah und nicht sonderlich beachtete. Man sprach von diesen Dingen meist etwas abfällig, im besten Falle nachsichtig. Nur LUTHER macht hierin eine Ausnahme: *Ich möcht mich der wundersamen Historien, so ich aus zarter Kindheit herübergenommen, oder auch wie sie mir vorgekommen sind, in meinem Leben nicht entschlagen.* Seine Liebe zu Musik und Poesie erkennt in den Märchen das ›Wundersame‹, die Freude am Wundern und Staunen.

Die Aufklärung wollte von all diesen ›abergläubischen Geschichten‹ und ›albernen, kindischen Sprüchen‹ nichts wissen. Erst die Ethnologen des 19. Jahrhunderts entdeckten hier einen noch unerschlossenen Reichtum der Volkspoesie. Die Brüder GRIMM ließen sich von alten Frauen die Märchen erzählen, um sie für die Nachwelt aufzuschreiben. Der Schweizer ROCHOLZ sammelte zum erstenmal systematisch die Kinderreime. Als er sie herausgab, glaubte er sich noch rechtfertigen zu müssen, daß er sich als gelehrter Mann mit solch nichtigen Dingen befaßte. *Keine Zeit hat sich dieser unscheinbaren Dinge jemals ernstlich angenommen, der Buchdruck hat sie nicht verbreitet, Plan und Lehre sie nicht vorsätzlich jemals vererbt oder gefristet.*

Von den vielen Kinderreimen – eine Sammlung aus dem Jahre 1897 umfaßte weit über 2000 Reime und Spiellieder – sind heute nur noch wenige lebendig. Die Generation der Großmütter bewahrte in ihrem Gedächtnis noch etwa hundert bis zweihundert Reime auf, denn zu ihrer Zeit wurden sie noch viel gesungen und gesprochen: die Reime beim Auszählen, die Lieder zum Einschlafen und zum Wecken, Verschen, die das Kind zum Essen ermuntern, die das Heulpeterle beruhigen, Neckreime und die vielen Reigenliedchen, die die Mädchen auf der Straße singen und spielen. Den jungen Müttern unserer Tage ist von diesem Reichtum an Liedern und Reimen nur noch ein karger Rest verblieben. Viele Kinder wachsen schon ganz ohne selbstgesungene Lieder auf. Auch die geschichtenerzählende Großmutter wird bald zu einer sagenhaften Gestalt. Aber das Bedürfnis nach diesen Dingen ist darum nicht ausgestorben. Nur sind an die Stelle der singenden Mutter und der erzählenden Großmutter Bücher und Schallplatten, Radio und Fernsehen getreten.

Daß unsere Kinder auf diese Weise kaum noch ›schöne alte Kinderlieder‹ hören und kennen, sondern kitschige Schnulzen trällern, will uns gar nicht gefallen. Aber vor zweihundert Jahren haben die schönen alten Reime und Lieder, denen wir heute nachtrauern, das Mißfallen der gebildeten Welt erregt. Man hätte damals diesen ganzen ›alten Plunder‹ aus der Rumpelkammer des Aberglaubens am liebsten ganz aus der Kinderstube verbannt; gewiß, es fehlte unter den Kinderreimen und Märchen auch durchaus nicht an Grausamkeiten und handfesten Derbheiten, die uns auch heute noch entsetzen und schockieren würden.

Die moderne Zivilisation hat nicht nur unsere äußeren Lebensgewohnheiten verändert, auch unser Verhältnis zur Poesie ist anders geworden. Das wird uns aber nur langsam bewußt. Der Kinderreim und das Spiellied sind die letzten Reste einer vergangenen, einst blühenden Volkspoesie. Daß sie ganz absterben wird, ist kaum anzunehmen, wenn es auch zeitweise so aussieht. Vermutlich wird sie uns eines Tages, wie immer in ihrer langen Geschichte, in neuer, veränderter und unvermuteter Form wieder entgegentreten.

Wohin mit dem Kleinkind

Wieweit darf der Staat die Kleinkindererziehung beeinflussen
Bewahranstalten für die Kinder der Armen
Der Kindergarten – Erziehungsanstalt oder Mütterschule

Wieweit darf der Staat die Kleinkindererziehung beeinflussen

Gehört das Kleinkind in die Familie, oder soll es in Gruppen, gemeinsam mit anderen Gleichaltrigen erzogen werden? Diese Frage wurde zu den verschiedensten Zeiten auf verschiedenartige Weise beantwortet.

Im Altertum ließ man im allgemeinen das Kind bis zu seinem siebten Lebensjahr bei seiner Mutter. Selbst in Sparta, wo die gesamte Jugend sich einer strengen Gemeinschaftserziehung zu unterwerfen hatte, blieb das Kleinkind in der Familie. Auch in Athen wuchs es bis zu seinem siebten Lebensjahr unter der Obhut der Mutter und der Wärterinnen auf. Nur PLATO, der in seinen Vorschlägen zur Errichtung eines Idealstaates der Erziehung der Jugend einen wichtigen Platz einräumte, bezieht auch das Kleinkind in seinen Plan ein. Was ihn dazu bewog, war die für seine Zeit noch ungewöhnliche Erkenntnis, daß die Eindrücke und die Verhaltensweisen, die dem Kleinkind vermittelt werden, von entscheidender Bedeutung für sein späteres Leben sind. Und da er diese Einflüsse nicht dem Zufall überlassen wollte, läßt er die drei- bis siebenjährigen Kinder in Gruppen von Wärterinnen beaufsichtigen. So heißt es im siebenten Buch seiner ›Gesetze‹:

So bekenne ich mich denn zu der Ansicht, daß die Verweichlichung die Seele der kleinen Kinder übellaunig, widerspenstig und empfindlich gegen jede, auch die kleinste Zumutung macht, während umgekehrt eine zu strenge und harte, auf Unterwürfigkeit berechnete Behandlung Kriecherei, niedere Gesinnung und Menschenfeindlichkeit erzeugt und so jeder Geselligkeit und jedem freundlichen Verkehr den Boden entzieht.

Wenn man also diesen Anweisungen bei Knaben und Mädchen bis zu ihrem dritten Lebensjahr genau folgt und sich nicht bloß nebenher danach richtet, so dürfte den jungen Pfleglingen damit ein nicht geringer Nutzen erwachsen. Für die weiteren Entwicklungsstufen des Geistes aber, also für ein dreijähriges, vierjähriges, fünfjähriges und auch noch sechsjähriges Alter bedarf es der Spiele, mit der Verhätschelung aber muß es nun ein Ende haben, vielmehr muß man jetzt mit Strafen vorgehen, nur nicht mit entehrenden, sondern man muß es mit den Freien ebenso halten, wie wir es bei den Sklaven für richtig erklären: man darf weder durch übermütige Maßlosigkeit der Züchtigung die Bestraften zum Zorne reizen, noch etwa von jeder Strafe absehen und sie dadurch verwöhnen. Was aber die Spiele anlangt, so gibt es für Kinder dieses Alters gar manche, sozusagen naturwüchsige, die sie, sobald sie sich nur beisammen finden, so gut wie von selbst erfinden. Man muß denn zu dem Ende sämtliche Kinder dieses Alters, vom dritten bis zum siebenten Jahre, abgeteilt nach kleinen Bezirken, zu denen sie gehören, sich bei den Tempeln zusammenfinden lassen, jede Schar an dem Tempel des betreffenden Bezirks. Die Aufsicht aber, die bei Kindern solchen Alters noch nötig ist, um sie zur Ordnung anzuhalten und vor Zuchtlosigkeit zu bewahren, sollen die Wärterinnen führen; was aber die Wärterinnen selbst und die Gesamtheit der Kinder anbelangt, so soll von den zwölf Frauen immer eine als Ordnerin für ein Jahr über jede einzelne Schar gesetzt sein, und zwar nach Bestimmung derjenigen Gesetzeswächter, die über das ganze, genannte Gebiet zu wachen haben. – Nach zurückgelegtem sechstem Jahre sollen dann Knaben und Mädchen geschieden werden, so daß nunmehr Knaben mit Knaben, Mädchen mit Mädchen zusammen sind.

Da die Griechen ganz allgemein dem Kindesalter noch wenig Beachtung beimessen, bleibt dieser Plan unausgeführt. Auch in Rom spielt sich die Erziehung des Kindes ausschließlich in der Familie ab. Selbst Schulen bürgerten sich hier, als eine Erfindung der Griechen, erst später ein. So ist es nicht verwunderlich, daß niemand in Rom auf den Gedanken kam, die kleinen Kinder der Familie zu entziehen.

Auch im frühen Mittelalter hat das Kleinkind seinen Platz in der Familie. Im Selbstversorgerhaushalt waren zu jeder Zeit viele Hände nötig, da gab es auch für die Kleinsten schon etwas zu tun. Nur ganz vereinzelt taucht hier und da der Gedanke an eine öffentliche Kleinkindererziehung auf.

Im 15. und 16. Jahrhundert begegnen wir zum erstenmal Männern, die der drückenden Not des Volkes nicht, wie man es gewohnt war, mit Almosen begegnen wollten, sondern über Mittel und Wege nachdachten, die Armut ganz zu beseitigen. Einer von ihnen, Thomas Morus, wagte es bereits, das Feudalsystem ganz in Frage zu stellen. Er entwarf in Gedanken einen idealen Staat, in dem es keine Armut und keine Kriege mehr geben sollte. Utopia nannte er das Gemeinwesen und verlegte es vorsichtshalber auf eine einsame Insel. Hier leben, nach seiner Schilderung, Menschen, die ihre Gottesgabe, die Vernunft, nicht brachliegen lassen, sondern zum Wohle aller verwenden. Ihr Lebensziel ist körperliche und geistige Gesundheit, durch Maßhalten in jeder Beziehung versuchen sie es zu erreichen. Eine gerechte und verständige Arbeitsteilung ermöglicht ihnen, daß sie nur sechs Stunden am Tag arbeiten müssen, der Rest ist Freiheit, die jeder nach seinem Ermessen gestaltet. Die Mittel der Arbeit und ihr Ertrag gehören allen, die demokratische Regierungsform soll die Garantie für eine gerechte Verteilung bieten.

Kindheit und heranwachsende Jugend werden von den Priestern unterrichtet; für eine Grundlage in den Wissenschaften wird nicht früher gesorgt, bis ein sittliches Fundament gelegt ist, denn sie lassen es sich aufs höchste angelegen sein, gute und für den Bestand des Staatswesens heilsame Gesinnungen und Grundsätze in die noch zarten und fügsamen Gemüter der Kinder einzupflanzen. Wenn solche Lehren bei den Kindern in Fleisch und Blut übergegangen sind, bleiben ihnen auch die Männer getreu und bilden eine mächtige, nützliche Schutzwehr des Staatswesens, das nur dadurch zerfällt, daß die Laster, die aus nichtsnutzigen Gesinnungen entspringen, um sich greifen.

Der Gemeinsinn der Bürger von Utopia ist die Frucht ihrer Einsicht. Sie wissen, daß sie sich mit einem schrankenlosen Egoismus selbst schaden würden. Das Privatleben kommt in den zahlreichen Freistunden zu seinem Recht. Das Mittag- und Abendessen wird in einer Halle von allen gemeinsam eingenommen, *es gilt für töricht, sich die Mühe der Bereitung eines mittelmäßigen Mahles zu machen, da man es herrlich und trefflich zubereitet ganz in der Nähe, in der Halle haben kann. – Das Kochen und die ganze Herrichtung der Speisetische besorgen die Frauen, und zwar von allen Familien abwechslungsweise. – In der Ammenstube befinden sich alle Knaben, die das fünfte Jahr noch nicht zurückgelegt haben. Die Unerwachsenen beiderlei Geschlechts, die noch nicht heiratsfähig sind, warten entweder den um die Tafel Gelagerten auf oder stehen wenigstens, wenn sie sich dem Alter nach noch nicht dazu eignen, dabei, verhalten sich aber gänzlich schweigsam und still. Sie essen, was ihnen von den Tafelnden gereicht wird, daselbst, haben auch sonst keine Zeit für das Essen bestimmt.*

Nach dieser erfundenen Insel ›Utopia‹ wurden späterhin alle literarischen Versuche benannt, die sich mit einer, wie man glaubte, unmöglichen Verbesserung der sozialen Verhältnisse befaßten. Während man späterhin die ›Utopisten‹ nur als Schwärmer verächtlich zu machen suchte, galten sie im 15. und 16. Jahrhundert noch als gemeingefährlich. Diese ›Weltverbesserer‹ wurden von der Obrigkeit als Umstürzler betrachtet und verfolgt oder hingerichtet.

Dieses Schicksal erlitt auch der Italiener THOMAS CAMPANELLA hundert Jahre später. Er saß bereits im Gefängnis, als er seinen ›Sonnenstaat‹ entwarf, das Bild eines wohlgeordneten Gemeinwesens, das keine Armut kennt. Während auf der Insel Utopia in Glaubensfragen große Toleranz herrscht, steht der Sonnenstaat unter dem Zeichen einer strengen religiösen Einheit. Er wird von Priestern regiert, die alle geistliche und weltliche Macht in sich vereinen. Drei ›Fürsten‹ unterstützen die Regierung, die ›Macht‹ (Kriegswesen), die ›Weisheit‹ (Wissenschaft, Kunst, Unterricht) und die ›Liebe‹ (Sorge für die Kinder und das Wohl des Bürgers). Im Sonnenstaat ist das Zusammenleben auf das sorgfältigste geordnet. Es gibt kein Privateigentum, und die Familie wird weitgehend durch die Bürgergemeinschaft ersetzt. Das Kind genießt vom frühesten Alter an eine öffentliche Erziehung. Auf den weitläufigen Mauern der Stadt sind alle Gegenstände des Wissens und der Bildung in Wort und Bild dargestellt.

Die Sorge für das Kind beginnt bereits vor der Geburt:

Die schwanger Gewordenen sollen sich vierzehn Tage lang möglichst wenig bewegen; danach gehen sie zu leichter Beschäftigung über, um auf die Leibesfrucht heilsam einzuwirken und ihr die Nahrungswege zu eröffnen. Durch diese körperlichen Übungen, die sie allmählich noch häufiger durchführen, werden sie immer kräftiger. Sie essen nur das, was ihnen der Arzt als besonders zuträglich empfiehlt. Sobald sie geboren haben, stillen sie ihr Kind selbst und erziehen es in gemeinschaftlichen, für diesen Zweck bestimmten Gebräuchen. Sie geben dem Kind zwei Jahre und auch noch länger die Brust, wenn es der Arzt verordnet. Das entwöhnte Kind wird sodann, wenn es ein Mädchen ist, der Fürsorge der vom Magistrat bestellten Wärterinnen, wenn es ein Knabe ist, den betreffenden Pflegern übergeben. Dann bringt man ihm und den anderen Kindern auf unterhaltsame Art das Alphabet bei, zeigt ihnen die Gemälde an den Mauern, läßt sie wettlaufen, wandern und ringen, unterrichtet sie in der Sprache und erklärt ihnen die Geschichten, die auf den Wänden abgebildet sind. Die Kinder tragen hübsche, bunte Kleider. Wenn sie sechs Jahre alt sind, werden sie in die Naturwissenschaften eingeführt, darauf in die übrigen Fächer, für die sie, nach dem Urteil der Amtspersonen, ein besonderes Talent haben. Dann lernen sie die verschiedenen Handwerke kennen.

Alle werden ohne Unterschied in sämtlichen Künsten unterrichtet. Nach Ablauf des ersten und noch vor Beginn des dritten Jahres fangen die Kinder an, die Sprache und das Alphabet an den Wänden zu lernen, indem sie dabei auf und ab gehen. Die Kinder werden in vier Gruppen eingeteilt, und vier gelehrte Greise, die würdigsten von allen, sind ihre Lehrer. Nach einiger Zeit wird die Jugend im Turnen, Wettlauf und Diskuswerfen geübt, wodurch alle Glieder gleichmäßig gekräftigt werden sollen. Bis zum siebten Lebensjahr gehen die Kinder stets barfuß und ohne Kopfbedeckung. Man führt alle miteinander in die verschiedensten Werkstätten, zum Schuster, zum Schmied, zum Tischler, in die Küchen, in die Malerateliers usw., um die Neigung und Eignung eines jeden für ein bestimmtes Fach festzustellen.

Im 16. Jahrhundert wurde die Gemeinschaftserziehung für die Kleinkinder zum erstenmal auch praktisch durchgeführt. Die unter ständiger Verfolgung lebenden Wiedertäufer schlossen sich zu engen Gemeinschaften zusammen. In der gemeinsamen Not und Bedrängnis konnte sich kein privater Erwerbssinn entfalten; man teilte alles, lebte in Gemeinschaftshäusern, und die Frauen übten genau wie die Männer eine Erwerbstätigkeit aus, darum mußten schon die Kleinsten in Gruppen zusammengefaßt und erzogen werden.

›Schulmütter‹ und ›Schulschwestern‹ betreuten die Kleinkinder. In einer Schulordnung der mährischen Wiedertäufer aus dem Jahre 1578 werden die Wärterinnen aufs gewissenhafteste belehrt, wie sie bei Tag und bei Nacht mit den Kleinen umzugehen haben. Auf Sauberkeit der Kleidung und der Betten wird größter Wert gelegt. Das Essen darf nicht sofort nach und vor dem Schlaf eingenommen werden. Aus Gesundheitsrücksichten soll jeweils zwischen Schlaf und Essen ein kleiner Spaziergang die nötige Bewegung verschaffen.

Im Gegensatz zu der damals allgemein üblichen unbeugsamen Strenge des Erziehers empfiehlt die Schulordnung immer wieder Geduld und Nachsicht:

Den Brüdern und Schwestern in den Schulen ist schon vorher von den Ältesten gelehrt worden, daß man mit den Kindern nicht zürnen und sie an den Kopf weder mit der Hand noch mit der Rute, auch nicht an die bloßen Beine schlagen darf, sondern an den gebührlichen Ort mit Zurückhaltung. In der Erziehung der Kinder bedarf es großer Aufmerksamkeit und einer guten Unterscheidung, denn oft läßt sich eines mit Freundlichkeit der Worte erziehen, weisen und lehren, mit Strenge ist alles vergeblich. Das andere wird angespornt durch Geschenke, das dritte will nicht ohne Strenge lernen und sich erziehen lassen; darum erfordert die Erziehung der Kinder Gottesfurcht.

Mit den Kleinen aber, die erst in die Schule gebracht worden sind, soll man Verständnis haben und sich nicht unterstehen, das Köpfchen auf einmal zu brechen, damit kein Schaden daraus erfolge. Bei den Kleinkindern muß man auch soviel wie möglich sorgfältige Mittel anwenden, weil wir bei allem eine große Verantwortung haben.

Die Kinder sind das höchste Gut dieser Gemeinschaft, darum ermahnt man die Wärterinnen, sie wie ihren Augapfel zu hüten, sie nicht zu warm und nicht zu kalt zu waschen und zu kleiden, kein heißes Wasser in die Stube zu tragen, damit sie sich nicht verbrühen, nicht ihren eigenen Angelegenheiten nachzugehen, sondern immer die Kinder im Auge zu haben.

Keiner soll an dieser Stätte den Bedürftigen des Herrn mit Widerwillen, Murren oder Ungeduld dienen, denn dann wäre kein Segen dabei. Die Kinder müßten es mit Ungestüm und Grobheit in der Zucht entgelten.

Denn wo kein guter Wille ist, da sind böse Worte: »Ihr lausigen Kinder, man hat nur immer mit euch zu tun, kann für sich selbst nichts tun oder richten« und dergleichen Unwilligkeit. Dadurch müßten alle, die es hören, betrübt werden. – Alles in allem: handle jeder bei Tag und Nacht mit den Kindern so, als wenn sie seine eigenen wären, beim Essen- und Trinkengeben, beim Aufnehmen, Hinlegen, Herumführen und Tragen, ja beim Wischen und Waschen nach aller Notdurft, damit sich ein jeder vor Gott verantworten kann und auch vor Frommen und Unfrommen mit gutem Gewissen nicht anzuklagen braucht.

Diese aus der Not geborene Form der gemeinschaftlichen Kleinkindererziehung taucht hinfort überall dort auf, wo die unglücklichen sozialen Verhältnisse dazu zwingen. COMENIUS, der nicht an eine Notlage, sondern an die allgemeine Bildung des Menschenkindes dachte, verlegte die Erziehung des Kleinkindes natürlicherweise bis zu seinem siebten Lebensjahr ins Elternhaus. Seine ›Mutterschul‹ ist darum eine Anleitung der Mutter zur Erziehung und Bildung der Kleinkinder. Wo aber die Armut überhand nahm und die Mutter sich nicht um ihre Kinder kümmern konnte, mußte die öffentliche Kleinkindererziehung einspringen.

Bewahranstalten für die Kinder der Armen

Als in den Anfangsjahren der Industrialisierung die Löhne der Fabrikarbeiter oft so zusammenschrumpften, daß eine Familie davon nicht mehr leben konnte, sahen sich die Mütter gezwungen, ebenfalls Geld zu verdienen. Von früh bis spät arbeiteten nun beide Eltern in der Fabrik, und die Kinder blieben derweil sich selbst überlassen. Manche versuchten ihren Hunger durch Betteln oder Stehlen zu stillen, andere erregten das Mißfallen der Bürger durch rohe und unmanierliche Spiele. So wurde das Schicksal der verwahrlosten Kinder mehr und mehr zu einem öffentlichen Ärgernis. In seiner ›Reform der Jugenderziehung...‹ schreibt C. FELDE (1846):

Ihr verachtet den Pöbel seiner Roheit, seines Mangels an Ehrgefühl wegen; ihr bezeichnet die Kinder desselben als boshafte, wilde Brut, für die hauptsächlich der Stock geschaffen sei. Wir wollen sehen, ob ihr dazu Berechtigung habt.

Begebt euch in die Städte, in die Freiwohnungen der Armen, in die stinkenden Winkel jener Verstoßenen, die, Miete zu zahlen, unvermögend sind, von der Commune Freiquartier erhalten. Wenn ihr dann die unsauberen Böden der Armen, auf welchen die Unglücklichen zu Hunderten zusammengepfercht liegen, sehet; wenn ihr erblicket, wie der Diebstahl seine Beute mit gierigem Hunger hier verzehrte, oder die excentrische Gemeinheit die von zitternden, vor Frost erstarrten Kindern zusammen-

Gassenjungen. Adolph von Menzel. 1815–1905

gebettelten Pfennige fluchend versoff; wenn ihr ferner wahrnahmt, wie wiederum daneben die Unzucht unter wieherndem Gelächter ihr schamloses Spiel trieb, oder die brutalste Besoffenheit sich in ekelhaften Ergießungen Luft machte; wenn ihr dann gewahr wurdet, wie in der Ecke ein Sterbender röchelte, während dicht neben demselben ein Weib kreißte, um einen Hungernden und demnächst Zuchthäusler mehr zur Welt zu schaffen; wenn ihr dann endlich noch bemerktet, daß in dem qualmigen, stinkenden, mit Kreidestrichen abgeteilten Raume Kinder, zarte Kinder, alle diese Scenen der barbarischen Roheit vom ersten Augenblicke ihres Bewußtseins an täglich, ja, fast stündlich anschauen und in diesem Unflate groß werden: so legt die Hand aufs Herz und fragt euch, ob ihr würdet besser als die Unglücklichen geworden sein.

Um diesem Notstand zu begegnen, rief man nach Kinderbewahranstalten. Sie sollten einerseits die Erwachsenen vor den herumstreunenden Kindern bewahren und zugleich die unbehüteten Kinder von schlechten Einflüssen fernhalten. Die Einrichtung solcher Anstalten konnte, diesem Zweck entsprechend, denkbar einfach sein, notfalls genügten ein Raum mit Sitzgelegenheiten, ein Spielplatz im Freien und eine Aufsicht.

Die Betreuerinnen erkannten bald die Gelehrigkeit der Drei- bis Sechsjährigen und suchten sie mit allerlei Reimen und Sprüchen, die sie auswendig lernen mußten, zu unterhalten. Wie es in solch einer Bewahranstalt zuging, zeigt uns ein Bericht aus BETTINA BRENTANOS anklagender Schrift ›Dies Buch gehört dem König‹:

In den Familienhäusern traf ich auch auf Schulstuben. Ein Privatverein hat daselbst eine Kleinkinderschule. In der Kleinkinderschule sind gegen hundertvierzig Knaben und Mädchen von zwei bis sechs Jahren unter der Leitung eines alten Ehepaares täglich sechs bis acht Stunden beisammen. Solchen, deren Eltern den ganzen Tag abwesend sind, gibt der Lehrer ein Mittagbrot für sechs Pfennig. Die äußere Einrichtung der Schule ist zweckmäßig, die innere hat mich unangenehm überrascht. Die armen Kleinen werden schon mit Schulkenntnissen abgequält, und dies auf die traurigste Weise. Die Haare standen mir zu Berge, als die Kinder folgende Fragen im Chor und taktmäßig beantworteten: Wie heißt das Buch, in welchem Gott mit uns spricht? Was für Teile hat die Bibel? Womit beginnt das Alte, das Neue Testament? Was ist Taufe? Wovon handelt das achte, vierte, sechste, das siebente Gebot? Was für Lehranstalten sind in Berlin? Was für Beamte? Was für Königreiche sind in Europa? Was für Flüsse in Deutschland, Frankreich, Spanien? Die vierjährigen Buben und Mädchen, die vom Ehebruch sprechen, kommen mir zeitlebens nicht aus dem Gedächtnis.

In England war die Industrialisierung zu Beginn des 19. Jahrhunderts schon so weit fortgeschritten, daß die Verwahrlosung der Kinder sich bereits auf den Arbeiternachwuchs auswirkte, der geistig und körperlich kaum noch in der Lage war, den bescheidensten Anforderungen zu genügen. ROBERT OWEN, der bereits als Zwanzigjähriger die modernste englische Baumwollspinnerei leitete, sah voraus, daß er mit der Vervollkommnung der Maschinen auch qualifizierte Arbeitskräfte benötigte. Er baute Wohnungen für die Arbeiterfamilien, verkürzte die Arbeitszeit, schuf eine Sozialversicherung und schaffte die Arbeit der Kinder unter zehn Jahren ab. Auf diese Weise versuchte er der Verwahrlosung, die durch die Verarmung der Fabrikarbeiter entstanden war, entgegenzuwirken. Zugleich richtete er Schulen ein, und weil er erkannte, daß die schlechten Gewohnheiten, wie zum Beispiel die Trunksucht, aus schlechten Verhältnissen, Armut und Unwissenheit entstehen, organisierte er eine Erwachsenenbildung, die die Menschen befähigen sollte, ihre Freizeit sinnvoll zu gestalten.

Robert Owen konnte die Verhältnisse nicht mit einem Schlage grundlegend verändern, aber er durchschaute die Notstände und ihre Ursachen mit ungewöhnlich scharfem Blick und sah keinen anderen Ausweg als die Einrichtung einer Kleinkinderschule für die Drei- bis Sechsjährigen.

Die Wohnungen der Armen und der Arbeiterklasse sind völlig ungeeignet für die Erziehung der Kinder, die bei der Begrenztheit und unzweckmäßigen Ausstattung des Raumes ihren beschäftigten Eltern immer im Wege sind. Die Art der Kinderbehandlung ist daher das genaue Gegenteil guter

Erziehung. So kam ich auf den Gedanken der Kleinkinderschule nach dem Grundsatz, daß die Charakterbildung so früh als möglich beginnen müsse.

Die Kleinkinderschule ward völlig nach meiner Lehrmethode eingerichtet, Bilder und Gegenstände, die sie betrachten und befühlen konnten, dienten ungezwungenen Unterhaltungen zwischen den Kindern und den Aufsichtspersonen, einem älteren, herzensguten, ehemaligen Weber, der Kinder über alles liebte und von unerschöpflicher Geduld mit ihnen war, und einer jungen, siebzehnjährigen, für die Aufgabe ebenso qualifizierten Fabrikarbeiterin.

Vergeblich hatte ich versucht, einen der alten Buchlehrer für meine Ansichten zu gewinnen; sie lehnten jeden Versuch einer so phantastischen, grilligen Methode ab, ebenso wie der Gemeindepfarrer, der den Kleinkinderunterricht überhaupt für Unsinn hielt.

Dagegen nahmen die von mir gewählten beiden Personen meine Anweisungen bereitwillig entgegen und befolgten sie getreulich. Meine erste Anweisung war, daß sie unter keinen Umständen ein Kind schlagen, bedrohen oder rauh anreden dürften, sondern immer ein freundliches Gesicht zeigen und gütig reden müßten. Sie sollten den Kindern, die bis zum sechsten Jahr unter ihrer Aufsicht blieben, bei jeder Gelegenheit sagen, daß sie alles tun müßten, um ihre Spielgefährten froh zu machen, und daß die älteren Kinder von vier bis sechs Jahren die jüngeren beschützen müßten.

Der Kinder Neugier müsse durch die Dinge, mit denen sie zu umgeben seien, rege gemacht und sie durch Anschauung zur Fragestellung gebracht werden.

Im Schulraum hingen farbige Bilder und Landkarten; Erzeugnisse aus Gärten, Feldern und Wäldern ergänzten sie. Die lebhaften Unterhaltungen zwischen den Lehrern und ihren jungen Freunden förderten diese ebensosehr wie jene.

Die Eltern, die zuerst nicht begriffen, was ich mit ihren zweijährigen Kleinen anfangen wollte, baten mich, nachdem sie die Ergebnisse sahen, schon die Einjährigen zur Schule schicken zu dürfen.

Ohne Strafen oder Furcht vor Strafen erzogen, wurden sie die glücklichsten kleinen Wesen. Vom zweiten Jahre an lernten sie tanzen und singen, und die Eltern durften bei den Stunden, die körperlichen Übungen galten, stets zusehen.

Während er die Kinder beobachtete, erkannte Owen, wieviel durch eine gute oder mangelhafte Erziehung an einem Menschen gefördert oder verdorben werden kann. Dabei schien ihm die Charakterbildung als Grundlage aller anderen Kenntnisse bei weitem den bedeutendsten Platz einzunehmen. Aber gerade zu dieser Aufgabe benötigt man Menschen, die selber eine gute charakterliche Veranlagung besitzen, *Menschen, die die gründlichsten und umfangreichsten Kenntnisse der menschlichen Natur und Gesellschaft, daneben grenzenlose Ausdauer, Geduld und Liebe zu den Kindern besitzen, damit diese Personen helfen, aus dem Stoff der menschlichen Natur für jeden einzelnen den besten Charakter zu formen, der auf Grund natürlicher Veranlagung des einzelnen gebildet werden kann. Da aber schädliche oder vorteilhafte Einflüsse in den ersten Jahren nach der Geburt den nachhaltigsten Eindruck hinterlassen, werden Menschen mit der Erziehung der Kinder betraut werden, die äußerst klug und verständig sind und auch sonst die besten Eigenschaften besitzen. Die ersten sechs Jahre des Lebens sind die Zeit, in der die Grundlage für eine gute oder schlechte Entwicklung des menschlichen Charakters am leichtesten gelegt werden kann, wobei das erste Jahr dieser Periode als das wichtigste, das letzte als das unbedeutendste zu betrachten ist.*

Wie entsetzlich wird die menschliche Natur in allen Schichten der Gesellschaft bei dem herrschenden ungesunden Erziehungssystem durch den Menschen verstümmelt, klagt Owen, *solange man es für die beste Art der ersten Erziehung oder vernünftigen Charakterbildung während der Kindheit hält, die Kinder Menschen anzuvertrauen, die selbst dumm sind, schlechte Manieren zeigen und geringste Kenntnisse besitzen. Sobald die Kinder zwischen vier Wänden ruhig sitzen müssen und keine Fragen stellen dürfen, ist dies ein Beweis dafür, daß die Öffentlichkeit nicht die geringste Ahnung hatte und auch jetzt noch nicht hat, wie ein besserer menschlicher Charakter zu bilden und erziehen ist.*

Da ich diese idiotische Erziehungsmethode für Kinder der Arbeiterklasse in New Lanark angewandt fand, drängte sich mir zwangsläufig der Gedanke einer neuen Kleinkinderschule und eines neuen Unterrichtsverfahrens auf, bei dem die Kinder etwas sehen und auch leicht begreifen können, damit ihr Verstand, ihre Umgangsformen, ihre geistige Haltung und ihre Lebensweise nach dem Grundsatz ewiger Liebe unter der Führung einer klar urteilenden Vernunft gebildet werde und nicht mit schroffer Härte ohne Kenntnis der menschlichen Natur, wie man es früher in allen Schichten und Klassen der Gesellschaft zu tun pflegte. Dieser Grundsatz soll an die Stelle einer Erziehung treten, die die Härte mit Dummheit vereinigte, indem sie die Kinder zwang, ihrer Natur Zuwiderlaufendes zu lieben und zu lernen, was die Kinder nicht begreifen konnten und von dem die Lehrer selbst oft keine Ahnung hatten.

Eine dem Kind gemäße Erziehung suchte Owen dadurch zu verwirklichen, daß er sie den Bedingungen und dem Auffassungsvermögen jeder Altersstufe anpaßte.

Von der ersten Stufe, die bis zum fünften Lebensjahr reichte, sagt er:

Diese Kinder sollen so gehalten werden, daß sie in einer für ihr Alter geeigneten Temperatur aufwachsen. Gesunde Nahrung und leichte, luftige Kleidung. Die kindlichen Anlagen sind so auszubilden, daß die Kinder großes Vergnügen empfinden, wenn sie das Glück ihrer Nächsten fördern können. Sie sollen, soweit dies auf Grund ihrer jugendlichen Fähigkeiten möglich ist, genaue Kenntnisse von den Dingen erhalten, die sie sehen und mit denen sie zu tun haben, damit sich vor allem dadurch keine falschen

Sinneseindrücke bilden, daß die Erwachsenen den Kindern auf ihre Fragen keine klaren Antworten geben. Die Kinder dürfen nichts über individuelle Belohnung und Bestrafung wissen und nicht davor zurückschrecken, immer frei ihre Gedanken und Gefühle zu äußern. Man muß den Kindern so früh wie möglich klarmachen, daß ihre eigenen Gedanken und Gefühle wie die anderer Menschen Triebe der menschlichen Natur sind, die sie besitzen müssen, damit schon in früher Kindheit die Grundlagen für Barmherzigkeit und Liebe zu allen Menschen gelegt werden. Die Kinder sollen keine Furcht empfinden und volles Vertrauen zu jedem Menschen ihrer nächsten Umgebung haben, und der allgemeine Egoismus oder die individuellen Gefühle der Selbsterhaltung müssen so gelenkt werden, daß die Kinder eine tiefe Befriedigung empfinden, wenn sie zum Glück anderer beitragen können.

Owen erregte durch seine sozialen Reformen sowie durch seine Bildungseinrichtungen großes Aufsehen, aber die Pläne, die er zur Beseitigung der Armut bereits 1817 dem englischen Parlament vorlegte, wurden als utopisch abgelehnt. Die Zeit war für seine ›Dörfer genossenschaftlicher Eintracht‹ noch nicht reif, das mußte er selbst erleben, als er im Jahre 1825 in Amerika den Versuch einer solchen Genossenschaftssiedlung unternahm und nicht das gewünschte Ziel erreichte.

Trotz mancher Fehlschläge machte das Beispiel Owens in England Schule. Von seinen verschiedenen sozialen Bemühungen überzeugte vorerst nur die Kleinkinderschule, weil das Elend der Kleinkinder am wenigsten zu übersehen war.

Im Jahre 1821 regte ein englischer Seidenfabrikant das Ehepaar Wilderspin zur Errichtung von Kleinkinderschulen an. Sie ließen sich von den Lehrern der Owenschen Anstalt beraten und schufen an vielen Orten Englands Kleinkinderschulen. In diesen Schulen war allerdings von dem Owenschen Geist einer allseitigen Bildung nicht mehr viel zu spüren. Dem spielerischen Tun wurde nur wenig Raum gegönnt, denn es ging Wilderspin in erster Linie darum, die Kinder ›vor dem Bösen zu bewahren‹ und die Gesellschaft von den verwahrlosten Kindern zu befreien.

Seine ›Erziehungskunst‹ stützte sich auf die Freude der Kleinkinder am Rhythmus:

Bei der Eröffnung einer neuen Schule fand ich gewöhnlich, daß die Kinder keinen Begriff vom Zusammenwirken haben, und um diesen Zweck zu erreichen, wird man zu den sogenannten Handlektionen seine Zuflucht nehmen müssen. Man läßt nämlich die Kinder alle zusammen ihre Hände in die Höhe heben und wieder herab geben, den rechten oder linken Fuß ausstrecken, von den Sitzen aufstehen, die Hände hinter den Rücken legen und mehrere ähnliche Bewegungen zusammen machen. Wir nehmen diese Lektionen im Anfange vor, weil das Zusammenwirken darauf berechnet ist, die Kinder zu ergötzen, indem es zu gleicher Zeit ein großer Schritt zur Ordnung ist.

Wenn man die natürliche Gelehrigkeit der Kinder mit rhythmischen Bewegungen verbindet, kann man ihnen ziemlich mühelos mancherlei Wissensstoff ›eintrichtern‹, eine Methode, die selbst bei Tieren nicht versagt, wie die berühmten ›rechnenden Pferde‹ beweisen, die im 19. Jahrhundert so viel Aufsehen und Verblüffung erregten. Von dieser Möglichkeit hat Wilderspin regen Gebrauch gemacht:

Ich habe es immer schwierig gefunden, die Aufmerksamkeit der Kinder zu erhalten, ohne ihnen etwas zu tun zu geben; darum lassen wir sie, während sie die Rechentabellen aufsagen, verschiedene Bewegungen mit den Händen oder Füßen machen, oder auch in der Schule ringsherum gehen; als das beste Mittel ergab sich das Reichen der Hände, während sie etwas aufsagten. Wenn sie zu gehen haben, so kann man sie dabei laut zählen lassen.

Mit Hilfe dieser Methode stopfte Wilderspin beachtliche Mengen von Wissensstoff in die Köpfe der Drei- bis Sechsjährigen, wie wir in seinem Wochenplan nachlesen können:

Montag: *Vormittags: biblische Geschichte, Gespräche, elliptische Übungen. Nachmittags: Lesen vom Katheder aus, Sprachlehre, Contraste oder Zusammenstellungen entgegengesetzter Eigenschaften, z. B. heiß und kalt usw.*

Dienstag: *Vormittags: Naturgeschichte, Zeitfolge der Könige Englands, Gespräche über die Sinne und über die Bedeutung verschiedener Wörter. Nachmittags: über Gottes Güte, über den Nutzen verschiedener Dinge, z. B. des Holzes, des Eisens usw. Rechnen mittels Rahmen.*

Mittwoch: *Vormittags: Erdkunde, Buchstaben, Pfennigtabelle. Nachmittags: Karte von Großbritannien, Gespräche über die Weisheit Gottes im Bau des Menschen, Gespräche über Reinlichkeit, Ordnung usw.*

Donnerstag: *Vormittags: Rahmen, Naturkunde, Unterricht durch Bilder truppweise, die Kinder stehen auf der Galerie. Nachmittags: Gespräche über Sonne, Mond und Sterne, Maß- und Gewichttabellen; über den Unterschied zwischen Natur- und Kunstgegenständen.*

Freitag: *Vormittags: Die Kinder werden im Schulzimmer an verschiedenen Orten verteilt und die Tabellen ihnen abgefragt. Schöpfungsgeschichte. Nachmittags: Division, Buchstaben, Leben des Erlösers.*

Samstag: *Vormittags: Musik, Würfel, Gespräche über die vier Elemente, Übungen im Rechnen auf der Tafel. Recapitulation.*

Durch diese mechanische Lehrweise wollte man die Proletarierkinder vor allem zu gehorsamen, fleißigen Arbeitskräften heranziehen, darum fand auch die Methode Wilderspins, als er sie in einem Buch darlegte, so großen Anklang. Bald wurden auf dem Kontinent ebenfalls, nach dem Muster Wilderspins, in vielen Ländern Kleinkinderschulen eingerichtet.

Der Kurfürst von Hessen erließ eine Verordnung, wonach die Kinder von Landleuten, Tagelöhnern und Handwerkern, die tagsüber unbeaufsichtigt waren, eine Kinderschule zu besuchen hatten:

Massenunterricht in einer englischen Kleinkinderschule nach der Methode Wilderspins, etwa 1830

In jeder öffentlichen Armenanstalt ist zur Aufnahme dieser Kinder der erforderliche Raum anzuweisen, und ein wohl geeigneter Bewohner derselben zur nötigen Aufsicht und Pflege zu bestellen.

In einer Bestimmung der Königlichen Regierung in Bayern hieß es:

»Da bei weitem der größere Teil der in dieser Anstalt aufgenommenen Kinder armen Eltern angehört und für einen Stand erzogen werden soll, welcher vorzugsweise einen gesunden, kräftigen Körper, Lust und Liebe zu anstrengender Arbeit und möglichste Beschränkung seiner Bedürfnisse zu seinem künftigen Fortkommen und zu seinem äußeren Lebensglücke nötig hat: so muß in den Kleinkinderbewahranstalten alles sorgfältig vermieden werden, was nachteilig auf den Gesundheitszustand einwirkt (wie dieses namentlich durch überheizte Lokalitäten geschieht), die Pfleglinge schwächt und verweichlicht, den Hang zum Wohlleben hervorruft und Bedürfnisse erzeugt, die in späteren Lebensjahren nicht mehr befriedigt werden können und im Entbehrungsfalle leicht eine Quelle der Unzufriedenheit und des Unfriedens eröffnen dürften. Es ist vielmehr dahin zu wirken, daß die Kinder schon frühe leiblich gestärkt und gekräftigt werden, daß sie sich viel und ungezwungen in freier Luft bewegen und daß sie selbst bei übler Witterung in den Zimmern mit Sitzen, Stehen und Gehen fleißig abwechseln.

Bei der Einrichtung einer Kleinkinderschule in Hall hieß es:

Die Errichtung von Kleinkinderschulen ist notwendig, eine Gewissenssache! Damit wird übereinstimmen, davon sich überzeugen, wer immerhin weiß, in welch traurigem, bereits zerrüttetem Zustande gar viele Kinder dürftiger Eltern der Schule übergeben werden, der Schule, welche nicht immer wieder gutmachen kann, was im innersten Keime zerstört ist; wer sich noch erinnert aus den eigenen Kinderjahren, wie lebhaft hier alles gefaßt wird, wie tief hier alles geht, wie bleibend hier alles haftet!

In welcher Form sich dann der bildende Einfluß in der Kleinkinderschule vollzog, geht aus dem Tagesplan hervor:

Vormittags: Von 8 bis halb 9 Uhr: Gebete im Chore zu sprechen. Ein fähiges Kind spricht vor. – 9 Uhr: Erzählungen aus der heiligen Geschichte, besonders von Jesus. – 9 bis halb 10 Uhr: Übungen im Nachsprechen eines Bibel- oder Sittenspruches. – 10 Uhr: Regelmäßiges Auf- und Abgehen im Lehrzimmer, Hofe. – 10 bis halb 11 Uhr: Vorzeigen und Beschreiben eines Tieres oder einer Pflanze im Gemälde – nach Umständen in natura. 11 Uhr: Das Eins und Eins in einfacher doch ansprechender Weise abzusingen. – 11 bis halb 12 Uhr: Buchstabenkenntnis und Zusammensetzen derselben von den Kindern. – Die Buchstaben sind an langen Stäbchen befestigt, damit sie die Kinder einzeln leicht aufsuchen können. Zudem sind die Vocale von goldener – die Diphthonge von roter – die Consonanten, nach ihrer Einteilung, von anderer Farbe. – 12 Uhr: Bewegung. Die Kinder reichen sich die Hände, bilden einen Kreis und singen.

Nachmittags: Von 1 bis halb 2 Uhr: Kurze Erzählungen von frommen, gehorsamen, reinlichen, aufrichtigen etc. Kindern. – 2 Uhr: Übungen im Schreiben a) Luftschreiben, b) Nachschreiben auf der Tafel. – 2 bis halb 3 Uhr: Die Mädchen stricken, die Knaben flechten Stroh und Bänder etc. 3 Uhr: Die Kinder treiben ein einfaches, belehrendes Spiel mit körperlicher Bewegung. – 3 bis halb 4 Uhr: Belehrung über die vier Elemente, fünf Sinne, Einteilung der Zeiten, Maße etc. – 4 Uhr: Die Kinder werden mit ihren nächsten Übungen bekannt gemacht. – 4 bis halb 5 Uhr: Die Zahlen werden nach der Tonleiter auf und ab gesungen. – Die Kinder schlagen mit den Händen den Takt – marschieren auch dabei. – 5 Uhr: Gebete im Chore zu sprechen. Der Lehrer erteilt den Kindern den Segen.

Zur Betreuung der Kinder wählte man, was sich gerade bot, ›beschäftigungslose Personen‹, ältere, nicht mehr arbeitsfähige Handwerker, oder, wie in der Kinderschule von Stralsund, *zwei ältere jedoch noch rüstige Frauen aus dem Armenhause.*

Als in den dreißiger Jahren die Kleinkinderschulen in allen Ländern wie Pilze aus dem Boden schossen, erschien in den ›Rheinischen Blättern für Erziehung und Unterricht‹ ein mahnender Artikel:

Da die sogenannten Klein-Kinder-Schulen sich immer weiter verbreiten, so ist es zeitgemäß, Berichte über zweckmäßige Einrichtung derselben zu verbreiten. Als einen solchen betrachte ich den gleich folgenden. Bei dieser Gelegenheit erlaube ich mir folgende Bemerkungen:

1. Das erste, unerläßlich notwendige Bedürfnis für eine Klein-Kinder-Schule ist ein geräumiges Lokal zum Spielen der Kleinen im Sommer und Winter.

Wo ein solches nicht beschafft werden kann und man sich genötigt sähe, die kleinen Kinder wie Heringe oder Sklaven in einem Negerschiffe zusammenzuschichten, da verzichte man auf eine solche Anstalt! Denn die dadurch entstehenden Nachteile überwiegen die Vorteile.

2. Das zweite, unerläßlich notwendige Bedürfnis ist ein pädagogisch gebildeter Vorsteher.

Viele Leute meinen, eines solchen Mannes könne man entbehren, und fromme Gesinnung in gewisser religiöser Richtung reiche zur Verwaltung eines so schweren Berufes hin. Aber man täusche sich nicht! Denn um eine große Anzahl kleiner Kinder zweckmäßig und bildend zu beschäftigen, dazu gehört eine höchst selten vorkommende pädagogische Gewandtheit – Hingebung, Aufopferungsfähigkeit und Anderes versteht sich außerdem von selbst. Ein sogenannter frommer Handwerksmann: Bruder Bäcker oder Bruder Schneider und dergl., wissen in der Regel mit den Kindern nichts weiter anzufangen, als sie mit Vor- und Nachsprechen, mit Auswendiglernen von Bibelsprüchen und Liedern, oder mit Buchstabieren etc. zu beschäftigen, kurz, sie zu unterrichten. Sie machen aus der Klein-Kinder-Bewahranstalt eine Schule und was für eine? Es läßt sich leicht begreifen. Wenn es bisher das schwerste Geschäft, das es auf dem Erdenrund gibt, war, ein oder ein paar Dutzend sechs- und siebenjährige Kinder bildend zu beschäftigen, bildend zu lehren und zu erziehen, so ist dagegen die bildende Beschäftigung viel jüngerer Kinder eine Aufgabe, deren Lösung nur in den seltensten Fällen erwartet werden kann. In jedem Falle geht dieses nicht bloß über das Können, sogar weit über den Horizont und das Fassungsvermögen aller Schneider und Schuster zusammen hinaus. Sie ahnen es nicht einmal, was dazu gehört, und sie meinen – wie ich solches nicht aus den Fingern sauge, sondern aus Erfahrung weiß – wunders viel geleistet zu haben, wenn es ihnen gelingt, dem einen oder anderen Kinde durch unendlich oft wiederholtes Vorsprechen ein Lied des Gesangbuches, oder schwere Bibelsprüche ins tote Wortgedächtnis hineinzulegen. Welches werden die Früchte sein einer solchen Behandlung der Kleinen? – Solches liegt auf flacher Hand. Wir sagen offen: 1. nur dummdreiste Arroganz und Ignoranz kann unter solchen Umständen von einer ›Wohltat‹ sprechen, welche den Unmündigen zu Teil würde; und 2. Gott bewahre die Elementarschule vor einer solchen Vorschule! – Der Schluß ist: Klein-Kinder-Bewahranstalten sind da gut, wo die Kinder ohne sie verwahrlost werden, und die Anstalten zu ihrer wahrhaft menschlichen Entwicklung und Bildung beitragen. Ich vermute, daß es hohe Zeit ist, daß die oberen Schulbehörden die Art der Tätigkeit der Privatvereine, denen zuweilen eine wahre Wut innewohnt, Kleinkinderschulen zu errichten, beaufsichtigen, und überwachen.

Dieser Aufruf fand jedoch wenig Widerhall. Es wurden weiterhin mit oft ganz unzureichenden Mitteln Kleinkinderschulen eingerichtet. Man empfand auch die unzulänglichste Anstalt als eine ›Wohltat‹, weil man nicht in erster Linie an das Wohl der Kinder dachte, sondern sich schon zufriedengab, wenn die Erwachsenen nicht mehr von der umherstreunenden Kinderschar belästigt wurden.

Die allgemeine Verarmung und das Kinderelend waren so groß, daß eine Besserung der Verhältnisse nur schrittweise vor sich gehen konnte. THEODOR FLIEDNER erwarb sich große Verdienste, indem er die pädagogische Ausbildung der Kleinkinderschullehrerinnen tätig in Angriff nahm. Als er 1822 seine erste Stelle als Pfarrer in Kaiserswerth antrat, erlebte er ein für uns kaum noch vorstellbares Elend der Fabrikarbeiter, das sich noch steigerte, als die Fabrik, in der die Frauen und Männer des Ortes beschäftigt waren, ihre Pforten schließen mußte. Auf einer Reise durch England, wo er Spenden für seine völlig verarmte Gemeinde sammelte, lernte er die Anstalten WILDERSPINS kennen. Er begann mit der Einrichtung einer Strickschule für arme Kinder und gründete die Diakonissenanstalt, wo neben Krankenpflegerinnen auch Leiterinnen für Kleinkinderschulen ausgebildet wurden. Der Tageslauf in seinen Schulen zeigte einen ständigen Wechsel zwischen Beten und Singen, Spiel und Lernen, wobei er sich von seinen Zeitgenossen schon merklich durch größeres Verständnis für die kindliche Eigenart unterschied. In den Fliednerschen Anstalten durften die Kinder bereits freier und selbständiger spielen als in anderen Anstalten:

Die Lehrerin greift nicht stets in die Spiele der Kinder ein, läßt sie mehr für sich laufen, springen, spielen, und versorgt sie mit hinreichendem, aber sehr einfachem Spielzeuge. Die Lehrerin ist jedoch immer mit ihren Gehülfinnen beaufsichtigend zugegen, auch um Streit zu verhüten oder zu schlichten, der übrigens selten vorfällt, wenn die Lehrerin den rechten Geist unter ihnen zu verbreiten weiß, und um ihren Charakter zu beobachten, der sich beim Spielen meist sehr deutlich zeigt, was ihr wichtige Winke zur richtigen Behandlung derselben gibt.

In seiner Vermittlung von Kenntnissen übernahm FLIEDNER jedoch ganz die taktbetonte, mechanische Lernweise von Wilderspin. Mit voller Absicht, denn er versprach sich davon eine präzise erzieherische Wirkung. Durch rhythmisches Vor- und Nachsprechen, unterstützt von allerlei körperlichen Übungen, lernten die Kinder Bibelsprüche und Gesangbuchverse:

...alsdann exerziermäßiges Bewegen des Körpers auf ein gegebenes Kommandowort, was den Kindern ein Spiel ist, und sowohl den Geist mit neuer Munterkeit erfüllt, als die Glieder stärkt, auch Ordnung und pünktlichen Gehorsam lehrt. Z.B. Beide Hände auf! – Nieder! – Auf den Kopf! – In den Nacken! – Auf die Schulter! – Nieder! – Rechte Hand auf! – Nieder! – Linke Hand auf! – Nieder! – Rechts um – Knie auf die Bank – Kopf auf die Bank! – Auf! – Front! – Hände grad ausgestreckt! –

Rechten Daumen auf! – Rechten Zeigefinger auf! – Links um! – Front! – Setzt euch! – usw.

Wie in den meisten Kleinkinderschulen, so beschränkte man sich auch in den Fliednerschen darauf, die Kinder zu Ordnung und Fleiß, Gehorsam und Gottesfurcht zu erziehen. Die allgemeine Verelendung wurde mehr oder weniger als gegeben hingenommen. Man suchte die Kinder gegen dieses Übel möglichst widerstandsfähig zu machen.

Dagegen war Robert Owen mit seinen Erkenntnissen bereits zu den Wurzeln der Armut vorgedrungen; er machte den verzweifelten Versuch, die Lebensbedingungen der Menschen grundlegend zu ändern.

Auf ähnliche Weise bemühte sich Johann Friedrich Oberlin als Pfarrer in einem abgelegenen Tal der Vogesen um eine Veränderung der Umweltbedingungen der völlig verelendeten Bauern. Die später so berühmt gewordene Kleinkinderschule im Steintal war nur ein Teil seiner umfassenden ›Reform‹ der Verhältnisse, unter denen diese armen Bauern lebten. Oberlin fand als Ursache der Verelendung eine Kette von widrigen Umständen, deren letztes Glied die Verwahrlosung der Kinder darstellte. Durch Unkenntnis lag der Feldbau fast ganz darnieder. Die Unwissenheit war entstanden durch die einsame Lage, hinzu kam ein nahezu unverständlicher Dialekt, der es den Bauern nicht ermöglichte, sich mit anderen Menschen zu verständigen und zu informieren. Er begann mit der Einrichtung von Schulen und Kleinkinderbewahranstalten, in denen die Kinder ein klares Französisch sprechen und schreiben lernten. Er klärte alt und jung über eine sachgemäße Bebauung des Bodens auf, lehrte sie den Obstanbau und ließ eine Straße bauen, um eine Verbindung mit der Umwelt herzustellen.

Wie Robert Owen, so blieb auch Oberlin nicht bei einer vorübergehenden Hilfe an den verwahrlosten Kindern stehen, sondern regte groß und klein zur echten Selbsttätigkeit an, die eine tiefgreifende Veränderung der Verhältnisse bewirken sollte.

Der Kindergarten – Erziehungsanstalt oder Mütterschule

Die zahlreichen Bewahranstalten und Kleinkinderschulen, die in der ersten Hälfte des 19. Jahrhunderts wie Pilze aus dem Boden schossen, dienten in erster Linie dem Kampf gegen die immer weiter um sich greifende Verwahrlosung der unbetreuten Kinder.

Als Friedrich Fröbel 1837 eine ›Anstalt zur Pflege des Beschäftigungstriebes der Kindheit und Jugend‹ einrichtete, war ihm klargeworden, daß nicht nur die Erziehung der Proletarierkinder, sondern die pädagogische Betreuung des Kleinkindes ganz allgemein stark vernachlässigt worden war. Man hatte bis dahin die früheste Jugend des Menschen kaum einmal

Spielpause in Fliedners Kleinkinderschule zu Kaiserswerth, etwa 1840

als besondere Entwicklungsstufe beachtet oder des Nachdenkens und Forschens wert erachtet. Man überließ sie den Ammen und Kinderfrauen. So betrat Friedrich Fröbel völliges Neuland, als er sich in seiner ›Menschenerziehung‹ vornehmlich mit dem Menschen in der Periode seiner frühesten Kindheit beschäftigte. Seine Analysen und Beobachtungen, besonders für diese Stufe, zählen zu den schon klassisch gewordenen Grunderkenntnissen der Kinderkunde und Kinderpsychologie. *Mit der entwickelten Sinnen-, Körper- und Gliedertätigkeit,* so schreibt Fröbel, *wo das Kind nun anfängt, Innerliches selbsttätig äußerlich darzustellen, hört die Säuglingsstufe der Menschenentwicklung auf, und es beginnt die Stufe des Kindes.* Er stellt fest: Bis zu dieser Stufe ist das Innere des Menschen noch eine ungegliederte Einheit. Erst mit dem Vorgang des Sprechens beginnt Äußerung und Darstellung des Inneren eines Menschen, beginnt die gedankliche Gliederung nach Mittel und Zweck: verknüpfte Mannigfaltigkeit im Seelenleben des Menschen. Dieses gliedert, es spiegelt sich im Inneren des Menschen und strebt, sich äußerlich kundzutun, zu verkündigen. Er, der Mensch, strebt, mit eigener, selbsttätiger Kraft sein Inneres äußerlich aus sich herauszustellen und es zu gestalten.

Diese Stufe ist deshalb so wichtig, weil es für den sich entfaltenden Menschen von entscheidender Bedeutung ist, ob ihm die Außenwelt als ein Edles oder ein Unedles, als ein Niederes oder Totes, als eine Sache nur zum Nutzen, Verzehren, Vernichten, Genießen oder als Selbstzweck, als ein

Hohes und Lebendiges, als ein Geistiges, Beseeltes und Göttliches erscheint. Entscheidend ist, ob ein Mensch eine Sache in ihrem wahren oder in schiefen, verdrehten Verhältnissen sieht und erkennt. Darum soll das Kind auf dieser Stufe wie alles recht und richtig anschauen, so auch recht und richtig bestimmen und eindeutig bezeichnen: sowohl die Sachen und Gegenstände selbst, als auch ihrem Wesen und ihren Eigenschaften nach. Und nun folgen wichtige Forderungen:

Da diese Entwicklungsstufe des Menschen aber fordert, daß er als Kind alles klar, richtig und rein bezeichne, darum ist es so wesentlich nötig, daß auch ihm alles Umgebende richtig, klar und rein vorgeführt werde, daß er alles richtig, klar und rein anschaue und erkenne. Beides ist unzertrennlich und bedingt sich gegenseitig.

Gerade in dieser ersten Entwicklungszeit war das Kind damals meist gänzlich ungebildeten Menschen ausgeliefert, die ihm unklare und falsche Begriffe vermittelten oder seine Entwicklung hemmten. Gleichgültig oder amüsiert betrachtete man den naiven Unverstand der Kinderfrauen. Wo die Betreuung gänzlich fehlte, glaubte man ›in bester Absicht‹ die Kleinsten schon zur Arbeit anhalten zu müssen, weil man im kindlichen Spiel Zeitvergeudung und beginnende Nichtsnutzigkeit sah.

Zeit seines Lebens hat Fröbel darum seinen Mitmenschen begreiflich zu machen versucht, daß das Spiel des Kindes eine zu seiner Entwicklung gehörige und notwendige Stufe darstellt, daß das Kind seelisch, geistig und körperlich verkümmert, wenn man es der Möglichkeit des Spielens beraubt:

Spielen, Spiel ist die höchste Stufe der Kindesentwicklung, der Menschenentwicklung dieser Zeit; denn es ist freitätige Darstellung des Inneren aus Notwendigkeit und Bedürfnis des Inneren selbst, was auch das Wort Spiel selbst sagt.

Spiel ist das reinste, geistigste Erzeugnis des Menschen auf dieser Stufe und ist zugleich Vorbild und Nachbild des gesamten Menschenlebens, des inneren geheimen Naturlebens im Menschen und in allen Dingen. Es gebiert darum Freude, Freiheit, Zufriedenheit, Ruhe in sich und außer sich, Frieden mit der Welt. Die Quellen alles Guten ruhen in ihm, gehen von ihm hervor. Ein Kind, welches tüchtig, selbsttätig, still, ausdauernd, ausdauernd bis zur körperlichen Ermüdung spielt, wird gewiß auch ein tüchtiger, stiller, ausdauernder, Fremd- und Eigenwohl mit Aufopferung befördernder Mensch.

Das Spiel dieser Zeit ist, wie oben schon angedeutet, nicht Spielerei, es hat hohen Ernst und tiefe Bedeutung; pflege, nähre es, Mutter, schütze, behüte es, Vater! – Dem ruhigen, durchdringenden Blicke des echten Menschenkenners liegt in dem freitätig gewählten Spiele des Kindes dieses Zeitraumes das künftige innere Leben desselben offenbar vor Augen.

Wie die Schulmänner sich um geeignete Lehrmethoden bemühen, so suchte Fröbel nach angemessenen Spielformen. Er entwickelte ›Spielgaben‹ und Beschäftigungsmittel, ausgehend von den einfachen Grundformen:

Kugel, Walze und Würfel, an denen die Kinder ihre schöpferische Phantasie zu entfalten vermochten.

In den Erziehungsanstalten Fröbels sollte sich das Kind selbsttätig beschäftigen. Dem Erzieher riet er, dem Kind beobachtend, hegend und pflegend zur Seite zu stehen und sich den Gärtner zum Vorbild zu nehmen. Aus dieser Grundeinstellung heraus gab er seiner Anstalt den Namen ›Kindergarten‹.

Sein Zweck ist also nach der einen Seite, Kinder des vorschulpflichtigen Alters nicht nur in Aufsicht zu nehmen, sondern ihnen eine ihrem ganzen Wesen entsprechende Betätigung zu geben; ihren Körper zu kräftigen, ihre Sinne zu üben und den erwachenden Geist zu beschäftigen; sie sinnig mit der Natur und Menschenwelt bekannt zu machen; besonders Herz und Gemüt richtig zu leiten und zum Urgrunde alles Lebens, zur Einigkeit mit ihm hinzuführen. Im Spiele sollen sie freudig und allseitig alle Kräfte übend und bildend, in schuldloser Heiterkeit, Einträchtigkeit und frommer Kindlichkeit sich darleben, für die Schule und kommenden Lebensstufen sich wahrhaft vorbereiten, wie die Gewächse in einem Garten unter dem Segen des Himmels und der aufsehenden Pflege des Gärtners gedeihen.

Es lag nicht nur in der Absicht Fröbels, die Kinder zu sammeln und gemeinschaftlich zu erziehen, er unternahm den weitgespannten Versuch, ein ›Deutsches Erziehungswerk‹ ins Leben zu rufen, um das lebendige Interesse aller Eltern und Pädagogen an der Entwicklung und Erziehung des Kleinkindes zu wecken. Für diesen Gedanken war er unermüdlich tätig. Er gründete eine ›Musteranstalt für Kinderpflege‹, eine ›Übungsanstalt für Kinderführer und -führerinnen‹ und eine Anstalt, *welche angemessene Spiele und Spielweisen zu verallgemeinern sucht.* Als politisch wacher Mensch hatte Fröbel erkannt, daß der Grundstein einer Erziehung zum selbständigen und verantwortungswilligen Bürger bereits in der frühesten Kindheit gelegt wird. Nur in einer furchtlosen, freundlichen Atmosphäre, so betonte er, kann sich das Kind durch Selbsttätigkeit zur Selbständigkeit entwickeln, und hier wird der Boden bereitet für die innere Freiheit und Eigenverantwortung des zukünftigen Bürgers.

Mit dieser Erziehung zur Selbständigkeit war Fröbel allerdings seiner Zeit vorausgeeilt. Seine Hoffnungen auf eine Republik, die er 1848 mit seinen ›revolutionären‹ Freunden teilte, gingen nicht in Erfüllung. Nach dem Sieg der Reaktion wurden 1851 die Fröbelschen Kindergärten in Preußen verboten. Die Aufhebung dieses Verbotes sollte Fröbel nicht mehr erleben, er starb 1852. Aber seine zahlreichen Reisen, Vorträge und Schriften hatten den Erziehungsgedanken inzwischen so stark verbreitet, daß er nicht mehr einzudämmen war. Als in Berlin im Pestalozzistift der erste Kindergarten eingerichtet wurde, hielt der bedeutende Pädagoge DIESTERWEG den Einführungsvortrag, der auch als Schrift erschien und weite Kreise mit der Idee des Fröbelschen Kindergartens bekannt machte:

Friedrich Fröbel ist der Erfinder derselben. Seit vielen Jahren hat dieser Mann seine Aufmerksamkeit und Tätigkeit dem Nachdenken über die beste Art der Einwirkung auf Kinder im ersten Stadium des Lebens vor dem schulpflichtigen Alter gewidmet. Er trat in die Spuren PESTALOZZIS, *seines Lehrers und Freundes. Pestalozzi hatte sein ganzes Leben lang darüber nachgedacht. Er glaubte in der Erhöhung der Erziehungsfähigkeit der Mütter, in den ›Wohnstuben‹ die Lösung des Problems zu erblicken, und er veröffentlichte zu diesem Zweck sein ›Buch der Mütter‹. Fröbel ging weiter. Er erkannte, daß der schöne Zweck nicht durch Bücher, sollten sie auch noch so vollkommen sein, erreicht werden könne; die Mehrzahl der Mütter liest keine Bücher oder versteht sie nicht. Er gewann die Überzeugung, daß eine bessere Erziehung kleiner Kinder nur praktisch erlernt und durch lebende Personen verbreitet werden könne. Er gründete zu dem Ende eine Anstalt, um darin erwachsene Mädchen zur Behandlung kleiner Kinder anzuleiten, und er vereinigte kleine Kinder, um an ihnen die Sache praktisch zu zeigen, er gründete den ›Kindergarten‹.*

Diesen Namen wählte er, einmal darum, weil der Ort der Beschäftigung der Kinder zum Teil wirklich ein Garten ist, und zum anderen, weil der Name die Behandlungsweise der Kinder andeuten sollte; sie sollten mit der Sorgfalt, mit welcher ein guter Gärtner seiner Blumen wartet und nach dem Prinzip, das diesen leitet, das heißt naturgemäß gepflegt werden – Kinder bilden den Garten, in welchem die Menschheit erwächst. Zunächst nun wollen Sie den Kindergarten nicht mit einer ›Kinderbewahranstalt‹ verwechseln. Dieselbe hat vorzugsweise den Zweck, kleine Kinder vor Schaden zu behüten und nur solche Kinder aufzunehmen, welchen die Eltern die nötige Pflege zu geben verhindert sind. Deshalb verweilen die Kinder von früh bis spät in der Anstalt.

Der Kindergarten vereinigt die Kinder nur 3 bis 4 Stunden am Tage. Er ist berechnet für alle Kinder, er will positiv die Entwicklung derselben in naturgemäßer Weise fördern.

Ich muß Ihnen nun sagen, worin dieselbe nach des Erfinders und unserer Ansicht besteht oder was der Kindergarten will.

Zuerst will er die Glieder ihres Leibes in Tätigkeit setzen und stärken. Dieser Zweck wird erreicht durch Gliederübungen aller Art, durch Turnen und ›Bewegungsspiele‹.

Zweitens will der Kindergarten die Sinne üben, besonders die höheren Sinne, das Auge und das Ohr, das Auge durch Wahrnehmung der Gestalt und der Farbe der Dinge, das Ohr durch Musik. Für den Gestaltsinn bietet der Kindergarten Hunderte von Übungen, für den Farbsinn den Ball in den sechs (sieben) Farben des Regenbogens, für den Tonsinn das Singen nach Takt und Rhythmus.

Wenn Sie wollen, so können Sie diese Art der Ausbildung die körperliche oder physische nennen, die nun folgende die mehr geistige. Aber in der Wirklichkeit scheidet sich das eine nicht von dem anderen. Bei Kindern gibt es keine bloß geistigen, keine bloß körperlichen Übungen. Ich fahre daher in der Aufzählung fort.

Drittens führt der Kindergarten die Kleinen zur Anschauung und Vergleichung der Grundformen aller physischen Anschauung, der Kugel und des Würfels, und stellt mit diesem, zuerst in acht kleinere Würfel, nachher in mehrere Teile geteilt, Übungen an. Die Kinder legen und bauen. Zu dem Legen dienen auch Stäbchen.

Es ist bekannt, daß alle Kinder gerne bauen, etwas darstellen und schaffen. Diesem Zwecke dienen seit langem die Baukasten. Aber es ist auch bekannt, daß nur selten ein Kind damit etwas anzufangen weiß. Nach kurzer Zeit ermüden sie und werfen die Klötze in die Ecke. Ein Fehler liegt in der Menge derselben. Fröbel vermeidet denselben, indem er den Kindern zuerst nur den in acht gleiche Teile geteilten Würfel in die Hand gibt. Das Kind vergnügt sich nur kurze Zeit mit fertigen Spielsachen, Fröbel gibt ihnen einfache Spielstoffe.

Er unterscheidet drei Arten von Formen, die sie damit darstellen: 1. sogenannte Erkenntnisformen – die Kinder gewinnen durch sie die einfachsten mathematischen Grundanschauungen – Linie, Fläche, Körper, Kante, Ecke, Winkel etc. und lernen anschaulich zählen, teilen etc. 2. Schönheitsformen – der ästhetische Sinn, in unserer Bildung nicht nach Gebühr gewürdigt, wird angeregt. 3. Lebensformen – die Kinder bilden die Gegenstände, die sie sehen, nach und sie stellen Phantasiestücke dar – dem Kinde ist alles lebendig.

Hier liegt eine Unendlichkeit von Übungen vor. Jedes Kind arbeitet in seiner Weise, in seiner eigentümlichen Art, ganz individuell. Der Beobachter kann hier tiefe Blicke in die Natur der Kinder und ihre Individualität tun. Von Beengung, Beschränkung, Verallgemeinerung oder gar von Zwang ist weder hier noch irgendwo die Rede.

Nachdem Diesterweg die Erziehungsmethode Fröbels klar herausgestellt hatte, ging er noch einmal auf den eigentlichen Sinn und Zweck des Kindergartens ein:

Der Kindergarten kann aber noch eine allgemeinere, höhere Bestimmung erhalten.

Wer, muß ich abermals fragen, gibt unseren Töchtern Anleitung zur Behandlung und Erziehung der Kinder, besonders in der ersten Lebensperiode, in welcher sie den Müttern überlassen sind? Tun es die Schulen? Nein. Tun es die Prediger? Nein. Tun es die Bücher? Nein, sie können das nicht. Tun es die Mütter? Ja, wenn sie es selbst verstehen, und das ist dann das einzige, was in dieser Beziehung geschieht. Der Instinkt hilft nach, Gott sei Dank; aber ist das und der ausreichend, genügend?

Wer das meint, der schaue in die Familien, wie sie sind, wie da erzogen und nicht erzogen und verzogen wird! Die Lehrer der unteren Klassen der Schulen, an welche die Kinder, wie sie in den Familien herangewachsen sind, abgeliefert werden, wissen davon ein Lied zu singen.

Der Erziehungsberuf ist der Beruf jedes weiblichen Wesens. Entweder hat das Weib eigene Kinder zu erziehen oder fremde. Ja, wenn man den Begriff der Pädagogik so weit faßt, wie es richtig ist, daß man Körperpflege, Diätetik, Armen- und Krankenpflege und ähnliche wichtige Dinge darunter begreift, so muß man sagen, daß der ganze weibliche Beruf in dem Inbegriff der Pädagogik aufgehe.

Wo aber, frage ich wieder, findet die heranwachsende Jungfrau die Anleitung dazu? Antwort: nirgends. Hier fehlt fast noch alles. Man verläßt sich auf die Natur des Weibes, die angeborene Mutterliebe, ihren Takt und Instinkt. Wer wollte es leugnen, daß die Natur in dieser Beziehung unendlich vieles und Großes angelegt und angebahnt habe – in natürlich gebliebenen Menschen! Aber wo sind diese, wo sind die natürlichen Verhältnisse, in dieser verkünstelten, wunderbaren Welt?

In dieser Beziehung kann etwas geschehen, hier muß etwas geschehen. Dazu kann der Kindergarten benutzt werden. In ihm können Mütter und Jungfrauen lernen, wie man in naturgemäßer Weise kleine Kinder beschäftigt, entwickelt und bildet; kommt, wie es recht und schön ist, die nötige Belehrung und Aufklärung über das Wesen des Kindes, seine Bedürfnisse, Triebe, Strebungen etc. hinzu, so kann die Erziehung unserer Kinder und damit das Glück der Familien und des Staates unendlich viel gewinnen.

Die Frauen, die Diesterweg gerufen hatte, kamen. Den stärksten Einfluß auf die Weiterentwicklung der Kindergartenidee übte eine Schülerin Fröbels aus, Henriette Schrader-Breymann. Nachdem sie seine Ausbildungskurse besucht und auch einige Zeit mit ihm zusammen gearbeitet hatte, gründete sie in ihrem Elternhaus, im Pfarrhaus von Watzum, eine Erziehungsanstalt für Mädchen. Die Mädchen bekamen hier neben einer gut fundierten geistigen Ausbildung Unterricht in Haushaltführung und Pädagogik. Im Laufe der Zeit wurde diese Schule erweitert, sie bekam in Wolfenbüttel ein eigenes Heim und umfaßte einen Kindergarten, eine Elementarschule, eine Mädchenschule für Zwölf- bis Siebzehnjährige und einen Fortbildungskursus für Lehrerinnen und Kindergärtnerinnen.

Nach ihrer Heirat im Jahre 1872 siedelte Henriette Schrader-Breymann nach Berlin über und gründete hier noch im selben Jahr einen Kindergarten. Nach und nach wurden diesem Kindergarten Ausbildungsklassen für Kindergärtnerinnen angegliedert, und so entstand daraus allmählich das später so berühmt gewordene Pestalozzi-Fröbel-Haus, dem Henriette Schrader-Breymann ein eigenes Gepräge gab, indem sie die pädagogischen Gedanken Pestalozzis und Fröbels zu einer glücklichen Synthese vereinigte.

Der Tageslauf im Kindergarten war soweit wie möglich dem Leben in der Familie nachgebildet:

Neben dem Bedürfnis des Kindes, sich frei und ungestört im Spiel zu beschäftigen, liegt auch der Trieb in ihm, sich hilfreich zu erweisen und kleine, seinen Kräften angemessene Arbeiten zu verrichten. Dazu wird dem Kinde Gelegenheit gegeben, und zwar in folgender Weise: Sie werden angehalten zum Reinhalten und Schonen, Ordnen, Erhalten und Verwenden verschiedener Dinge im Haushalte des Kindergartens, zum Beispiel verteilen und räumen sie das Spiel- und Arbeitsmaterial weg, helfen beim Reinigen der Zimmer, Möbel und Beschäftigungsmittel, stellen Ordnung und Sauberkeit her, indem sie zerrissene Tapeten und Bilder kleben, Umschläge um Bücher machen, beim Kochen und bei der Vorbereitung zu demselben, beim Tischdecken, Abwaschen des Geschirrs etc. helfen. Durch Pflege von Tieren und Pflanzen, wie überhaupt durch Einführung in die Natur und durch Verwendung ihrer Erzeugnisse, treten die Kinder in ein inniges Verhältnis zu der Natur und gewinnen Anknüpfungspunkte für deren religiöse, poetische und wissenschaftliche Erfassung.

Das freie Spiel mit den von Fröbel angeregten Materialien wechselte mit angeleiteten Beschäftigungen:

Durch Herstellung von Gegenständen, wie Faltformen, Flechtblätter, Tonmodelle etc., und durch Verwendung solcher Dinge zum Nutzen und Schmuck der Anstalt werden die Kinder eingeführt in die primitiven Anfänge des Handwerks und Kunsthandwerks und gewinnen dadurch die Elemente zum Verständnis des industriellen Lebens und industrieller Tätigkeit.

Bei dieser Art von Beschäftigung trat allerdings immer wieder die Gefahr auf, daß auch die gutmeinenden Erzieher dem Kleinkind zuviel Belehrung erteilten und zuwenig Raum für die eigene schöpferische Betätigung ließen. Die natürliche Gelehrigkeit des Kindes läßt Eltern und Erzieher leicht in denselben Fehler verfallen: Sie belehren und gängeln und vergessen darüber, daß das Kind die wichtigsten Erfahrungen selbständig sammeln muß. Henriette Schrader-Breymann warnt auch hiervor:

Wenn das Kind nach Vorschrift seiner Erzieherin tätig ist, dann spielt es nicht, sondern es arbeitet, wenn auch mit seinem Spielmaterial unter den Formen des Spiels.

Kleinkinderarbeit, mit Maß und Verständnis ins Kinderleben eingeführt, ist von großer, pädagogischer Bedeutung, aber das freie Spiel, dessen das Kind, je jünger, je mehr bedarf, soll in keiner Weise zu früh und zu stark von der Arbeit beeinträchtigt werden.

Es kommt indessen nicht bloß auf das Quantum, sondern auch auf die Art der Arbeit an.

Der jetzige Kindergarten, der meist auf eine Art Schulsystem gegründet ist, trägt die nicht geringe Gefahr in sich, durch einseitige Verwendung der Fröbelschen Beschäftigungsmittel den Kleinen geistig und auch physisch durch zu vieles Sitzen und frühzeitige Überanstrengung der Augen zu schaden.

Wenn wir auf die grundlegenden Gedanken Fröbels in seinem Buch ›Mutter- und Koselieder‹, das er selbst für sein wichtigstes Werk erklärt hat, zurückgehen, und dieselben praktisch zu gestalten suchen, kommen wir auf ganz andere Einrichtungen des Kindergartens, als sie bis jetzt in den meisten solcher Anstalten zu finden sind. Wir werden dann dieselben den Grundzügen des Familienlebens, nicht denen der Schule nachbilden.

Es war gewiß nicht leicht, Erzieher zu finden, die die Selbsttätigkeit des Kindes zu fördern verstanden, ohne dabei der Regellosigkeit zu verfallen. Die Menschen des 19. Jahrhunderts, allzu gewohnt, sich in fast allen Lagen des Lebens von klein auf gängeln und bestimmen zu lassen, bewegten sich auf dem Gebiet der Freiheit und der selbständigen und selbstgewählten Beschäftigung in der Kleinkindererziehung noch recht unsicher. Henriette Schrader-Breymann suchte und fand eine Brücke, indem sie bestimmte Gegenstände zeitweilig in den Mittelpunkt der kindlichen Tätigkeit stellte. Einen Monat lang zog sich ein Thema wie ein roter Faden durch das Leben und Treiben des Kindergartens. In einem Monat war es etwa das Thema ›Blume‹, im nächsten das ›Wasser‹, das in Spiel, in der Arbeit und in belehrenden Erzählungen auftauchte. Da ließ man Schiffchen schwimmen, durfte im Wasser pantschen, benützte das Wasser zum Waschen und Reinigen, erfuhr an einem Regentag etwas über den Kreislauf des Wassers und ging beim Spaziergang dem Lauf eines Baches nach.

Dieser wechselnde ›Monatsgegenstand‹ gab dem scheinbar regellosen spielerischen Tun einen gewissen Zusammenhalt und die Möglichkeit einer Vertiefung des kindlichen Wissens.

Die Selbsttätigkeit des Kindes, wie sie Pestalozzi und Fröbel anstrebten, wurde gegen Ende des 19. Jahrhunderts von der italienischen Ärztin Maria Montessori in anderer, aber nicht minder konsequenter Weise verwirklicht. Als sie sich in einer psychiatrischen Klinik in Rom mit geistesschwachen Kindern beschäftigte, entwickelte sie neue Geräte und Methoden, mit deren Hilfe diese Kinder, die man bis dahin für entwicklungsunfähig gehalten hatte, erstaunliche Lernergebnisse erzielten.

Wenn man sogar geistesschwache Kinder durch Selbsttätigkeit auf ein höheres Niveau heben kann, so sagte sich Maria Montessori, mit wieviel größeren Erfolgen wird man dann bei normal veranlagten Kindern dabei rechnen können.

Scharf kritisierte sie die jahrhundertealte Gewohnheit, das Kleinkind in die seinen Maßen widersprechende, um viele Nummern zu große Erwachsenenwelt hineinzupressen:

Als Persönlichkeit, als soziales Glied, so sagt sie, *wird das Kind bis heute nicht gewertet, es ist nur eine Zukunft, nur ein ›Werden‹, und eben darum zählt es nicht bis zu dem Tage, wo es ›geworden sein wird‹. Früher hatte man nur das einzige Ziel vor Augen, das Kind für das soziale Leben, das es später einmal leben müßte, vorzubereiten. Deshalb war unser ganzes Streben, daß es uns in allem nachahme; mit aller Macht suchten wir sein Wollen unter das Joch des Gehorsams, seine schöpferischen Kräfte unter das der Nachahmung zu beugen und ihm das beizubringen, was wir für das Leben in unserer Kultur und unserer Gesellschaft für unentbehrlich hielten.*

Mit seiner ständigen Beaufsichtigung, seinen unausgesetzten Ermahnungen und seinen willkürlichen Befehlen stört der Erwachsene die Entwicklung des Kindes. Alle aufkeimenden guten Kräfte werden erstickt, nur eines bleibt: das Streben, sich dem allem möglichst zu entziehen. Lassen wir die Rolle des Aufsehers, und bemühen uns statt dessen, eine Umgebung vorzubereiten, in der sich Beaufsichtigung und Belehrung auf das Mindestmaß beschränken können. Je vollkommener die Umgebung dem Kinde entspricht, desto mehr kann die Tätigkeit des Erwachsenen zurücktreten.

Maria Montessori schuf ›Kinderhäuser‹ mit Kinderstuben, die der Körpergröße des Kindes angemessen waren, mit kleinen Möbeln und Geräten in bunten und freundlichen Farben.

Kaum sind die kleinen Gegenstände, die die Kinder wirklich gebrauchen können, vorbereitet, so ordnet sich ihre Tätigkeit in verblüffender Weise. Ihre Willenskraft leitet ihre Bewegungen, sie können sich selbst lenken, da sie wissen, was sie wollen. Im Kinde lebt ein Bedürfnis nach Betätigung, das vielleicht größer ist als das nach Nahrung, das wir aber mangels des geeigneten Betätigungsfeldes nicht erkennen können. Geben wir ihm dieses, so wird aus einem kleinen, unbefriedigten Quälgeist ein freudiger Arbeiter. An die Stelle des Zerstörers tritt ein sorgsamer Pfleger der Gegenstände. Aus einem lärmenden, ungeordneten Kinde hat sich ein ruhiges, geordnetes entwickelt. Fehlen dem Kinde die geeigneten äußeren Mittel, so kann es von den großen Kräften, die die Natur ihm verliehen hat, keinen Gebrauch machen. Und doch hat es den instinktiven Drang nach einer Tätigkeit, die alle seine Kräfte in Anspruch nimmt – denn nur so kann es seine Fähigkeiten vervollkommnen.

Um dem Drang nach Tätigkeit Nahrung zu geben, entwickelte Maria Montessori ein ganzes System von Geräten, an denen das Kind seine Geschicklichkeit üben kann, Formen und Figuren, die sich zusammenfügen lassen, Rahmen, an denen man schnüren und flechten lernen kann, vom Einfachsten bis zu schwierigen Fertigkeiten.

Was ihr den Mut gab, auf dem einmal eingeschlagenen Wege fortzuschreiten, war die Beobachtung, daß die Kinder sich bei einer solchen selbsttätigen und konzentrierten Beschäftigung nicht nur größere Fertigkeiten erwarben, sondern auch froh und zufrieden mit sich selbst waren:

Kinder, die diese gesammelte Arbeit ausgeführt haben, scheinen immer ausgeruht und innerlich gefestigt. Es ist, als ob für die Kräfte, die in ihrer Seele ruhten, ein Weg frei geworden wäre, ihre besten Seiten kommen zum Vorschein.

Um das Kind zu einer wirklich selbsttätigen Beschäftigung zu ermutigen, mußte der Erzieher auf die altgewohnte Lehrtätigkeit und Unterweisung weitgehend verzichten:

Dementsprechend ist auch die Aufgabe der neuen Lehrerin viel feiner und ernster. Sie ist es, die dem Kinde auf seinem Wege zur Bildung und Vervollkommnung ebensoviel helfen wie auch zerstören kann. Das schwerste ist es, die Lehrerin dahin zu bringen, daß sie sich gleichsam selbst auslöscht und auf ihre alten Rechte verzichtet; es muß ihr ganz klar sein, daß sie weder auf die Bildung noch auf die Disziplin der Kinder einen unmittelbaren Einfluß hat, und sie muß ihr ganzes Vertrauen auf die inneren Kräfte des Kindes setzen. Gewiß möchte sie immerzu den Kindern Ratschläge erteilen, sie verbessern oder ermuntern und ihnen damit zeigen, daß sie ihnen an Erfahrung und Wissen überlegen sei. Aber solange diese Eitelkeit in ihr nicht völlig überwunden ist, solange sie sich nicht beschieden hat, so lange kann sie keinen Erfolg haben.

Die Entwicklung der Selbsttätigkeit, der Geschicklichkeit und Konzentrationsfähigkeit wurde in den Montessori-Kindergärten aufs sorgfältigste gepflegt. Man müßte die Methode vorbehaltlos anerkennen, wenn nicht dabei das freie Spiel der Kinder etwas zu kurz käme. In ihrer Begeisterung für die Erziehung zu nützlichen Tätigkeiten übersah Maria Montessori den bildenden Wert des zweckfreien spielerischen Tuns. Sie betrachtete das Spiel in ihren Einrichtungen als überflüssig, wenn nicht gar als schädlich.

Aus diesem Grunde sind die Vertreter des Fröbelschen Kindergartens der Montessori-Methode, trotz aller guten und richtigen Erkenntnisse, die sie enthält, stets mit kritischer Zurückhaltung begegnet. Die liberalen Kreise in allen zivilisierten Ländern nahmen die Montessori-Methode dagegen mit großem Beifall auf. In einer Zeit – zu Beginn des 20. Jahrhunderts –, wo man gerade gewaltige Anstrengungen unternahm, die durch das beginnende Maschinenzeitalter ausgelöste Armut zu überwinden, kam diese Methode wie gerufen, die das Kleinkind zu früher und größtmöglicher Tüchtigkeit zu erziehen versprach. Der allmähliche wirtschaftliche Aufschwung, der um die Jahrhundertwende langsam fühlbar wurde, feuerte die Menschen zu erhöhter Arbeitswilligkeit an. Wenn auch das Einkommen der größten Mehrzahl noch überaus bescheiden war: 54 Prozent verdienten im Durchschnitt etwa 40 Mark, und 40 Prozent mußten mit durchschnittlich 118 Mark monatlich auskommen, so war doch zwischen 1890 und 1913 der Prokopfverbrauch aller Lebensmittel ständig gestiegen. Weizen wurde mehr als doppelt soviel, und Zucker achtmal soviel verbraucht als 1840. Der Branntweinverbrauch hingegen – um die Mitte des 19. Jahrhunderts eine Art Verzweiflungskonsum – war zwischen 1890 und 1913 fast um die Hälfte gesunken; ein Zeichen dafür, daß die ausweglose Not einer wenn auch noch ärmlichen Existenzmöglichkeit gewichen war.

In diesen Jahren, die dem Arbeiter, zumindest in den Städten, bei emsigstem Fleiß ein bescheidenes Auskommen und manchmal sogar ein wenig mehr gewährleisteten, schenkte man verständlicherweise dem zweckfreien Spiel des Kleinkindes keine allzu große Aufmerksamkeit. So blieben die Erziehungsgedanken Fröbels zunächst auf den kleinen Kreis einzelner fortschrittlicher Publikationen und auf die Arbeit im Pestalozzi-Fröbel-

Haus in Berlin beschränkt. Die berufstätigen Mütter waren froh, wenn sie ihre vorschulpflichtigen Kleinen in den konfessionellen oder privaten Kinderschulen unterbringen konnten.

In der Weimarer Republik setzte sich dann die öffentliche Hand endlich für eine weite Verbreitung und Anerkennung des Fröbelschen Kindergartens ein. In allen größeren Orten entstanden städtische Kindergärten, mustergültige Einrichtungen mit einer ausreichenden Zahl von Räumen, in denen die Kinder, aufgeteilt in kleine Gruppen, spielen und sich beschäftigen konnten. Sie wurden von Kindergärtnerinnen betreut, die nach der von Henriette Schrader-Breymann im Pestalozzi-Fröbel-Haus erarbeiteten Methode ausgebildet waren. In familienähnlichen Gruppen gab man den Kindern Gelegenheit zu freiem Spiel und angeleiteten Beschäftigungen. Nach einem wohlüberlegten Plan wechselten musische und häusliche Tätigkeiten einander ab. Malen, Formen, Kleben als freie Beschäftigung, Spiele mit den Fröbelschen Spielgaben: bunte Bausteine, Legestäbchen, Faltblätter; Singen, Tanzen, Musizieren mit kleinen Instrumenten, Theaterspiel, Geschichten erzählen, Basteln unter Anleitung der Kindergärtnerin, Kochen und Backen, Bewegungsspiele und Gymnastik, freie Spiele, Gartenarbeiten und Spaziergänge. Bei regelmäßigen Mütterabenden besprach die Kindergärtnerin mit den Müttern pädagogische Fragen und gab ihnen Anleitungen zur Beschäftigung ihrer Kinder.

Diese städtischen Einrichtungen reichten aber bei weitem nicht aus. Daneben gab es private Kindergärten und konfessionelle Einrichtungen. Nur wenige davon konnte man als Kindergärten im Fröbelschen Sinne bezeichnen. Bei den meisten handelte es sich um Bewahranstalten mit unzureichenden räumlichen und hygienischen Verhältnissen. Oft besaß nur die Leiterin eine pädagogische Ausbildung; als Helferinnen wurden ungelernte Kräfte eingestellt. Da man das Personal der Kinderbewahranstalten einschließlich der Leiterin denkbar schlecht bezahlte – eine langjährige Kindergärtnerin erhielt etwa 50 Mark im Monat –, blieb dieser Beruf vornehmlich auf ›ideal veranlagte‹ oder unverheiratete Töchter gutsituierter Familien beschränkt, die nicht darauf angewiesen waren, ihren Lebensunterhalt selbst zu bestreiten.

In den zwölf Jahren der Hitlerdiktatur wurden nahezu alle konfessionellen und privaten Kindergärten geschlossen oder von der NS-Volkswohlfahrt übernommen. Als dann nach 1945 diese Anstalten wieder in die Hände ihrer früheren Besitzer zurückgingen, begann eine rege Aufbautätigkeit. Städte und Gemeinden wetteiferten geradezu miteinander bei der Einrichtung von vorbildlichen Kindergärten. In ihrem inneren Aufbau haben sie sich weder nach Fröbel noch nach Montessori streng ausgerichtet, sondern übernehmen von beiden Methoden, was ihnen geeignet erscheint.

Da der Besuch des Kindergartens freiwillig erfolgt, bleibt auch das Klima in diesen Einrichtungen freier und ungezwungener als in der Schule. Der Andrang zu den Kindergärten ist so groß, daß sie fast immer voll

Die ersten Schritte, Rembrandt (1606–1669)

besetzt sind. Aber, anders als in der Schule, wechseln die Gesichter der Kinder häufiger. Neben einigen ›Stammkunden‹, die sich gern und ausdauernd der Gemeinschaft einfügen, gibt es immer wieder kurzfristige Gäste, die sich gegen den regelmäßigen Besuch des Kindergartens sträuben oder die sich in diesem Alter noch gar nicht in die Gemeinschaft einzufügen vermögen. Einige nehmen in den ersten Tagen freudig und angeregt an den gemeinsamen Spielen und den neuen Beschäftigungen teil, sind aber dann plötzlich nicht mehr zu bewegen, den Kindergarten zu betreten. Andere verhalten sich in den ersten Tagen und Wochen abwartend, mißtrauisch oder gar ablehnend, schließen sich aber langsam und beharrlich den Spielgefährten an. Da niemand die Kinder zum Bleiben zwingt, bestimmen sie praktisch den Eintritt in die Gemeinschaft selbst. Dadurch wird ihr ganzes Auftreten natürlicher und selbstverständlicher. Sie zeigen eine größere Bereitwilligkeit als Schulkinder und bereiten der Kindergärtnerin, wenn sie selbst keine groben Ungeschicklichkeiten begeht, kaum Disziplinschwierigkeiten.

Die kleinen Besucher der Kindergärten sind durchaus nicht immer Kinder berufstätiger Mütter, an die, theoretisch, beim Bau der neuen Kindergärten vor allem gedacht ist. Es sind häufig die Mütter von ein oder zwei Kindern, bei denen die häuslichen Arbeiten so viel Zeit und Raum einnehmen, daß sie die Kinder gern für einige Stunden untergebracht wissen möchten. Manchmal ist auch der Mangel an Spielraum und Spielgefährten der Grund, warum die Mutter ihre Kinder zum Kindergarten schickt.

Die Einstellung zum Kindergarten ist nicht nur bei Kindern und Müttern, sondern auch in den einzelnen Ländern verschieden. Eifrige Befürworter finden wir vor allem in den kommunistischen Staaten. Man verspricht sich dort von einer öffentlichen Kleinkindererziehung sehr viel, weil man glaubt, das Solidaritätsgefühl könne gar nicht früh genug geweckt werden.

In den westlichen Demokratien ist man darüber geteilter Meinung. Es gibt hier Pädagogen und Eltern, die den Einfluß des Kindergartens vorwiegend positiv beurteilen, weil sich die Kinder hier so nützliche Tugenden wie Ordnung und Sauberkeit, Gehorsam, Ausdauer und Fleiß ohne Zwang, durch reine Nachahmung aneignen. In der Tat lernen Kinder diese Dinge in der Gemeinschaft von vielen spielend. Eine Mutter, die ihr Kind zu Hause mit guten und bösen Worten nur schwer zum Aufräumen bewegen kann, steht staunend vor dem Phänomen, daß dasselbe Kind im Kindergarten unaufgefordert und selbstverständlich seine Spielsachen wegräumt.

Angesichts dieser offensichtlichen Erfolge und der Talentlosigkeit vieler Mütter sind schon manche Pädagogen zu dem Schluß gekommen, die Kleinkindererziehung ganz aus der Hand der Mutter in die öffentliche Hand zu übergeben. Bereits im Jahre 1893 äußert die Altkommunistin KLARA ZETKIN:

Die Kindererziehung wird und muß aus der Familie in die Gesellschaft verlegt werden, sie wird und muß aus den Händen der Mutter in die von Pädagogen im weitesten Sinne des Wortes übergehen.

Um die gleiche Zeit warnte aber auch schon die Schwedin ELLEN KEY vor einem allzu unbekümmerten Verzicht auf die Familienerziehung. Sie befürchtete, daß die Persönlichkeitsbildung stark behindert wird, wenn man das Kind in der für diese Entwicklung so wichtigen Zeit zwischen zwei und sechs Jahren in Gruppen erzieht.

Wenn das Kleinkind dem starken Einfluß der Gruppe ausgesetzt wird, bevor sich seine Persönlichkeit gefestigt hat, entartet das natürliche Solidaritätsgefühl allzuleicht in gedankenlose Nachahmung. Daß man einen Säugling nicht ungestraft der persönlichen Fürsorge der Mutter entziehen darf, ist inzwischen bekannt, nachdem die Erfahrung gelehrt hat, daß Heimkinder in ihrer seelischen, geistigen und körperlichen Entwicklung zurückbleiben. Genauso ist das Kleinkind, das man zu früh aus der Familie herausreißt, in seiner Persönlichkeitsbildung bedroht. Wenn man alle Kleinkinder in Erziehungsanstalten aufwachsen ließe, könnte man sie mühelos zu gehorsamen Untertanen eines Obrigkeitsstaates oder zu gut funktionierenden Mitläufern einer Diktatur ausbilden. Diese Gefahren sind jedoch vergleichsweise gering, solange der Besuch des Kindergartens freiwillig und unregelmäßig bleibt.

Der Kindergarten ist von seinen Gründern immer nur als eine Notlösung angesehen worden. Er sollte die Kinder vor schlimmeren Schäden bewahren und zugleich eine Musteranstalt darstellen, die den Müttern pädagogische Kenntnisse vermittelt; als solche ist er allerdings bis heute noch nicht recht in Aktion getreten.

Heute denkt man bei der Einrichtung der Kindergärten in der Hauptsache an die Kinder der vielen im Erwerbsleben stehenden Mütter. Da das Familieneinkommen sich mit steigender Kinderzahl so stark vermindert, daß bei vielen Familien der Fürsorgesatz knapp erreicht würde, sehen sich die Mütter gezwungen, mitzuverdienen. In den Ländern, in denen die Kinderzulagen noch so niedrig sind, daß sie hier keinen Ausgleich zu schaffen vermögen, wird der Kindergarten seine Berechtigung behalten.

In einigen Ländern hat sich der Kindergarten inzwischen die Aufgabe einer Mittlerrolle zwischen Familien- und Schulerziehung gestellt. Um dem Kind den Übergang von der Familie zur Schule zu erleichtern, besucht es ein Jahr vor Schulbeginn den Schulkindergarten, wo es sich zwanglos an den Umgang mit einer größeren Zahl von Kindern gewöhnen kann. Da die Umstellung von der kleinen Familiengemeinschaft auf eine Schulklasse manchen Kindern große Schwierigkeiten bereitet, wird die Einrichtung eines solchen Schulkindergartens in vielen Fällen eine segensreiche Wirkung ausüben.

Die Welt der Schule

Blinder Gehorsam und freie Bildung vor 2000 Jahren

Die politischen und geistigen Tendenzen der Zeiten ändern sich. Mit fast periodischer Regelmäßigkeit folgen auf konservative Epochen fortschrittsfreudige oder umgekehrt. Jeder Wandel findet in der Schule und der Einstellung der Menschen zur Pädagogik seinen Niederschlag. Diese müssen sich stets über kurz oder lang den politischen, sozialen oder wirtschaftlichen neuen Verhältnissen anpassen.

Im alten China konnte sich eine streng despotische Regierungsform über viele Jahrhunderte hinweg erhalten, weil in der Schule alles Lernen und Wissen einer Moral- und Sittenlehre untergeordnet wurde, die das Autoritätsprinzip bis zur Perfektion ausbildete. Im diktatorisch regierten Sparta entstand eine Staatsschule, die das Kind zum blind gehorchenden Soldaten dressierte, und im demokratischen Athen strebte man zur gleichen Zeit auf freiwilliger Basis eine harmonische Ausbildung von Körper und Geist an. In den Wirren des untergehenden Römischen Reiches wurde die Schulerziehung grob vernachlässigt, und das christliche Mittelalter schuf eine rein auf das Geistige hin orientierte Schule, die den Körper, als der Erbsünde und dem Diesseits verfallen, kaum beachtete. Parallel zu unserer politischen und sozialen Entwicklung veränderte auch die Schule, nach mittelalterlichen Jahrhunderten, allmählich ihr Gesicht. Heute schwebt uns das vorläufig noch nicht erreichte Idealbild einer Schule vor, die es versteht, Körper und Geist, Willenskraft und Einsicht zu fördern und über die reine Wissensvermittlung hinaus zu sozialen Verhaltensweisen zu erziehen.

Dabei haben wir uns mit dem Problem auseinanderzusetzen, daß die neugewonnene demokratische Freiheit die Eltern dazu verführt, die Pflichten der Erziehung mehr und mehr auf den Staat abzuwälzen, ein Versäumnis, das den Machtgelüsten der modernen Diktaturen nur gelegen kommt. Bereitwillig übernehmen sie die Erziehungsaufgaben, um die heranwachsenden Kinder in ihrem Sinne beeinflussen zu können.

Um die großen Chancen und Gefahren einer jeden Schulerziehung erkennen zu können, ist es gut, den Blick einmal in die Vergangenheit zu richten und die Formen und Auswirkungen der Schulsysteme verschiedener Zeiten miteinander zu vergleichen.

Nirgendwo hat sich bis jetzt die Form der Schule über so lange Zeit hinweg halten können wie im alten China, wo sie seit KONFUZIUS (551 v. Chr.) unverändert bestehenblieb. In keinem Land der Erde ist aber auch das Zusammenleben der Menschen je so gründlich durchdacht und geordnet worden. Konfuzius und seinen Anhängern gelang es, das ganze Land in eine große Erziehungsanstalt zu verwandeln. Sie lehrten das Volk, sich als eine große Familie zu betrachten und den Kaiser als Vater anzusehen. Wenn die kleine Familie durch strikten Gehorsam in Ordnung gehalten werden konnte, dann mußte das auch in der großen Volksfamilie möglich sein. Um das zu erreichen, wurde der Gehorsam als höchste Tugend geradezu verklärt. Diesem und keinem anderen Ziel hatte auch die Schule zu dienen. Der Schüler mußte so erzogen werden, daß er, wie Konfuzius einmal von sich selbst sagte, *keinen Widerspruch des Herzens gegen das Gesetz mehr empfand.*

Mit beharrlicher Unnachgiebigkeit, mit Klugheit und Strenge versuchten die Lehrer den Kindern von frühester Jugend an die hohe Achtung vor jeder höhergestellten Persönlichkeit und die tiefe Unterwerfung der eigenen Person einzuimpfen. Der Schüler hatte sich stets einer anständigen Haltung zu befleißigen, darum durfte er nie die Beine übereinanderschlagen oder sich bequem anlehnen. Er hatte auf der Straße ruhig und gesittet einherzuschreiten, durfte nicht Arm in Arm mit seinen Kameraden gehen und sich nicht in Spiele einlassen. Begegnete er einem Vorgesetzten oder einem älteren Verwandten, so neigte er sein Haupt, kreuzte die Hände über der Brust und verbeugte sich tief. In der Schule saß man dem Alter nach geordnet. Faule Schüler wurden durch stufenweise gesteigerte Strafen zum Fleiß angehalten. Wenn ernste Ermahnungen nicht halfen, mußte das Kind knien, zuerst auf seinem Platz, dann vor der Türe, und wo auch das nichts nützte, wurden strenge körperliche Züchtigungen angewandt. Die höflichen und wohlerzogenen Kinder Ostasiens haben stets die Bewunderung der europäischen Reisenden erregt. Daß diese, dem Augenschein nach, stets braven und freundlichen Knaben zuweilen furchterregende Wutanfälle bekamen, erlebten nur diejenigen, die sich längere Zeit im Lande aufhielten.

Die komplizierte und schwer zu erlernende Schrift und Sprache erforderte ein langes und gewissenhaftes Studium. Dementsprechend genoß der Lehrer eine hohe Achtung. *Wen man einmal für seinen Lehrer erkannt hat, den muß man sein Leben lang wie einen Vater verehren.* Die übermäßige Sorgfalt, die man im alten China der Erziehung widmete, galt allerdings nur zum geringsten Teil der Bildung und Entwicklung des einzelnen Menschenkindes. Wenn hier die These aufgestellt wurde: *Das Ziel aller Erziehung und alles Studiums bleibt immer die Tugend,* dann bezweckt diese Tugend lediglich die Unterwerfung des Individuums unter die Obrigkeit. Sie diente ausschließlich der Ordnung im Staate. Wir wollen den chinesischen Philosophen gern glauben, wenn sie uns sagen, daß darüber hinaus die Selbstaufgabe des einzelnen nicht nur der Ordnung im Staate, sondern auch der Seelengröße des Verzichtenden zugute kommt. Aber die allzu rigorose Mißachtung der persönlichen Freiheit hat in China im Laufe der Zeit alle schöpferische Initiative im Keim erstickt. Der Verzicht, ja das Verbot aller kritischen Äußerungen ließen hier eine durch die autoritäre Ordnung gut abgesicherte Korruption entstehen, die es einer kleinen Oberschicht ermöglichte, in unvorstellbarem Luxus zu leben, während alljährlich zahllose Bauern verhungern mußten. Den Reisenden aus fernen Ländern kam China wie ein Land vor, in dem die Zeit tausend Jahre stehengeblieben war.

In unserer abendländischen Vergangenheit ist das Ziel, den Menschen zu einem guten Staatsbürger zu erziehen, auf verschiedenen Wegen und mit unterschiedlichem Erfolg versucht worden. In Sparta war die Furcht vor den Zufälligkeiten einer Erziehung in der Familie so groß, daß der Staat die Kinder kurzerhand nach dem siebten Lebensjahr ihren Eltern wegnahm. Dieser durch und durch militärische Staat konnte seine zukünftigen Soldaten am besten heranbilden, wenn er sie so früh wie möglich in Gruppen zusammenfaßte, weil sich hier das System von Gehorchen und Befehlen am besten durchführen läßt. Das Hauptaugenmerk wurde auf die Ausbildung eines gesunden und kräftigen Körpers gelegt, darum hat man in Sparta schwächliche und kranke Kinder gar nicht erst großgezogen.

Zur Abhärtung gegen Hitze und Kälte trugen die Kinder Sommer und Winter leichte Kleidung. Sie schliefen auf einem harten, kalten Lager aus Schilfblättern, die sie sich selbst am Fluß, in dem sie auch täglich baden mußten, ausrissen. Die sportlichen und militärischen Übungen steigerten sich von Jahr zu Jahr. Hierbei wurden stets die älteren Jahrgänge zu Führern der Jüngeren eingesetzt. Ein denkbar sparsam zubereitetes und knapp bemessenes Essen sollte die Kinder beizeiten an das Ertragen von Hunger und Durst gewöhnen. Wer nicht satt wurde, versuchte von den Tischen der Älteren etwas zu stehlen. Das war nur offiziell verboten, wer sich ertappen ließ, bekam Schläge.

Von Zeit zu Zeit fanden regelrechte Prügelveranstaltungen statt, bei denen die Erwachsenen die Kinder durch Zurufe anspornten, diese grausame Prozedur ohne Klagen auszuhalten, da sie der Abhärtung gegen Schmerzen diente.

Dem übertriebenen körperlichen Training stand eine recht dürftige geistige Ausbildung gegenüber. Lesen und Schreiben lernte nur, wer wollte, und auch Rechnen stand nicht auf dem Lehrplan. Neben den sportlichen Übungen wurde nur Musik, Tanz und Gymnastik gelehrt. Von der Musik berichtet PLUTARCH, daß sie einen anfeuernden Charakter besessen habe, der den Schülern Mut und Begeisterung einflößte; die Gesänge berichteten von den kriegerischen Erfolgen der Vorfahren und machten die Besiegten lächerlich und verächtlich.

Um die Knaben an das rohe und draufgängerische Soldatenleben zu gewöhnen, schickte man die kräftigsten und verwegensten unter ihnen aufs Land, mit Marschverpflegung und einem Dolch ausgerüstet. Tagsüber versteckten sie sich in Schlupfwinkeln und ruhten sich aus. Des Nachts zogen sie umher und töteten die Sklaven, die ihnen in die Hände fielen.

Wie die Gymnastik und die Musik nur der Gewandtheit und der Erweckung kriegerischer Gefühle zu dienen hatten, so übte man in den Schulen auch eine gewisse Art von Redegewandtheit, die eine wache Aufmerksamkeit und eine schnelle Reaktionsfähigkeit entwickeln sollte. Langes Reden war verpönt, darum legte man Wert auf kurze, schlagfertige Antworten, die den Kern der Sache treffen mußten.

Die Erziehung in Sparta stellt den fast frivol anmutenden Versuch dar, die persönliche Entscheidungsfreiheit restlos der militärischen Ausbildung zu opfern. In der Vorstellung eines ›gut erzogenen‹ spartanischen Knaben bestand die Welt aus zwei Gruppen von Menschen. Die Guten, das waren die Spartaner, und die Bösen, das waren alle anderen, vornehmlich die Sklaven und die Fremdlinge. Wenn man den Schülern die Schändlichkeit der Trunksucht demonstrieren wollte, zwang man einen Sklaven, sich zu betrinken, und stellte dann den grölenden Mann im Speisehaus allen Kindern zur Schau, die dann den ›Trunkenbold‹ verhöhnen durften. So wuchs in einer Verbindung von Engstirnigkeit und maßloser Überheblichkeit das ›starke Geschlecht‹ der Spartaner heran.

Noch keine zweihundert Kilometer von Sparta entfernt lebten zu gleicher Zeit die Kinder von Athen in einer entschieden freieren Atmosphäre. Hier hatte sich die Bevölkerung, durch die Lage am Meer, schon früh neben dem Ackerbau und der Viehzucht dem Handel und den Gewerben zugewandt und dadurch ihren Gesichtskreis erweitert. Zwar gehörten auch in Athen die Knaben, die die Schule besuchten, einer kleinen Schicht von Bevorzugten an, die jede körperliche Arbeit verachteten und sie darum von Sklaven ausführen ließen. Aber während in Sparta die Herrenschicht zu ›Sklaven‹ ihrer Erziehungsvorstellungen wurde, entwickelte sich in Athen eine freie Geisteskultur, da sich die führenden Klassen der Athener als freie Bürger betrachteten. Als solche stellten sie ihre Kraft nun im ›freien Willen‹ in den Dienst des Staates.

Auf diese Rolle der freien Bürger sollten auch die Kinder vorbereitet werden. ARISTOTELES will *die Kinder als unvollendete Wesen zu vollendeten Bürgern erziehen.* Die Schulen sind hier – mit Ausnahme der Gymnasien – keine staatlichen Einrichtungen, und zum Schulbesuch wird niemand gezwungen. Aber die Bildung genießt in Athen so hohes Ansehen, daß es zum guten Ton gehört, die Kinder zur Schule zu schicken. *Die Vernachlässigung der Erziehung ist für den Staat höchst schädlich. Selbst die nützlichsten Gesetze helfen nichts, wenn die Bürger nicht für den Staat geistig und sittlich erzogen sind,* sagt Aristoteles. Außerdem sei es eine Schande, keine Erziehung genossen zu haben: *Der, welcher Erziehung genossen hat, unterscheidet sich von dem Ungezogenen wie der Lebende von dem Toten.*

Diese Erziehung beginnt schon früh in der Spielgemeinschaft, im ›Freistaat der Spielenden‹. Hier lernt das Kind im Spiel mit den Kameraden das Zusammengehörigkeitsgefühl, aus dem sich später der Gemeinsinn entwickelt, auf dessen Pflege man in Athen so großen Wert legt. Allerdings schließt dieser ›Sinn für das Allgemeine‹ nur die ›Gleichen‹ ein. Der Sklave, der Knecht, der die grobe Arbeit verrichtet, ist aus dieser Gemeinschaft ausgestoßen. Er bleibt ungebildet und ist darum in den Augen des Griechen im Grunde gar kein richtiger Mensch. Man unterjocht ihn, ohne sich dessen zu schämen. Schon für den nicht sehr wohlhabenden Bürger war der Schulbesuch mit Schwierigkeiten verbunden, da die Schule eine Privateinrichtung war und der Lehrer bezahlt werden mußte. Es gab freigeborene Knaben, die des Nachts ein Handwerk ausübten, um tagsüber die Schule besuchen zu können.

Wenn der Knabe mit sieben Jahren den Schulweg antrat, benötigte er einen Knabenführer – einen ›Pädagogen‹ –, der ihn auf Schritt und Tritt begleitete und bediente. Die Unterrichtshalle befand sich meist in der Nähe des Gymnasiums. Der Lehrer schrieb an eine Ziegelwand, und die Schüler hatten Wachstäfelchen, in die sie mit einem Stift Buchstaben einritzten. Da es keine Bücher gab, waren die Kinder darauf angewiesen, viel auswendig zu lernen: Sie bewahrten den HOMER und die Fabeln des ÄSOP in ihrem Gedächtnis.

Diese Art von ›geistigem Besitz‹ hat bis zur Erfindung der Buchdruckerkunst eine Bedeutung gehabt, deren Wert wir heute gar nicht mehr ermessen können. Neben der Kunst des Lesens und Schreibens lernten die Kinder Grammatik, Musik, Zeichnen. Im Gymnasium wurde die rhythmische und beherrschte Bewegung des Körpers geübt. In dieser Verbindung von Körpererziehung und Geisteskultur gelang den Bürgern von Athen eine hochstehende Form der Menschenbildung, die dem einzelnen bei aller Gebundenheit an den Staat die Freiheit des selbständigen Denkens erlaubte.

Wenn allerdings im Staatsleben immer wieder große Mängel und Krisen zutage traten, dann mißtraute man gelegentlich der freien Erziehungsform, und selbst die Philosophen liebäugelten mit einer strafferen Lenkung. So besitzt die Schule, die PLATO in seinem Programm eines Idealstaates entwirft, große Ähnlichkeiten mit den autoritären Formen der spartanischen Erziehung, wenn auch die Grundeinstellung humaner bleibt.

Als die ersten Griechen nach Rom kamen, hielten sie vergeblich nach öffentlichen Schulen Ausschau – es gab keine. Jegliche Form von Schulbildung war im alten Rom unbekannt. Hier lernte das Kind vom Vater und von der Mutter, vom Zusehen und Zuhören, was es zum Leben brauchte, wenn nicht ein Privatlehrer diese Bildung im Einzelunterricht ergänzte oder erweiterte.

Erst nach der Unterwerfung Griechenlands kamen viele griechische Lehrer nach Rom und richteten Grammatikschulen ein, in denen dann die Kinder der Patrizier und reichgewordenen Plebejer unterrichtet wurden. Vom zehnten bis zwölften Lebensjahr wurden hier Kinder im Lesen und Schreiben unterwiesen und lernten zugleich die Kunst, sich gut auszudrükken. Diese Schulen hielten ihren Unterricht meist in Buden auf offener Straße, ›in triviis‹, ab, darum nannte man sie Trivialschulen.

Der erste Lehrer, der aus der Staatskasse besoldet wurde, ist QUINCTILIAN. Er ist berühmt geworden, weil er in einer zuvor nicht gekannten Weise die Eigenart des Kindes berücksichtigte. Er betrachtete das Kind nicht mehr nur als einen kleinen, noch unvollkommenen Erwachsenen, das man auf die Finger schlug, wenn es nicht lernen wollte oder konnte. Quinctilian begann damit, die Kinder im Spiel an das Lernen heranzuführen. Er wollte ihnen die Lust und Liebe zum Lernen erhalten, weil er erkannte, daß man nur das wirklich behält, was man mit Freude und Interesse gelernt hat. *Nur nicht beeilen beim Lernen!* riet er, *man muß dem Kind Zeit lassen, mit dem Neuen bekannt zu werden.* In die Wachstafeln, die zum Schreiben benützt wurden, ließ er Buchstaben eingraben, damit die Kinder die Linien nachziehen konnten, bevor sie schreiben lernten. Als Lesestoff wählte er bewußt schöne Worte und bedeutende Texte, weil sich, wie er sagte, die ersten Worte und Sätze, die das Kind lernt, besonders tief ins Gedächtnis eingraben. Im Rechenunterricht bediente man sich zu jener Zeit viereckiger Brettchen mit verschiebbaren Knöpfen, aber man rechnete auch mit den Fingern. Da jede Beugung des Fingers eine bestimmte Zahl bedeutete, mußte der Schüler immer genau auf die Fingerstellung des Lehrers achten.

Quinctilian gönnte den Kindern auch Erholung während der Schulzeit. Das Spiel, das man bis dahin meist geringgeschätzt oder von einer bestimmten Altersstufe an verboten hatte, betrachtete er als ein Zeichen geistiger Munterkeit. Er verurteilte jede körperliche Züchtigung. Wer sich nicht durch Verweise bessere, der verhärte sich nur durch Schläge. Beim Schlagen zerknickt man die Seele des Kindes! Gute Aufsicht macht Strafe überflüssig, und Prügel, so sagt er, sind nur durch die Nachlässigkeit der Lehrer eingeführt worden.

Diese Gedanken wurden in ähnlicher Form im Laufe der Jahrhunderte immer wieder, aber nur von einzelnen Erziehern, ausgesprochen. Und es dauerte noch fast zweitausend Jahre, bis sie Allgemeingut wurden.

Schulen mit ungelernten Lehrern

Als sich das Christentum in den ersten Jahrhunderten unserer Zeitrechnung mehr und mehr auf dem römischen Territorium ausbreitete, gab es zum erstenmal Schulen, in denen keine Klassenunterschiede gemacht und Sklaven so gut wie die Vornehmen unterrichtet wurden. Die Christen knüpften damit an die Tradition des Alten Testamentes an, in dem gesagt war: *Wie hat Er so hoch unseren Vätern geboten, das Gesetz den Kindern kundzutun, und zu lehren Kind und Kindeskind.* Damit waren nicht nur die Wohlhabenden, sondern die Kinder des gesamten Volkes gemeint. Priesterliche Leviten unterrichteten die Kinder in den Lehrhäusern und später in der Synagoge. Während der Lehrauftrag, den das jüdische Volk erhalten hatte, sich nur auf die Kinder Israels bezog, erweiterte Jesus ihn mit voller Absicht auf alle Menschen, indem er seinen Jüngern gebot: *Gehet hin und lehret alle Völker.* In den Katechetenschulen der frühen Christenheit saßen Arme und Reiche verschiedener Nationen und hörten die Botschaft der Liebe, die alle Menschen brüderlich vereinen sollte.

Dieser hoffnungsvolle Anfang verlief jedoch wieder im Sande, je mehr sich die neue Kirche mit der weltlichen Macht verquickte und auch als solche manifestierte. Die Schule diente schließlich nur noch der Ausbildung des Priesternachwuchses. Man erhob das Latein zur Kirchen- und Gelehrtensprache und schloß dadurch das einfache Volk ganz von der Bildung aus. Die dadurch entstandene Kluft zwischen dem ›gebildeten‹ und dem ›einfachen‹ Manne förderte auf der einen Seite Überheblichkeit und Hochmut und auf der anderen Aberglauben und Unwissenheit.

Nur in Irland bestand eine stärkere Bindung zwischen Klerus und Volk. Die irischen Mönche widmeten sich mit großem Eifer dem Unterricht der Kinder und übten dadurch auf das ganze Volk einen veredelnden Einfluß aus.

Ein britischer Mönch war es, der Karl den Grossen anregte, sich intensiver um Erziehung und Unterricht zu kümmern. Nachdem Karl zunächst mit dem Schwert versucht hatte, das Christentum gewaltsam zu verbreiten, begann er, unter dem Einfluß Alkuins, mit einer ›Welteroberung innerer Art‹. Er verpflichtete die Geistlichen, in jedem Dorf die Kinder das Vaterunser und das Glaubensbekenntnis zu lehren. Die Kinder sollten dieses Wissen dann den Eltern weitergeben. Unter seinem gestrengen Regiment war *jeder seiner Untertanen, ob Mann oder Weib, bei Strafe – Schläge oder Fasten – gehalten, das Glaubensbekenntnis oder das Vaterunser, womöglich in lateinisch, jedenfalls in der Muttersprache auswendig zu können.*

Besonderen Wert legte Karl auf die Einrichtung von Domschulen, die dem geistlichen Nachwuchs, aber auch der allgemeinen Bildung dienen sollten. Hier konnten auch Kinder aus dem Volk eintreten. Seine Bemühungen um das Schulwesen sind durch eine Legende illustriert, die ihn bei der Inspektion seiner Hofschule zeigt. Als der Kaiser die Arbeiten der Schüler vorgelegt bekam, erwies sich, daß die Kinder von niederer Herkunft ihre Sache vortrefflich, die Kinder vornehmer Eltern dagegen recht ungenügend gemacht hatten. *Wie beim Jüngsten Gericht ließ Karl nun die guten Schüler zu seiner Rechten, die schlechten zur Linken antreten. Jene belobte er und versprach ihnen, ihren Fleiß dereinst durch die Verleihung von Bistümern und Abteien zu belohnen. Die schlechten aber donnerte er an, flammenden Blickes: »Ihr adeligen Bürschchen, fein geschniegelt und gebügelt, eingebildet auf eure vornehme Geburt und euren Reichtum, ihr wagt es, gegen meinen Willen und wider euer eigenes Bestes die Schularbeiten zu vernachlässigen und euch dem Wohlleben, dem Spiel, der Faulheit oder unnützem Tand hinzugeben! Wartet nur«, rief er mit schrecklicher Stimme und erhob dabei sein mächtiges Haupt und die nie besiegte Rechte, »beim Könige des Himmels« – sein gewöhnlicher Schwur –, »ich*

Lehrer und Schüler. Holzschnitt 1479

schere mich viel um euren Adel und eure Feinheit. Andere mögen es bewundern, ich aber sage euch, wenn ihr nicht auf der Stelle eure frühere Faulheit durch angestrengten Fleiß wiedergutmacht, habt ihr von Karl niemals etwas Gutes zu erwarten.«

Der Plan, nach der Ausbildung von Priestern im ganzen Lande Pfarrschulen einzurichten, verfiel mit dem Tode Karls rasch wieder. Schulen gab es fortan nur noch für den geistlichen Nachwuchs, darum war während des ganzen Mittelalters in der Vorstellung des kleinen Mannes Bildung stets nur mit dem geistlichen Stand verknüpft. Die Ausbildung übernahmen die Klosterschulen, und sie standen auch den Kindern aus dem Volke offen. In seinen ›Schülererinnerungen‹ hat WALAFRIED STRABOS, der spätere Abt zu Reichenau, uns ein Bild von dem Leben in einer Klosterschule aus dem Jahre 815 hinterlassen:

Ich war völlig unwissend und staunte sehr, als ich die großen Klostergebäude sah, in denen ich von nun an wohnen durfte; ich war erfreut über die Menge der Kameraden und Spielgenossen, die mich freundlich bewillkommneten. Übrigens habe auch ich ihnen manche Freude gemacht, indem mir alles neu und ungewohnt vorkam, weswegen ich oft linkisch und ungeschickt oder zur Unzeit nachahmte, was ich andere tun sah. Allein schon nach wenigen Tagen fand ich mich besser zurecht, und kaum hatte ich mich in die gemeinsame Ordnung fügen gelernt, so überwies mich der Scholastikus Grimald einem der Meister, bei dem ich lesen lernen sollte. Ich war da nicht allein, sondern es waren noch mehrere Knaben meines Alters bei ihm, vornehmen und geringen Standes, die aber alle schon weiter vorgerückt waren. Die gütige Nachhilfe meines Lehrers und der Ehrgeiz trieben mich wechselweise an, dieser Beschäftigung mit Eifer zu obliegen, und nach einigen Wochen hatte ich es so weit gebracht, daß ich nicht nur dasjenige, was man mir auf meine Wachstafel schrieb, sondern auch das lateinische Buch, das man mir gab, mit einiger Geläufigkeit lesen konnte. Darauf bekam ich ein deutsches Büchlein, das mir zwar beim Lesen mehr Mühe kostete, aber dafür eine herzliche Freude machte. Denn, wenn ich etwas gelesen hatte, verstand ich es auch, was beim Lateinischen nicht der Fall gewesen war, so daß ich mich anfänglich sehr verwunderte, wie man lesen und das Gelesene zugleich verstehen könne.

Im Herbste, zur Zeit der Obstlese, war mehrere Tage keine Schule; wir fuhren mit unsern Lehrern nach Herzenslust auf dem See herum oder lasen Äpfel unter den reichbeladenen Bäumen auf, die das Kloster umgaben. Als diese Freudentage vorüber waren, mußte ich anfangen, die Buchstaben, die ich nun kennen und verbinden gelernt hatte, auf meiner Wachstafel nachzuzeichnen, ein Geschäft, das mir nicht recht zusagen wollte. In meiner Langeweile verfiel ich auf manch andere Dinge und neckte meine Kameraden, was mir Verweise und manchmal auch Schläge zuzog.

Das Lernen scheint den Schülern ebenso große Schwierigkeiten bereitet zu haben wie den Lehrern das Unterrichten. *Wo gibt es irgendeinen Lehrgegenstand, der ohne schwere Züchtigungen erlernt werden könnte? Welche Schläge, welche Schmerzen erdulden die Jünger der Musik, wie werden die Lehrlinge der Heilkunst geschunden!* klagt der Mönch COLUMBAN im 6. Jahrhundert.

In St. Gallen steckte einmal ein Schüler aus Angst vor Strafe das ganze Kloster in Brand. Man hatte den Schülern befohlen, sich auszuziehen, um die Prügel in Empfang zu nehmen, und einen von ihnen auf den Boden geschickt, wo die Ruten aufbewahrt wurden. In seiner Angst riß der Knabe ein brennendes Scheit aus dem Ofen und steckte es zwischen die dürren Sparren des Daches. Als man ihm zurief, er solle sich beeilen, schrie er: ›Es brennt!‹ Da war alle Strafe vergessen, ›schneller als das Wort‹ hatten sich die Zöglinge angekleidet und liefen den Exekutoren auf und davon.

Neben diesen Klosterschulen gab es vereinzelt Privatlehrer, die ihre Kenntnisse anbrachten, wo immer sie benötigt wurden. Manche fanden auf den Burgen ein Unterkommen. Dort sammelte man, meist am Hof des Landesherrn, die Kinder der adeligen Familien aus der Umgebung, um ihnen gemeinsam eine ritterliche Erziehung angedeihen zu lassen. Dazu gehörte auch ein wenig Lesen und Schreiben. Daß sie diesem Unterricht kein besonderes Interesse entgegenbrachten, geht aus GOTTFRIED VON STRASSBURGS ›Tristan und Isolde‹ hervor:

Die Bücherweisheit und ihr Zwang
War seiner Sorgen Anfang.

Das Hauptgewicht der Erziehung zum Ritter lag auf der Erlernung des Waffenhandwerks. Im Reiten, Jagen und Schießen übten sich die Knaben unter der Aufsicht des Hof- oder Zuchtmeisters; höfische Sitten lehrte sie die Herrin selbst.

Auf die geistige Bildung der Mädchen wurde damals schon mehr Wert gelegt. Von Isolde wird berichtet:

Das schöne Mägdlein verstand
Ihre Develiner Sprache fein,
Dazu Französisch und Latein;
Sie konnt' in welscher Weise
Fiedeln laut und leise.
Mit den Fingern konnte
Isot, wenn sie's begonnte,
Gar wohl die Leier rühren
Und aus der Harfe führen
Den Ton, daß er das Herz beschlich;
Auf und ab behendiglich
Ließ sie die Noten gleiten;
Auch sang sie in die Saiten
Gar wohl aus süßem Munde.

Mädchenschule im 17. Jahrhundert

Einige Nonnenklöster widmeten sich mit besonderer Sorgfalt der Erziehung der Mädchen. Es gab aber auch private Schulen, von Lehrfrauen geleitet, die manchmal sogar von Knaben und Mädchen besucht wurden, weil sie ein besonderes Ansehen genossen. Diese Schulen wurden allerdings nur von den Kindern reicher Bürger besucht.

Erst mit dem Beginn der Handwerkskultur entstanden in den aufblühenden Städten die ersten öffentlichen Schulen. Die Handwerker und Kaufleute waren gezwungen, Briefe und Rechnungen zu schreiben, der Magistrat benötigte Stadtschreiber, so machte sich allmählich ein dringendes Bedürfnis nach geregeltem Schulunterricht bemerkbar. Als nun die Städte darangingen, Schulhäuser zu bauen, entsann sich die Kirche ihrer alten Rechte und verbot dem Magistrat das Einrichten von Schulen. Es begann ein oft jahrelang andauernder Streit zwischen Kirche und Stadt um das Recht der Schulhaltung.

Währenddessen tauchten überall wandernde Schulmeister auf, die dem Lernbedürfnis entgegenkamen. Sie zogen von Ort zu Ort oder eröffneten Privatschulen, auch Winkelschulen genannt. Gegen diese wehrten sich wiederum die an Berechtigungswesen gewöhnten Zünfte, und so kam es schließlich überall zu öffentlichen Schulen, die entweder vom Magistrat oder vom Domkapitel betreut wurden. Oft überließ man den Städten den Anfangsunterricht in den Elementarschulen, wo man in deutscher Sprache schreiben und lesen lernte, während die Pfarr- oder Domschulen in lateinischer Sprache unterrichteten.

Für den Besuch der Schule hatten die Kinder ein Schulgeld zu entrichten, außerdem mußten sie im Winter die Beleuchtung in Form von Talgkerzen und das Heizmaterial stellen. Für armer Leute Kinder blieb nichts anderes übrig, als sich das Schulgeld zu erbetteln. Sie zogen in Gruppen von Haus zu Haus und sangen vor den Türen geistliche Lieder. Solch bettelnde und singende Schüler nannte man Kurrende.

Thomas Platter erzählt in seinen Erinnerungen, daß er eines Morgens noch kein Holz hatte, als er zur Schule ging. Er kam gerade an einer Kirche vorbei und dachte: *Du hast kein Holz, und es stehen so viele Götzen in der Kirch, um die kümmert sich niemand. Da ging ich in die Kirch zum nächsten Altar, erwischte einen Johannes und mit ihm zur Schul in den Ofen; und sprach zu ihm: »Jögli, nun bück dich, du mußt in den Ofen.« Als er anfing zu brennen, machte er ein wüstes großes Knattern, nämlich die Ölfarbe. Ich dachte nun: »Halt still, rührst du dich, was du aber nicht tun wirst, so will ich das Ofentürlein zutun; er soll nicht heraus, der Teufel trage ihn denn heraus.« Indem kam Myconius' (des Lehrers) Frau, die zur Kirche in die Predigt wollte und bei der Tür vorbeiging und sprach: »Gott gebe dir einen guten Tag, mein Kind, hast gut geheizt.« Ich tat das Ofentürlein zu und sprach: »Ja Mutter, ich hab schon warm gemacht.« Ich wollt es ihr aber nicht sagen, sie hätte schwatzen können und wenn es herausgekommen wär, hätte es mich damals mein Leben gekostet. Und Myconius sprach in der Lection: »Custos, du hast heute gut Holz gehabt.«*

Der Lehrer, auch Schulhalter genannt, betrieb seinen Beruf wie andere ein Handwerk. An seiner Türe hing ein Schild, auf dem etwa zu lesen war:

Deutlich lesen, zierlich schreiben,
Künstlich rechnen, züchtig bleiben,
Tugend lieben, Gott recht kennen,
Ist der Grund und Mittelpunkt
aller Trefflichkeit zu nennen.
Willst du nun dein Kind zu mir
und zu meiner Schule kehren,
Werde ich diß alles dich
unter Gottes Gnade lehren.

Oft übte der Lehrer neben dem Schulunterricht noch einen zweiten Beruf aus. In kleineren Orten hatte er zugleich das Amt des Küsters und des Gemeindeschreibers.

Eine pädagogische Ausbildung gab es damals noch nicht. Wie man heute noch den Eltern ohne weiteres zutraut, daß sie ohne jegliche Vorbildung in der Lage sind, ihre Kinder zu erziehen, so vertraute man damals seine Kinder jedem beliebigen Menschen an, der des Lesens und Schreibens kundig war. Bestenfalls konnte der Lehrer auf ein abgebrochenes theologisches Studium zurückblicken. Nicht selten gab sich ein fahrender Schüler zweifelhafter Herkunft und Vergangenheit als Lehrer aus. In vielen Fällen fand sich ein Handwerker, der die Kunst des Lesens und Schreibens beherrschte, zu diesem Nebenverdienst bereit.

Viele Mühe machten sich diese Leute nicht mit den Kindern. Der Unterricht bestand im Vor- und Nachschreiben und Vor- und Nachsprechen. Wer von den Kindern sich bei dieser Methode langweilte oder nicht schnell genug auswendig lernte, bekam die Rute zu spüren. Von ihrer Wirkung versprach sich jedermann Wunderdinge, und wer sie etwa anzweifelte, galt als unsolide. Nur gegen allzu grobe Auswüchse erhob sich zuweilen Protest. LUTHER, der selbst durchaus kein Gegner körperlicher Züchtigungen war, ereiferte sich doch gelegentlich über die Grobiane unter den Schulmeistern:

Wie vor dieser Zeit die Schulmeister gewesen sind, da die Schulen rechte Kerker und Höllen, die Schulmeister aber Tyrannen und Stockmeister waren, denn da wurden die armen Kinder ohne Maß und ohne alles aufhören gestäupt, lernten mit großer Arbeit und unmäßigem Fleiß, doch mit wenigem Nutzen.

So erfindungsarm diese Schulmeister sich auch in der Unterrichtsmethode bewiesen, im Hinblick auf Strafen entfalteten sie eine üppige Phantasie. Die Kinder wurden an den Schulpranger gestellt, auf ein Gerüst gebunden und schnell im Kreise herumgewirbelt, bis sie das Bewußtsein verloren. Man stülpte ihnen Narrenkappen oder unförmige Mützen auf den Kopf, setzte sie auf einen Esel und überließ sie dem Gespött der Kameraden. Sie mußten auf Erbsen oder Kirschkernen knien und vieles andere mehr.

Die guten Erzieher, die es auch zur damaligen Zeit gab, erreichten mit ihren Ratschlägen meist nur einen kleinen Kreis von Gebildeten. ERASMUS schrieb 1529 in seinen Pädagogischen Schriften über den Umgang mit Kindern:

Für diese ist nichts schädlicher, als wenn sie an Schläge gewöhnt werden. Denn werden dieselben im Übermaß erteilt, so bewirken sie, daß eine edler angelegte Natur unlenksam wird, eine weniger empfindsame in Verzweiflung gerät; wiederholen sie sich fortwährend, so haben sie zur Folge, daß sowohl der Körper gegen die Hiebe abgestumpft als auch der Geist für Worte unempfänglich wird. Ja, nicht einmal allzuheftiges Schelten darf häufig vorkommen. Ein Heilmittel, verkehrt angewendet, verschlimmert die Krankheit, anstatt sie zu heben, und beständig angewendet, hört es mit der Zeit auf, ein Heilmittel zu sein und bringt eine schädliche Wirkung hervor.

Diese Worte drangen aber kaum einmal bis zum Dorf- oder Stadtschulmeister. Die Gelehrten waren vom einfachen Volk durch einen unüberbrückbaren Graben getrennt. Auch MONTAIGNE, der sich in seinen Essays oft mit Erziehungsfragen beschäftigte, hatte nur die hofmeisterliche Erziehung der Söhne des Adels im Auge, wenn er dem Lehrer empfiehlt, wie er seine Methode verbessern soll:

Bettelnde Schüler in Nürnberg. 1669

Gewöhnlich schreit man uns beim Unterricht fortgesetzt in die Ohren, wie wenn man etwas in einen Trichter gießt; die Lernenden haben dann nur zu wiederholen, was ihnen gesagt worden ist; gerade diese Methode sollte er verbessern. Von Anfang an sollte er den Kinderseelen, die ihm anvertraut sind, die Dinge hinzeigen, so wie sie sie verstehen können, so daß sie ihre Freude daran haben, daß sie sie unterscheiden und ihre Wahl treffen lernen; manchmal sollte er sie dabei führen, manchmal selbst den Weg finden lassen. Oft muß er den Schüler reden und gleichsam vor sich herlaufen lassen, um zu sehen, wie er sich anstellt, und danach beurteilen zu können, wie weit er selbst von seiner Höhe herabsteigen muß, um ihm verständlich zu bleiben. Wenn wir dies richtige Verhältnis zum Lernenden außer acht lassen, verderben wir alles; es ist aber außerordentlich schwierig, dabei den rechten Ton zu treffen und alle Übertreibung zu vermeiden. Nur wer sich seelisch ganz in der Gewalt hat, kann sich ohne Gefahr dem kindlichen Denken anpassen und dabei doch die Führung nicht verlieren. Beim Aufwärtssteigen ist mein Schritt sicherer und fester als beim Abwärtssteigen. – Bei dieser Art Erziehung darf man nichts mit Gewalt oder mit Zwang zu erreichen versuchen; ein gut angelegter Junge wird dadurch nur verschüchtert und entnervt. Soll er später empfindlich gegen Schande und Züchtigung werden, gewöhnt ihn nicht daran; gewöhnt ihn an die Abhärtung durch Schwitzen und Frieren, durch Wind und Sonne durch das Risiko, das er verachten lernen muß. – Ich fasse das Hauptergebnis dieses Kapitels nochmals zusammen: Das wichtigste ist, Lust und Liebe zur Sache zu wecken; sonst erziehe ich nur gelehrte Esel, und man erreicht nur, daß sie einen Sack voll toten Wissens, das ihnen eingeprügelt ist, mit sich herumtragen; aber man darf das Wissen, wenn es richtig wirken soll, nicht nur in sich anhäufen, es muß ganz unser eigen werden.

Aus den Worten Montaignes spricht der Geist des Humanismus, der nach jahrhundertelanger geistiger Verengung durch eine diesseitsfeindliche Bildung die Größe und Schönheit der Welt entdeckt hat und den Menschen befähigen möchte, sie auch zu begreifen. Sie sind aber auch der Beginn einer Geisteshaltung, die wagt, an den menschlichen Daseinsbedingungen Kritik zu üben. Aus seinem Skeptizismus entspringt die Besinnung auf die Vernunft des Menschen, die als beherrschender Faktor in der nachfolgenden Epoche wagen wird, auch die Fragen der Erziehung neu durchzudenken.

John Locke wirbt für gesunde Erziehung

Von England wehte im 18. Jahrhundert ein frischer Wind in die schlecht gelüfteten, muffigen Kinderstuben. In der mittelalterlichen Erziehung war der Körper ein Stiefkind, seine Vernachlässigung ging so weit, daß die einfachsten Regeln der Sauberkeit in Vergessenheit gerieten. In den Schulen trieb man reines Gedächtnistraining. Von dem ›sündigen‹ Körper nahm man sowenig wie möglich Notiz. Nur wenn das Gedächtnis streikte oder der Wille sich einmal auflehnte, war der Körper gerade gut genug, die Prügel in Empfang zu nehmen.

Gegen diese Unterbewertung des Körpers richtete sich die Kritik John Lockes. Mit nüchternem, klarem und praktischem Verstand übertrug er die weltbejahenden Gedanken der Humanisten auf das Gebiet der Kindererziehung. Locke war kein gelernter Pädagoge – aber wer war das überhaupt zu seiner Zeit –, er hatte Philosophie und Medizin studiert und sich mit Naturwissenschaften beschäftigt. Seine pädagogischen Schriften sind nur auf den Umstand zurückzuführen, daß ihm Lord Shaftesbury eines Tages seinen kränklichen Sohn zur ärztlichen Pflege und Erziehung übergab. Das kranke Kind gedieh unter seiner Obhut ausgezeichnet und wurde gesund und stark.

Die Erziehungsmethode war für seine Zeit so ungewöhnlich, daß er sie in seinen ›Gedanken über Erziehung‹ zu Papier brachte. Mit diesem Buch hat Locke nicht nur die Erziehung in England nachhaltig beeinflußt, bald drang die Kunde von dem gesunden, frischen Aussehen, von dem freien, natürlichen Auftreten der englischen Kinder auch auf den Kontinent und regte fortschrittliche Geister zur Nachahmung an. Die Unerschrockenheit, mit der Locke die Vorurteile seiner Zeit beiseite schob, überrascht uns heute noch, wenn wir in seinen ›Gedanken über Erziehung‹ aus dem Jahre 1693 lesen:

Ein gesunder Geist in einem gesunden Leib – wer diese zwei hat, braucht wenig mehr zu wünschen. – Ich darf wohl sagen, daß von allen Menschen, denen wir begegnen, neun unter zehn das, was sie sind, gut oder böse, brauchbar oder unnütz, durch ihre Erziehung sind.

Ich werde mit dem Gehäuse beginnen und zuerst die Gesundheit des Leibes in Betracht ziehen.

Das erste, worauf geachtet werden muß, ist, daß die Kinder nicht zu warm gekleidet oder bedeckt sind, im Winter wie im Sommer. Das Gesicht ist, wenn wir zur Welt kommen, nicht weniger empfindlich als irgendein anderer Teil des Leibes. Nur die Gewöhnung härtet es ab und macht es fähiger, Kälte zu ertragen.

Ich will auch den Rat geben, seine Füße täglich in kaltem Wasser zu waschen. – Ich brauche des Schwimmens wohl keine Erwähnung zu tun, wenn er alt genug ist, es zu lernen. – Eine andere Sache von großem Vorteil für jedermanns Gesundheit, besonders aber die der Kinder, ist es, viel in freier Luft und sowenig wie möglich sich am Feuer aufzuhalten.

Seine tägliche Nahrung sollte sehr natürlich und einfach sein. Wenn ich raten dürfte, soll man Fleisch fernhalten, solange er Kinderkleider trägt.

Von allen Dingen, welche weichlich und zärtlich erscheinen, muß man in nichts den Kindern so sehr nachgeben als im Schlaf. In diesem Punkt allein muß man ihnen volles Genüge lassen, da nichts mehr zum Wachstum und Gedeihen der Kinder beiträgt als Schlaf. Es ist der Mühe wert, sie an frühes Aufstehen und frühes Bettgehen zu gewöhnen, zur Kräftigung der Gesundheit.

Sein Lager soll hart sein und besser aus abgenähten als aus Federbetten bestehen. Ein hartes Lager kräftigt die Glieder.

Wenn nun gehörig Sorge getragen ist, den Leib kräftig und tüchtig zu erhalten, daß er imstande sei, dem Geist zu gehorchen und dessen Befehle auszuführen, ist das nächste und hauptsächlichste Anliegen, den Geist in die rechte Verfassung zu bringen, daß er bei allen Gelegenheiten geneigt sei, nur zuzulassen, was der Würde und Bedeutung eines vernünftigen Geschöpfes angemessen sei.

Wer nicht gewöhnt ist, seinen Willen der Vernunft anderer zu unterwerfen, solange er jung ist, wird sich kaum dazu verstehen, ihn seiner eigenen Vernunft zu unterwerfen, wenn er in einem Alter ist, wo er von ihr Gebrauch machen kann.

Ich möchte raten, man möge die Kinder daran gewöhnen, ihre Begierden zu unterdrücken und auf ihre Gefühle zu verzichten, schon von der Wiege an.

Heidelberger Liederhandschrift
13. Jahrhundert. – *Von alters her galt die Rute als Standessymbol des Lehrers. »Die Ohren des Schülers befinden sich auf dem Rücken, er hört, wenn man ihn schlägt«, so lautete ein altes Sprichwort (Seite 177).*

Adrian Brouwer um 1605–1638
Gelernte Lehrer gab es zu dieser Zeit noch nicht. Wer lesen und schreiben konnte, dem erlaubte man, sich mit der Jugend »herumzuschlagen« (unten).

KONRAD GROB 1828–1904
Dieses Bild zeigt Pestalozzi bei den Waisen in Stanz, wo er den Ärmsten der Armen ein liebender und geduldiger Lehrer war.

Max Liebermann 1847–1935
Die beginnende Industrialisierung zwingt viele Frauen zum Mitverdienen. Die Kleinkinder werden derweil in Bewahrungsanstalten betreut.

Wenn man von Anfang an eine strenge Hand über den Kindern hält, werden sie lenksam sein und sich ihr ruhig fügen. – Ich neige sehr zu der Annahme, daß große Strenge im Strafen wenig Gutes, ja sogar großen Schaden anrichtet in der Erziehung, und ich glaube, man wird finden, daß unter sonst gleichen Verhältnissen diejenigen Kinder, welche am meisten gezüchtigt worden sind, selten die besten Männer werden.

Der gewöhnliche, bequeme und kurze Weg durch Züchtigung und Rute, das einzige Werkzeug der Zucht, welches die Erzieher in der Regel kennen oder welches ihnen immer einfällt, ist für die Zwecke der Erziehung der allerungeeignetste. – Eine solche Art sklavischer Zucht erzeugt eine sklavische Gemütsart. Das Kind fügt sich und erheuchelt Gehorsam, solange die Furcht vor der Rute über ihm schwebt. – Die Kinder sind – früher vielleicht, als wir meinen – sehr empfänglich für Lob und Anerkennung. Es tut ihnen wohl, geachtet und geschätzt zu werden. – Aufrichtige Scham und die Furcht des Mißfallens sind das einzige wahre Zuchtmittel. – Man denke ja daran, daß Kinder nicht durch Regeln belehrt werden müssen, welche ihrem Gedächtnis immer entschlüpfen. Was sie nach deinem Urteil notwendig tun müssen, das befestige in ihnen durch unerläßliche Übung, sooft die Gelegenheit dazu wiederkehrt, und wenn es möglich ist, führe Gelegenheiten selbst herbei. Die erzeugt in ihnen die Gewohnheit, welche,

Satirische Darstellung einer Schulszene. Kupferstich 1557

einmal eingewurzelt, von selbst leicht und natürlich wirkt, ohne den Beistand des Gedächtnisses.

Die einfachste, leichteste und wirksamste von allen Arten, die Kinder zu lehren und ihre Sitten zu bilden, ist die, daß man von allen Dingen, welche sie tun oder vermeiden sollen, ihnen das Beispiel vor Augen stellt. Tugenden und Laster können durch keine Worte ihnen so klar zum Verständnis gebracht werden, wie die Handlungen anderer sie ihnen zeigen. Nichts senkt sich so sanft und so tief in das Gemüt des Menschen als das Beispiel. – Was jeder Edelmann, der für die Erziehung eines Sohnes irgendwie Sorge trägt, für ihn wünscht, außer dem Erbgut, das er ihm hinterläßt, ist meines Erachtens in diesen vier Dingen zusammengefaßt: Tugend, Weisheit, Lebensart, Kenntnisse.

Auch im Hinblick auf die Erlernung der Sprachen zeigte Locke neue, natürlichere Wege. Er betrachtet das Büffeln der Grammatik als reine Zeitvergeudung, ja die Grammatik ist für ihn überhaupt etwas *Fremdes, Unnatürliches,* und er empfiehlt, daß man *durch fortwährendes Sprechen im täglichen Verkehr den Kindern die Sprache beibringt.*

Bei aller humanen Einstellung ging Locke allerdings nicht so weit, daß er diese freie und natürliche Erziehung für alle Kinder propagiert hätte. Er unterließ es nicht, darauf hinzuweisen, daß er dabei nur an die Kinder der Vornehmen gedacht hatte. Wie für alle seine Zeitgenossen, war auch für ihn die Kluft zwischen arm und reich eine nicht zu ändernde Tatsache. Darum empfahl er für die Kinder der Armen die Errichtung von Arbeitsschulen, die sie bereits vom dritten Lebensjahr an besuchen sollten, um sie frühzeitig an die Arbeit zu gewöhnen.

Die Kinder der arbeitenden Leute sind meist eine Last für die Gemeinde und werden gewöhnlich in Müßiggang gehalten, so daß ihre Arbeitsleistung der Öffentlichkeit verlorengeht, bis sie zwölf oder vierzehn Jahre alt sind.

Das wirksamste Mittel dagegen ist – daß künftig dafür gesorgt wird, daß in jeder Gemeinde Arbeitsschulen eingerichtet werden, zu denen alle Kinder über drei Jahren gehen müssen, solange sie bei ihren Eltern wohnen und nicht anderwärts mit Genehmigung des Armenaufsehers ihren Lebensunterhalt verdienen. Auf diese Weise wird die Mutter eines großen Teils ihrer Mühe um die Kinder enthoben sein und daher mehr Zeit zur Arbeit erlangen; die Kinder werden besser in Ordnung gehalten und von Kindheit an zur Arbeit gewöhnt. – Eine Zusammenrechnung des Erwerbs der Kinder zwischen dem dritten und vierzehnten Lebensjahr ergibt, daß Verpflegung und Unterrichtung eines Kindes während dieser Zeit die Gemeinde nichts kosten.

Ein weiterer Vorteil der Arbeitsschulen liegt darin, daß die Kinder auf diese Weise zum regelmäßigen Kirchenbesuch am Sonntag unter der Aufsicht der Lehrkräfte verpflichtet werden können, damit können sie in die Bedeutung der Religion eingeführt werden, während sie jetzt gewöhnlich bei ihrer faulen und liederlichen Erziehung weder von Religion und Moral noch von Fleiß etwas wissen. – Diese Schulen sollen gewöhnlich Spinn- und Strickschulen sein oder sich auf einen anderen Zweig der Wollmanufaktur beziehen, sofern nicht im Distrikt anderes Material für die Beschäftigung der Kinder geeigneter erscheint.

Wolfgang Ratke will die Rute abschaffen

Hätten die Erziehungsvorstellungen der Humanisten eine größere Breitenwirkung gehabt, dann wäre damals eine ganz neue Zeit angebrochen: Die allseitige Bildung von Körper und Geist, die man anstrebte, stand im krassen Gegensatz zu den einseitigen Lernschulen, in denen die Kinder damals gedrillt wurden. Durch Betrachtung und Studium der Natur wollte man die aus Unwissenheit geborene Angst und Engstirnigkeit überwinden. Schöpferischer Spieltrieb, Frohsinn und Selbsttätigkeit sollten dem Körper und der Seele ein freieres Wachstum ermöglichen.

Leider beschränkte sich der Einfluß der Humanisten nur auf einen sehr kleinen Kreis von Gebildeten, und auch hier blieb schließlich von den umfassenden Erziehungszielen nur die Pflege der alten Sprachen übrig. Der großzügige humane Erziehungsgedanke mündete in der engen Gasse einer humanistischen Bildung, die den Graben zwischen dem einfachen Volk und den Gelehrten weiterhin vertiefte.

Aber die einmal geäußerten Ideen verbreiteten sich immer weiter. Die Buchdruckerkunst tat das Ihrige dazu. Angeregt durch die Humanisten, entwickelte der im Jahre 1571 geborene Wolfgang Ratke ein Erziehungsprogramm, das alle Kinder einschließen sollte. Er schlug vor, daß man die Kinder zunächst einmal in der Muttersprache lesen und schreiben lehre und dann erst zu den alten Sprachen übergehe, und versuchte klarzulegen, daß die Kinder nach dieser neuen Methode schneller, als man bis dahin gewohnt war, den Unterrichtsstoff beherrschen würden.

Ratke, auch Ratichius genannt, benützte die Gelegenheit der Kaiserwahl, zu der sich im Jahre 1612 der Reichstag in Frankfurt versammelte, um seinen Erziehungsplan vorzulegen. Darin versprach er:

1. Wie die hebräische, griechische, lateinische und andere Sprachen mehr, in gar kurzer Zeit, sowohl bei Alten als Jungen leichtiglich zu lernen und fortzupflanzen seien.

2. Wie nicht allein in hochdeutscher, sondern auch in allen anderen Sprachen eine Schule anzurichten sei, darinnen alle Künste und Fakultäten ausführlich können gelernet und propagiert werden.

3. Wie im ganzen Reich ein einträchtige Sprach, ein einträchtige Regierung und endlich auch ein einträchtige Religion bequemlich einzuführen und friedlich zu erhalten sei.

In der Schule. Holzschnitt 1592

Diese Denkschrift fand bei vielen Fürsten große Beachtung. Es wurden Professoren beauftragt, die neue Methode zu prüfen, und die beiden Gießener Gelehrten Helvicus und Jungius, die das Gutachten anfertigten, gaben nicht nur ein sehr positives Urteil ab, sie waren von den Gedanken so angetan, daß sie sich später Ratke zur Verfügung stellten, um ihm bei seinem Unternehmen zu helfen.

Bislang habe man geglaubt, so schrieben die beiden Professoren, daß Wissen allein genüge, um Kinder zu unterrichten, aber Ratke bewies sehr einleuchtend, daß zum Lehren eine besondere Kunst notwendig sei; wenn der Lehrende sie einmal beherrsche, sei es bedeutend leichter, den Kindern den Wissensstoff zu vermitteln. Er wolle ohne Zwang, auf natürliche Weise, dem Verstand helfen, das Gedächtnis stärken und das Urteil schärfen. Hart wurde in dem Bericht die bisherige Lehrmethode verurteilt, diese rein gedächtnismäßige Behandlung des Sprachunterrichts, das *Wiederfordern ehe man recht gegeben, das Memorieren ohne Verständnis und die Übung ehe man gelernt hat, der meiste Teil sich müde wurgelt an der bitteren Wurzel, ehe denn er des geringsten Geschmacks der lieblichen*

Frucht genießen kann, das ist, muß sich abmartern und plagen ehe denn er den geringsten Nutzen davon sieht oder weiß.

Es gab aber auch heftige Gegner der neuen Lehrmethode. Man warf Ratke vor, daß die Kunst des Lesens und Schreibens, wenn sie in deutscher Sprache gelehrt würde, allzu ›gemein‹ werden müßte, *daß alsdann jeder zum Gelehrten werden könne und daß somit die eigentlichen Gelehrten in Verachtung kommen würden.*

Die beiden Gelehrten Jungius und Helvicus ließen sich von solchen Kritikern nicht abschrecken. Im Jahre 1614 richteten sie ein Schreiben an alle Bürgermeister und Ratsherren. Sie gaben LUTHERS Sendschreiben aus dem Jahre 1524 erneut heraus, in dem er ebenfalls alle Gemeinden aufgefordert hatte, Schulen einzurichten, erweiterten es durch den Bericht über die neue Lehrmethode RATKES und einen nachdrücklichen Hinweis auf die Notwendigkeit einer allgemeinen Schulbildung:

In den Schulen liegt der Ursprung der Krankheit, in den Schulen muß die Arznei gesucht werden. Ist das allgemeine Leben, aller Handel und Wandel voll Laster und Untugend, sind Haus, Stadt, Land, Regiment schwach und krank, und du willst ohne Verbesserung der Schulen, der Kinderzucht und der Lehrart bloß durch Gesetze, Regimentsgriffe oder andere Mittel Rat schaffen, so tust du wie ein unerfahrener Arzt, der die Zufälle der Krankheit heilen will und die Krankheit selber unangefochten läßt. – Menschen sollen nicht nur von fremder Vernunft regiert werden durch Furcht vor Strafen und Hoffnung auf Belohnung, sondern soviel wie möglich durch Zucht und Lehre zum rechten Gebrauch der eigenen Vernunft geführt werden. – Die Lehrsorge ist die vornehmste und höchste Sorge der Obrigkeit, derselben sollten alle anderen Regierungssorgen, -geschäfte und -händel weichen. Sonst spannet man die Pferde hinter dem Wagen an, und es müßte ein Wunder sein, wenns glücklich fortginge.

Dieser Ruf drang durch. Augsburg, Frankfurt, Weimar und viele andere Orte schickten Einladungen, Ratke möge kommen und eine Schule nach seinem Muster einrichten. Ratke kam, aber er konnte nirgendwo lange bleiben und wirken. Wo er auch erschien, traten sogleich seine Gegner auf den Plan, die ihn, noch bevor er recht begonnen hatte, zu widerlegen versuchten.

Dieser harte Widerstand wird uns erklärlich, wenn wir einige Punkte seines Lehrprogramms etwas näher betrachten. Da hieß es unter Punkt 2: *Alles nach der Ordnung und dem Laufe der Natur, denn alles widernatürliche und gewalttätige oder gezwungene Lernen schwächt die Natur und ist schädlich.* Empört wies man Ratke zurecht, er glaube doch wohl nicht ernsthaft, daß man ohne strenge Befehle unterrichten könne. Punkt 7 lautete: *Alles ohne Zwang. Man soll die Jugend nicht schlagen zum Lernen. Durch Zwang und Schläge verleidet man der Jugend das Studieren. Du schlägst die Knaben, weil sie deine Lehren nicht behalten haben, hättest du aber recht gelehrt, so würden sie es schon verstanden haben.* Das war zu arg, in einer Zeit, wo die Rute das Standessymbol des Lehrers darstellte. Kritik, so war man es gewohnt, verdiente allein der Schüler; daß Ratke den Lehrer zu maßregeln wagte, das verzieh man ihm nicht. Hohnlachend wurden seine Forderungen zurückgewiesen. *Nichts soll auswendig gelernt werden. – Täglich soll man etliche Stunden zur Ergötzung und Kurzweil haben, damit das Gemüt immer wacker bleibt und keine Unlust oder Widerwillen zum Studieren bekommt.* Den Schulmeistern, die ihre Tätigkeit bis dahin darauf beschränkt hatten, zu dozieren und zu prügeln, sagte er: *Alle Arbeit fallet auf den Lehrmeister, denn er muß vorlesen und erklären, aber nicht verhören, examinieren, schlagen.*

Solche Worte konnten nur übel aufgenommen werden, da alle Welt der Meinung war, der Wille des Kindes sei vom Teufel und müsse gebrochen werden. Die Fürsten und Ratsherren, die, von seinen fortschrittlichen Erziehungsgedanken angetan, Ratke gerufen hatten, wurden von ihren Beratern bald eines anderen belehrt. Das Gutachten eines Superintendenten besagte, *daß Katechismus und Musik versäumt würden, daß Ratichius keine Disziplin halte, daß der Erholungsstunden zu viele seien, daß er die Kinder ohne Vermittlung des Syllabierens sofort von der Buchstabenkenntnis zum Lesen überspringen lasse, weshalb sie beim Schreiben ordentliche Fehler machten ...*

Ratke erging es wie allen Schulreformern: Der Vorwurf, ein Lehrer habe keine Disziplin, macht ihn in Deutschland seit eh und je verdächtig. Daß Ratke schließlich mit seinen für die damalige Zeit allzu fortschrittlichen Ideen so kläglich scheiterte, mag neben persönlichen Unzulänglichkeiten darauf zurückzuführen sein, daß er ganz allein stand und seine psychologischen und pädagogischen Einsichten der Zeit zu weit voraus waren. Vorurteile sind auf dem Gebiet der Erziehung ähnlich wie in Glaubensfragen so hartnäckig, daß die allein auf sich gestellte Persönlichkeit kaum einmal in der Lage war, notwendige Änderungen herbeizuführen. Darum haben sich um neue Erziehungs- und Glaubensformen häufig Gemeinschaften oder Sekten gebildet. Auch dieser Weg war oft voller Dornen, aber er hatte doch etwas mehr Aussicht auf Erfolg als die Bemühungen eines einzelnen.

Comenius, der Vater des Orbis Pictus

Fast alle Sektenbewegungen des Mittelalters setzten sich nicht nur für einen direkten Zugang zu ihrem Glauben ein, das heißt ohne die mittelnden Funktionen des Priesters im Sinne der katholischen Glaubenslehre. Wenn sie das Wort Gottes in ihrer Muttersprache hören wollten, so schloß das auch den Wunsch nach einer Schulbildung für jedermann ein. Der kleine Mann sollte die Bibel selbst lesen können. Das war das Ziel der Albigenser in Südfrankreich, der Waldenser im Norden Italiens, der Wiedertäufer in Deutschland und der Böhmischen Brüder, zu denen der Tscheche JAN AMOS KOMENSKY, genannt COMENIUS, gehörte.

Comenius war bei seinen pädagogischen Bemühungen ein unstetes Leben beschieden. In den Wirren des Dreißigjährigen Krieges wurde er von Böhmen nach Polen, von dort über England und Schweden nach Ungarn verschlagen, bis er schließlich in Holland seinen Lebensabend verbrachte. Aber er verlor nie die starke innere und äußere Bindung zu seiner Brüdergemeinde. Diese wurde zwar ebenfalls in alle Winde vertrieben. Als sie ihn schließlich zu ihrem Bischof wählte, existierte sie nur noch in wenigen weitverstreuten Mitgliedern. Aber der gemeinsame Glaube gab ihr und dem Manne, der nirgendwo lange zu Hause sein durfte, eine geistige Heimat, die ihn zu großen und echten Erziehungsreformen befähigte.

Bei Comenius verbindet sich eine tiefe Frömmigkeit mit der festen Überzeugung, daß der Wissensdrang den Menschen befähigt, die Welt zu erkennen und ihre Rätsel nach und nach zu lösen:

Mögen dem Menschen tausend Jahre gewährt werden, in denen er stets etwas hinzulernt, indem er eins aus dem anderen begreift; er wird immer noch etwas finden, was er in sich aufnimmt. Von so unerfüllbarem Fassungsvermögen ist der Menschengeist, daß er in seinem Erkennen geradezu das Bild eines Abgrunds darstellt. Unser Körperchen wird durch sehr enge Grenzen bestimmt. Die Stimme geht ein wenig weiter; das Gesicht begrenzt des Himmels Höhe, dem Geist aber kann weder im Himmel noch irgendwo außerhalb desselben eine Grenze gesetzt werden. Und wir wollten leugnen, daß ihm alles zugänglich wäre, leugnen, daß er fähig wäre, alles zu fassen?

Von diesem Standort aus sind alle pädagogischen Bemühungen von Comenius zu verstehen, allen Kindern, nicht nur denen der Wohlhabenden, eine Erziehung angedeihen zu lassen, die sie befähigt, die Welt zu erkennen, zu erforschen und sie sich nutzbar zu machen.

Ein ›vernünftiges Geschöpf‹ zu sein besteht darin, Erforscher, Namengeber und Berechner aller Dinge zu sein, das heißt, wissen und benennen zu können und einzusehen, was die Welt alles enthält – damit nichts sei in irgendeinem Dinge, großem, sowohl als kleinem, das ihm unbekannt wäre. Denn so wird er dann wirklich die Bezeichnungen eines vernunftbegabten lebenden Wesens bewahren können, wenn er die Beschaffenheit aller Dinge kennt. – Herr der Geschöpfe zu sein besteht darin, jedes Ding seinem rechtmäßigen Zwecke zuzuweisen und dadurch nützlich zu seinem Vorteile zu verwenden, unter den Geschöpfen allenthalben königlich, das ist würdevoll und tugendhaft, aufzutreten und so die ihm zuteil gewordene Würde zu wahren, keinem Geschöpfe, auch selbst dem eigenen Fleische nicht sich zu eigen zu geben, alle Dinge frei zu seinem Dienst zu verwenden und nicht aus dem Auge zu setzen – mit einem Worte, klüglich alle Bewegungen und Handlungen, äußere wie innere, eigene wie fremde, beherrschen zu können.

Comenius möchte mit seiner Erziehung erreichen, daß der Mensch *aller Dinge kundig sei,* und, nachdem er die Welt kennengelernt hat, *der Dinge und seiner selbst mächtig sei.* Da Gott den Menschen als sein Abbild erschaffen hat, soll er sich dessen auch würdig erweisen, in seiner religiösen Gesinnung so gut wie in seinem moralischen Verhalten, aber auch im verständigen Gebrauch seiner Sinne und seines Geistes.

Es ist das Bild des freien Menschen, den Comenius sich vorstellt, wenn er sagt, jedem Menschen sind drei Dinge angeboren: 1. der Verstand, der beobachtet und unterscheidet, 2. der Wille, die innere Freiheit zur Tat, die sich freiwillig den Dingen zuwendet oder abwendet, 3. die Kraft des Menschen selbst, das auszuführen, was er erkennt und will. Der Erzieher braucht nur diese im Kinde schlummernden Kräfte zu wecken. Er betont immer wieder, daß allen Kindern, auch den ärmsten, eine solche Erziehung zuteil werden, *daß in den Schulen allen alles gelehrt werden soll.*

Die alten Schulen, die bis dahin existierten, vermochten diese Aufgabe nicht zu erfüllen, ›Häuser des Schreckens‹, ›Folterkammern des Geistes‹ nannte sie Comenius. In seinen Schulen sollten die Kinder lernen, ihre eigene Vernunft zu gebrauchen.

Die erste Stufe der Bildung nennt er die ›Mutterschul‹. Er gibt darin eine methodische Anleitung für die Hand der Mutter. An vielen Beispielen zeigt er, wie sie die Vorstellungswelt des Kindes an den Dingen seiner Umwelt Schritt für Schritt erweitern soll und wie sie dem Kinde die ersten einfachen naturwissenschaftlichen, geographischen und geschichtlichen Kenntnisse vermitteln kann. Auch die Gewöhnung an sittliche Verhaltensweisen fällt in diese Zeit, die das Kind unter der Obhut der Mutter verbringt.

Die zweite Stufe, die ›Muttersprachschul‹, wird von allen sechs- bis zwölfjährigen Kindern besucht. Hier lernen sie lesen, schreiben und rechnen, und zwar so weit, daß jeder befähigt wird, seine Gedanken selbständig schriftlich zu formulieren und Vermessungen anzustellen. Mit dem Religionsunterricht und der Sittenlehre soll das Kind so vertraut gemacht werden, daß es sie auch im Leben anzuwenden versteht. Durch die Grundbegriffe der Staats- und Wirtschaftslehre wird das Kind befähigt, ihre Zusammenhänge mit den Vorgängen im täglichen Leben zu erkennen. Auch mit der Geschichte und der Himmelskunde macht er die Kinder schon bekannt.

Die einzelnen Fächer wurden so verteilt, daß jedes Jahr ein bestimmtes Fach im Mittelpunkt des Unterrichts stand. Aufs sorgfältigste beschäftigte sich Comenius mit der Art und Weise, wie der Stoff an das Kind herangebracht werden sollte. Dabei beruft er sich gern auf die Natur als Lehrmeister. *Die Natur schreitet vom Leichteren zum Schwierigen fort.* Darum soll die Schule stets zunächst das Nächstliegende, dann das Entferntere und schließlich das Allerentfernteste lehren. *Richtig ist, wenn zuerst die Sinne geübt werden, hierauf das Gedächtnis und endlich das Urteilen.* –

VII.

Nubes. Die Wolke.

Ex aquâ aſcendit *vapor*. 1 m. 3.	Aus dem Waſſer ſteiget auf der **Dampf**. 1	
Inde fit *nubes*; 2 f. 3. & prope terram *nébula*. 3 f. 1.	Daraus wird eine **Wolke**; 2 und nahe an der Erden ein **Nebel**. 3	
E nube ſtillat (defluit guttá-[tim) *pluvia* 4 f. 1. & *imber*. m. 3.	Aus der Wolke tröpflet (flieſt herunter [tropfenweis) der **Regen** 4 und **Platz-Regen**.	
Quæ geláta, *grando*; 5 f. 3.	Welcher gefrohren/ ein **Hagel**; 5	**Gelátus, a, um, gefroh-ren.**

ſemige-

Aus dem »Orbis pictus« von Comenius 1658

Die Menschen müssen angeleitet werden, soweit als es nur irgend möglich ist, nicht aus den Büchern klug zu werden, sondern aus Himmel und Erde, aus Eichen und Buchen, das heißt, sie müssen die Dinge selbst kennenlernen und untersuchen, nicht aber einzig und allein fremde Beobachtungen und Zeugnisse über die Dinge.

Da solch unmittelbare Anschauung nicht immer vorhanden ist, empfiehlt Comenius, möglichst von allen Dingen, die im Unterricht behandelt werden, ein Abbild zu zeigen. So entstand sein ›Orbis Pictus‹, eine Bilderfibel, in der alle Begriffe in lateinischer und deutscher Sprache benannt und abgebildet waren.

Durch solche Hilfsmittel wollte Comenius durchaus nicht die Ernsthaftigkeit des Lernens und den Fleiß aus der Schule verbannen. Er wendet sich nur gegen den qualvollen Zwang, den er durch freudigen Eifer und Selbsttätigkeit zu ersetzen wünschte. Er bemühte sich, den Unterricht so zu gestalten, daß der natürliche Wissensdrang des Kindes erhalten bleibt, der es anspornt, freudig und freiwillig mitzuarbeiten.

Den Schriften des Comenius erging es ähnlich wie den Schulen, die er in Böhmen, Polen und Ungarn errichtete. Sie wurden von Krieg und Zerstörung immer wieder bedroht und schließlich ganz vernichtet. Er selbst fand schließlich erst an seinem Lebensabend in Amsterdam einen ruhigen Ort und Freunde, die ihm die Neuherausgabe seiner pädagogischen Schriften ermöglichten. Wenn ihn auch immer wieder weitblickende und großherzige Fürsten in seinen Erziehungsplänen unterstützt hatten, so war deren Zahl doch so klein, daß man sie an den Fingern abzählen kann. Die Zeiten des Dreißigjährigen Krieges waren für ein pädagogisches Experiment solchen Umfangs eben denkbar ungeeignet. Trotzdem spricht aus all seinen praktischen und theoretischen Bemühungen der feste Glaube an eine mögliche Veränderung und Verbesserung der Welt durch praktische, geistige und moralische Erziehung.

Comenius war mit seinen Erziehungsvorstellungen der Zeit um einige hundert Jahre vorausgeeilt. Während er für eine allseitige, von der Muttersprache ausgehende Bildung für alle eintrat, bedienten sich die Gelehrten noch ausschließlich des Lateinischen. Die Vornehmen parlierten Französisch, und die Muttersprache war genauso verachtet wie das ›gemeine Volk‹, das sie sprach. In den Schulen, soweit sie überhaupt vorhanden waren, wurde weiterhin ›memoriert‹ und geprügelt.

Im Laufe des nun folgenden 18. Jahrhunderts richtete man zwar einige Realschulen ein, in denen die alten Sprachen zugunsten der naturwissenschaftlichen Fächer zurücktraten, aber sie hatten mit den von Comenius angeregten Fächern höchstens den Namen gemeinsam. Sie dienten vor allem dem kaufmännischen Nachwuchs. Die von Comenius angeregte sittliche Erziehung ist bis heute in kaum einer der vielen existierenden Schulgattungen wirklich praktiziert worden. Darum steht die Frage nach einem möglichen Erfolg seiner Forderungen auch noch offen.

Die vielen klugen und umfassenden Schriften des Comenius zu einer Erneuerung des Schulwesens blieben lange Zeit unbeachtet. Nur der ›Orbis Pictus‹ fand eine weite Verbreitung und diente Generationen von Kindern als lehrreiches Bilderbuch.

»Zurück zur Natur«

Nahezu hundert Jahre gerieten dann die fortschrittlichen Erziehungsgedanken des Jan Amos Komensky fast vollständig in Vergessenheit. Während der ersten Hälfte des 18. Jahrhunderts konnte der Bauer nicht einmal seinen Namen schreiben. In den Städten gab es Lateinschulen, die aber vorwiegend nur spätere Theologen vorbildeten. Die Handwerkerkinder besuchten diese Schulen zwar in den unteren Klassen, verließen sie jedoch wieder, sobald sie lesen, schreiben und ein wenig rechnen gelernt hatten.

Mit dem Aufschwung von Handel und Gewerbe genügten diese primitiven Kenntnisse schließlich nicht mehr. Solange sich die Schule nicht ganz allgemein änderte, blieben die notwendigen Reformen der Experimentierfreudigkeit einzelner Persönlichkeiten überlassen, die um die Mitte des Jahrhunderts wie auf Verabredung in den verschiedensten Ländern auftauchten. Sie kannten alle die Schriften des Comenius, darum kamen ihnen die Erziehungspläne, die sie vortrugen, gar nicht so neu vor. Da aber die Zeit für solch fortschrittliche Gedanken immer noch nicht reif war, ernteten sie nur bei einigen Gesinnungsfreunden begeisterte Zustimmung, bei den vielen konservativen Pädagogen und Theologen hingegen immer noch strikte Ablehnung.

Die Philanthropen – Menschenfreunde –, wie sie sich selbst bezeichneten, wurden lange Zeit, das heißt bis tief ins 19. Jahrhundert hinein, von breiten Kreisen nicht ganz ernst genommen. Man nahm zwar die nutzbringende Anregung Basedows auf, die Kinder mehr in den ›Realien‹ zu unterrichten und nicht mit alten Sprachen zu überfüttern, aber als man ihm Gelegenheit gab, eine Schule einzurichten, war das Erschrecken groß. In einer Zeit, die sich an höfischer Etikette berauschte, bemühte sich Basedow, die Kinder an schlichte Kleidung, an einfaches und natürliches Benehmen zu gewöhnen. Die Theologen ereiferten sich, weil er den Kindern erklärte, es gäbe keine ewigen Höllenstrafen. Sie verargten ihm auch, daß er die Erwachsenen der Unaufrichtigkeit den Kindern gegenüber beschuldigte, wenn sie die Frage nach der Fortpflanzung durch alberne Märchen kaschierten. Er verlangte eine klare Trennung zwischen Schamhaftigkeit und Prüderie:

Von der Zeugung der Tiere und Menschen muß man schon mit jungen Kindern, wenigstens vor dem 10. bis 12. Jahre mit Wahrhaftigkeit, obgleich nicht ganz umständlich, ernsthaft, wie von anderen natürlichen

Dingen in Beziehung auf die Fürsehung Gottes, und in den anständigsten Ausdrücken, oftmals reden, um sie auf die rechte Art mit diesen Gedanken bekannt zu machen. Sucht man ihnen diese natürlichen Sachen ganz zu verbergen, oder befriedigt man ihre Wißbegierde durch Fabeln, so werden die Erfahrungen von der Wahrheit ohne Wissen der Eltern in solchen Jahren, da der Mißbrauch auch schon möglich ist, die Neugierde sehr stark und auf eine schädliche Weise reizen.

Die Konventionen des Rokoko waren mit der Zeit immer mehr erstarrt, so daß es gewaltiger Anstrengungen bedurfte, den Kindern in dieser starren Formenwelt zu ihrem Recht zu verhelfen. An Mut fehlte es Basedow nicht. In vielen temperamentvollen Schriften richtete er Aufrufe an seine Mitmenschen und beschwor sie, einer naturgemäßeren Erziehung Raum zu geben und das stumpfsinnige Pauken aus den Schulen zu verbannen:

Ihr Menschenfreunde, ihr Patrioten, ihr Christen – lasset doch die Jugend der Nachwelt nicht unter dem abscheulichen Joche der unnatürlichen Lehrart in der lateinischen Sprache ebenso kläglich seufzen und für die wahren Wissenschaften so gänzlich umkommen, wie seit einigen hundert Jahren die Jugend der Vorwelt und viele unter uns geseufzt haben, und den wahren Einsichten und Verdiensten abgestorben sind, denen wir, wenn diese durchgängige Schulpest nicht gewesen wäre, würden gelebt haben. Ich hoffe, Gott wird eure Herzen rühren und viele Männer erwecken, die mit mir ebenso laut und nachdrücklich für die Wahrheit zeugen, durch deren Befolgen einem sehr großen Verderben des menschlichen Geschlechts gesteuert werden kann. An einer anderen Stelle ruft er aus: O *ihr alten fremden Sprachen, ihr Plagegeister der Jugend, ihr Schmeichler der mit Gedächtnis und Geduld begabten Nichtdenker, wann wird es möglich sein, den Namen eines Wohlerzogenen, Vernünftigen und Gelehrten zu führen, ohne sich anfangs von eurer Zucht und dann von eurer Schmeichelei verderben zu lassen.*

In Dessau bot ihm der Fürst die Möglichkeit, ein Philanthropin in seinem Sinne einzurichten. Auf einem großen Examensfest, zu dem er mit flammenden Worten die wichtigsten Persönlichkeiten aus allen Ländern einlud, führte er seine neue naturgemäße Methode vor. Ein zwölfjähriger Knabe, der mit seinem Vater zu diesem Fest nach Dessau reiste, schildert in einem Brief die neue Lehrweise, die die Kinder spielerisch in alle Wissensgebiete einführen sollte: *Die Kleinen haben Dir drolliges Zeug gemacht. Erst spielten sie das Commandierspiel, die anderen alle mit, es waren wohl achte bis neune, wie die Soldaten, und Herr Wolke ist Offizier, der kommandiert, und sie müssen dann alles tun, was er sagt. Zum Exempel, wenn er sagt: »claudite oculos«, so machen sie alle die Augen fest zu, oder »circum spicite«, so sehen sie sich überall um, oder »imitamini sartorem«, so nähen sie alle miteinander, wie die Schneider, oder »imitamini sutorem«, so ziehen sie Pechdraht, wie die Schuster. Herr Wolke kommandert tausenderlei drolliges Zeug.*

Das andere Spiel, das Versteckspiel, will ich Dich aber auch lehren. Da schreibt man einen Namen hinter die Tafel, daß ihn die Kleinen nicht sehen können, etwas aus dem menschlichen Körper, oder eine Pflanze oder ein Tier, oder ein Metall, und dann raten sie so lange, bis es einer trifft, der kriegt einen Apfel oder ein Stück Kuchen zur Belohnung. Einer von den Freunden schrieb mal hinter die Tafel: »intestina«, die Eingeweide, und sagte dann den Kleinen, es wäre ein Teil des menschlichen Körpers. Nun gings los; der eine riet »caput«, der andere »nasus, os, manus, pes, digiti, pectus«, usw. und so noch eine Weile fort, bis endlich einer rief, es sind die Eingeweide!

Ein Spiel spielten sie noch. Herr Wolke kommandierte lateinisch, und die Kleinen machten die Stimmen der Tiere nach; man hätte sich mögen schwach lachen. Bald brüllten sie wie die Löwen, bald krähten sie wie der Hahn, bald miauten sie wie die Katzen, dann machten sie wieder den Esel nach, den Hund, den Raben, kurz alles, was ihnen geheißen wurde.

Darauf nahm Herr Wolke die Kreide und fragte die Kleinen, was sie wollten gezeichnet haben. »Leonem, leonem!« riefen sie alle miteinander. Nun stellte sich Herr Wolke, als ob er einen Löwen malen wollte, aber anstatt dessen malte er einen ganz gefährlichen Schnabel. Hu, da riefen sie: »Non est leo, non est leo!« Warum denn nicht? »Quia habet rostrum«, sagten sie, »leones non habent rostrum!« Darauf malte Herr Wolke die Ohren, entsetzlich lang. Da schrien sie wieder, es wäre nicht recht, das wären Eselsohren. Kurz, sie schrieben Herrn Wolke alles vor, was er malen solle.

Die Teilnehmer des Examensfestes waren hell begeistert, aber als die Kunde davon an die Öffentlichkeit drang, fanden sich so viele Kritiker, daß viele wieder unsicher wurden. Die spielerische Lehrweise wollte den an Gehorsamszwang gewöhnten Pädagogen der damaligen Zeit nicht gefallen. Mißtrauisch beobachteten sie das Unternehmen Basedows, der ohne Prügel auskommen wollte und seine Schüler durch Belohnung zur Arbeit ansporntе. Einigen von seinen Zeitgenossen leuchtete diese freiere und natürlichere Erziehung durchaus ein, so besonders Immanuel Kant. Der große Philosoph war ganz von der neuen Methode eingenommen, aber Basedows anderer bedeutende Zeitgenosse, Herder, wollte ihm noch nicht einmal *Kälber zu erziehen geben, geschweige denn Menschen.*

Daß Basedow schließlich bei aller Kritik auch Anerkennung erntete, verdankte er vor allem seinem Einsatz für die allgemeine Schulbildung, ein zu seiner Zeit durchaus noch nicht selbstverständliches Ideal. So war auch die Schule, die er bei aller Fortschrittlichkeit der Lehrweise propagierte, doch ganz im ständischen Denken seiner Zeit gefangen. Die ›Kleine Schule‹, die er vorschlug, war den Kindern der vornehmen Bürger gewidmet, wozu er *mit einer Freiheit, welche der Verzeihung bedarf,* wie er sagt, *auch die Kinder des Adels* rechnete.

Daneben sollten in ›Schulen für den großen Haufen‹ die Kinder des ein-

Turnspiele im Philanthropin Schnepfenthal um 1790

fachen Volkes lesen, schreiben und etwas rechnen lernen, und *die für den großen Haufen gehörige Sittenlehre.*

In seiner Erziehungsanstalt wurden zwar auch Kinder aus dem einfachen Volk aufgenommen, aber sie nahmen eine Sonderstellung ein. Sie sollten später entweder zu Lehrern oder zu Bedienten ausgebildet werden. Diese Schüler hatten bereits im Internat die Aufgabe, ihre vornehmen Mitschüler zu bedienen, damit *die Jugend nach und nach vernünftig zu befehlen und gut zu gehorchen in frühen Jahren lerne, und doch ein jeder mit seinem Stand zufrieden sei.*

So temperamentvoll sich Basedow auch für die freiheitliche Erziehung seiner Zöglinge einsetzte, wollte er sie doch vor allem auf den kleinen Kreis der gehobenen Stände beschränkt wissen. Dabei gab es auch zu seiner Zeit schon Pädagogen, die sich für eine erweiterte Schulbildung der Kinder aller Stände einsetzten:

Alle Volksklassen ohne Ausnahme brauchen jetzt geschicktere und ausgebildetere Mitglieder, als sie im vorigen Jahrhundert bedurften, der Bürger und Bauer muß in seinem Fortkommen die Erfindungen seines Zeitalters nutzen, welches bei seinen Voreltern sicher nicht der Fall war; dies aber kann er ohne Begriffe von den Dingen, die um uns sind, ohne einige Kenntnisse der Verfassung seines Vaterlandes und ohne einige Ausbildung seines Verstandes in der Regel nicht. Diese ihm unentbehrlichen Kenntnisse erlangt er aber durch das Auswendiglernen des Katechismus, der biblischen Sprüche und der Gesangbücher offenbar ebensowenig, als aus der Kenntnis der lateinischen Sprache.

Über die Unwissenheit der Bauern um die Mitte des 18. Jahrhunderts klagt EBERHARD VON ROCHOW in seiner ›Geschichte meiner Schulen‹. Seine Versuche, die Landwirtschaft zu modernisieren, scheiterten immer wieder an der Unfähigkeit und Angst der Bauern, seinen Gedanken und Vorschlägen Folge zu leisten. Wenn er ihnen bei Viehseuchen durch einen Tierarzt und Medikamente zu helfen versuchte, hielten sie lieber an ihren abergläubischen Vorurteilen fest und griffen zu alten Zaubermitteln und Beschwörungsformeln. Nachdem er vergeblich versucht hatte, in einem Buch ›Bauernfreund‹ die Erwachsenen zu belehren, wandte er sich schließlich an die noch unverbildeten Kinder. Um *die Gottesgabe der Vernunft aus dem Gewebe von Vorurteilen und Unsinn* zu befreien. Mit einem jungen Lehrer richtete er auf seinem Gut eine Musterschule ein, die diesem Ziel dienen sollte.

Bald kamen von überallher die Besucher, um die neue, im Geist der Aufklärung getragene Schule zu besichtigen. Daß hier Bauernkinder nicht nur Gesangbuchverse auswendig lernten, sondern eine für die damalige Zeit recht umfangreiche Bildung erhielten, war zunächst eine Sensation. Der Lehrplan dieser ›Bauernschule‹ umfaßte:

1. Religion,

2. Lesen, etwas Übung im Schreiben und Rechnen,

3. einige Erfahrungssätze aus der Mechanik (Hebel, Winde, Keil usw.), die leichteste Art, Flächen ohne Instrumente abzumessen,

4. etwas Naturgeschichte und Naturkenntnis, um den Bauern anzugewöhnen, bei mißlungenen Ernten, beim Sterben des Viehs ... die Ursachen anderswo als in der vermeintlichen Hexerei zu suchen,

5. wenige diätetische medizinische Regeln,

6. einige Kenntnisse der Landesverfassung,

7. in allen Schulen muß aber auch ›Industrie‹ getrieben werden ... Spinnen, Flechten usf.

Nach und nach wurden in verschiedenen Orten ähnliche Schulen nach

Rochowschem Muster eingeführt, und man berichtete, daß, wo sich Rochowsche Schulen befanden, *der Ackerbau fleißig und mit gutem Erfolg betrieben wurde, der Justitiar hatte dort keine Streitigkeiten zu schlichten, keine Verbrechen zu untersuchen, die Kantonisten zeichneten sich durch guten Wandel aus.*

Rochows Ziele fanden so weite Verbreitung, weil sie so einfach und einleuchtend waren. Er mahnte die Lehrer, auf alle erdenkliche Weise den Verstand des Kindes zu wecken und zu schulen. *Ohne Verstand läßt sich kein Geschäft glücklich betreiben,* so sagte er, *ohne Verstand gibt es auch keine Gott wohlgefällige Religionsgesinnung. Verständig machen, zum Verstande helfen, aufklären, veredeln, Weisheit, rechte Erkenntnis, Wahrheitssinn und Wahrheitsliebe mehr gemein machen ist also der Nationalschulzweck. Er sei mithin, o ihr Volkslehrer, der eurige!*

Seine Anweisungen für den Unterricht der Kleinsten lassen ebenfalls den aufgeklärten Philanthropen erkennen:

Der erste Unterricht für Kinder überhaupt, und also auch für Kinder der Landleute, sei so sinnlich und angenehm, als nur möglich. Er fange nicht sogleich mit dem Bücherunterrichte an, sondern unterhalte das Kind durch leichte und ihren Fähigkeiten angemessene Gespräche über allerlei ihnen bekannte und auf ihre Sinne einwirkende Gegenstände. Er erwecke und übe zuallererst ihre Aufmerksamkeit, lehre sie ihre Sinne ordentlich brauchen, recht sehen und hören, vieles anschauen und darauf merken, das Gesehene und Gehörte richtig angeben, verbessere gleich anfangs ihre Sprache und beschäftige ihr Nachdenken und ihre Wißbegierde, ohne sie zu überhäufen durch Mitteilung so vieler Sachkenntnisse, als für ihr gegenwärtiges Alter und Fassungsvermögen gehören. Und damit verbinde er die ersten Anleitungen zum Lesen und Rechnen.

Aber solch ein Unterricht war nicht mit ›ungelernten‹ Lehrern möglich, darum regte von Rochow die Errichtung von Lehrerseminaren an. Friedrich der Grosse, der von den Rochowschen Schulen sehr angetan war, ordnete kurzerhand an, daß überall auf dem Lande nach Rochowschem Muster Schulen eingerichtet werden sollten. Da es aber noch allzusehr an ausgebildeten Lehrern mangelte, mußten die Schäfer, die ausgedienten Soldaten und die Kriegsinvaliden wieder herhalten. Bei diesem Provisorium blieb es noch lange Zeit.

Der Hirte, der im Sommer das Vieh hütete und im Winter Schule hielt, wurde in vielen Dörfern eine vertraute Erscheinung:

Er führt die liebe Jugend
zur Gottesfurcht und Tugend.
Den ungeratnen Kindern
zerhaut er auch den Hintern.
Und zieht daraus zur Not
sein täglich Stücklein Brot.

Was in solchen Schulen gelehrt wurde, darüber berichtet eine Chronik aus Schleswig-Holstein. Als der Schulinspektor die Landschule besuchte, war von Schulweisheit nicht viel zu entdecken:

Rechnen? – Der Lehrer schaute betreten auf seine Fußspitzen und schüttelte den Kopf, diese Kunst war ihm fremd. – Schreiben? – Er sah den strengen Herrn vertrauensvoll an: eine feine Sache, seinen Namen schreiben zu können, ja, wer das verstünde. – Nun, und das Lesen? – Da seufzte der Lehrer: Winters plagen wir uns redlich mit dem großen Abc, aber bevor wir's fertigbringen, müssen die Kühe und Schweine wieder aufs Feld, und im Sommer verschwitzen wir's. – Aber was treibt ihr denn den ganzen Tag? – Beten und singen. – Und als dann 50 frische Kinderstimmen das Vaterunser samt Abend- und Morgensegen daherbeteten und sodann den schönen, alten Choral »Komm heilger Geist« absangen, und alles höchst erbaulich, ohne Taktierstock ausgeführt ward, da wurden dem Konsistorialrat die Augenwinkel feucht, er legte dem Lehrer die Hand auf die Schulter und sagte: Treib's nur fort, du ehrlicher, treuer Hirte.

Wenn man das 18. Jahrhundert oft ein Jahrhundert der Erziehung genannt hat, so übersah man dabei, daß der Kreis der Menschen, der von den Reformplänen erfaßt wurde, in Wirklichkeit nur sehr klein war, und man übersah großzügig die Zustände in den allgemeinen Schulen der Zeit. Man dachte nur an die pädagogischen Experimente der Philanthropen und ihre zahlreichen Schriften, die damals in allen Ländern heftig diskutiert wurden.

Der geistige Vater all dieser fortschrittlichen Erzieher saß in Frankreich. Es war der 1712 in der Schweiz geborene JEAN-JACQUES ROUSSEAU. Von ihm stammt die Parole ›Zurück zur Natur‹, die damals in ganz Europa begeistert aufgenommen wurde. Während die Philanthropen sich mit wahrem Feuereifer darum bemühten, die Kinder von dem jahrhundertelangen Erziehungszwang und der modischen Konvention des Rokoko zu befreien, nahm MARIE ANTOINETTE die Aufforderung völlig äußerlich und wörtlich. Sie verkleidete sich als Bauernmädchen und animierte die Hofgesellschaft, die Rückkehr zur Natur als verkleidete Schäfer und Schäferinnen nicht zu ›praktizieren‹, sondern als modisches Treiben zu ›spielen‹.

Dabei entsprang der Ruf ›Zurück zur Natur‹ genaugenommen einem Zufall. Als nämlich die Akademie zu Dijon im Jahre 1749 die Preisfrage stellte, ob der Fortschritt der Wissenschaften und Künste dazu beigetragen habe, die Sitten zu verderben oder zu verbessern, da beantwortete ROUSSEAU diese Frage zur Überraschung aller aufgeklärten Gebildeten mit einem flammenden Nein! In scharfen Formulierungen versuchte er zu beweisen, daß die Zivilisation den Menschen verdorben habe. Schonungslos prangerte er das Mißverhältnis zwischen intellektueller und sittlicher Bildung an, die den Menschen zum Scheinheiligen und Heuchler mache. *O Tugend, du erhabene Wissenschaft einfältiger Seelen,* rief er zum Schluß aus und pries das einfache, natürliche Leben des unverbildeten Menschen.

Rousseau erhielt für die glänzend geschriebene Arbeit den ersten Preis und war mit einem Schlage berühmt. Vier Jahre später stellte die Akademie von Dijon wieder eine Frage: Über die Ursachen der Ungleichheit unter den Menschen. Und nun spann Rousseau in der Antwort darauf den Gedanken weiter, indem er die Behauptung aufstellte: Alle Menschen sind von Natur aus gleich! Wiederum empfahl er den Menschen, um glücklich zu werden, zum Naturzustand zurückzukehren. Schuld an allem Übel der Welt gab er hier dem ersten Menschen, der ein Stück Land eingezäunt und gesagt hat: Das ist mein! Nach seiner Meinung sind nur durch das Eigentum Ungleichheit, Neid und Streit unter den Menschen entstanden.

In seinem ›Contrat social‹ rechnete er mit der in Frankreich und anderwärts bestehenden Staatsform ab und bekannte sich zu einer demokratischen Gemeinschaft von gleichberechtigten Bürgern. Mit dieser Schrift wurde er zum Idol aller fortschrittlichen Geister Europas. Was viele zaghaft und tastend dachten, das sprach er unverblümt und mit schneidender Schärfe aus.

Kurz darauf erschien sein großer Erziehungsroman ›Emile‹. Dieses Buch erregte noch größeren Aufruhr als seine früheren Schriften. Es wurde in Paris und Genf öffentlich verbrannt, und Rousseau mußte vor einer drohenden Verhaftung aus Frankreich fliehen. Dabei schildert er in dem Buch nichts anderes als die Erziehung des Waisenknaben Emile von seiner Geburt bis zu seiner Verheiratung. Mochte Rousseau in seinem ›Contrat social‹ weit revolutionärere Gedanken geäußert haben, jetzt erst, bei der Darstellung einer freieren Erziehung, merkte man, daß Rousseau mit seiner These ›Zurück zur Natur‹ an den Grundfesten der allgemeinen Ordnungsvorstellungen rüttelte. Empört schrieb der Bischof von Paris über den Unglauben, der sich in allen Gestalten dieses Buches zeige, *bald leichtsinnig, in schmutziger Romanform, bald sich tiefsinnig gebärdend, als stiege er zu den ersten Prinzipien herab, bald Toleranz predigend.* Er warf Rousseau vor, er vermische Ernst und Scherz, reine Maximen und Obszönitäten, große Wahrheiten mit großen Irrtümern, Glauben und Gotteslästerungen.

Schwerer noch schien der Vorwurf der Berufspädagogen zu wiegen, er sei überhaupt nicht legitimiert, über Erziehung zu schreiben, da er noch nicht einmal fähig sei, seine eigenen Kinder aufzuziehen, geschweige denn zu erziehen, und sie sogar ins Findelhaus gebracht habe. In der Tat kümmerte sich der ansonsten so empfindsame Rousseau um seine Kinder so gut wie gar nicht. Seiner Lebensgefährtin Therese, einem geistig schwachen, überaus leichtsinnigen, aber gutmütigen Mädchen, versprach er, daß er sie nie verlassen, aber auch nie heiraten würde. Da Therese unfähig war, ihre Kinder zu versorgen, übergab sie Rousseau in fremde Hände.

Nun hat Rousseau in seinem Leben nicht nur diesen Fehler begangen. Es reihte sich praktisch einer an den anderen. Jedoch besaß er die verblüffende Fähigkeit, aus seinen eigenen so gut wie aus den Fehlern der andern, wenn nicht gerade zu lernen, so doch allgemeingültige Schlüsse zu ziehen.

Die Offenheit, mit der Rousseau in seinen Schriften seine Fehler und Schwächen schilderte, wurde von vielen seiner Zeitgenossen als ungemein anstößig empfunden. Aber man bekam aus seinen Schilderungen zum erstenmal einen ungeschminkten Einblick in die Entwicklung eines Kindes mit all ihren Nöten und Gefahren. Er sprach Dinge aus, die der Erwachsene normalerweise aus seinem Gedächtnis zu verdrängen sucht. So berichtet er, wie er als Knabe einige Jahre in einem Pfarrhaus zubrachte und für allerlei Vergehen des öfteren verprügelt wurde. Die Strafe hatte aber durchaus nicht den gewünschten Erfolg: *Wer sollte es glauben, daß diese Kinderstrafe über meine Neigungen, Begierden und Leidenschaften, über mich selbst für mein ganzes Leben entschied, und zwar in einer Weise, welche gerade das Gegenteil von dem bildete, was man als die natürliche Folge hätte erwarten sollen. Zugleich mit der Entzündung meiner Sinnlichkeit gerieten meine Begierden in eine solche Irre, daß sie befangen von dem, was ich zuerst empfunden hatte, fortan nach nichts anderem trachteten.*

Neben diesen und anderen Verstößen gegen die Tabus seiner Zeit, die aber auch manchen unbekümmerten Verfechter der Prügelstrafe nachdenklich machten, erregte Rousseau wohl den heftigsten Anstoß durch seine Behauptung, daß der Mensch von Natur aus gut sei. Das ganze bisherige Erziehungssystem wurde dadurch auf den Kopf gestellt. Die Vorstellung nämlich, daß der Mensch mit der Erbsünde behaftet sei, ließ ihn ›böse von Jugend auf‹ erscheinen und legitimierte die Erzieher, alle Willensäußerungen des Kindes mit drakonischen Strafen zu beantworten.

Nun ging Rousseau in seinem Erziehungsroman ›Emile‹ den umgekehrten Weg, indem er sagte: Da das Kind von Natur aus gut ist, hat alle Erziehung nur die Aufgabe, der Natur nachzugeben und alle negativen Einflüsse von außen abzuwehren. Alle natürlichen Regungen sind von ihrem Ursprung her ›gut‹, nur die Launen verderben den Menschen. Wenn das Kind schreit, weil es Hunger hat, so soll die Mutter ihm zu essen geben, wenn es aber ›aus Laune‹ schreit, tut sie es nicht. Da es zur Natur des Kindes gehört, zu spielen und sich zu freuen, beschwört Rousseau seine Leser: *Menschen, seid menschlich – liebet die Kinder, ihre Spiele, ihre Vergnügungen.*

Unterweisungen soll das Kind so gut wie gar nicht bekommen, sondern selbst seine Erfahrungen machen. *Kein Buch außer der Welt, keine andere Lehre als die Tatsachen.* Der Knabe Emile *soll die Wissenschaften nicht erlernen, sondern sie erfinden! – Anstatt das Kind an Bücher zu fesseln, beschäftige ich es in einer Werkstatt, wo seine Hände zum Nutzen seines Geistes arbeiten; er wird ein Philosoph und glaubt nur ein Arbeiter zu sein.* In der Beschäftigung mit dem Handwerk lernt Emile Nachdenken.

Das einzige Buch, das er zu lesen bekommt, ist der ›Robinson‹, weil hier der Mensch, zurückgeworfen auf seinen Ursprung als Naturmensch, in der Person Robinsons noch einmal die Menschheitsentwicklung gleichsam nachvollziehen muß. *Aus Büchern lernt man nur über Dinge sprechen, die man nicht versteht.* Emile weiß zwar nicht viel, aber was er weiß, hat er selbst gesehen, gehört, erlebt.

Die moralische Erziehung besteht nach Ansicht Rousseaus nur im Bewahren vor dem Bösen. Der Erzieher hält das Kind davon ab, anderen etwas Böses zu tun. Eine Aufforderung, Gutes zu tun, findet er dagegen grundfalsch, ja sogar gefährlich, weil das Kind aus eigenem Entschluß Gutes tun soll.

Ihr raubt ihm, so ruft er aus, *durch eure Weise den Mutterwitz, ihr gewöhnt es, sich immer leiten zu lassen, nur eine Maschine in den Händen anderer zu sein. Vom Kinde Gelehrigkeit zu verlangen, heißt fordern, daß es erwachsen leichtgläubig werde und sich am Narrenseil führen lasse. Es hilft nichts, dem Knaben zu sagen, man befehle ihm etwas zu seinem eigenen Besten, er werde es später einsehen. Das heißt jedem Schwärmer, Charlatan und Betrüger in die Hände arbeiten, welcher den Knaben in späteren Jahren in sein Netz locken will.*

Man hat, nachdem Rousseau so große Beachtung in aller Welt fand, immer wieder versucht, ihn nicht nur zu widerlegen, sondern auch auf mancherlei Widersprüche in seinen Schriften hinzuweisen. Aber da diese Widersprüche die Diskussion um die Probleme, die er aufgerollt hatte, stets von neuem entfachten, ging die Saat, die er gesät hatte, nicht nur auf, sondern zog immer weitere Kreise.

Pädagogische Provinz, Idee und Wirklichkeit

So viel ROUSSEAU auch kritisiert und angefeindet wurde, sein Beispiel machte Schule. Zu Beginn des 19. Jahrhunderts gab es kaum einen bedeutenden Schriftsteller, der sich nicht mit pädagogischen Problemen befaßte oder, gleich Rousseau, einen Erziehungsroman geschrieben hätte.

Das beginnende Industriezeitalter warf seine Schatten voraus und brachte bereits eine tiefgreifende Unruhe in die alte, bestehende Ordnung. Aus der Neuen Welt kam die Kunde vom freien Bürger, der seine Regierung selbst wählen konnte, von einer Toleranz, die viele religiös bedrängte und politisch Verfolgte veranlaßte, dorthin auszuwandern. Seit der Französischen Revolution rumorten die Ideen von Freiheit und Gleichheit in vielen Köpfen und ließen zugleich ein – wenn auch noch verschwommenes – Gefühl von Solidarität und Menschenliebe aufkeimen.

Die anbrechende neue Zeit, das spürten alle wachen und aufgeklärten Denker, brauchte neue Menschen, mit einer erweiterten Bildung und einem kritischen Verstand. Die meisten brachten ihre Erziehungsvorstellungen in Romanform zu Papier, und der ›neue Mensch‹, das war eigentlich immer das Kind vornehmer, gebildeter Eltern. Nur einer beschritt einen anderen

Weg. Johann Heinrich Pestalozzi, 1746 in Zürich geboren, hatte schon früh seinen Vater verloren und verbrachte längere Zeit seiner Jugend bei seinem Großvater, einem Landpfarrer. Hier lernte er die drückenden wirtschaftlichen Nöte der Bauern kennen, und das einmal geweckte soziale Gewissen schlief nie wieder bei ihm ein. So versuchte er seinen Vorsatz, den Armen durch bessere Erziehung zu helfen, nicht nur in vielen Schriften darzulegen, sondern auch in die Praxis umzusetzen.

Der Menschenfreund muß hinabsteigen in die unterste Hütte des Elends, muß den Armen in seiner dunklen Stube, seine Frau in der Küche voll Rauch und sein Kind am fast unmöglichen Tagewerk sehen, schrieb er an einen Freund.

Ich sah den Volksunterricht wie einen unermeßlichen Sumpf vor meinen Augen und watete mit einer Gewaltsamkeit in seinem Kote herum, bis ich endlich mit den Quellen seines Wassers, mit den Ursachen seiner Verstopfungen und mit den Standpunkten, von denen sich die Möglichkeit, sein nasses Verderben ableiten zu können, ahnen ließ, bekannt war ... Schon lange, ach! seit meinen Jünglingsjahren wallte mein Herz wie ein mächtiger Strom einzig und einzig nach dem Ziele, die Quelle des Elends zu stopfen, in die ich das Volk um mich her versunken sah ... Ich lebte jahrelang im Kreise von mehr als fünfzig Bettlerkindern, teilte in Armut mit ihnen mein Brot, lebte selbst wie ein Bettler, um zu lernen, Bettler wie Menschen leben zu machen. – Das Ideal ihrer Bildung umfaßte Feldbau, Fabrik und Handlung. Ich war in allen drei Fächern voll hohen und sicheren Taktes für das Große und Wesentliche dieses Planes, und noch heute kenne ich keinen Irrtum in den Fundamenten desselben. Das ist denn aber auch hingegen ganz wahr, es mangelte mir ebenso in allen drei Fächern die Fertigkeit des Details und eine Seele, die sich an die Kleinigkeiten desselben mit Festigkeit anschloß; auch war ich nicht reich genug und zu verlassen, um durch ein genugsames Personal unter mir auszufüllen, was mir mangelte. Mein Plan scheiterte.

Mehrmals scheiterten seine Pläne. Fünf Jahre lang suchte er auf dem Gut Neuhof einen landwirtschaftlichen Betrieb mit einer Erziehungsanstalt zu verbinden, konnte sich aber finanziell nicht über Wasser halten. In Stanz übertrug man ihm die Leitung eines Waisenhauses, und hier wurde er aus reiner Menschenliebe zu einem Lehrer ganz neuer Art. Er besaß keinerlei pädagogische Vorbildung, sondern nur den unwiderstehlichen Drang zu helfen.

Indessen, so drückend und stoßend die Hilflosigkeit, in der ich mich befand, war, so war sie von einer anderen Seite dem Inneren meiner Zwecke günstig. Sie nötigte mich, meinen Kindern alles in allem zu sein. Ich war von Morgen bis Abend soviel als allein in ihrer Mitte. Alles, was ihnen an Leib und Seele Gutes geschah, ging aus meiner Hand. Jede Hilfe und Handbietung, jede Lehre, die sie erhielten, ging unmittelbar von mir aus. Meine Hand lag in ihrer Hand, mein Aug ruhte auf ihrem Aug.

Meine Tränen flossen mit den ihrigen, und mein Lächeln begleitete das ihrige. Sie waren außer der Welt, sie waren außer Stanz, sie waren bei mir und ich bei ihnen. Ihre Suppe war die meinige, ihr Trank war der meinige. Ich hatte nichts, ich hatte keine Haushaltung, keine Freunde, keine Dienste um mich, ich hatte nur sie. Waren sie gesund, ich stand in ihrer Mitte, waren sie krank, ich war an ihrer Seite. Ich schlief in ihrer Mitte. Ich war am Abend der letzte, der ins Bett ging, und am Morgen der erste, der aufstand. Ich betete und lehrte noch im Bett mit ihnen, bis sie einschliefen; sie wollten es so. Alle Augenblicke mit Gefahren einer gedoppelten Anstekkung umgeben, besorgte ich die beinah unbesiegbare Unreinlichkeit ihrer Kleider und ihrer Personen. Dadurch aber war es denn freilich auch allein möglich, daß sich die Kinder allmählich und einige innigst und so weit an mich anschlossen, daß sie dem, was sie Dummes und Verächtliches selber von ihren Eltern und Freunden gegen mich hörten, widersprachen. Sie fühlten, daß mir Unrecht geschah, und ich möchte sagen, sie liebten mich doppelt dafür.

Indem er mit den Kindern lebte, sah er, was ihnen not tat. Das schwere Leben, das ihnen bevorstand, konnten sie nur meistern, wenn sie gelernt hatten, mit Verstand zu arbeiten und arbeitend ihren Verstand zu gebrauchen. Aber, lernten sie das in den damaligen Schulen? Pestalozzi verneint diese Frage:

So sagt der Schulmeister seinem Kind wieder: »Sei fleißig und arbeitsam«, aber es wird in der Schule selber am allermüßigsten und trägsten und ganz entwöhnt von der Anstelligkeit und anhaltenden Anwendung seiner Kräfte, wie es sie zu seinem Hausgebrauch am nötigsten hat; es kommt also aus der Schule heim und hat die Lehre vom Arbeiten im Kopf, aber dabei durch versäumte Hausübung weniger Kräfte und weniger Lust zu tun, was das Lehrsprüchlein ihm anrät. Aber daheim bei seinem Vater sieht das Kind den Garten grünen, den er umgräbt und düngt, es sieht die Bäume und die Reben Früchte tragen, die er reinigt, schneidet und baut, es sieht der Ernte Garben und die Früchte des Schweißes seines Vaters, es merkt und fühlt, warum er sich am Morgen den Schlaf versagt, warum er die Mittagshitze erträgt und dem Winterfrost trotzt; es sieht den Segen seines Fleißes, wenn er seine fetten Ochsen verkauft und den Sack voll Geld heimbringt, und es merkt ihn, wenn er seine Speicher zuschließt und mit dem Verkauf der Früchte wartet, bis sie im Wert sind. Auf dem Tische seines Vaters sieht es den Segen seines Fleißes, wenn er Brot und Fleisch nicht sparen muß wie ein Träger und an der Seite der Mutter spinnt das Kind und sieht am Ende der Woche den Lohn in ihrer Hand und spinnt gerne.

So, Meister, meine ich, sei es in die Augen fallend, daß der Mensch die Hauptsache, die er braucht und wissen und lernen muß, am besten zu Hause in seiner Wohnstube lerne und daß alle Väter und Mütter ihren Kindern diesen Unterricht ganz geben sollten, so weit sie könnten, ohne jemals sich in den Kopf zu setzen, daß es in der Welt Gottes möglich, daß irgendein Schulunterricht das, was sie tun sollten, zu ersetzen imstande sei.

Die neue Schule, die den neuen Menschen bilden sollte, hatte nicht an traditionelle Lehrmethoden anzuknüpfen, sondern sich den Erfordernissen anzupassen, die Pestalozzi vorfand:

Ich suche den menschlichen Unterricht zu psychologisieren; ich suche ihn mit der Natur meines Geistes und mit derjenigen meiner Lage und meiner Verhältnisse in Übereinstimmung zu bringen. Ich gehe des nahen auch von keiner positiven Lehrform als solcher aus, sondern frage mich ganz einfach: »Was würdest du tun, wenn du einem einzelnen Kinde den ganzen Umfang derjenigen Kenntnisse und Fertigkeiten beibringen wolltest, deren es bedarf, um durch eine gute Besorgung seiner wesentlichen Angelegenheiten zu innerer Zufriedenheit mit sich selber zu gelangen?«

So natürlich wie Pestalozzi seinen eigenen Weg zum Lehrer fand, so natürlich ist seine Lehrmethode, er empfiehlt als Beispiel immer wieder die Familie. Wie sich der Knabe vom Vater, das Mädchen von der Mutter die verschiedensten Fertigkeiten durch Nachahmung und Belehrung aneignet, so möchte er in der Schule den harmonischen Ausgleich zwischen Tun und Lehre entwickeln.

Die drei Kräfte des Kindes, die er bilden will, sind die des ›Kennens‹ (des Kopfes), des ›Könnens‹ (der Hand) und des ›Wollens‹ (des Herzens). In Stanz hatte Pestalozzi diese Methode einer Ausbildung der geistigen, körperlichen und sittlichen Kräfte an den Kindern der Armen zu erproben. Später übernahm er die Leitung einer Erziehungsanstalt in Iferten, und es gelang ihm, wie selten einem Pädagogen, seine Erziehungsvorstellungen mit der pädagogischen Praxis zu harmonisieren. Bald kamen Besucher aus allen Ländern, und seine Anhänger richteten nach seinem Vorbild Schulen ein.

Da die Kinder in diesen Schulen freier aufwuchsen und darum selbstbewußter auftraten, waren sie oft der Kritik ihrer Umgebung ausgesetzt. Nicht jeder hatte Pestalozzis Schriften gelesen, nach denen er das Erscheinungsbild der Methode nachsichtiger beurteilt hätte.

Als der Geheimrat Goethe im Jahre 1815 die Schule eines Pestalozzianers in Wiesbaden besuchte, klagte er auf dem Heimweg seinem Begleiter Boisseré:

Da sollte ich nun einmal die Dreistigkeit der kleinen Buben hier in der Schule sehen, die vor keinem Fremden erschrecken, sondern ihn in Schrecken setzen! Da falle aller Respekt, alles weg, was die Menschen untereinander zu Menschen macht. Was wäre denn aus mir geworden, sagte er, *wenn ich nicht immer genötigt gewesen wäre, Respekt vor andern zu haben. Und diese Menschen mit ihrer Verrücktheit und Wut, alles auf das einzelne Individuum zu reduzieren und lauter Götter der Selbständigkeit zu sein; diese wollen ein Volk bilden und den wilden Scharen widerstehen, wenn diese einmal sich der elementarischen Handhaben des Ver-*

standes bemächtigt haben, welches nun gerade durch Pestalozzi unendlich erleichtert ist.

Mißbilligend betrachtete Goethe das Unterfangen Pestalozzis. Mit vorwurfsvollem Bedauern richtete sich PESTALOZZI in der ›Abendstunde eines Einsiedlers‹ an den großen Goethe:

Äußere und innere Menschenhöhe, auf der reinen Natur gebildet, ist Verstand und Vatersinn gegen niedere Kräfte und Anlagen. Mensch in deiner Höhe, wiege den Gebrauch deiner Kräfte nach diesem Zwecke. Vatersinn hoher Kräfte gegen die unentwickelte schwache Herde der Menschheit. O Fürst in deiner Höhe! O Goethe in deiner Kraft! Ist das deine Pflicht, o Goethe, da deine Bahn nicht ganz Natur ist? Schonung der Schwachheit, Vatersinn, Vaterzweck, Vateropfer im Gebrauch seiner Kraft, das ist reine Höhe der Menschheit. O Goethe in deiner Hoheit, ich sehe hinauf von meiner Tiefe, erzittere, schweige, seufze. Deine Kraft ist gleich dem Drang großer Fürsten, die dem Reichsglanz Millionen Volkssegen opfern.

Diese beiden, fast gleichaltrigen Männer konnten einander nicht verstehen, da sie auf verschiedenen Ebenen standen. Pestalozzi hatte von Jugend auf mit den Armen gelebt und gefühlt, und Goethe war in einer großbürgerlichen Familie der Stadt Frankfurt aufgewachsen. In seinem Gesichtskreis gab es keine Armen und Elenden. Wo sie einmal auftauchten – in ›Wilhelm Meisters Wanderjahren‹ – als Handwerker, deren Existenz durch den mechanischen Webstuhl bedroht ist, da läßt er sie nach Amerika auswandern.

Sein Weitblick erlaubt es ihm, alles in Bewegung zu sehen. Klarer als die meisten seiner Zeitgenossen überblickt er, wie man die Verhältnisse ändern könnte. Auch seine eigenen Vorstellungen sind ständig im Fluß. In jüngeren Jahren sieht er den Menschen vornehmlich als Einzelpersönlichkeit, die sich zu bilden und zu vervollkommnen sucht. Später erkennt er ihren Zusammenhang mit dem allgemeinen Interesse, darum sind auch seine Gedanken über Erziehung analytisch und synthetisch zugleich. Wenn er empfiehlt: *Man lasse die Jugend in löblicher Freiheit aufwachsen,* so fügt er sofort hinzu: *Die Kraft der Selbstbeherrschung und Entsagung muß systematisch geübt werden.*

Weil er den Menschen zufrieden und glücklich sehen möchte, rät er: *Alles was in uns ist, muß in die Tat umgesetzt werden,* und das bedeutet für ihn, daß man beim Kinde *nicht verbieten, sondern gebieten, nicht hindern, sondern befördern* soll, nur so gelangt das Kind zur Selbständigkeit. *Ein Kind, ein junger Mensch, die auf ihrem eigenen Wege irre gehen, sind mir lieber als manche, die auf fremdem Wege recht wandeln. Finden jene, entweder durch sich selbst oder durch Anleitung, den rechten Weg, das ist den, der ihrer Natur gemäß ist, so werden sie ihn nie verlassen, anstatt daß sie jeden Augenblick in Gefahr sind, ein fremdes Joch abzuschütteln und sich einer unbedingten Freiheit hinzugeben.*

Ein ausgezeichnetes Bildungsmittel zu einer inneren und äußeren Selbständigkeit sieht Goethe im Handwerk. Es geht ihm nicht unbedingt darum, Handwerker auszubilden, denn er sieht ganz klar die kommende Industrialisierung voraus. Aber gerade weil er weiß, daß diese kommende Zeit eine größere Selbständigkeit und eine erweiterte Bildung verlangt, möchte er den Kindern durch die gleichzeitige Schulung von Kopf und Hand das Rüstzeug geben, mit dem sie sich neuen Situationen besser anpassen können. *Vom Handwerk muß jede Erziehung ausgehen. – Der geringste Kopf bleibt dabei stehen; für den besseren wird es eine Kunst, und der beste sieht in dem einen, was er recht tut, das Gleichnis von allem, was recht getan wird.*

In der notwendigen und darum sinnvollen Selbsttätigkeit, die das Handwerk dem Lernenden abverlangt, sieht Goethe ein wertvolleres und auch zuverlässigeres Bildungsmittel als im theoretischen Unterricht. Den Zöglingen in seiner ›Pädagogischen Provinz‹ stehen in dieser Hinsicht viele Möglichkeiten offen. Als Wilhelm seinen Sohn Felix dort erziehen läßt, kommt der Knabe – wie alle – zuerst in die landwirtschaftliche Abteilung, damit er mit den Grundlagen der menschlichen Existenz vertraut wird. Danach kann er sich einem Handwerk zuwenden. Dabei prüft man die

Unterricht in den Naturwissenschaften, nach Chodowiecki (1726–1801)

Zöglinge ständig und sorgfältig, um die Veranlagung des einzelnen zu erkennen und ihn gegebenenfalls auf den ihm gemäßeren Weg zu lenken.

Eine Uniform, wie sie in den meisten Internaten damals üblich war, lehnt Goethe ab. Den Zöglingen stehen Kleidungsstücke von mancherlei Farbe und verschiedenartigem Zuschnitt zur Verfügung, und sie können frei auswählen, was ihnen am besten gefällt.

Wenn sich in der Kleidung der eine vom andern unterscheiden soll und darf, so wird in Musik und Gesang das Zusammenspiel geübt. Gesang begleitet die Kinder bei allen Tätigkeiten. Felix, der sich als praktische Tätigkeit die Pferdezucht und -pflege gewählt hat, sieht sich bald als ›reitenden Grammatiker‹, da auch der Sprachunterricht mit den Reitübungen verknüpft wird.

Von der üblichen Schulweisheit hält Goethe wenig, von einer tätigen Erziehung alles:

Die Erweckung eines praktischen, gesunden Sinnes, die frühe Erfassung des wirklichen Lebens, körperliche Gewandtheit und geistige Umsicht – das ist für jeden heilsam.

Im Mittelpunkt der Erziehung in der ›Pädagogischen Provinz‹ steht die *Religion, welche auf Ehrfurcht vor dem, was über uns ist, beruht.* Wie ein roter Faden zieht sich die Erziehung zur Ehrfurcht durch alle Unterweisungen der Zöglinge. Mit dieser überaus starken Betonung der Ehrfurcht übte Goethe Kritik an den politischen Freiheitsbestrebungen seiner Zeit, die ihm nicht behagten, aber auch an der Methode Pestalozzis. Er sah zwar deutlich die wirtschaftlichen Veränderungen voraus, aber politisch sollte in seinen Wunschvorstellungen möglichst alles beim alten bleiben. Darum werden die Kinder in der ›Pädagogischen Provinz‹ durch jahrgangsweise verschiedene Ehrfurchtsbezeugungen an den Gedanken gewöhnt, daß die Menschen nicht alle auf einer Stufe stehen.

Während Goethes pädagogische Gedanken in ihrer Bedeutung immer mehr erkannt, ausgedeutet und erforscht wurden und im Zusammenhang mit seiner Lehre von der organischen Entfaltung des Lebendigen noch unsere heutigen Vorstellungen stark befruchten, gerieten die Werke und damit auch die Äußerungen eines zweiten großen Denkers und Dichters der Generation unserer Klassiker über Erziehung fast in Vergessenheit, JEAN PAULS.

Wo immer die Ordnungsvorstellungen einer Zeit sich zu verwirklichen oder zu erhalten suchen, da müssen sich die Kinder einem Zwang beugen. Darum mahnte Jean Paul seine Zeitgenossen in seinem Erziehungsbuch ›Levana‹: *Nicht für die Gegenwart ist das Kind zu erziehen, sondern für die Zukunft.*

Jede Gemeinschaftserziehung geht von einem angenommenen Normalfall aus. Jean Paul hingegen betrachtet jedes neugeborene Menschenkind als ein einmaliges Individuum mit unverwechselbaren Anlagen. Er glaubt, daß letztlich in jedem ein ›Idealmensch‹ verborgen liegt, der sich aber nur entfalten kann, wenn die in ihm schlummernden Fähigkeiten in der ihm gemäßen Weise angesprochen werden. Da wir die ›Sprache‹ eines jeden Kindes vorerst noch nicht kennen, rät er zunächst einmal, den Boden zu bereiten, auf dem es sich entfalten kann. *Ungleich dem gewöhnlichen Erzieher begieße nicht die einzelnen Zweige, sondern die Wurzel, die jene schon beweisen und entfalten wird.*

Jean Paul verhält sich wie der Gärtner; nachdem die Wurzeln versorgt sind, möchte er das Klima schaffen, in dem die Seele und der Geist des Kindes gedeihen können. Was frische Luft, Bewegung und Abhärtung für den Körper, das sind Heiterkeit und Freude für die Seele:

Heiterkeit und Freudigkeit ist der Himmel, unter dem alles gedeiht, Gift ausgenommen. Tiere können genießen, aber nur Menschen können heiter sein. Die lieben Kinder sollen ihr Paradies bewohnen, wie die ersten Eltern, diese waren erste Kinder.

Seine Erziehungskunst besteht fast nur im Wachsenlassen, und wenn der Erwachsene eingreifen muß, rät er zur Behutsamkeit.

Habt keine Freude am Ge- und Verbieten, sondern am kindlichen Freihandeln. – Verbietet mit leiser Stimme, damit eine ganze Stufenleiter zur Verfügung frei stehe – und nur einmal.

Die moralische Erziehung hat bei Jean Paul ihren Angelpunkt in der Liebe als einer sittlichen Kraft:

Leben zündet sich nur an Leben an, mithin das Höchste im Kinde nur durch Beispiel. – Die Menschen wollen alles erziehen, was sich von selbst erziehet. – Lehret lieben, so braucht ihr keine Zehn Gebote – lehret lieben, sag ich, das heißt liebt! Mit diesem Schlüssel, so läßt Jean Paul uns ahnen, kann man Türen öffnen, die sich allen Erziehungstheorien verschließen.

Die Volksschule – Stiefkind des 19. Jahrhunderts

Der Gedanke, daß die Welt durch Erziehung zu ändern und zu bessern sei, hatte fast alle hervorragenden Denker des 18. Jahrhunderts beschäftigt, und einzelne Pädagogen versuchten, ihn in die Tat umzusetzen.

Während im 19. Jahrhundert die fortschrittlichen und die reaktionären Politiker noch heftige Auseinandersetzungen um etwas mehr oder weniger Bildung für ›den großen Haufen‹ führten, gaben schließlich die wirtschaftlichen Umwälzungen den Ausschlag: sie erforderten zwangsläufig eine erweiterte Bildung für alle Kinder, und jedes Land sah sich wohl oder übel gezwungen, in irgendeiner Form für die allgemeine Volksschule zu sorgen.

In England hatte man sich bis dahin herzlich wenig um die Bildung der Kinder des einfachen Volkes gekümmert. Die frühe Industrialisierung und die damit verbundenen Notstände ließen die Aktivität verantwortungsbewußter Bürger wach werden. Sie richteten Sonntagsschulen ein, die sich bald über das ganze Land verbreiteten. Hieraus entstanden allmählich die allgemeinen Volksschulen.

Wie überall, so fehlte es auch in England an Lehrern für diese Schulen, deren Notwendigkeit nun jedermann einsah. Aus dieser Not heraus entwickelte ANDREAS BELL das ›Monitorsystem‹. Er ließ jeweils die Besten unter den Schülern – als Monitore – die jüngeren und schwächeren unterrichten. Auf diese Weise war ein einziger Lehrer in der Lage, eine große Anzahl von Kindern zu betreuen. Wann immer die Klassen zu groß wurden, konnte man sie in Gruppen einteilen und jeweils von den älteren oder besseren Schülern unterrichten lassen. Die Anhänger dieser Methode gründeten einen Schulverein und verbreiteten das Bellsche Schulsystem über Englands Grenzen hinaus in den Vereinigten Staaten, in Kanada, Südafrika und Australien. Fast gleichzeitig setzte sich in England der Quäker LANCASTER mit großem Eifer für eine allgemeine Schule ein, in der die Kinder aller Bekenntnisse nebeneinander unterrichtet wurden. Im Religionsunterricht las man die Bibel, ohne jede konfessionelle Auslegung. Auch er unterrichtete nach dem Monitorsystem.

Man lobte an dieser Methode, daß der Schüler dabei nicht nur aufnimmt, sondern zugleich Gelegenheit hat, das Gelernte zum Nutzen anderer anzuwenden. Durch diesen Wechsel von Lernen und Lehren entwickelt sich das Gefühl, aufeinander angewiesen zu sein, und die gegenseitige Hilfsbereitschaft. Die Gegner der Methode tadelten das allzu mechanische Lernen des Bellschen Systems. Unbestritten bleibt jedoch der praktische Wert dieses Weges, der es England trotz des Lehrermangels in kurzer Zeit ermöglichte, sehr viele Kinder das Lesen und Schreiben zu lehren.

Gegen eine allgemeine staatliche Schulpflicht wehrte sich in England das Unabhängigkeitsgefühl wie der Freiheitssinn des Bürgers, der empfindlich auf jede Beschränkung seiner Persönlichkeitsrechte reagierte. Dafür gab es aber eine Vielzahl von Schulen, teils als kirchliche, teils auch als private Einrichtungen, für die Kinder der einfachen Leute, der Mittelklasse und der Vornehmen so gut wie für die Kinder der Besitzlosen und der allerärmsten.

Damals schon erregten die englischen Schulen Aufsehen, weil sie große Spielplätze besaßen, auf denen die Kinder sich tummeln konnten und nach jeweils einhalbstündlichem Unterricht gymnastische Übungen machten. Die meist großen, luftigen Schulräume waren durch Verstellwände aufgeteilt, um den Gruppenunterricht zu ermöglichen. Neben Lesen, Schreiben und Rechnen, Grammatik und Religion bekamen die Kinder auch Unterricht in Handel und Gewerbe.

In Frankreich verfiel, nach einigen guten Vorsätzen in der Revolution, das Schulwesen schnell wieder. Erst 1833 wurde jede Gemeinde verpflichtet, eine Primarschule einzurichten, streng nach Geschlechtern getrennt. Wo die räumlichen Möglichkeiten begrenzt waren, dienten Bretterwände dazu, die Knaben und Mädchen gegenseitigen Blicken zu entziehen. Neben

Lesen, Schreiben und Rechnen umfaßte der Unterricht Grammatik, Religion und Sittenlehre.

Die Prügelstrafe wurde in Frankreich früher als in anderen Ländern als entehrend empfunden. Ein sorgfältig ausgedachtes System von Lob und Tadel spornte die Kinder zu Fleiß und gutem Verhalten an. Für gute Leistungen gab es Striche, Kärtchen, Aufschreiben des Namens an die Ehrentafel und Medaillen. Bestraft wurde durch Arrest, Aufschreiben an die Schandtafel, öffentlichen Verweis und Ausschluß aus der Schule. Auch in Frankreich litt die Schule damals unter einem ständigen drückenden Lehrermangel.

Amerika war das erste Land mit einer Volksschule für die Kinder aller Stände. Hier gab es keine alten Vorurteile zu überwinden, da jedem Einwanderer die gleichen Chancen offenstanden. Viele Europäer blickten damals erwartungsvoll auf die Neue Welt, und GOETHE dichtete:

Amerika, du hast es besser
Als unser Kontinent, der alte,
Hast keine verfallenen Schlösser
Und keine Basalte.
Dich stört nicht im Innern,
Zu lebendiger Zeit,
Unnützes Erinnern
und vergeblicher Streit.

Benutzt die Gegenwart mit Glück!
Und wenn nun eure Kinder dichten,
Bewahre sie ein gut Geschick
Vor Ritter-, Räuber- und Gespenstergeschichten.

Die pragmatische Lebenseinstellung der Amerikaner, die den Unterricht auf die nützlichen Fächer beschränkten und dem Schüler größere persönliche Freiheiten einräumten, ist in Europa oft und gern kritisiert worden. Daß hier Knaben und Mädchen gemeinsam unterrichtet wurden, galt für weite Kreise im alten Europa noch als unschicklich. Der Unterricht umfaßte in den unteren Klassen Lesen, Schreiben und Singen. Darauf baute sich die Mittelstufe auf mit Geographie und Geschichte. Von hier aus hatte jeder Schüler Zugang zu den oberen Stufen, die bis zur Universitätsreife vorbereiteten. Der Vormittag war von neun bis zwölf den Unterrichtsstunden vorbehalten, und am Nachmittag von eins bis drei arbeiteten die Kinder selbständig unter der Aufsicht des Lehrers.

In Deutschland wurde mit dem erwachenden Staatsbewußtsein im 19. Jahrhundert das Bedürfnis nach einer allgemeinen Volksschule immer dringender. Es gab zwar seit FRIEDRICH DEM GROSSEN eine allgemeine Schulpflicht, aber sie wurde sehr nachlässig befolgt. Im allgemeinen blieb die Hälfte aller Kinder dem Unterricht fern. Auf dem Lande fiel während der Sommermonate die Schule ganz aus, da die Kinder bei der Feldarbeit helfen mußten. Außerdem mangelte es stets an Lehrern. Immer noch mußten gelegentlich die Kriegsinvaliden den Lehrer ersetzen. Von ihrem Unterricht lesen wir in den Erinnerungen ADOLF KUSSMAULS:

Der Schulmeister war ein baumstarker Mann in den Fünfzigern, ein gedienter Soldat, hatte die Kriege als Reitersmann mitgemacht, vermutlich bei den badischen Husaren, die später in Dragoner umgewandelt wurden, und konnte Lesen, Schreiben und die vier Spezies rechnen. Deshalb wurde er wahrscheinlich zum Schullehrer gut befunden. Wir waren nur wenige Kinder in der Schule, und es ist mir nichts anderes daraus geblieben als ein wenig Biblische Geschichte vom König David und seinen Heldentaten wider den Riesen Goliath, die Philister und Amalekiter. Dazu erzählte der Alte uns begeistert, daß er auch beim Kriegshandwerk gewesen und wie er es in Feindesland gehalten habe. »Ich sage euch, ihr Buben«, rief er uns grimmig zu, »es geht halt nichts auf der Welt über einen rechtschaffenen Reitersmann im Krieg. Der steigt, wenn kommandiert wird, aufs Roß, reißt den Pallasch aus der Scheide, setzt die Sporen ein, und die ganze Schwadron reitet dem Bauern in den Klee oder die Frucht, wie es gerade kommt. Da schreit der Bauer, und die Bäuerin jammert, aber da hilft nichts und muß alles ruiniert werden. Und wenn sich der Bauer widersetzt, so fliegt ihm der rote Hahn aufs Dach, daß die Flammen an allen Ecken aus der elenden Strohhütte rausschlagen. So ist's recht, so muß es im Kriege zugehen.« Als ich meinem Vater erzählte, wie uns der Schulmeister Biblische Geschichte lehrte, schüttelte er den Kopf und nahm mich aus der Schule.

Schwierigkeiten bereitete das Schulehalten aber auch, weil selten geeignete Räume zur Verfügung standen. Oft dienten alte Scheunen, Schmieden oder das Armenhaus als Unterkunft für die Schule, manchmal fand der Unterricht abwechselnd in den einzelnen Bauernhäusern statt. Solche ›Wandelschulen‹ gab es an vielen Orten. Von den Schulverhältnissen, wie er sie um 1820 in Schleswig-Holstein erlebte, berichtet uns FRIEDRICH HEBBEL:

In meinem vierten Jahre wurde ich in eine Klippschule gebracht. Eine alte Jungfer, Susanna mit Namen, hoch und männerhaft von Wuchs, mit freundlichen blauen Augen, die wie Lichter aus einem graublassen Gesicht hervorschimmerten, stand ihr vor. Wir Kinder wurden in dem geräumigen Saal, der ziemlich finster war, an den Wänden herumgepflanzt, die Knaben auf der einen Seite, die Mädchen auf der anderen; Susannas Tisch, mit Schulbüchern beladen, stand in der Mitte, und sie selbst saß, ihre weiße, tönerne Pfeife im Munde und eine Tasse Tee vor sich, in einem Respekt einflößenden urväterlichen Lehnstuhl dahinter. Vor ihr lag ein langes Lineal, das aber nicht zum Linienziehen, sondern zu unserer Abstrafung benutzt wurde, wenn wir mit Stirnrunzeln und Räuspern nicht länger im Zaume zu halten waren; eine Tüte voll Rosinen, zur Belohnung außerordentlicher Tugenden bestimmt, lag daneben. Die Klapse fielen jedoch regelmäßiger als die Rosinen, ja, die Tüte war, so sparsam Susanna auch damit umging, zuweilen völlig leer, wir lernten daher Kants kategorischen Imperativ zeitig genug kennen. An den Tisch wurde Groß und Klein von Zeit zu Zeit herangerufen, die vorgerückteren Schüler zum Schreibunterricht, der Troß, um seine Lektionen aufzusagen und, wie es nun kam, Schläge auf die Finger mit dem Lineal oder Rosinen in Empfang zu nehmen.

Hinter dem Hause war ein kleiner Hof, an den Susannas Gärtchen stieß, auf dem Hof trieben wir in den Freistunden unsere Spiele, das Gärtchen wurde vor uns verschlossen gehalten. Es stand voll Blumen, deren phantastische Gestalt ich noch im schwülen Sommerwind schwanken sehe; von diesen Blumen brach Susanna uns bei guter Laune hin und wieder einige ab, jedoch erst dann, wenn sie dem Welken nahe waren. Susanna verteilte ihre Geschenke übrigens sehr parteiisch. Die Kinder wohlhabender Eltern erhielten das Beste und durften ihre oft recht unbescheidenen Wünsche laut aussprechen, ohne zurechtgewiesen zu werden; die Ärmeren mußten mit dem zufrieden sein, was übrig blieb und bekamen gar nichts, wenn sie den Gnadenakt nicht stillschweigend abwarteten. Das trat am schreiendsten zur Weihnacht hervor. Dann fand eine große Verteilung von Kuchen und Nüssen statt, aber in treuer Befolgung der Evangeliumsworte: Wer da hat, dem wird gegeben! Die Töchter des Kirchspielschreibers, einer gewaltigen Respektsperson, die Söhne des Arztes usw. wurden mit halben Dutzenden von Kuchen, mit ganzen Tüten von Nüssen beladen; die armen Teufel dagegen, deren Aussichten für den Heiligen Abend im Gegensatz zu diesen ausschließlich auf Susannas milder Hand beruhten, wurden kümmerlich abgefunden. Der Grund war, weil Susanna auf Gegengeschenke rechnete, auch wohl rechnen mußte und von Leuten, die nur mit Mühe das Schulgeld aufzubringen wußten, keine erwarten durfte.

Ich blieb in Susannas Schule bis zu meinem sechsten Jahr und lernte dort fleißig lesen. Zum Schreiben ward ich, meiner Jugend wegen, wie es hieß, noch nicht zugelassen; es war das letzte, was Susanna mitzuteilen hatte, darum hielt sie vorsichtig damit zurück. Gegen Ende meines sechsten Jahres trat in den holsteinischen Schuleinrichtungen, und also auch in denen meines Vaterländchens, eine große Veränderung, ja, eine völlige Umgestaltung ein. Bis dahin hatte der Staat sich in die erste Erziehung gar nicht, in die spätere wenig eingemischt; die Eltern konnten ihre Kinder schicken, wohin sie wollten, und die Klipp- und Winkelschulen waren reine Privatinstitute, um die sich selbst die Prediger kaum bekümmerten und die oft auf die seltsamste Weise entstanden. So war Susanna einmal an einem stürmischen Herbstabend, ohne einen Heller zu besitzen und völlig fremd auf hölzernen Pantoffeln nach Wesselburen gekommen und hatte bei einer mitleidigen Pastorswitwe um Gottes willen ein Nachtquartier gefunden; diese entdeckt, daß die Pilgerin lesen und schreiben kann, auch in der Schrift nicht übel Bescheid weiß, und macht ihr daraufhin Knall und Fall den Vorschlag, im Ort, ja in ihrem Hause zu bleiben und Unterricht zu geben. Die Jugend, wenigstens der kriechende Teil derselben, war nämlich gerade verwaist, der bisherige Lehrer, lange Zeit wegen seiner strengen Zucht höchlich gepriesen, hatte ein naseweises kleines Mädchen zur Strafe für irgendeine Ungezogenheit entblößt auf einen heißen Ofen gesetzt, vielleicht um ein noch größeres Lob davonzutragen, und das war denn doch auch den unbedingtesten Verehrern der Rute zu stark gewesen. Susanna stand ganz verlassen in der Welt da und wußte nicht, wohin sie sich wenden oder was sie ergreifen sollte, sie vertauschte die gewohnte Handarbeit daher gerne, obgleich nicht ohne Angst, nach ihrem eigenen Ausdruck, mit der schweren Kopfarbeit, und die Spekulation glückte vollkommen und in kürzester Frist.

Ungefähr um dieselbe Zeit, wo ich Susannas dumpfen Saal mit der neu erbauten, hellen und freundlichen Elementarschule vertauschte, mußte auch mein Vater sein kleines Haus verlassen und eine Mietwohnung beziehen. Das war nun für mich ein wunderlicher Kontrast. Die Schule hatte sich erweitert: ich schaute aus blanken Fenstern mit breiten Föhrenrahmen, statt das neugierige Auge an grünen Bouteillen-Scheiben mit schmutziger Bleifassung zu versuchen, und der Tag, der bei Susanna immer später anfing und früher aufhörte, als er sollte, kam zu seinem vollen Recht; ich saß an einem bequemen Tisch mit Pult und Tintenfaß, der frische Holz- und Farbengeruch, der noch jetzt einigen Reiz für mich hat, versetzte mich in eine Art von fröhlichem Taumel, und als ich auf mein Lesen hin vom inspizierenden Prediger angewiesen wurde, die dritte Bank, die ich bescheiden gewählt hatte, mit der ersten zu vertauschen und sogar auf dieser noch einen der obersten Plätze einzunehmen, fehlte mir nicht mehr viel zur Seligkeit.

Der Unterricht beschränkte sich im allgemeinen auf Lesen, Schreiben und das Auswendiglernen des Katechismus. Wo geeignete Lehrer vorhanden waren, erweiterte er sich noch auf Naturkunde, Geographie und Geschichte. Nähen und Stricken lernten nicht nur die Mädchen, sondern auch die Knaben, damit sie sich beim Viehhüten nutzbringend beschäftigen konnten. Turnen wurde 1819 verboten, nach 1847 aber wieder erlaubt. Daß der kindliche Wissensdurst in den Schulen oft nur mangelhaft befriedigt wurde, davon erzählt Ernst Rietschel:

Mein Schulunterricht bestand bis zum elften Jahre nur im Lesen der Psalmen und Evangelien, Schreiben und Rechnen; im letztern kam ich bis zum Multiplizieren. Ich erinnere mich keiner Anregung aus dieser Schulzeit. Nur wenn wir in den Psalmen lasen, fühlte ich mich bisweilen in einer besonderen Gemütsstimmung, die mir einen wehmütigen Eindruck, wie Heimweh, zurückließ; besonders brachte dies Gefühl der hundertsiebenunddreißigste Psalm hervor: An den Wassern zu Babylon. Die unbeschreibliche Seelentrauer und Sehnsucht, die darin ausgesprochen, versetzte mich jedesmal in eine tief elegische Stimmung, welche sich in der Vorstel-

lung von Bildern des Morgenlandes erging, erzeugt durch die fremden, schönen und mir wunderbar vorkommenden Namen der Völker, Städte und Berge, durch die extravaganten Schilderungen der Natur, die Bitten um den Untergang der Feinde, zuletzt und mit einem Worte durch den hochpoetischen Schwung dieser Gesänge.

Die damaligen konservativen Kreise fanden diesen Unterricht als vollkommen ausreichend. Bildung galt in ihrer Vorstellung als ein Privileg der Vornehmen. Es war für sie stets ein beunruhigender Gedanke, daß ›der große Haufen‹ Kenntnisse und Einsichten erlangen könne, darum sollte alles beim alten bleiben. Die Regierung sah sich zwar gezwungen, Schulen einzurichten, aber sie warnte ständig vor einem Zuviel. Sie empfahl ›wenig Schulbücher‹, *keine Grammatik, weil die Kinder nach Alter und Bildungsstand unvermögend seien, sich ein klares Bewußtsein von den Gesetzen der Sprache zu erwerben.* Der Katechismus und das Lesebuch mußten genügen. Im Jahre 1838 betrug der preußische Haushalt 52 Millionen Taler, davon wurden 23 Millionen für das Heer und 3 bis 4 Millionen für das Schulwesen verausgabt. Die Volksschule blieb immer noch das Stiefkind, da sie nur von Unbemittelten besucht wurde.

THEODOR FONTANE kam lediglich durch ein Versehen einmal in solch eine Schule:

Als wir Johanni 27 in dem Hause mit dem Riesendach und der hölzernen Dachrinne, darin mein Vater bequem seine Hand legen konnte, glücklich untergebracht waren, meldete sich alsbald die Frage: »Was wird nun aus den Kindern? In welche Schule schicken wir sie?« Wäre meine Mutter schon mit zur Stelle gewesen, so hätte sich wahrscheinlich ein Ausweg gefunden, der, wenn nicht aufs Lernen, so doch auf das ›Standesgemäß‹ die gebührende Rücksicht genommen hätte. Da meine Mamma jedoch, einer Nervenkur halber, in Berlin zurückgeblieben war, so lag die Entscheidung bei meinem Vater, der schnell mit der Sache fertig war und sich in einem seiner Selbstgespräche vermutlich dahin resolvierte: »Die Stadt hat nur eine Schule, die Stadtschule, und da diese Stadtschule die einzige ist, so ist sie auch die beste.« Gesagt, getan; und ehe eine Woche um war, war ich Schüler der Stadtschule. Nur wenig ist mir davon in Erinnerung geblieben: eine große Stube mit einer schwarzen Tafel, stickige Luft, trotz immer offenstehender Fenster, und zahllose Jungens in Fries- und Leinwandjacken, ungekämmt und barfüßig oder aber in Holzpantoffeln, die einen furchtbaren Lärm machten. Es war sehr traurig. Ich verknüpfte jedoch damals, wie leider auch später noch, mit In-die-Schule-Gehen so wenig angenehme Vorstellungen, daß mir der vorgeschilderte Zustand, als ich seine Bekanntschaft machte, nicht als etwas besonders Schreckliches erschien. Ich ging eben davon aus, daß das so sein müsse. Als aber, gegen den Herbst hin, meine Mutter eintraf und mich mit den Holzpantoffeljungens aus der Schule kommen sah, war sie außer sich und warf einen ängstlichen Blick auf meine Locken, denen sie, in dieser Gesellschaft, nicht mehr recht trauen mochte. Sie hatte dann eines ihrer energischen Zwiegespräche mit meinem Vater, dem wahrscheinlich gesagt wurde, er habe wieder einmal bloß an sich gedacht, und denselben Tag noch erfolgte meine Abmeldung bei dem uns schräg gegenüber wohnenden Rektor Beda. Dieser nahm die Abmeldung nicht übel, erklärte vielmehr meiner Mutter, er habe sich eigentlich gewundert ...

Nach diesem Zwischenspiel wurde Fontane von seinem Vater unterrichtet. Wer es sich leisten konnte, stellte einen Hauslehrer ein, der oft auch später, wenn die Kinder das Gymnasium besuchten, noch Hilfestellung leistete, wie bei ANSELM FEUERBACH:

Von meinen Privatlehrern habe ich besonders zwei im Gedächtnis behalten. Der erste war ein armer, struppiger Schweizer mit Namen Gemperle. Er verstand gut Griechisch und Latein, war aber sonst ein wunderlicher Patron. »Gegen den Tod ist kein Chrüttli gewachsen«, pflegte er zu sagen und hieb dabei mit einem gewaltigen Ziegenhainer einigen Disteln die Köpfe ab. Wir machten öfters Spaziergänge und kehrten in benachbarten Orten ein. Eines Abends wollte er durchaus in einen Hühnerstall einsteigen, und, wie er sich ausdrückte, einen Hahn mitgehen heißen. Ich fand Gründe, ihm ein solch unziemliches Benehmen auszureden.

Mein zweiter Lehrer, Herr H. Poppen, eine helle, heitere und grundtüchtige Natur, war mir zugleich Lehrer und Freund. Ich hatte ein unbegrenztes Vertrauen zu ihm, das mich nie betrogen hat.

Was die Schule anbetrifft, so war ich fast immer der erste in meiner Klasse. Die bildsame Luft im elterlichen Hause und daneben ein fortlaufender tüchtiger Privatunterricht halfen über alle Schwierigkeiten hinweg.

Wer sich keinen Hauslehrer nehmen wollte oder konnte, der schickte seine Kinder zu einem Pfarrer aufs Land, der dann oft mehrere Knaben zugleich beherbergte und unterrichtete. RICHARD WAGNER erzählt:

Wie ernst es mein Vater mit meiner Erziehung nahm, bewies er, als er nach meinem vollbrachten sechsten Jahre mich zu einem Pfarrer auf das Land, nach Possendorf bei Dresden, brachte, wo ich in Gesellschaft anderer Knaben aus guten Familien eine vortreffliche, nüchterne und gesunde Erziehung erhalten sollte.

Die Mädchen wurden von Gouvernanten erzogen. In den Städten gab es aber auch private Mädchenschulen, die zuweilen einen guten Ruf genossen. Unter diesen vielerlei Erziehungsmöglichkeiten suchte sich jeder die aus, die ihm am meisten zusagte. WILHELM VON KÜGELGEN, dessen Vater des öfteren den Wohnort wechselte, erlebte in seiner Jugend nahezu alle Erziehungsmöglichkeiten, die das 19. Jahrhundert zu bieten hatte.

In Dresden schickte seine Mutter ihn in eine private Mädchenschule:

Aus mir gänzlich unbekannten Gründen hielt es meine Mutter für geraten, mich etwa in meinem fünften Jahre eine öffentliche Schule besuchen zu lassen, und zwar sonderbarerweise eine Mädchenschule. Möglich, daß die genaue Kenntnis von den Lastern kleiner Knaben, die sie aus irgendeiner

Erziehungslektüre schöpfte, diesen unerklärlichen Gedanken erzeugt hatte; kurz, die Sache war fest beschlossen. Ich wurde weiter nicht befragt und wußte überhaupt nicht recht, was mir bevorstand, als meine Mutter mir eines schönen Morgens ein wohleingewickeltes Butterbrot in die zu enge Hosentasche bohrte, mich bei der Hand nahm und mit mir abzog. – Worauf es nun bei dieser Sache eigentlich abgesehen war, kann ich nicht sagen, genug, die Lehrerin gab mir Spielsachen, und während ich, meine Tränen verschluckend, an einem Seitentischchen einen kleinen Meierhof aufbaute, setzte jene ihren Unterricht mit den Mädchen fort. So weit ging alles leidlich; ich nahm die Sachen wie sie waren, schickte mich in die Zeit und wurde endlich so vertraut mit meiner Lage, daß ich sogar Versuche machte, mein Butterbrot hervorzuziehen, was jedoch nicht gelang. In der Freiviertelstunde aber, als Mamsell Claß uns auf kurze Zeit verließ, drangen die kleinen Mädchen mit ihren Pudelköpfen lachend und kreischend auf mich ein, rissen sich um mich, und wer mich erwischen konnte, liebkoste und küßte mich. Ich spreizte meine Glieder wie ein Mistkäfer, den man in der hohlen Hand hält, hieb und stieß mit allen vieren um mich, bis die Lehrerin wieder eintrat und der Greuel sich legte.

Als mich nun meine Mutter am nächsten Morgen wieder in diesen Türkenhimmel versetzen wollte, erklärte ich sehr entschieden, daß ich nicht wollte.

Nach diesem mißglückten Versuch bekam Wilhelm einen Hauslehrer. Zeitweise besuchte er ein damals weithin bekanntes Erziehungsinstitut, einige Jahre verbrachte er bei einem Landpfarrer, der ihn mit zwei anderen Knaben unterrichtete, und zwischendurch besuchte er eine Rektoratsschule, deren Leiter als besonders guter Pädagoge bekannt war. Als Vertreter der Aufklärung suchte er die Kinder mit den Gesetzen der Natur bekannt zu machen.

Das gute Ansehen, in dem diese Schule stand, dankte sie dem Talent und Verdienst des derzeitigen Rektors Anger, eines trefflichen Schulmannes, dessen Liebenswürdigkeit und natürliche Würde zwanglose Disziplin hielt. Die geometrischen Wahrheiten ließ er uns so viel als möglich selbst finden und regte uns überdem noch durch Privataufgaben zu eigenem Forschen an. Daß ich damals die Quadratur des Kreises nicht erfunden habe, war nicht meine Schuld – gebrütet habe ich sehr darüber.

Die fortschrittlichen Pädagogen des 19. Jahrhunderts hatten es nicht leicht. In immer größerer Zahl setzten sie sich für eine erweiterte Lehrerbildung ein, während die Regierung hartnäckig und zäh bemüht war, die allgemeine Bildung in Schranken zu halten.

Friedrich Wilhelm III. sagte im Jahre 1822:

Ich setzte übrigens hierbei voraus, daß der Unterricht der Seminaristen in diesen Anstalten nicht über die Schranken hinausgehen werde, die ihre Bestimmung als Elementarschullehrer bedingt, indem sonst die sehr begründete Besorgnis entsteht, daß sie, statt bei dem Elementarunterricht der

Schulszene von Gustav Doré (1832–1883)

Jugend stehen zu bleiben, ihr halbes oder verkehrtes Wissen, nach eigenem Zutun gestaltet, unter der Jugend des gemeinen Volkes verbreiten und dem geraden, offenen Sinn desselben eine schiefe Richtung geben werde.

Auch die Gründung des Lehrervereins wurde mit Mißtrauen beobachtet. Aber die Lehrer hatten nun eine Möglichkeit, ihre Bestrebungen zu Gehör zu bringen. Eine große Zahl von hervorragenden Pädagogen, an der Spitze Diesterweg und Herbart, versuchten die humanen Erziehungsgedanken Pestalozzis und der Philanthropen mit den Möglichkeiten der Volksschule zu vereinen. Ihr Verdienst war es, daß allmählich die bis dahin oft recht ziellose, hausgemachte Unterrichtsform erneuert und in ein System gebracht wurde, das die Seminaristen sich aneignen konnten.

Soweit es sich um methodische Fragen handelte, stimmte die Regierung den Pädagogen zu. Sobald aber von erweiterter Bildung die Rede war, wies man alle Forderungen energisch zurück und sprach von ›irreligiöser Massenweisheit‹, von ›Afterbildung‹ und ›frivoler Weltweisheit‹.

Besonders drückend wurden die Verhältnisse in den Schulen in den siebziger Jahren. Die Zahl der Kinder in den Klassen stieg auf 100 bis 150. Die Lehrer wurden so schlecht besoldet, daß sie sich nach einem Nebenverdienst umsehen mußten. Während sich Deutschland auf dem Wege zu einem Industriestaat befand, blockierte die Reaktion ängstlich den Zugang zur Bildung. Die preußischen ›Regulative‹, die eine Vereinheitlichung des Volksschulwesens bewirken sollten, zeigten zugleich die unverblümte Tendenz einer Senkung des Bildungsniveaus:

Das in den Seminaren mehrfach zur Geltung kommende Streben, möglichst weite Kreise des Wissens zu ziehen, eine vielseitigere allgemeine Bildung anzubahnen – widerspricht auf das Bestimmteste dem Zwecke der Seminarbildung.

Die Volksschule sollte sich auf praktisches Wissen beschränken, das den Kreis der Familie, der Kirche, der Gemeinde nicht überschritt. Der Geschichtsunterricht bestand lediglich im Auswendiglernen von Lebensdaten der Herrscher und ihrer Schlachten. Der Sinn dieses Unterrichts, so hieß es, solle sein *die Kenntnis der Geschichte unserer Herrscher und unseres Volkes, wie der göttlichen Leitung, die sich in derselben offenbart, und Herz und Sinn der Schüler mit Liebe zum König und Achtung vor den Gesetzen und Einrichtungen des Vaterlandes zu erfüllen.*

Der Gedanke einer allgemeinmenschlichen Bildung durch formelle Entwicklung der Geistesvermögen, so sagten die ›Regulative‹, *hat sich durch die Erfahrung als wirkungslos oder schädlich erwiesen.*

Gegen Ende des Jahrhunderts trat eine merkliche Besserung ein. Es wurden viele neue Schulen gebaut, die Klassenstärke fiel auf 70 bis 80 Kinder, und der Unterricht in den ›Realien‹ wurde erweitert. Immer mehr Bauern verließen das Land und bevölkerten die Industriestädte. Sie hätten im besonderen Maße der Bildung bedurft, da sie ihre alten Ordnungen und Bindungen verloren hatten. Gegenüber dieser neuzugewanderten, traditionslosen ›breiten Masse‹ wurde der Bildungsdünkel der alteingesessenen Bürger noch verstärkt. Ängstlich versuchten sie ihr Bildungsprivileg zu erhalten und die ›Ungebildeten‹ verächtlich zu machen.

Die Antwort darauf war ein starkes Bildungsstreben der arbeitenden Klasse, die nun nach einer wirklichen und gründlichen Reform der Volksschule strebte. Voller Zuversicht blickten die fortschrittlichen Pädagogen in die Zukunft. Als in Deutschland nach dem ersten Weltkrieg der Obrigkeitsstaat zu Grabe getragen wurde, setzte man große Hoffnungen auf die Schule, in der die ›neuen Menschen‹ gebildet werden sollten.

Wer heute mit Leuten ins Gespräch kommt, die in den zwanziger Jahren zur Schule gegangen sind, der begegnet immer wieder der einen, schon etwas sagenhaften Lehrerpersönlichkeit. Von der Schulzeit im allgemeinen berichten sie meist mit einem etwas sauersüßen Lächeln, aber wenn dann von dem ›Einen‹ die Rede ist, dann leuchten ihre Augen:

Also einen Lehrer hatten wir, das war ein ganz besonderer Mensch, der behandelte uns wie seinesgleichen, er ließ uns ganz selbständig arbeiten, und das Lernen war bei ihm ein reines Vergnügen. Wenn wir bei ihm Unterricht hatten, fiel uns sogar das Aufstehen am Morgen nur halb so schwer.

Nicht jeder hatte das Glück, von einem dieser guten, neuen Lehrer unterrichtet zu werden. Ihre Zahl war auch in den zwanziger Jahren noch gering, aber sie machten von sich reden. Einige kamen von den Versuchsschulen oder aus den Landerziehungsheimen, andere hatten sich mit den dort praktizierten neuen Methoden angefreundet, und überall hinterließen sie eine Schar von Kindern, die erleichtert aufatmeten und, von dem harten Zwang befreit, überrascht feststellten, daß die Schule durchaus nicht immer ein Jammertal sein muß, sondern ein Ort, wo man vergnügt und eifrig arbeiten und spielen kann.

Die neue Richtung, die eine ›Pädagogik vom Kinde aus‹ anstrebte, hatte schon vor dem ersten Weltkrieg begonnen, aber ihre bescheidenen Versuche waren, wenn überhaupt beachtet, mehr berüchtigt als berühmt geworden. Nur ein kleiner Kreis von Eingeweihten wußte zum Beispiel, daß in Berlin-Lichterfelde der Lehrer BERTHOLD OTTO in einer kleinen Schule mit einem großen Garten den Versuch machte, die Kinder ganz ohne Zwang und Drill, in ungenierter Unterhaltung, durch Beobachtung und Spiele und eine angeregte Tätigkeit zu bilden. Daß hier die Kinder nicht mit gefalteten Händen in enge Schulbänke eingezwängt stillesitzen mußten, sondern in fröhlicher Runde oder unter einem Schattenbaum im Gras saßen, der Lehrer mitten unter ihnen, das sah man in der Öffentlichkeit dazumal mißbilligend als ›Disziplinlosigkeit‹ an. Und wenn dieser Lehrer auch noch seinen Kollegen draußen im Lande riet, die Sprache der Kinder, die sie unter sich sprechen, nur recht genau zu beobachten, weil man daraus unendlich viel lernen könne, so wies man das verächtlich als ›albern und kindisch‹ zurück.

Ein Augenzeuge, der die Schule besucht hatte, schrieb zwar erstaunt und bewundernd über diese kleine Lerngemeinschaft:

Wenn alle versammelt sind, tritt Ruhe ein und die Verhandlungen beginnen unter Leitung eines Lehrers, meistens Herrn Ottos selber. Wer an die erzwungene Schulstille denkt, wird das Benehmen der Kinder unruhig finden, wer an irgendeine Gesellschaft von Erwachsenen, gar an ein Parlament denkt, wird sich wundern über die Selbstzucht, die hier herrscht. Be-

nimmt sich einer auffallend ungehörig, so kann man im allgemeinen annehmen, daß er ein Neuling ist, der aus strenger Schulzucht stammt, also noch nicht gelernt hat, sich aus eigenem Willen in eine Gemeinschaft einzufügen.

Im allgemeinen brachte man solchen Versuchen noch wenig Verständnis entgegen. Es war zwar eine bekannte Tatsache, daß kaum ein Kind mit Freude zur Schule ging, aber man war so daran gewöhnt, daß man das Seufzen der Kinder unter dem Schulzwang, die jahrelange Verdrossenheit, mit der sie dieses Institut besuchten, einfach übersah. Es gehörte sozusagen zum guten Ton, ungern zur Schule zu gehen. Etwas hellhöriger wurde man erst, als die Ärzte den schlechten Gesundheitszustand vieler Kinder auf die mangelnde Bewegung in der verkrampften Schulstille zurückführten und als die Psychologen die Ursache vieler neurotischer Störungen in dem Schulzwang sahen, unter dessen ständigem Druck die Kinder seelisch verkümmerten. Der Hinweis auf die Gesundheit fand noch am ehesten Widerhall, weil man für die Zukunft nichts so sehr fürchtete wie schlappe und untüchtige Soldaten.

Die Warnungen, die die Seele des Kindes betrafen, wurden weniger ernst genommen. Sie gingen unter in der allgemeinen Entrüstung, die die Psychoanalyse damals auslöste. Als SIGMUND FREUD das Dunkel der menschlichen Seele zu durchforschen begann, hatte er keine besonders ermutigenden Ergebnisse zutage gefördert. Es waren aber gar nicht so sehr die bösen Absichten, die dunklen Triebe und die absurden Begierden, die die Menschen erschreckten, sondern die Tatsache, daß die Psychologen es wagten, öffentlich über diese Dinge zu sprechen, die man doch bis dahin nur im Flüsterton weitergegeben hatte.

Es dauerte Jahrzehnte, ehe sich diese Aufregung wieder legte und die Pädagogen sich ohne Scheu die Einsichten der Psychologie zunutze machen konnten. Mit ihrer Hilfe erkannte man erst, welchen Schaden der unnatürliche pädagogische Zwang in der Seele des Kindes anrichtete. Das Produkt dieser ›Dressur‹ war der ängstliche, unfertige, aber blind gehorchende Typ, den HEINRICH MANN in seinem Buch ›Der Untertan‹ anprangerte.

Die Umstellung vom Obrigkeitsstaat auf die Demokratie war von allen fortschrittlich denkenden Menschen zwar heiß ersehnt worden, aber als sie dann 1918 eintrat, gab es doch noch viel zu viele ›Untertanen‹. So wurde die Frage ›Wie erzieht man einen freien Menschen‹ zu einem brennenden Problem.

Die Staatsschule konnte man nicht von heute auf morgen ummodeln. Überall saßen Fachleute und Verwaltungsbeamte der alten Schule und stellten sich den neuen Bestrebungen in den Weg. So mußten sich die Bahnbrecher einer neuen ›Erziehung zum freien Menschen‹ selbständig machen und ›freie Schulen‹ gründen.

Der private Charakter dieser Schulen sollte sich aber bald als ein großer Vorteil erweisen. Die verschiedenartigen, für die damalige Öffentlichkeit immer noch revolutionären Erziehungsvorstellungen wären unmöglich unter einen Hut zu bringen gewesen. Sie konnten sich in der Abgeschlossenheit einer privaten Atmosphäre ungestört entwickeln und aus den Experimenten lernen. Einig war man sich nur in dem Bestreben, das Kind ganz Kind sein zu lassen und es nicht in die Formvorstellungen der Erwachsenen zu pressen.

In einer idealen Erholungslandschaft, mitten im Thüringer Wald, hatte sich die ›Schulgemeinde Wickersdorf‹ angesiedelt, zwei Stunden von der nächsten Stadt entfernt. In dieser Abgeschiedenheit ließ sich die Forderung nach einer gesunden Erziehung, mit viel ›Bewegung in frischer Luft‹ – ›viel Schlaf‹ – ›richtiger Ernährung‹ und ›praktischer Arbeit‹ leichter erfüllen als in der Enge einer Stadtschule.

Das Leben in dieser Schule stand unter dem Leitgedanken, daß Jugend ein Zustand ist, der gleichwertig neben dem Erwachsenendasein steht. Man wandte sich bewußt von der alten platonischen Auffassung ab, die stets ängstlich besorgt ist, daß das Kind nicht einmal im Spiel gegen althergebrachte Ordnungen und Regeln verstößt. Hier wurde den Kindern Zeit und Raum gegönnt, die Phantasie spielen zu lassen und ihre Einfälle zu verwirklichen.

Alle Unterrichtsfächer wurden aus der Isolation der Schulstunde herausgehoben und in einen lebendigen Zusammenhang mit der Umwelt gestellt. Die Fremdsprachen dienten zugleich der Einführung in die Kultur und Denkweise der anderen Völker. Geschichte wurde ergänzt durch Gegenwartskunde und sollte einen Einblick in die sozialen, wirtschaftlichen und kulturellen Strukturen der Vergangenheit vermitteln. Im Deutschunterricht pflegte man bewußt den freien Gebrauch der Sprache und die Schulung des Denkens.

Ziel des gesamten Unterrichts war, den Schüler zu befähigen, sich selbst zu unterrichten und sich selbst weiterzubilden. Dementsprechend verringerte sich mit zunehmendem Alter die Zahl der belehrenden Stunden. Je älter das Kind wurde, desto mehr Zeit bekam es zu selbständiger Arbeit.

Die Erziehung zur Selbständigkeit glaubte man in den zwanziger Jahren am besten verwirklichen zu können, wenn man sich mit dem Kinde in die Einsamkeit zurückzog, fern von den gleichmachenden Einflüssen der Stadt. Insbesondere gegen die Großstädte hegte man damals ein tiefes Mißtrauen. Darum versuchte auch die ›Odenwaldschule‹ dem Kind inmitten der Natur eine Heimat zu schaffen. In der Ansammlung von vielen Menschen, wie die Stadt sie darstellt, eine Heimat zu sehen, war selbst den fortschrittlichsten Pädagogen noch nicht möglich. Um der drohenden Nivellierung aus dem Wege zu gehen, flüchtete man sich auf eine Insel, um hier, in der Stille der Natur, Persönlichkeiten heranzubilden.

Die Gruppe wurde in kleine Familien mit Kindern verschiedener Altersstufen aufgelöst. An Stelle von Klassenräumen richtete man Fachzimmer ein, in denen sich jeweils sechs bis zehn Kinder zu Arbeitsgemeinschaften zusammenfanden. Um ein Zersplittern des Stoffes in viele Unterrichtsstunden zu vermeiden, gab man dem Kind Gelegenheit, sich jeweils längere Zeit mit ein und derselben Sache zu beschäftigen. Man richtete Kurse im Tischlern, Schlossern, Buchbinden, Gartenarbeit, Gymnastik usw. ein, die das Kind selbst wählen konnte. Diese praktischen Fächer standen gleichberechtigt neben den theoretischen. Die Schule verzichtete auf Direktor oder Vorgesetzte im alten Sinne und verpflichtete die Schüler weitgehend zur Mitverwaltung. Jeder einzelne sollte lernen, sich aktiv an den Problemen des Zusammenlebens zu beteiligen.

Während die meisten sich mit ihren Schulversuchen in Landerziehungsheime zurückzogen und mit der Außenwelt relativ wenig Berührung hatten, entstand die ›Freie Waldorfschule‹ mitten in der Großstadt. In Stuttgart beauftragte die Zigarettenfabrik Waldorf Astoria den Begründer der Anthroposophie, Rudolf Steiner, kurz nach dem ersten Weltkrieg mit der Einrichtung einer Schule für die Kinder der Arbeiter und Angestellten. Das Neuartige an diesem Versuch ist, daß er zum erstenmal nicht von einer Begabtenauslese ausgeht, sondern systematische Förderung aller Kinder betreibt. In dieser Schule gibt es kein Sitzenbleiben. Man setzt voraus, daß in jedem Kind auf irgendeinem Gebiet, sei es theoretisch, praktisch oder musisch, eine Begabung schlummert. Durch eine Vielzahl von Fächern sucht man diese Begabung herauszufinden. Die pädagogische Hilfe bei diesem Prozeß wird nicht so sehr als Methode, sondern mehr als Kunst verstanden, und man sucht auch das naturhafte, angeborene Künstlertum im Kinde anzusprechen.

Um dem Kinde eine ruhige, kontinuierliche Arbeitsweise zu ermöglichen, wird der Hauptunterricht epochenweise erteilt. Man beschäftigt die Kinder in den ersten beiden Stunden eines jeden Tages über mehrere Wochen hinweg mit demselben Stoff.

Bereits vom ersten Schuljahr an lernt das Kind fremde Sprachen kennen. Mit Versen und Liedern, die es sich einprägt, gewinnt es, durch Poesie und Rhythmus, den ersten Zugang zu den Sprachen. Theoretische und grammatische Unterweisung folgt erst in den höheren Klassen. Naturkunde und Erdkunde sind keine isolierten Stoffe, sie werden stets im Zusammenhang mit dem Menschen gesehen und in Verbindung mit allen anderen Fächern gebracht. Die musischen Fächer gelten nicht als Nebenfächer. Das Malen zum Beispiel führt die Kinder in die Welt der Farben ein, von denen man sich – im Sinne der Goetheschen Farbenlehre – eine hohe ›sinnlich-sittliche Wirkung‹ verspricht. Am Handwerk und an der Handarbeit nehmen Knaben und Mädchen gemeinsam teil. Auch hierbei folgt man einem von Goethe im ›Wilhelm Meister‹ vorgezeigten Weg, der darauf hinweist, daß die wechselweise Betätigung von Hand und Kopf einen guten Einfluß auf das klare und lebendige Denken ausübt. Der Eurhythmieunterricht ist eine eigene Schöpfung der Steinerschen Pädagogik. Hier wird der Ton als verdichtete Bewegung aufgefaßt; man pflegt mit den Schülern die Bewegung, die Geste und Gebärde, um ihnen ein anschaulicheres Verhältnis zur Schrift, zur Grammatik und zur Geometrie zu vermitteln.

Die Freien Waldorfschulen haben sich inzwischen in allen Ländern westlicher Zivilisation verbreitet. In ihrer bewußten Anpassung an die modernen sozialen Gegebenheiten wollen sie jedem Kind das gleiche Bildungsgut vermitteln. Damit füllen sie eine Lücke aus, die sich in vielen Ländern unangenehm bemerkbar macht, da die Staatsschulen so manchem gutbegabten Kind den Weg zur sogenannten ›höheren Bildung‹ versperren, das in dem einen oder anderen Fach die geforderten Leistungen nicht erfüllt.

Nur zögernd entschloß sich die Staatsschule, die zum Teil wertvollen Anregungen der Versuchsschulen zu übernehmen. In einigen Städten richtete man dank der Initiative einzelner Lehrer schließlich ebenfalls Versuchsschulen ein, in denen die Kinder sich freier bewegen durften. Die fortschrittlichen Pädagogen, die diese Schulen leiteten, mühten sich redlich, den natürlichen Betätigungsdrang der Kinder, ihren Lerneifer und ihre Wißbegier zu erhalten. Sie führten den Gesamtunterricht ein, ersetzten die starren Bänke durch Tische und Stühle, legten Schulgärten an und schafften Material für den Werkunterricht an. Da sie bei den Behörden oft nur schwachen Rückhalt fanden, suchten sie die Eltern durch pädagogische Vorträge und Kinderfeste für die Welt der Schule zu interessieren, und ihre Mühen wurden schließlich durch den Erfolg belohnt, daß die Kinder ihre Schule liebgewannen. Diese Versuchsschulen waren über ganz Deutschland verteilt, die Lehrer kannten sich und standen in einem lebendigen Erfahrungsaustausch untereinander. Durch gemeinsame Veröffentlichungen erreichten sie auch ähnlich gesinnte Kollegen in anderen Schulen, und so wurden sie zum Anreger für viele Lehrer.

Daß sie ihr Ziel vor allem in einer Erziehung zum freien, selbständigen Menschen sahen, der den Bestand der jungen Demokratie als selbstverantwortlicher Bürger sichern sollte, hat ihnen von Anfang an die Feindschaft der Konservativen wie der nationalistischen Parteien eingetragen. Ihre religiöse Toleranz wurde von konservativen Kreisen als ›Religionslosigkeit‹ umgedeutet, und ihre demokratische Gesinnung war in den Augen der Nationalisten ›Kommunismus‹. Mit diesen Schlagworten hat man damals die ›freien Schulen‹ systematisch diffamiert. Als man sie nach 1933 zwang, ihre Pforten zu schließen, traf man vor allem die Versuche einer Erziehung zu größerer Selbstverantwortung und Selbständigkeit und zu einer eigenen Meinungsbildung, die schon in der Oberstufe sich auswirken und zutage treten sollte.

Gegen eine größere Bewegungsfreiheit in den ersten Schuljahren hatte das Hitlerregime durchaus nichts einzuwenden, da sich hierbei die Freiheit noch nicht auf geistige Dinge bezog. Und so konnte sich, zumindest in den unteren Klassen, die neue Methode ungestört weiter ausbreiten: ein lebendiges Unterrichtsgespräch und ein Gesamtunterricht, der die bekannte Umwelt in den Lehrstoff mit einbezieht und den Lerneifer der Kinder anspricht, weil er ihre Wißbegier befriedigt.

So hatte sich in den letzten fünfzig Jahren doch ein allmählicher Wandel vollzogen, aber eigentlich nur im Hinblick auf die unteren Klassen. Jedermann weiß, daß heute die Kinder im allgemeinen nur in den beiden ersten Jahren ›gern‹ zur Schule gehen; was danach kommt, ist für die meisten immer noch ein bitteres Muß, eine Zeit, die man mehr oder weniger verdrossen absitzt.

Die Schule im Streit der Meinungen

Mit der Schule stimmt etwas nicht. Die Lehrherren und Chefs klagen seit Jahren darüber, daß die Jugendlichen zu wenig in der Schule gelernt haben, und die Eltern beschweren sich über eine zu starke Belastung der Kinder durch Schulaufgaben. Die Lehrer geben den Kindern die Schuld, aber dabei widersprechen sie sich oft auf die seltsamste Weise. Man kann von einem Lehrer über dieselben Kinder hören, daß sie interesselos und schläfrig dahindösen und daß sie ständig unruhig sind und nicht stillsitzen können.

Wer oder was ist nun wirklich schuld? Bei einem Elternabend rät der Lehrer, die Kinder vor allzuviel Ablenkung zu bewahren. Er spricht von Reizüberflutung durch das allabendliche Fernsehen und die sonntäglichen Autotouren. In der letzten Bank gibt eine Gruppe von Eltern flüsternd ihre eigene Meinung darüber zum besten: »Wir wissen besser, warum die Kinder nicht mehr lernen wollen. Sie haben keine Angst mehr vor dem Lehrer. Seien wir doch ehrlich, wir haben früher nur gelernt aus Angst vor der Prügel.« Sie wagen allerdings diese Ansicht nicht öffentlich auszusprechen, weil sie eine, wenn auch verschwommene Vorstellung davon haben, daß es auf diese Weise heute nicht mehr geht. Mit Prügeln und Furcht vor Strafen sind im Obrigkeitsstaat Generationen von willigen Untertanen erzogen worden, eine bequeme und prompt wirkende Methode. Da man mit Prügeln jedoch allzuleicht das Gewissen einschüchtert, wenn nicht ganz totschlägt, ist diese Methode in einer Demokratie schlechthin unbrauchbar.

Aber schauen wir uns doch die Klagen über die angeblich so mangelhaften Leistungen unserer Kinder einmal genauer an; stimmen sie überhaupt? Eine alte Lehrerin, die kurz vor ihrer Pensionierung steht, berichtet immer wieder erstaunt darüber, wie ›anders‹ die Jugend von heute doch ist. Sie wundert sich jedesmal, wenn sie ein Aufsatzthema gestellt hat, daß die Kinder ohne Schwierigkeiten, in kürzester Frist über mehrere Seiten hinweg fließend erzählen können. Sie verfügen dabei über einen erstaunlich großen Wortschatz, haben sich durch Zeitung, Radio und Fernsehen mancherlei Kenntnisse angeeignet und verstehen dieses Wissen auch anzubringen. Diese Lehrerin ist ehrlich genug, sich zu erinnern:

Wenn ich dagegen an die Verhältnisse vor fünfzig bis sechzig Jahren denke, als ich selbst zur Schule ging, muß ich gestehen, heute ist die Jugend klüger als damals. Wie haben wir uns bei den Aufsätzen geplagt, wie hölzern und ungewandt war unsere Sprache, wie mager die Vorstellungen, wir bewegten uns nur in wenigen, angelernten Formeln. Unsere Schulbücher boten viel weniger Stoff, in trockener, unlebendiger Aufmachung. Wie reich ist dagegen unsere heutige Welt an Anschauungsmitteln und bildenden Erlebnissen.

Mit der veränderten Welt sind allerdings auch die Anforderungen an den Schüler gestiegen. In Geographie und Naturkunde, in Geschichte und Deutsch müssen viele neue Dinge dazugelernt werden, von denen sich unsere Großeltern noch nichts träumen ließen. Dazu kommen noch mehrere Stunden Sport, Werkarbeit, Fremdsprachen und vieles andere.

Der Erwachsene hat sehr schnell begriffen, daß er die Postkutsche auf den Schutthaufen werfen konnte, als Eisenbahn und Auto zu Verkehrsmitteln avancierten. In der Schule dagegen bürdet man den Kindern heute noch immer viel zuviel Ballast aus vergangenen Zeiten auf, den man längst hätte über Bord werfen sollen, um dem allmählich auf uns zukommenden, immer neuen Wissensstoff Platz zu machen.

Als vor hundert Jahren die Möglichkeit diskutiert wurde, daß man bald Nachrichten mit Blitzesschnelle über den ganzen Erdball verbreiten und mit Maschinenfahrzeugen in kürzester Zeit große Entfernungen zurücklegen könne, prophezeite ein österreichischer Schulrat namens ADALBERT STIFTER: *Dann wird, um der Allberührung genügen zu können, das, was der Geringste wissen und können muß, um vieles größer sein als jetzt. Die Staaten, die durch Entwicklung des Verstandes und durch Bildung sich Wissen zuerst erwerben, werden an Reichtum, an Macht und Glanz vorausschreiten und die anderen sogar in Frage stellen können.* Was würde dieser Mann wohl sagen, wenn er wüßte, daß wir uns heute immer noch mit einem Schulsystem behelfen, das den wirtschaftlichen und gesellschaftlichen Verhältnissen des 18. Jahrhunderts angepaßt war.

Wir sprechen von einer ›höheren Schule‹, weil es vor zweihundert Jahren noch höhere und niedere Stände gab. Nach dem vierten Schuljahr hört für die meisten Kinder die gemeinsame Erziehung auf, denn in fast allen europäischen Ländern setzt sich der demokratische Gedanke, daß alle Kinder die gleichen Bildungsmöglichkeiten haben sollen, nur sehr zögernd durch.

In Amerika bleiben 94 Prozent aller Kinder bis zum 16. Jahr und 71 Prozent bis zum 18. Jahr in der Schule.

In Rußland besuchen 49 Prozent eine weiterführende Schule.

In Europa besuchen nur 18 Prozent eine weiterführende Schule, 82 Prozent bleiben 8 Jahre und weniger in der Volksschule.

Von den europäischen Staaten nähert sich Schweden dem USA-Standard, während die Bundesrepublik zu den Ländern des niedrigsten Bildungsstandes gehört.

Sorge für die Schule ist Sorge für die Zukunft, aber wie soll diese Zukunft aussehen, wenn wir hören, daß uns in Kürze über 400 000 Lehrer in der Bundesrepublik fehlen werden. Daneben mangelt es an Schulgebäuden. Nur wenige der neuen Schulen sind so gebaut, daß sie den Anforderungen eines gegenwartsnahen Unterrichts genügen. Während der bescheidenste Haushalt heute über Wohn- und Schlafraum, Küche und Badezimmer verfügt, pferchen wir 40 bis 50 Kinder in einen kahlen Klassenraum, der nichts enthält als Schreib- und Sitzgelegenheiten. Es fehlen oft Turnhallen, Zeichen- und Werkräume, Physik- und Chemie- und Musiksäle, Bücherei und Lesezimmer, Küche und Toiletten, die man ungeniert benützen kann. Wenn so in vielen Fällen die bescheidensten Vorbedingungen für einen modernen Unterricht fehlen, beschränkt man sich außerdem immer noch auf die theoretische Vermittlung von Wissen.

Das gesunde Kind ist im Alter von sechs Jahren, wenn es zur Schule kommt, geladen mit Aktivität, es möchte gern mit Kopf und Händen etwas vollbringen, der Körper will sich bewegen. – Statt dessen zwingen wir es, viele Stunden stillezusitzen und ausschließlich seine Gedächtniskräfte zu üben. Durch dieses einseitige und oft stumpfsinnige Training, dessen Sinn das Kind durchaus noch nicht einsieht, bringen wir es fertig, aus dem wißbegierigen, lerneifrigen und tatfreudigen kleinen Wesen im Laufe der Jahre einen gelangweilten, faulen Schüler zu machen.

Um das Kind nur einigermaßen ruhig zu halten, legt man alle 45 Minuten Pausen ein und entläßt die Kinder auf einen nackten, plattgewalzten Hof, 1000 Quadratmeter für 500 Kinder, wenn es hoch kommt. Oft sind die Schulhöfe so klein, daß den Kindern das Laufen und Springen verboten werden muß. Ordner mit Armbinden bekommen den Auftrag, jeden unbedachten Läufer sofort zu ermahnen oder zu melden.

Da es den Kindern unter diesen Umständen schwerfällt, sich den Lehrstoff in den Schulstunden einzuprägen, müssen Hausaufgaben nachhelfen. Während die Arbeitszeit der Erwachsenen immer mehr zusammenschrumpft, dehnen sich die Schularbeitsstunden der Kinder beständig aus. Kein Fabrikant würde es wagen, dem Arbeiter neben den Pflichtstunden noch Arbeit mit nach Hause zu geben. Für die Arbeitszeit der Schulkinder kennt man dagegen noch keinerlei Schutzbestimmungen. Für den erwachsenen Arbeiter gibt es längst Arbeitsphysiologen, die die Leistungsfähigkeit und die Ermüdungserscheinungen untersuchen, um festzustellen, wieviel man dem arbeitenden Menschen zumuten kann. Daß Kinder viel schneller müde werden als Erwachsene, ist zwar kein Geheimnis – die Schulärzte klagen auch bereits über die maßlose Überforderung der Kinder durch stundenlanges Stillsitzen. Sie stellen Übermüdungen und Verkrampfungen fest und beobachten eine wachsende körperliche Unruhe, Reflexe,

Gliederzucken, Nervosität – aber irgendwelche Konsequenzen werden daraus kaum einmal gezogen.

Von 100 Eltern klagen 80 über zu hohe Belastung der Kinder durch Schulaufgaben. Auf den höheren Schulen bekommen 70 Prozent Nachhilfestunden, 25 Prozent benutzen Stärkungs-, Beruhigungs- und Schlafmittel. Die meisten haben keine Zeit für Sport und Spiel. Nur 20 von 100 Kindern kommen in der Schule gut mit. Nach diesen 20 Prozent, die eine besondere theoretische Begabung besitzen, richtet sich das in der Schule geforderte Pensum. Diese intellektuell begabten Kinder finden den Zugang zum Wissensstoff am leichtesten über Wort und Schrift, aber sie sind eine Minderheit. Viel größer ist die Zahl der Kinder, die sich leichter über das praktische Tun Wissen aneignen würden. Daneben gibt es ausgesprochen technische und musische Begabungen. Sie alle kommen in der Lernschule zu kurz, da hier fast nur die kleine Schicht der theoretisch Begabten angesprochen wird. Nach ihren Leistungen richten sich die Zensuren, die Zeugnisse, die Versetzungen. Dabei ergibt sich eine dauernde Bevorzugung der wenigen theoretisch Begabten, und nach und nach entwickelt sich bei den praktisch, technisch und musisch veranlagten Kindern entweder ein Minderwertigkeitsgefühl oder das unklare Bewußtsein einer steten Benachteiligung, denn sie bekommen ja selten oder nie eine Gelegenheit, ihre Fähigkeiten zu zeigen. Vor einigen Jahren beging ein technisch hochbegabter Junge Selbstmord, weil er nicht begreifen konnte, daß er trotz großen Fleißes ständig schlechte Zeugnisse bekam. Aber solche Fälle sind gottlob selten. Daß die meisten nicht verzagen und sich später von den dauernden Nackenschlägen der schlechten Zensuren wieder erholen, verdanken sie einer gewissen seelischen Hornhaut, die sie sich mit der Zeit zulegen. Bei manchen werden Stolz und Eitelkeit allerdings so empfindlich getroffen, daß sie sich durch negative ›Leistungen‹ hervorzutun suchen. Der Hang zum Aufschneiden und die Zerstörungswut haben meist ihre Wurzeln im schulischen ›Versagen‹.

Da die Kinder sich gegen diese ungerechte Bewertung nicht wehren können, ändern sich die Verhältnisse nur zögernd. Auch von den Eltern hört man kaum einmal eine Kritik an dieser unnatürlichen Methode. Sie beschränken sich meist auf Vorwürfe gegen den einzelnen Lehrer, wenn das Kind schlechte Zensuren bekommt. Die Schule als Institution wagt man nicht anzutasten. Es kommt den Eltern gar nicht in den Sinn, daß sich hier etwas von Grund auf ändern könnte. Die Überbewertung der intellektuellen Bildung ist unvorstellbar groß.

Bei einem Elternabend, der die Eltern der Kinder, die in eine höhere Schule überwechseln sollten, über die verschiedenen Schulformen unterrichtete, erregte eine Mutter allgemeines und erschrecktes Aufsehen, als sie sich bei den anwesenden Vertretern der verschiedenen weiterführenden Schulen erkundigte: »Ich suche eine Schule, die meinem Kind möglichst viel freie Zeit läßt, welche können Sie mir empfehlen?« Warum läßt sie ihr Kind dann nicht gleich in der Volksschule, meinten einige Eltern mißbilligend. Noch größer wurde die Verwirrung, als man die Mutter als Pastorenfrau erkannte. »Die spinnt!« murmelte einer der Väter. Nein, aus dieser Richtung sind keine Änderungswünsche zu erwarten. Aufbauende Kritik – wenn sie nicht von den Lehrern selbst kommt – äußern höchstens einmal die Kinderärzte, denen die abnehmende körperliche und seelische Gesundheit der Kinder Sorgen macht.

Von neuen und besseren Methoden hörten wir zwar schon, als wir selbst zur Schule gingen und ebenso von neuen Methoden, seit wir unsere eigenen Kinder zur Schule schicken. Es hieß, sie sollten die alte Lernschule endgültig ablösen. Aber wenn wir an einem warmen Sommertag an den geöffneten Fenstern eines Schulhauses vorbeikommen, dann tönt uns immer noch der harte, blecherne Chor gelangweilter Kinderstimmen entgegen, die durch Vor- und Nachsprechen bestimmte Dinge auswendig lernen sollen.

Wenn der Erwachsene sich in eine solche Schulklasse versetzt sähe und gezwungen wäre, sechs Stunden hintereinander stillzusitzen und zuzuhören und nur gelegentlich auf Fragen zu antworten, würde er nicht anders reagieren als die Kinder, wenn der Lehrer die Klasse betritt. »Was haben wir in der vorigen Stunde durchgenommen, was hat dieser und jener, da und dort getan?« Nach einigen gequälten Antworten trägt der Lehrer mit mehr oder weniger monotoner Stimme den neuen Stoff vor. Einige hören zu, viele gehen ihren eigenen Gedanken nach und schnappen nur ab und zu einen Satz auf. Manche kämpfen mit dem Schlaf und werden erst wieder hellwach, wenn der Lehrer seinen Monolog beendet und die Hausaufgaben diktiert.

Es gibt allerdings auch andere, bessere Erfahrungen. Von ihnen soll gleich die Rede sein. Aber leider ist diese Darstellung nicht übertrieben, in achtzig von hundert Schulen wird immer noch auf diese zermürbende Weise unterrichtet. Der Lehrer stopft den Lehrstoff in die Kinder hinein, und da er nicht ›erarbeitet‹ ist, lastet er als schwerer, unverdauter Brocken auf dem Gedächtnis. Das ist die ›Belastung‹, unter der das Kind leidet. Daß Wissen keine Last, sondern eine Bereicherung sein kann, das erfahren die meisten Kinder erst, nachdem sie die Schule verlassen haben, weil ihnen niemals gestattet wurde, sich die Kenntnisse selbst zu erarbeiten.

Die alten Methoden funktionieren immer noch, weil der Lehrer das Druckmittel der Zeugnisse und Zensuren in der Hand hält. Mit ihrer Hilfe ist er in der Lage, die Aufmerksamkeit der Kinder einigermaßen zu dirigieren. Die Zensuren sollen angeblich die Arbeitslust und den Fleiß fördern, aber sie zerstören vor allem die gegenseitige Hilfsbereitschaft, machen egoistisch, unterwürfig und unehrlich, da sie zum Mogeln verleiten. Hier werden in systematischer Kleinarbeit immer noch die Jasager erzogen, die Mitläufer und die Anführer, denn in dieser ängstlichen Atmosphäre der Abhängigkeit können sich weder Selbständigkeit noch Gemeinsinn entfalten.

In der pluralistischen Gesellschaft unserer heutigen Demokratie sind aber fachliche Leistungen allein längst nicht mehr ausreichend, darum muß die Schule auch auf die spätere Lebensgemeinschaft vorbereiten. Das bedeutet keine Mehrbelastung, sondern eine vollständige Umstellung. Diese Umstellung haben einige fortschrittlich denkende Lehrer der Volksschulen bereits vollzogen, sie arbeiten ohne Auftrag, aus eigener Initiative an Versuchsschulen, die über die ganze Bundesrepublik verstreut liegen und vom Staat zwar nicht ungern gesehen, aber auch nicht so gefördert und unterstützt werden, wie sie es eigentlich verdient hätten. Das Ziel all dieser Schulen ist eine lebensnahe Bildung und eine Erziehung zur gegenseitigen Hilfsbereitschaft. Man kann dieses Ziel auf verschiedenen Wegen erreichen. Darum hat auch jede der Schulen ein anderes Gesicht. Einige fördern besonders die musische Erziehung, andere gehen vom praktischen Tun aus, und einige bilden einen kleinen Staat im Staate und üben das Zusammenleben, indem sie die Schüler zur Mitverwaltung heranziehen.

Schon das äußere Bild der Klasse läßt erkennen, daß hier ein Vertreter einer neuen Methode arbeitet. Er hat die Stühle und Tische nicht wie eine Marschkolonne hintereinander aufgereiht, denn er will nicht dozieren, sondern ein Unterrichtsgespräch führen. Beim alten ›Frontalunterricht‹, das heißt, wenn alle Schüler die Nasenspitze zur Tafel richten, redet der Lehrer erfahrungsgemäß 30 von 45 Minuten selbst, den Rest von 15 Minuten müssen sich 30 und mehr Schüler teilen. Wenn jeder einmal an die Reihe kommen soll, müssen die Kinder im Kreise sitzen, denn wenn man immer nur den Hinterkopf seiner Mitschüler im Auge hat, wird jede Äußerung zum ›Aufsagen‹.

Im Kreise sitzend, kann der Lehrer den Wissensstoff in Form eines lebendigen Gesprächs an die Kinder heranbringen, dabei lernt das Kind, was zahllose Erwachsene bis heute noch nicht können: sich unbefangen, klar und deutlich ausdrücken, sein Mitteilungsbedürfnis so weit im Zaume halten, daß die anderen auch einmal zu Wort kommen.

Bei solch einem Unterrichtsgespräch und im lebendigen Kontakt mit der Umwelt spürt der Lehrer – was er dozierend kaum einmal bemerkt –, wieviel unnötigen Ballast an Wissensstoff er immer noch mit sich schleppt, und die Reaktion der Kinder weist ihn darauf hin, daß manche Dinge sich viel besser durch das ›Tun‹ als durch das ›Wort‹ vermitteln lassen. Was fängt das Kind mit trockenen Geschichtszahlen an, was gehen es die geschlagenen Schlachten, die Lebensdaten der Regierenden an. Lebendig wird ihm die Geschichte erst, wenn es erfährt, wie die Bauern zu Karls des Großen Zeiten gelebt haben, wenn es sich einmal die Werkzeuge und Waffen des Steinzeitmenschen selbst hergestellt, eine Höhle, ein Zelt gebaut hat. Ein Unterrichtsgespräch, das sich an solche Erlebnisse anknüpft, wird nicht über Interesselosigkeit der Schüler zu klagen haben.

Bei solchen Aufgaben – das hat man in den Versuchsschulen längst erfahren – teilt man die Klasse am besten in kleine Gruppen auf. Diese

Gruppenarbeit hat sich in der ›neuen Schule‹ nahezu auf alle Unterrichtsfächer ausgedehnt. Während doch später im Beruf und im Leben fast alle Arbeit gemeinsam mit anderen getan wird, hat man früher das Kind vorwiegend isoliert beschäftigt, weil keines vom anderen ›abschreiben‹ soll.

In der modernen Schule arbeitet das Kind nur gelegentlich still für sich. Die meiste Zeit ist der Zusammenarbeit vorbehalten, und diese Gruppenarbeit kann ganz verschiedenen Zielen dienen. Hand in Hand geht die Arbeit, wenn die Kinder etwas gemeinsam herstellen. Wenn sie eine Siedlung aus dem Jahre 1000 aufbauen, müssen sie das zuerst besprechen, dann die Arbeit so verteilen, daß jeder seinen Fähigkeiten entsprechend eingesetzt wird. In einer Schule hat man in gemeinsamer Arbeit einen neuen Spielplatz gebaut, eine andere Schule gibt eine Schulzeitung heraus, hier wird Unterrichts- und Anschauungsmaterial für die Kleinsten gebastelt, dort ist eine Laienspielgruppe am Werk, und bei all diesen Tätigkeiten entwickelt sich ein frohes Selbstbewußtsein. Der Wissensstoff, der sich an diese praktische Tätigkeit anschließt, bleibt dem Kinde als lebendiger Besitz erhalten.

Einmal an die Gruppenarbeit gewöhnt, arbeitet das Kind viel selbständiger. Aber auch die gegenseitige Hilfsbereitschaft wird zu einer Selbstverständlichkeit. Da die theoretisch begabten Kinder oft mit den Händen linkisch sind und die praktisch begabten im theoretischen Unterricht langsamer vorankommen, hilft man sich gegenseitig. Der Lehrer kann aber auch hin und wieder eine Gruppe von schwächeren Schülern mit leichteren Aufgaben beschäftigen, während er die Fortgeschritteneren vor schwierigere Probleme stellt. Auf diese Weise haben viele dieser Versuchsschulen schon erreicht, daß seit Jahren kein Schüler mehr sitzengeblieben ist.

Ein Lehrer, der mit seinen Kindern ganz an die Gruppenarbeit gewöhnt ist, berichtet, daß er ohne Sorge eine Woche zu einer Tagung fahren kann. Er stellt mit seinen Kindern einen Arbeitsplan auf, und sie beschäftigen sich während seiner Abwesenheit genauso eifrig wie sonst, ohne daß einer seiner Kollegen eingreifen muß.

Wenn man die praktische und die theoretische Arbeit in der Schule miteinander verbinden will, reicht natürlich ein Klassenzimmer für 30 bis 50 Kinder nicht aus. Die neuen Schulen brauchen viele Fachräume für die naturkundlichen, für die musischen Fächer, Werkräume und Turnhallen und ein unerschöpfliches Lager mit Werkmaterial.

Der konservative Lehrer, der seinen Stoffplan bewältigen möchte, kritisiert an der ›neuen Schule‹ oft, daß sie zu viel Zeit auf das praktische Tun verwendet und nur verhältnismäßig kurze Lektionen für die reine Wissensvermittlung ansetzt. Wenn auch eine unerschrockene Beschneidung des Wissensstoffes schon große Erleichterung bringen könnte, so wird ein gewisses Maß an Paukarbeit immer noch übrigbleiben. Vielleicht wird uns aus diesem Dilemma eines Tages die ›Lernmaschine‹ helfen können. In England, Frankreich und Schweden befaßt man sich bereits intensiv mit dieser neuen Methode, die seit einigen Jahren in Amerika ausprobiert wird. Hier hat man verschiedene Systeme entwickelt, die dem Schüler an Hand von ›Programmen‹ ermöglichen, sich selbst zu unterrichten und das Lerntempo, seinen Fähigkeiten entsprechend, selbst zu bestimmen. In dieser ›Lernmaschine‹ besitzt dann jeder Schüler seinen eigenen Lehrer – mit dem Unterschied, daß die Maschine viel mehr Geduld aufbringt, denn der Lehrer ist auch nur ein Mensch, dem gelegentlich der Geduldsfaden reißt, wenn er mit einigen Schülern schon weit voraus sein könnte, müßte er nicht immer auf die langsamen warten. Bei der Lernmaschine stört es niemanden, wenn der eine zwei Wochen und der andere einen Monat benötigt, um sein Pensum zu beherrschen.

Durch Druck auf den Knopf oder durch Drehen einer Scheibe wird dabei eine Art Frage-und-Antwort-Spiel betrieben. Wer eine falsche Antwort gibt, bekommt sofort, beim nächsten Druck auf den Knopf, die ihm fehlende Erklärung. Der Pädagoge, der die Programme entwirft, sagt nicht: »Der Schüler, der eine falsche Antwort gibt, ist dumm«, sondern: »Ich habe mich noch nicht klar genug ausgedrückt, wenn der Schüler falsch antwortet.«

Die Erfahrung hat gezeigt, daß die Kinder auf diese Weise schneller, gründlicher und auch vergnügter lernen. Der amerikanische Soziologe Moore hat sogar schon dreijährige Kinder mit Hilfe einer ›Sprechenden Schreibmaschine‹ lesen und schreiben gelehrt. Er malte ihnen farbige Punkte auf die Fingernägel und setzte sie an eine Schreibmaschine, auf deren Tasten die gleichen Farben zu sehen sind. Wenn das Kind die ›a‹-Taste drückt, klingt aus dem Lautsprecher der gesprochene Buchstabe ›Aaa‹. Die Maschine schaltet sich von selbst aus, sobald das Kind Ermüdungserscheinungen zeigt, denn man möchte es auf keinen Fall überanstrengen, darum läßt man es höchstens zwanzig Minuten am Tag mit der sprechenden Schreibmaschine ›arbeiten‹.

Das Alter von drei bis sechs Jahren hält Moore für die ›schöpferisch und intellektuell aktivste Periode, in diesem Alter lernt das Kind spielend, was man ihm später nur mit Mühe beibringt‹.

Aber alle diese Methoden stecken noch in den Anfängen, und die meisten Lehrer verfolgen mißtrauisch ihre ersten Gehversuche, die – wie könnte es anders sein – noch manche Schwächen erkennen lassen. Es fehlt vor allem noch an Programmen für die einzelnen Unterrichtsfächer, die von Fachlehrern und Psychologen in gemeinsamer Arbeit hergestellt werden müssen.

Wie angesichts dieser neuesten Methoden die Schule der Zukunft aussehen wird, ist noch ungewiß. Sicherlich werden Film, Funk, Fernsehen, Tonband und Lernmaschinen darin einen breiteren Raum einnehmen. Klassenzimmer im heutigen Sinne wird es dann nicht mehr geben, sondern viele kleine Zellen mit Schaltern und Knöpfen für Tonband und Bildschirm, wo sich der einzelne Schüler in aller Ruhe den Lehrstoff aneignen kann. Daneben wird man dem Schüler Gelegenheit geben, sich in Kursen und Arbeitsgemeinschaften weiterzubilden.

Da die Kinder die früher so zeitraubende ›Paukarbeit‹ allein und schneller erledigen, kann auch der ›Pauker‹ wieder zum Lehrer werden, der der angeborenen Wißbegier des Kindes gesunde, leichtverdauliche Nahrung zuführt. Heute bewahrt der Schüler, der die Schule verläßt, vielfach seine ›abgeschlossene Bildung‹ in einem Kasten auf, dessen Schlüssel er nicht zu bedienen weiß. Vollgestopft mit Wissen, kann er diesen Besitz kaum anwenden, weil man ihn nicht daran gewöhnt hat, sich selbst zu bilden. Darum rät der Pädagoge Martin Wagenschein: *Entlassen wir unsere Schüler lieber mit einer tragbaren ›eisernen Ration‹ und außerdem mit dem leichten Gepäck eines Schlüsselbundes.* Es müßte aufschlußreich sein, einmal zu prüfen, wieviel – oder besser – wie wenig bei den meisten Erwachsenen noch von dem Wissensstoff haftengeblieben ist, mit dem man sie acht oder dreizehn Jahre gefüttert hat. Das Ergebnis würde vermutlich unsere niedrigsten Erwartungen noch unterbieten und ließe die Frage nach dem Sinn und Zweck der ›Schulweisheit‹ unbeantwortet.

Viele wertvolle Jahre unseres Lebens vergeuden wir darauf, Kenntnisse aus verschiedensten Wissensgebieten zu er- und zu verlernen, während andere wichtige Kräfte und Fähigkeiten ungeübt und unentwickelt bleiben. Wo ›lernen‹ unsere Kinder die Fähigkeit, sich selbständig weiterzubilden, soziales Verhalten, Willensbildung, Ehrlichkeit, Wahrheitsliebe, Geduld, Tatfreudigkeit, Sorgfalt, Entschlußfähigkeit, Hilfsbereitschaft und Urteilsfähigkeit? Die Ausbildung und Pflege dieser für ein geordnetes Zusammenleben unerläßlichen Eigenschaften bleibt weitgehend dem Zufall überlassen.

Diese Unzulänglichkeiten beschränken sich keineswegs nur auf die Bundesrepublik. Auch in anderen Ländern krankt die Schule an zuviel und falsch dargebotenem Wissensstoff. Bei einem Blick auf die Schulsysteme der anderen europäischen Staaten fällt uns auf, daß die Länder, in denen heute noch ausgesprochene Lernschulen existieren, durchaus nicht geneigt sind, das einzugestehen. Dagegen zeigen die fortschrittlichen Länder eine sehr kritische Einstellung zu ihren eigenen Schulsystemen und versuchen ständig, ihre Reformen noch zu verbessern.

In den skandinavischen Ländern ist die gesamte Öffentlichkeit außerordentlich stark an Schulfragen interessiert. Man bemüht sich hier ernsthaft, von der alten Lernschule loszukommen und die Schüler zu größerer Selbständigkeit zu erziehen. In diesen Ländern legt man größten Wert auf die Bildung der Persönlichkeit, weil man im Kind den zukünftigen, selbstverantwortlichen Bürger der demokratischen Gemeinschaft sieht.

Auch in Frankreich steht die Persönlichkeitsbildung stark im Vordergrund. Man will dem Kind nicht nur eine intellektuelle Bildung, sondern auch eine moralische Erziehung angedeihen lassen. Es soll lernen, seine eigenen Interessen mit denen der Umwelt in Einklang zu bringen. Aber

Frankreichs Schule leidet an einem anderen Übel, sie zerfällt auf eine unheilvolle Weise in zwei verschiedene Richtungen, die die ganze Nation in zwei Lager zu spalten droht. Die Volksschule bereitet systematisch auf das praktische Leben vor. In der höheren Schule dagegen wird die praktische Bildung zugunsten der intellektuellen grob vernachlässigt. Die Kinder werden dadurch so übermäßig mit Wissensstoff belastet, daß Eltern und Ärzte schon häufig Hilferufe an die Öffentlichkeit gerichtet haben.

In der italienischen Schule legt man immer noch – der humanistischen Tradition folgend – größten Wert auf die ästhetisch-intellektuelle Bildung. Eigene Initiative ist unerwünscht. Weder Zusammenarbeit noch Gruppenunterricht werden hier gepflegt. Jeder einzelne hat die Aufgabe, sich möglichst viel Wissen anzueignen. Die soziale Erziehung kommt dabei selbstredend zu kurz, und die Schule wird zur reinen Zeugnisfabrik. Obschon die italienische Verfassung jedem Kind gleiche Bildungschancen garantiert, werden die Kinder wohlhabender Eltern durch die Art des Schulsystems immer noch stark begünstigt.

In England ist die Schule seit einigen Jahrzehnten in Bewegung. Früher klagte man allgemein darüber, daß hier zu stark auf die Prüfungen hin gepaukt wurde. Aber heute bemüht man sich ernsthaft um eine gute Allgemeinbildung aller Kinder. Man beschränkt sich dabei nicht mehr auf reine Wissensvermittlung. Durch Charaktererziehung, Zusammenarbeit und Schülermitverwaltung sucht man die Gesamtpersönlichkeit zu bilden. Die Öffentlichkeit nimmt in England lebhaften Anteil an allen Schulfragen. Als man dazu überging, den Unterricht bis zum Nachmittag auszudehnen, mußten die Kinder das Mittagessen in der Schule einnehmen. Diese Umstellung wurde sogar im Parlament diskutiert. Heute wird diese Einrichtung von allen nicht zuletzt darum gern gesehen, weil dadurch alle Kinder an gleiche, gute Essensmanieren gewöhnt werden. Man verspricht sich davon einen guten Einfluß auf einen allmählichen Abbau der Standesunterschiede.

Ein hohes Ansehen genießt die Schule in der Sowjetunion. Hier soll die Grundlage für das Ziel des Kommunismus gelegt und die ›klassenlose Gesellschaft‹ vorbereitet werden. In den ersten Jahren nach der Revolution beschränkte man sich noch auf die reine Wissensvermittlung. Seit 1959 strebt man eine stärkere Verbindung mit dem praktischen Leben an. Seitdem sind in den Schulen Werkstätten für den polytechnischen Unterricht eingerichtet worden. Außerdem arbeiten die Schüler am Ende eines jeden Schuljahres zwei Wochen in der Landwirtschaft oder in der Industrie. Durch die Verbindung von Wissen und praktischer Arbeit hofft man dem Schüler das Lernen und Auffassen zu erleichtern. Sehr ernst wird die Verpflichtung des Lehrers genommen, den Unterricht so zu gestalten, daß den Kindern das Lernen und die Arbeit Freude macht.

Auch in Amerika spielt die Schule eine weit größere Rolle als in Europa. Die ›Heimatstadt‹ des Amerikaners, das ist nicht sein Geburtsort, sondern die Stadt, in der er seine Schulzeit verbracht hat. Die Väter der Demokratie haben die Bedeutung der Schule klar erkannt. Hier sollten aus den Einwanderern vieler Nationen die selbstbewußten amerikanischen Bürger erzogen werden. Die Bürgerkunde gehörte hier stets zu den wichtigsten Fächern. Man belastet das Kind nicht übermäßig mit totem Wissensstoff. Wichtiger nimmt man den lebensnahen Unterricht, Besichtigung von Betrieben und Verwaltungsstellen, die Übung in freier Rede, den Vortrag von Dichtungen oder wissenschaftlichen Arbeiten. Der Schüler soll möglichst früh selbstsicher werden. Durch Arbeitsgemeinschaften, Ausarbeitungen selbstgewählter Themen regt man ihn zu einer selbständigen Tätigkeit an. Die amerikanische Schule ist keine Paukanstalt. Frei und fröhlich möchte man den Schüler sehen. Man will ihm in der Schule eine unbeschwerte Jugend und die Gelegenheit geben, seine Persönlichkeit zu bilden. Erst wenn diese Basis gelegt ist, beginnt man mit der ernsten Arbeit.

Unlängst zeigte eine Ausstellung die naturwissenschaftlichen Experimente der Schüler an amerikanischen Schulen in Deutschland. Von den selbständigen Arbeiten waren einige patentreif. Das hohe Niveau dieser Schülerarbeiten konnte manchem Kritiker des amerikanischen Schulsystems den Atem verschlagen.

Trotzdem blicken die Vertreter der alten Lernschule immer noch recht mißtrauisch auf die freie, ungezwungene Art der amerikanischen Erziehung. In Europa kann man sich nur langsam an den Gedanken gewöhnen, daß sich der spätere selbstverantwortliche Bürger bereits in der Schule im selbständigen Arbeiten, Denken und Handeln üben muß.

Das Kind in der Gesellschaft

Die Nächstenliebe und ihre Vorläufer

Es gehört zu den Eigentümlichkeiten des Menschen, daß er mit fünfzig, spätestens mit sechzig Jahren beginnt, sich stark und stärker an seine Kinderjahre zu erinnern. Was jahrzehntelang verschüttet war, längst vergessene Erlebnisse und Begegnungen tauchen nun auf einmal in ziemlicher Frische wieder auf: »Als ob es gestern gewesen wäre, so sehe ich auf einmal alles wieder vor mir.« Wir verdanken diesem wiedererwachenden Gedächtnis eine Fülle von Biographien, und die meisten räumen dabei ihren Kindheitserinnerungen einen besonders liebevoll ausgesparten Raum ein.

Wenn man dagegen antike Lebensbeschreibungen liest, könnte man fast annehmen, die Griechen seien als erwachsene Menschen, zumindest als Jünglinge zur Welt gekommen, denn an ihre Kindheit erinnern sie sich so gut wie gar nicht. Das mag allerdings weniger auf eine Gedächtnislücke zurückzuführen sein als auf die geringe Bewertung dieser Zeit. Die kleinen Kinder galten wenig. Wenn sie in der griechischen Sage überhaupt einmal auftauchen, dann geschieht das nur zufällig, weil sie vom Erzähler als Beispiel benützt werden. HOMER zieht gelegentlich solche Vergleiche heran:

Warum weinst du, Patroklos, gleichwie ein törichtes Mägdlein,
Das da laufend bittet, die Mutter möchte es nehmen,
Ihr an die Kleider sich hängt und die Geschäftige hindert?
Schluchzend blickt es zu ihr empor, bis daß sie es aufnimmt.

Vom Leben der Kinder in der Antike wissen wir bezeichnenderweise weniger als von ihrem Sterben, von ihrem gewaltsamen Tod und ihrer Not. Die Sitte, neugeborene Kinder auszusetzen oder zu töten, finden wir bei fast allen Völkern, sobald wir mehr als tausend Jahre in der Geschichte zurückblicken. Der Arme, der seine Kinder verkaufte, verstieß nicht gegen die gute Sitte. Kranke oder mißgestalte Kinder wurden mit gutem Gewissen sofort nach der Geburt ermordet. ARISTOTELES fordert: *Was die Aussetzung oder Aufzucht der Neugeborenen angeht, so soll es Gesetz sein, kein verkrüppeltes Kind aufzuziehen.*

Die griechische Humanität kennt noch keine Fürsorge für die Schwachen und Hilfsbedürftigen. Liebestätigkeit kommt nur im engen Raum der Familie, des Freundeskreises zur Entfaltung. In der Vorstellung des Griechen vom ›Vollkommenen Menschen‹ sind die fünf Tugenden des Geistes: Weisheit, Vernunft, gesunder Menschenverstand, Wissen und eine gewisse schöpferische Gabe. Die zwölf moralischen Tugenden heißen: Gerechtigkeit, Mäßigkeit, Mut, Großmut, Ehrgeiz, Gutmütigkeit, Stolz, Wahrhaftigkeit, Witz, Prachtliebe, Scham und ein wenig Leutseligkeit. Von Eigenschaften wie Hilfsbereitschaft oder Rücksichtnahme ist noch nicht die Rede.

Wenn der Grieche Almosen gibt, tut er es nicht aus Barmherzigkeit, sondern *weil es schön ist zu geben,* wie Aristoteles einmal sagt. Es schmeichelt seiner Eitelkeit, großherzig zu erscheinen. Man möchte nicht in den Ruf der Besitzgier geraten, darum verteilt man gelegentlich, aber recht planlos Gaben. Nur die Waisenkinder, deren Väter in der Schlacht gefallen sind, werden auf Staatskosten erzogen. Das sind Bürgersöhne, ihnen fühlt man sich verpflichtet, denn sie werden auch später dem Staat wieder nützen. Die Kinder der Armen hingegen sind unnütze Esser, sie belasten die Gesellschaft nur durch Bettelei. Die Arbeit wird von Sklaven verrichtet, die jederzeit zu ersetzen sind, darum ist man auf die heranwachsenden Kinder der Armen nicht angewiesen.

Bei aller Geisteskultur ist der Grieche ein unbekümmerter, ichbezogener Augenblicksmensch. Eine soziale Ordnung erreicht er nur, wie in Sparta, um den Preis der Freiheit, so schwingt durch seine Ethik stets eine leise Resignation. Er glaubt vor der Unzulänglichkeit der Menschen und der Verhältnisse kapitulieren zu müssen. Da er es nicht ändern kann, übersieht der Grieche das Elend der Armen und konzentriert sich auf die Kultur und die Organisation eines Staates im Staate.

Der römische Bürger steht dem Griechen an Selbstsicherheit nicht nach, aber bei ihm zeigen sich, wenn auch noch nicht sehr ausgeprägt, bereits Ansätze eines sozialen Gewissens. CICERO sagt: *Der gute Mensch tut seinen Mitmenschen nicht nur nichts zuleide, sondern versucht auch, ihm, wo er kann, zu helfen.* Wenn der Grieche seine Almosen planlos verstreut, so gibt der Römer für unsern heutigen Geschmack allzu zielbewußt. Nicht durch Zufall beginnt man in Rom mit der Kinderfürsorge, als es an Soldaten mangelt. Es werden Stiftungen für die Erziehung armer Kinder ins

Leben gerufen, um später die unzuverlässigen Söldnerheere durch staatlich erzogene Kinder ersetzen zu können. Zu AUGUSTUS' Zeiten hören wir von Kinderspeisungen, und TRAJAN zieht ein großzügiges Hilfswerk auf. Er stiftet für fünftausend Kinder die *tabula alimentarie.* In ganz Italien kümmert man sich unter seiner Regierung um die verarmten Kinder Freigeborener. In der Erziehungsanstalt in Veleja werden Knaben und Mädchen aufgenommen, und PLINIUS D. J. stiftet in seiner Heimatstadt Como eine Unterstützungsanstalt für arme Kinder. Nachdem sich Kaiser Trajan auf der berühmten Trajanssäule ein Denkmal setzt, das ihn inmitten der von ihm betreuten Kinder darstellt, kommt es unter den nachfolgenden Kaisern geradezu in Mode, Fürsorgeeinrichtungen für arme Kinder zu schaffen, die den Namen der Gemahlin des jeweiligen Kaisers erhalten.

In den Wirren des untergehenden Römischen Reiches verfallen diese Einrichtungen wieder. 330 n. Chr. beginnt KONSTANTIN unter dem Einfluß des Christentums mit dem Bau eines Waisenhauses. Er will damit dem wieder um sich greifenden Verkauf von Kindern entgegentreten. Diesen drohte das Los des Sklaven oder eine noch schlimmere Art der Ausnützung, die die verkauften Mädchen zu Dirnen großzog und die Knaben verstümmelt als Bettler verdingte. Auch den Einrichtungen Konstantins war kein langes Leben beschieden. Als die Ausgaben dafür seine Mittel überstiegen, übergab er die Fürsorge für die armen Kinder wieder der freien Wohltätigkeit.

Unter JUSTINIAN werden alle Findelkinder für frei erklärt und unter den Schutz des Bischofs und des Präfekten gestellt. Damit beginnt eine neue Art der Fürsorge für die Kinder, die weder zum eigenen Ruhm noch aus staatspolitischen Gründen, sondern aus reiner Barmherzigkeit geübt wird.

Diese neue Form der christlichen Nächstenliebe hat ihre Wurzeln bereits im Alten Testament. Die starken sozialen Züge, die das Zusammenleben der Kinder Israels aufweist, mögen zu einem Teil eine Frucht der Begegnung mit dem ägyptischen ›Wohlfahrtsstaat‹ sein. Aber während man in Ägypten die Armen unterstützte, um brauchbare Arbeitskräfte zu gewinnen, beobachten wir bei den Israeliten, dem freien Volk der Hirten und Bauern, doch schon eine reinere Form der gegenseitigen Hilfe, ohne egoistische Nebenabsichten. Eine Hilfe, die sich auch auf die Knechte, die Kranken und die Waisenkinder ausdehnt. Das mosaische Gesetz hält nicht nur zur Barmherzigkeit an, es schützt das Volk auch vor der Ausbeutung durch die Reichen. Kindstötung ist verboten. Nur wenn die Eltern in höchste Not geraten, wird ihnen gestattet, das Kind zu verkaufen.

Diese Gesetze sind bindend, denn Gott selbst hat sie eingesetzt. Gott ist auch der Vater der Waisenkinder. In der innigen Beziehung zu Gott liegt die Stärke dieses Volkes, das selbst seine Niederlagen als Prüfungen Gottes betrachtet. Während alle anderen Völker ihre eigenen Heldentaten aufs höchste preisen, zählt das ›Geschichtsbuch‹ Israels freimütig und gewissenhaft alle Demütigungen, alle Mißerfolge und Fehlschläge auf. Ein Volk, das sich so reuig zu seinen Niederlagen und Sünden bekennt, spürt eine stärkere Bindung zu den Hilfsbedürftigen und Schwachen. Almosen werden gegeben zur Wiederherstellung der göttlichen Ordnung. Auf den gleichen Gedanken gründet sich die Mahnung JESU zur Nächstenliebe, eine Mahnung, die seitdem das Gewissen der Menschheit nachhaltig geweckt hat.

Wenn sich die Barmherzigkeit der Juden noch stark auf den Kreis der Stammesgenossen beschränkte, so befreit Jesus sie aus der nationalen Enge, indem er seine Liebe auf alle Menschen, die er gleichermaßen als Kinder Gottes ansieht, ausdehnt. Er setzt sich an einen Tisch mit Juden und Nichtjuden, mit Gerechten und Ungerechten, mit Zöllnern und Sündern und gibt den Kindern einen Ehrenplatz.

In der Nachfolge Jesu setzten sich auch die jungen Christengemeinden über die bis dahin streng gehüteten Grenzen des Nationalstolzes und Klassendünkels hinweg, da sie alle Menschen als Brüder betrachten. Sklaven und Kinder, die bis dahin nur Sachwert besaßen, gelten nun als gleichberechtigte Personen, und so wird auch die Fürsorge für die Armen und die Kinder aus reiner Liebestätigkeit geübt, die man seinem Bruder angedeihen läßt. Diese bis dahin unbekannte Form der Hilfsbereitschaft setzt die Römer in Erstaunen. »Seht, wie sie einander lieben!« so sagen sie von den ersten Christen.

Kinder ohne Eltern

Wenn sich KARL DER GROSSE auch in seinen kriegerischen Unternehmungen kaum von seinen Vorgängern durch Grausamkeit und Härte unterschied, so führte er doch als erster eine planmäßige staatliche Armenpflege ein. *Liebet euren Nächsten wie euch selbst und reicht nach Kräften Almosen,* so heißt es in einer seiner Verfügungen.

Auf dem Lande wurden die Grundherren zum Schutz der Armen verpflichtet, für die Findlinge und Waisen waren die Landpfarreien zuständig. Karl selbst betrachtete sich als Beschützer der Witwen und Waisen. In der engen Verbindung von Kirche und Staat gibt Karl der Große der Armen- und Waisenpflege des Mittelalters das Gesicht. Sie ist, wie es heißt, aus christlicher Nächstenliebe getragen, erhält aber durch die streng autoritäre Form etwas gönnerhaft Überhebliches. Der ›Menschenbruder‹, dem man seine Hilfe angedeihen läßt, hat sich im Laufe der Zeit zu einem sehr untergeordneten Wesen abgenützt, und es dauert noch Jahrhunderte, bis er sich aus seiner gebeugten Haltung aufrichten darf.

Immerhin ist die Fürsorge – anders als in vorchristlicher Zeit – jetzt zu einer Pflicht des Christenmenschen geworden, die es zu erfüllen gilt. Wenn sie auch oft nachlässig geübt wird, so erhebt doch nun in fast regelmäßigen

Abständen das christliche Gewissen einzelner Menschen seine Stimme und gibt der Umwelt ein mahnendes und nachahmenswertes Beispiel. FRANZISKUS entschließt sich, zum armen Bruder hinabzusteigen und als Bettelmönch sein Los zu teilen, ägyptische Nonnen widmen sich schon zur Zeit AUGUSTINUS' der Pflege und Erziehung von Findelkindern.

Da das Töten der Neugeborenen gegen die christliche Morallehre verstößt und streng bestraft wird, sucht die Kirche einen Ausweg. Das Konzil zu Rouen im 9. Jahrhundert fordert die unehelichen Mütter auf, ihre Kinder zur Kirche zu bringen. An den Mauern der Kathedralen werden Marmorschalen angebracht, dort kann man die Kinder ›aussetzen‹. Ein Teil des Kirchengutes ist stets für die Erziehung dieser Findlinge bestimmt.

In Montpellier wird der Orden ›Du St. Esprit‹ gegründet, der sich zur Aufgabe macht, die verlassenen Kinder aufzunehmen. Hier bringen die Mönche zum erstenmal die Drehlade an, die es der ledigen Mutter gestattet, ihr Kind ungesehen ›abzuschieben‹, eine Einrichtung, die man später in vielen Findelhäusern übernommen hat. Durch die betonte Förderung der Familie war die uneheliche Geburt zu einer Schande geworden, die man um jeden Preis verdecken wollte.

Die unehelich geborenen Kinder wurden für ihr Leben lang mit einem Makel behaftet, sie zählten zu den ›unehrlichen Leuten‹ und konnten später keine Rechtshandlungen ausüben. Man durfte sie ungestraft beleidigen, der Zugang zu den öffentlichen Ämtern, aber auch zu den Zünften war ihnen versperrt.

Mit dem Aufblühen der Städte im 14. und 15. Jahrhundert und dem Übergang von der Natural- zur Geldwirtschaft greift die Verarmung so stark um sich, daß die Hilfe der Kirche nicht mehr ausreicht. Nun geht die Armen- und Waisenpflege in die Verwaltung der Städte und Gemeinden über. Dadurch wird die private und kirchliche Liebestätigkeit zwar nicht abgeschafft, aber doch hier und da lahmgelegt, weil man die Aufgabe, für die Armen zu sorgen, auf die Gemeinden abschiebt. Da in manchen Gegenden mit der Übernahme der Armenfürsorge durch die Behörden zugleich das Betteln verboten wird, man aber andererseits nicht in der Lage ist, alle Armen ausreichend zu versorgen, entsteht für die Unglücklichen eine oft verzweifelte Situation.

Am meisten leiden darunter die Kinder. Wer sie nicht mehr ernähren kann, versucht sie auf irgendeine Weise loszuwerden. Ein deutscher Reisender, der 1546 Rom besucht, berichtet von unzähligen Kindern, *die in den Tiber geworfen, heimlich begraben und in die Kloaken versenkt wurden, und ich könnte fast sagen, daß zu Rom wohl so viele unschuldige Kinder von ihren Vätern und Müttern ertränkt, ermordet und umgebracht worden sind als Herodes, der Tyrann zu Bethlehem, hat erwürgen und umbringen lassen. – Da nun die Leichen der kleinen, ungetauften Kinder im Tiber und in den Kloaken gefunden wurden, deuchte es dem Papste* SIXTUS IV., *es sei seines Amtes, dem grausamen Mord zu wehren, und so richtete er dieses Hospital zum Heiligen Geist, das fast verfallen war, von Grund aus wieder auf. – Das Hospital ist mit bequemen, ansehnlichen Gemächern und Betten gar zierlich eingerichtet, Findlinge, vater- und mutterlose Kinder werden in diesem Hospital aufgefüttert und erhalten.*

Bald reichen aber diese Findelhäuser nicht mehr aus, sie sind überfüllt und verwahrlosen. So haben die Eltern keine andere Wahl, als das Kind in einem dieser überfüllten Findelhäuser verkommen oder es zu Hause verhungern zu lassen, wenn man sich nicht gar entschloß, es nach altem Brauch auszusetzen, wie es im Märchen von Hänsel und Gretel so anschaulich geschildert wird.

In England gibt es zu dieser Zeit bereits eine über das ganze Land verbreitete, gut organisierte Fürsorge für die Armen und Waisen. Durch das von ELISABETH erlassene Armengesetz sind die Mittel zu ihrer Unterstützung durch Steuern gesichert. In jedem Ort werden Aufseher bestellt, die Bedürftige ausfindig machen und versorgen. Jeder Bezirk ist für seine Armen verantwortlich. Die Säuglinge bringt man in Familien unter und die älteren Kinder in Waisenhäusern, von dort gibt man sie zu einem Handwerker, damit sie die Möglichkeit bekommen, einen Beruf zu erlernen und sich selbst zu erhalten.

In Frankreich bekommt die Armenpflege neue Impulse durch die abgespaltene reformierte Kirche, deren Mitglieder untereinander eine beispielhafte Liebestätigkeit entfalten. In Holland legt der Calvinismus den Christen die Verpflichtung der Diakonie auf. Es entstehen vorbildliche Waisenhäuser, deren Beispiel auch auf die katholische Kirche ansteckend wirkt. In dieser Zeit wird das Elend von vielen Einzelpersönlichkeiten mit großem, leidenschaftlichem Einsatz bekämpft.

Von VINCENT VON PAUL erzählt man, daß er eines Tages an der Stadtmauer von Paris entsetzliche Schreie vernimmt und entdeckt, wie gerade ein Bettler einem kleinen Knaben die Finger abhackt, um das so verstümmelte Kind den mitleidigen Blicken der Passanten preiszugeben. Vincent gelingt es, dem Bettler das Kind zu entreißen, als er es jedoch in einem Findelhaus unterbringen will, erkennt er, daß auch dort keine Rettung für das arme Kind zu finden ist:

Entsetzliche Szenen boten sich meinen Blicken dar, die Säle waren mit Rauch und mephitischen Ausdünstungen überfüllt; die Kleinen mit ihren Greisenphysiognomien lagen auf halbverfaulten Betten, ohne Bedeckung ihrer Blößen; einige rangen mit dem Tode. Niemand reichte ihnen einen kühlen Labetrunk; die Leichname lagen mitten unter den Lebenden. Alle Jammer des Elendes waren bunt durcheinandergewürfelt! Ich vernahm, daß man die Kinder um zwanzig Sous an Bettler verkaufte, die sie verstümmelten und ein schändliches Gewerbe mit ihnen trieben!

Unermüdlich sammelt er Gelder, um ein neues Findelhaus einzurichten, und gründet den Orden der ›Filles de la charité‹, die sich der Armen annehmen.

Vorbildliche Findelhäuser gab es zu jener Zeit in Rußland. Bereits PETER DER GROSSE hatte sie eingerichtet, und KATHARINA II. stattete die dort erzogenen Kinder mit besonderen Vorrechten aus. Sie erhielten, wenn sie bei ihrer Mündigkeit die Anstalt verließen, eine Aussteuer von 100 Rubel und einen Geleitbrief, der ihnen und ihren Nachkommen die vollen bürgerlichen Ehrenrechte zuerkannte.

Im Deutschland des 17. Jahrhunderts war noch kein Gedanke an eine durchgreifende Hilfe für die Armen und Waisen aufgekommen. Der Pietismus lenkte die Blicke der Menschen stark auf das eigene Innere und seine religiöse Vervollkommnung, er kapselte sich besorgt nach außen ab. Aus den hohen Anforderungen, die der einzelne dabei an seine eigene Person stellte, entstanden allerdings hier und da außerordentliche Leistungen, die vielleicht unnachahmlich sind, weil sie an die Einzelpersönlichkeit gebunden waren. Aber durch ihre Beispielhaftigkeit riefen sie doch das Gewissen der Umwelt wach.

Eine solch überragende Leistung stellte das Lebenswerk AUGUST HERMANN FRANCKES dar, eines Mannes ohne Vermögen, dem es gelang, ein großes und neuartiges Waisenhaus einzurichten. Er verstand es, seine Mitmenschen auf die Notlage der elternlosen Kinder aufmerksam zu machen, die ohne Wohnung, ohne Nahrung und Kleidung auf die Bettelei angewiesen waren und unweigerlich zu Dieben und Verbrechern werden mußten, wenn man ihnen vorenthielt, was sie brauchten. Diese Kinder, so sagt A. H. Francke, haben eine besonders sorgfältige Erziehung nötig, um das schwere Leben ohne Hilfe von Eltern und Verwandten meistern zu können. Seine Hallenser Schulen, in denen die Waisenkinder unterrichtet wurden, bekamen bald einen so guten Ruf, daß auch gutsituierte Bürger ihre Kinder dort erziehen ließen.

So verschieden die Ausgangspunkte sind, irgendwann treffen sich die verantwortungsbewußten Kräfte des 17. und 18. Jahrhunderts immer wieder bei dem brennenden Problem der unversorgten Kinder, deren Schicksal alle Zukunftsgedanken verdunkelt.

Die Vertreter der ›Aufklärung‹ wandten sich ganz bewußt der Förderung des Allgemeinwohls zu. Der Fortschritt der Wissenschaften unterstützte den Glauben an die Vervollkommnung des Menschen durch vernünftige Belehrung. Dieser optimistische Gedanke richtete sich mit besonderer Intensität auf die Kinder, die man noch am ehesten glaubte ändern zu können oder zu bessern. Durch vorbeugende Maßnahmen, durch Bildung und Arbeitserziehung sucht man die Kinder vor der drohenden Armut zu bewahren. Wenn auch die historischen und wirtschaftlichen Bedingungen der Armut noch nicht erkannt wurden, so suchte man doch wenigstens einer weiteren Verwahrlosung entgegenzutreten. Die Gesellschaft der Aufklärungszeit erkennt, wenn auch noch ungenau, daß an den armen Kindern etwas versäumt worden ist, und einige weisen bereits darauf hin, daß man sich mit Almosen nicht auf dem richtigen Wege befinde, sondern zu einer echten und dauernden Hilfe aus der gegenseitigen Verantwortung kommen müsse.

In Hamburg entsteht 1788 die große allgemeine Armenanstalt, wo man statt Almosen Verdienstmöglichkeiten zu schaffen sucht. Aber nach einigen hoffnungsvollen Anfängen erlahmt die Fürsorge wieder. Die unbewältigten Probleme des patriarchalischen Kapitalismus dieser Übergangszeit stellen alle Bemühungen wieder in Frage.

Die gutgemeinte These: Arbeit statt Almosen! entwickelt sich in der Zeit des Merkantilismus, vor allem für die Kinder, zu einem gutfunktionierenden Instrument der Ausbeutung, Verdummung und Verwahrlosung. Die überall entstehenden Manufakturen brauchen viele fleißige Hände. Webereien, Spinnereien, Gerbereien werden mit Vorliebe den Armen- und Waisenanstalten angegliedert. In vielen Fällen befinden sich die Armen-, Waisen- und Strafanstalt in einem Gebäude. ›Miseris et malis‹, so lautet die Inschrift über der Dessauer Armen-, Kranken- und Strafanstalt. An diesen Zustand erinnert ein Kirchengebet, das heute noch gelegentlich gesprochen wird, wenn der Pfarrer ›die Obrigkeit ... die Armen, Elenden und Gefangenen‹ in seine Fürbitte einschließt. Nur in wenigen großen Städten werden die Kinder getrennt untergebracht, meist wohnen sie mit Bettlern und Verbrechern unter einem Dach und arbeiten an einem Arbeitsplatz. Unter den denkbar schlechtesten moralischen Einflüssen und dem ständigen Druck einer stumpfsinnigen Arbeit wachsen die Kinder hier einer fragwürdigen Zukunft entgegen. In einem Bericht heißt es:

Die Kinder sind vielfach in dumpfen Räumen eingesperrt, schlecht genährt, mit Arbeit überbürdet, bei jeder Gelegenheit grausam gezüchtigt, viel mit Krätze und anderen Krankheiten behaftet und verkrüppelt. Die Sterblichkeit ist durchweg sehr groß.

Unter 13 229 Findlingen, die von 1741 bis 1774 in das Londoner Versorgungshaus aufgenommen wurden, erreichten nur 2 353 das fünfte bis sechste Lebensjahr. Vom Findelhaus in Venedig berichtet DOTTI, daß von über 2 000 Aufnahmen nach neun bis zehn Jahren nur noch zehn überlebten. Bereits gegen Ende des 18. Jahrhunderts beginnen die Philanthropen gegen diese Kombination von Armen-, Waisen-, Arbeits- und Zuchthaus Sturm zu laufen. Es beginnen öffentliche Diskussionen darüber, ob es besser sei, die Kinder in Anstalten oder in Privatpflege unterzubringen. Untersuchungskommissionen stellten allerdings fest, daß die Kinder auch in den Pflegefamilien oft ausgenützt und schlecht behandelt wurden.

Wie die öffentliche Meinung jener Zeit sich zu dem Schicksal der Waisenkinder einstellte, geht aus den Erinnerungen GOETHES hervor:

Auf der anderen Seite der Stadt lag ein größerer Gemeindeplatz, dorthin trieb man zu Pfingsten die Schafherden, und zu gleicher Zeit ließ man die armen, verbleichten Waisenkinder aus ihren Mauern ins Freie: denn man sollte erst später auf den Gedanken geraten, daß man solche verlassenen Kreaturen, die sich einst durch die Welt durchzuhelfen genötigt sind, früh mit der Welt in Verbindung bringen, anstatt sie auf eine traurige Weise zu hegen, sie lieber gleich zum Dienen und Dulden gewöhnen müsse.

Von diesem Standpunkt aus betrachtet werden viele die Einrichtung der Waisen- und Arbeitshäuser gutgeheißen haben. Die dort herrschenden Mißstände waren manchem nicht genau bekannt oder wurden übersehen. Die Waisen- und Findelkinder gehörten in der damaligen Vorstellung zu einer niederen Menschenklasse, die sich beizeiten an ihre spätere Bestimmung zu gewöhnen hatte.

Auch in England, wo die Versorgung der Findlinge seit der Elisabetha-

Bettelzug der Findelkinder. 1639

nischen Armenordnung in den Händen des Staates lag, entartete die Fürsorge allmählich zu einer Ausnützung der Kinder. Es ist das Verdienst des damals vielgelesenen Schriftstellers CHARLES DICKENS, daß er die Öffentlichkeit auf die vielfältigen Leiden der armen Kinder aufmerksam machte, indem er die Hartherzigkeit ihrer Versorger schonungslos bloßstellte. Mit beißender Ironie schildert er im ›Oliver Twist‹ die Scheinheiligkeit der Leiterin des Waisenhauses, die leicht zu bestechende und heuchlerische Ehrbarkeit des Kontrolleurs. Als der ewig hungrige Oliver sich einmal ein Herz faßt und beim Essen um einen zweiten Teller Suppe bittet, da ist es für die Vorsteher des Armenarbeitshauses klar, daß dieser dreiste Lümmel noch einmal am Galgen enden wird. Wenn dann der kleine Oliver in eine Familienpflegestelle überwiesen wird, wo er schlecht genährt, mißhandelt und obendrein rigoros ausgenützt wird, dann weiß der Leser nicht, welche von diesen Einrichtungen er für die ungeeignetste halten soll.

In Irland herrschte im 18. Jahrhundert eine so große Not, daß viele Menschen vor Hunger starben. Mehr als vier Fünftel des Bodens gehörten einigen wenigen englischen Großgrundbesitzern. Von England aus regiert und durch ungünstige Zölle immer mehr verarmt, kam es für die Bevölkerung zu unerträglichen Zuständen:

Ich sah das hilflose Kind auf dem Dunghaufen ausgesetzt und den hungrigen Säugling an der Brust der bereits verschiedenen Mutter saugen, heißt es in einem Bericht aus dem Jahr 1741. Das Elend der Kinder der damaligen Zeit veranlaßte JONATHAN SWIFT zu einer bitterbösen Satire:

Bescheidener Vorschlag, wie man die Kinder der Armen hindern kann, ihren Eltern oder dem Lande zur Last zu fallen, und wie sie vielleicht eine Wohltat für die Öffentlichkeit werden könnten. Man kann in Irland die Gassen, Straßen und Türen der Hütten voller Bettlerinnen sehen, hinter denen sich drei, vier oder sechs Kinder drängen, die, alle in Lumpen, jeden Vorübergehenden um ein Almosen belästigen. Diese Mütter sind, statt für ihren ehrlichen Lebensunterhalt sorgen zu müssen, gezwungen, ihre ganze Zeit auf Streifzüge zu verwenden, weil sie für ihre hilflosen Kinder Brot erbetteln müssen. Der Vorschlag Swifts lautet: *Ein junges, gut genährtes einjähriges Kind ist eine sehr wohlschmeckende, nahrhafte Speise, einerlei, ob man es dämpft, bäckt oder kocht, und ich zweifle nicht, daß es auch in einem Frikassee oder Ragout in gleicher Weise seinen Dienst tun wird. – Ich gebe zu, daß diese Kinder als Nahrungsmittel etwas teuer kommen werden; aber eben deshalb werden sie sich sehr für den Großgrundbesitzer eignen; da die Gutsherren bereits die meisten Eltern gefressen haben, so besitzen sie offenbar auch den nächsten Anspruch auf die Kinder.*

In Frankreich hatten die Väter der Revolution eine umfassende Reform der staatlichen Armenpflege auf ihren Plan gesetzt, aber in den Wirren der Zeit blieb es bei diesem Plan. Nur die Fürsorge für die Findlinge und Waisenkinder wurde durchgeführt. Sie galten geradezu als Aushängeschild für die Wohltätigkeit und wurden bei feierlichen Anlässen mit im Zuge durch die Straßen geführt. Die neuerrichteten Findelhäuser dienten nur zur Aufnahme von elternlosen Kindern, sie blieben dort, bis man für sie eine Familienpflegestelle gefunden hatte. Rekapituliert man das bisher Gesagte, so darf man feststellen, daß in allen europäischen Findelhäusern die Sterblichkeitsziffer damals ungewöhnlich hoch lag und nur 30 bis 40 Prozent der Kinder am Leben blieben. In schlechten Zeiten starben sogar 90 Prozent der aufgenommenen Kinder.

Während des 19. Jahrhunderts bemühten sich zwar alle Regierungen, die rechtliche Stellung des unehelichen Kindes zu heben, es gelang ihnen aber nicht, die öffentliche Meinung zu ändern, die den außerhalb der Ehe geborenen Kindern den ›Makel ihrer Geburt‹ hartnäckig anheftete. Von der ›Schande‹ oder auch von der Not bedroht, suchten die ledigen Mütter sich von dem Kind zu befreien, und so entstand ein regelrechtes Gewerbe, das aus der bigotten Entrüstung der Gesellschaft über die uneheliche Geburt einen schändlichen Nutzen zog.

Die einfachste Art, sich eines Kindes zu entledigen, war der Gang zu einer ›Engelmacherin‹, wie man zynischerweise die Frauen nannte, die, als Hebammen getarnt, die Neugeborenen sogleich sterben ließen. Wer die Zeitungen der Jahre vor dem ersten Weltkrieg durchblättert, stößt fast in jeder Nummer auf Annoncen wie diese:

Entbindung ohne Hebammenbericht, privates Entbindungsheim, Genf, Schweiz. Arzt, Hebamme, Adoption, Diskretion.

Eine Fürsorgerin, die einer solchen Anzeige nachforschte, fand eine reiche Dame, die sich erst wenige Jahre zuvor, ganz unbemittelt, in Genf angesiedelt hatte und die Kinder entweder bei der Geburt sterben oder nach einiger Zeit gegen hohe Abfindung verschwinden ließ. Ebenso häufig waren Anzeigen zu finden, in denen Kinder zum Kauf angeboten werden:

Weihnachtsfreude! Mädchen, vier Jahre alt, wird gegen angemessene Entschädigung an Kindes Statt abgegeben. Offerten unter Weihnachtsfreude, Augsburg, Postlagernd.

Am 13. Juli 1911 liest man im ›Harburger Kreisblatt‹: *Wer nimmt eineinhalbjähriges hübsches, gesundes Mädchen in Dauerpflege? Erziehungsbeitrag bis 3000 M. Ausführliche Offerten erbeten. Berlin C 24, Postlagerkarte 294.* Manchmal heißt es auch ganz einfach: *Kind von armem Mädchen an Kindes Statt abzugeben.* Die Behörde greift kaum einmal ein, da es noch keine gesetzliche Handhabe gegen diesen Kinderhandel gibt. Private Fürsorgevereine versuchen den Annoncen nachzugehen und entdecken eine oft grauenhafte und verbrecherische Ausnutzung der Kinder.

Im Jahre 1910 berichtet die Zeitschrift ›Jugendfürsorge‹ von Unternehmern, die in allen Teilen Europas Kinder aufkaufen:

Zu Hunderten gibt es in London solche in Lumpen umherirrende, bettelnde Kinder. Selbst in den vornehmsten Straßen begegnet man den kleinen Unglücklichen; sie stehen am Bürgersteig, den Kopf gesenkt, beinah leblos. Der Unternehmer mietet sich irgendwo an der Peripherie der Stadt, wo er dem Auge der Polizei entrückt ist, ein Zimmerchen und lebt von dem Ertrage seines Bettlers auskömmlich und sorgenfrei.

In den Grenzbezirken Frankreichs befanden sich ›Fabriken für Krüppel‹, die zarte kleine Kinder auf das schändliche Gewerbe vorbereiteten:

Man nimmt ein Kind unter zehn Jahren, krümmt ihm die Beine und drückt sie mit einer Schlinge gegen die Muskeln, zunächst leicht, um den Brand zu verhüten. Allmählich atrophieren die Glieder und alles Leben konzentriert sich gewissermaßen auf den Rumpf. Nun setzt man den Krüppel in eine Kiste, aus der er nicht einmal zum Schlafen herauskommt, und kreuzt ihm die Beine so, daß sie nie wieder ihre Kraft zurückerlangen können. Diese Unglücklichen werden von ihren Fabrikanten, die sie für 50 bis 60 Fr. gekauft haben, sehr knapp ernährt. Sie bringen ihnen täglich etwa 7 Fr. ein.

In den Jahren vor dem ersten Weltkrieg kommt es immer wieder vor, daß Kinder, die auf der Straße ohne Aufsicht spielen, plötzlich unauffindbar verschwinden. Die Öffentlichkeit weiß nur sehr ungenau, was mit den Kindern geschieht. Man gibt die Schuld daran meist den umherziehenden Zigeunern, denen man in gewohnter Weise gern alles Böse zutraut. Meist waren die Kinderentführer Zwischenhändler, die den Kinderhändlern ihre ›Ware‹ weitergaben. Die Händler gaben sich als ehrbare Unternehmer, die vor allem den ledigen Müttern aus der Not zu helfen vorgaben. Einige schmückten ihre Zeitungsannoncen mit dem Bibelspruch: *Was ihr getan habt einem dieser geringsten meiner Brüder, das habt ihr mir getan.*

Dieser Handel wurde von den Behörden weitgehend ignoriert. Als die ›Deutsche Gesellschaft für Mutter- und Kindesrecht‹ im Jahre 1911 den Polizeipräsidenten von Berlin um polizeiliche Unterstützung bei der Aufdeckung des Kinderhandels bittet, bekommt sie die kurze Antwort:

Zum Schreiben vom 24. 6. 11. – Ihrem Antrag kann nicht entsprochen werden.

Bei einer persönlichen Rückfrage lautete die Antwort: Der Berliner Polizeipräsident habe kein Ressort für den Kinderhandel, und ein eigenes Ressort hierfür zu schaffen sei doch zu umständlich. Das Elternrecht war immer noch bedeutend stärker als der Gedanke des Kinderschutzes. Das Problem des unehelichen Kindes wurde, wenn überhaupt, dann sehr gezwungen und lustlos angefaßt, weil man es stets mit dem Begriff der Selbstverschuldung verquickte.

Auch nachdem die Gesetze zum Schutze der Kinder nach 1918 geschaffen waren, litten die unehelichen Kinder, selbst wenn sie bei ihrer Mutter lebten, immer noch sehr unter dem Druck einer Minderbewertung. Im Jahre 1930 untersuchte eine Berliner Ärztin die Familienverhältnisse von etwa 200 unehelichen Kindern. Nahezu alle Mütter hatten ihren Kindern die Tatsache der unehelichen Geburt ängstlich verschwiegen. Die Kinder waren über ihre Familienverhältnisse auf der Straße oder durch irgendeinen

Zufall aufgeklärt worden. Sie hatten kein Vertrauen zu ihren Müttern und fühlten sich ganz allgemein stark benachteiligt. Keines von ihnen führte ein unbeschwertes Leben wie ein Kind in einer Vollfamilie. Gegen die Vorurteile der öffentlichen Meinung war auch die Weimarer Verfassung machtlos, die besagte:

Den unehelichen Kindern sind durch die Gesetzgebung die gleichen Bedingungen für ihre leibliche, seelische und gesellschaftliche Entwicklung zu schaffen, wie den ehelichen Kindern.

Heute haben die wirtschaftlichen Verhältnisse viel zu einer besseren Stellung des unehelichen Kindes beigetragen. Da den Mädchen viele Berufe offenstehen, die früher nur dem Manne vorbehalten waren, bedeutet es für eine ledige Mutter keine unzumutbare Belastung mehr, ihr Kind neben ihrer Berufsarbeit großzuziehen. Die unverheiratete Mutter unterscheidet sich darin nicht von der Kriegerwitwe oder von der verheirateten berufstätigen Frau. Sie kann ihrem Kinde die gleiche Erziehung angedeihen lassen. So löst sich diese Frage, die Generationen so viel Kopfzerbrechen bereitet hat, und wird aus einem ›öffentlichen Ärgernis‹ zu einem privaten Problem. Selbst die Unterstützung durch den Staat hat das uneheliche Kind heute mit dem ehelichen gemeinsam, denn mehr und mehr sieht sich der Staat verpflichtet, auch der Vollfamilie eine Unterstützung für die Kinder angedeihen zu lassen.

Das Fräuleinskind. Heinrich Zille (1858–1929)

Der Tageslauf der Kinder war im Mittelalter ganz den Lebensgewohnheiten der Erwachsenen angepaßt. Die Arbeitszeit richtete sich nach der Tageslichtdauer. Sie war im Winter kurz, im Sommer lang, oft viel zu lang für die leicht ermüdbaren Glieder der Kinder. Aber in die arbeitsreichen Sommermonate fielen zahlreiche Feste, das bedeutete auch für die Kinder freie Tage mit Spiel und Tanz und Sang und Klang.

Zu Beginn des Frühjahrs zogen die Buben und Mädchen mit bunt geschmückten Ruten und Stäben durch die Straßen, um den Winter auszutreiben, unermüdlich sangen sie dabei vielstrophige Streitlieder zwischen Sommer und Winter. Eine Strohpuppe, die den Winter darstellen sollte, wurde auf dem Marktplatz verbrannt. Dieses Fest, das auf den Gregorietag fiel, feierte man in manchen Gegenden als ein Schulfest, zur Erinnerung an Papst Gregor den Grossen, der als Freund der Schule bekannt war. Dabei wählte die Schuljugend einen Knaben als Bischof, der, entsprechend verkleidet, in einem langen Zug zur Kirche geführt wurde. Dort sangen alle das Gregoriuslied: ›Hört ihr Eltern, Christus spricht‹, und der Knabenbischof hielt seine Predigt. Zum Schluß erhielten alle Kinder eine Brezel, und man war fröhlich und guter Dinge. Dieses Fest, das die ausgelassenen Kinder zu allerlei Späßen veranlaßte, erregte schon früh das Mißfallen der Kirche und wurde verboten. Die ›Kinderpredigten‹, bei denen sich ein Knabe als Pastor verkleidet und endlose Reimereien aufsagt, blieben dagegen noch lange ein beliebtes Kinderspiel.

Am Palmsonntag sah man einen Palmesel, der in einer Prozession herumgeführt und von Kindern mit Palmzweigen begleitet wurde. Zu Ostern gab es allerlei Freuden mit Ostereiern. In Augsburg begaben sich die Kinder am zweiten Ostertag vors Stadttor, und nun begann ein lustiger Wettlauf. Ein Knabe hatte die Aufgabe, jeweils hundert Eier aufzulesen, die in einer langen Reihe, eines immer zwei Schuh vom anderen entfernt, auf dem Boden lagen, und ein anderer mußte bis zu einem nahe liegenden Ort hin- und zurücklaufen. Wer von den beiden zuerst seinen Lauf beendet hatte, war Sieger.

Auch der Mai lockte die Kinder wieder auf die Straße, man zog mit fröhlichen Liedern in den Wald, um Birkenlaub, ›Maien‹, zu holen. Damit wurden die Bürgerhäuser geschmückt, und die Kinder erhielten Geschenke. Hier und da führten die Kinder ein mit Blumen geschmücktes Mädchen, das Maiditzchen oder die Maikönigin, mit im Zuge, tanzten Reigen um sie herum und sangen Mailieder.

Zu Pfingsten wandelte, geführt von den Knaben, der ›Pfingstlümmel‹ durch die Straßen, eine durch Birkenzweige unkenntlich gemachte Gestalt. Auch der Johannistag war Anlaß zu fröhlichem Treiben. Die Kinder sammelten Holz und zündeten ein großes Feuer an, durch dessen Flammen sie mit geschicktem Anlauf einen großen Sprung vollführten. Dazu wurde getanzt und gesungen. In vielen Städten verbot man dieses lustige Fest, weil es noch allzusehr an heidnische Sitten erinnerte.

Neben diesen bekannten Festen gab es in jedem Ort noch eine Reihe von besonderen Anlässen zum Feiern: die örtlichen Heiligenfeste, die Kirchweih und andere Erinnerungsfeste, bei denen auch die Kinder sich auf mancherlei Weise belustigen konnten.

Für die Kinder, die genau wie die Erwachsenen schon hart arbeiten mußten und während der Arbeitstage mit mehr Strenge als Nachsicht behandelt wurden, waren solche Feste ein willkommener Anlaß zu fröhlichem Austoben. Daß die lange zurückgehaltene Spielfreude sich an solchen Tagen explosiv entlud, ist nur verständlich, denn auch die Erwachsenen benahmen sich an solchen Festtagen oft recht ausgelassen.

Die Beurteilung der kindlichen Fröhlichkeit war in der öffentlichen Meinung recht unterschiedlich. Viele Stimmen verurteilten die ›Ungebärdigkeit‹ der Kinder, die bei solchen Gelegenheiten ›über die Stränge‹ schlugen. Darum wurden an vielen Orten diese und jene Feste verboten. Die Straße, wo sich der fröhliche Trubel abspielte, hatte für den Bürger etwas Anrüchiges, und mancher blickte grimmig auf das turbulente Treiben.

Besonders der 28. Dezember, das ›Fest der unschuldigen Kindlein‹, war für die Erwachsenen, die keinen Spaß verstanden, eine ungehörige Angelegenheit. An diesem Tag standen die Kinder einmal außerhalb des Gesetzes, sie durften die Erwachsenen verprügeln! In manchen Gegenden

Heidelberger Sommertagsfest, um 1860

wurden die älteren Leute von den Kindern an diesem Tage scherzhafterweise mit Stöcken aus dem Bett getrieben, und jeder Eintretende konnte von den Kindern gefangengenommen und so lange festgehalten werden, bis er sich loskaufte. Selbst der BISCHOF VON KONSTANZ wurde einmal bei einem Besuch in St. Gallen auf diese Weise gefangengenommen. Bei zeitweiliger Duldung hat man dieses Fest immer wieder einmal verboten.

Die Einstellung zu den fröhlichen Kinderfesten war stets von der allgemeinen Grundhaltung der jeweiligen Zeit abhängig, die manchmal etwas kinderfreundlicher, zeitweise aber auch ernst und streng war, alle Fröhlichkeit als Ungebundenheit und Zügellosigkeit verurteilend.

Allgemeiner Beliebtheit erfreuten sich überall die Kinderprozessionen und Umzüge der Kinder, weil das bunte Bild dabei immer relativ geordnet und von den um ängstliche Kontrolle bemühten Erwachsenen zu übersehen war. Beim Eintreffen kirchlicher oder weltlicher Würdenträger wurden gern solche Kinderumzüge veranstaltet. Anschließend bekam ein jedes eine Brezel oder einen Pfennig geschenkt. Als SIGISMUND 1414 in Bern einritt, wurde er von einem Zug von 500 fähnleinschwenkenden Knaben empfangen. Gerührt rief er aus: *Da wachset eine neue Welt.* Solche Aussprüche wurden verzeichnet, weil die Respektierung des Kindes in jener Zeit noch selten zu finden war. Auch hierbei ist wohl weniger das einzelne Kind gemeint als die Gesamtheit der Kinder. Die Einzelpersönlichkeit tritt kaum einmal in Erscheinung, nur MEISTER ECKEHART erwähnt einmal, daß er im Dunklen keine Furcht habe, wenn ein Kind ihn begleite. Im übrigen ist es noch nicht üblich, dem Kind besondere Beachtung zu schenken.

Zu Festen und Feiertagen durften auch die Findelkinder ihre Häuser verlassen. In Nürnberg war ihnen erlaubt, an solchen Tagen von Haus zu Haus zu gehen und Eier einzusammeln.

Am 13. August wurde wie alle Jahre nach der Grummeternte den Findelkindern zu Nürnberg ein Fest bereitet. In rote Röcke gekleidet und mit Kränzen auf den Häuptern fuhren sie auf zwei mit grünen Maien geschmückten Wagen, geistliche Lieder und Psalmen singend, welche der sie begleitende Schulmeister vorsang, aus der Findel nach der hinter der Vorstadt Wöhrd gelegenen Findelwiese. Hier verlustierten sie sich bis gegen Abend mit Essen, Trinken und Tanzen.

Die winterlichen Umzüge auf den Straßen dienten vornehmlich dem Zweck, Geschenke einzusammeln. Am Martinstag gingen die Kinder mit brennenden Lichtern durch die Straßen und sangen vor den Häusern. Am Neujahrstag besuchte man vor allem die Häuser der Paten, um das neue Jahr anzusingen, und einige Tage später wanderten die kleinen Sänger als Heilige Drei Könige verkleidet von Haus zu Haus. Ihre Lieder erzählten in vielen Strophen die Geschichte von der Geburt Jesu und schlossen allerlei originelle Wünsche für jedes einzelne Glied der Hausgemeinschaft ein.

Gegen Ende des Winters, wenn die Vorräte zur Neige gingen und allmählich ›Schmalhans Küchenmeister‹ wurde, zogen die Kinder noch einmal zur Fastnacht von einer Tür zur andern, um Gaben einzusammeln, wo noch welche zu holen waren. In abenteuerlicher Verkleidung konnten sie sich erlauben, den »guten Mann, der uns wohl was geben kann«, zu loben und den »Geizhals« lauthals zu schmähen.

Diese Umzüge wurden meist geduldet, gelegentlich aber auch verboten, besonders wenn die ›lästige Bettelei‹ ganz allgemein wieder einmal überhandnahm.

Erst seit knapp hundert Jahren ist man dem Gedanken nähergetreten, die Armut an ihrer Wurzel zu bekämpfen und das Augenmerk auf ein dem Allgemeinwohl dienendes Wirtschaftssystem zu richten. In den früheren Jahrhunderten waren solche Ideen eine Sache von Utopisten. Von behördlicher Seite ging man nur den Auswirkungen der Armut zu Leibe. Sobald die Armut und damit die Bettelei überhandnahm, wurden Polizeiverordnungen erlassen, die zwar nicht die Not beseitigen, aber den, der noch etwas hatte, vor dem, der nichts mehr besaß, schützen sollten. Von einem Land zum andern suchte man die Bettler abzuschieben. Hier und da landeten sie auch im Gefängnis.

Besonders hart trafen diese Maßnahmen die Kinder. Sie wuchsen auf ohne Erziehung und Bildung, in der ständigen Bedrängnis durch Hunger und Not, die nur vorübergehend zu lindern war, wenn sie selbst von Tür zu Tür gingen, den Heraustretenden ihre Hand entgegenhielten und sie auf möglichst raffinierte Weise zum Geben animierten. Diese Kinder lernten nie ein normales Leben kennen. Wenn sie heranwuchsen und selbst Kinder bekamen, dann erreichten ihre Familien in der Tat allmählich einen Grad von Verkommenheit, der nicht nur die Reichen, sondern auch die Bauern, die sich schlecht und recht von ihrer Hände Arbeit ernährten, mit Abscheu erfüllte. So ermahnten sie ihre Kinder, nur ja nicht mit diesem Bettlervolke zu spielen.

1618 wandte sich die Herzogin von Brieg an den Rat der Stadt und machte ihn darauf aufmerksam, daß die Bettelkinder beim Betteln wie das Vieh aufwachsen und nicht zur Schule gehalten werden. Wenn sie älter werden, kümmere sich auch niemand um sie; es würden daher Huren, Diebe, Landstreicher, Mörder aus ihnen, sie stürben dahin wie das Vieh auf dem Miste oder zierten den Galgen. Sie wies den Rat der Stadt auf die große Verantwortung hin, welche er bezüglich dieser Kinder habe, und forderte ihn auf, er solle diesen ›Unfug‹ enden. Die Eltern sollten die Kinder nicht zum Betteln anhalten, sondern in die Schule schicken. *Der Rat solle dabei nicht so sehr auf Essen und Trinken aufgehen lassen, sondern lieber auf ein löbliches und christliches Werk wenden. So aber für die Kinder ein oder zwei absonderliche Schul- und Zuchtmeister möchten geordnet werden, wär sulches ein gar köstlich Ding und ewiger Ruhm für die Stadt, weil sulche Kinder gemeinhin verwahrlost seind und mit gar scharfen Mitteln müssen gebessert und zur Ordnung gebracht werden.*

Mangelnde Kinderzucht in einer ärmlichen Hütte. Holzschnitt 1539

In den Schulen jener Zeit lernten die Kinder allerdings auch nicht gerade das, was sie aus ihrer Lage hätte befreien können. Mit dem Lesen und Schreiben war es noch schlecht bestellt, den Hauptwert legte man pflichtgemäß, ›um die Kinder zu bessern‹, auf das ›christliche Werk‹. Es bestand im Auswendiglernen von Gebeten und Liedern. Wie wenig davon haftenblieb, erlebte ein Schulinspektor, der auf die Frage: »Wer ist denn der Herr Himmels und der Erden?« die Antwort erhielt: »Unser Herr Landesrichter«, worauf ein zweites Kind die Antwort verbesserte und ausrief: »Nein, unser gnädiger Herr im Schlosse.«

Die Wirkung der Schule bestand für die Bettler vor allem darin, daß den Familien die Ernährer entzogen wurden. Darum boykottierten sie die Schulen weitgehend, und die Klagen sind groß, daß die Bettler diese Wohltat, die man ihnen zukommen lassen möchte, gar nicht annehmen. Mit zwölf Jahren waren die Kinder sowieso der Schulpflicht entwachsen, da in diesem Alter bereits die Mündigkeit einsetzte. Mit der Einführung des römischen Rechts setzte man zwar das Alter der Volljährigkeit zeitweise sogar auf fünfundzwanzig Jahre. Das hinderte aber nicht, vaterlose Kinder mit zwölf Jahren für mündig zu erklären, da sie in diesem Alter bereits gezwungen waren, ihren Lebensunterhalt zu verdienen. Der Spanier Lazarillo von Tormes erzählt, daß er mit zwölf Jahren von seiner Mutter einem blinden Bettler übergeben wurde:

Wir weinten beide, und sie gab mir ihren Segen mit den Worten: »Mein

Sohn, ich weiß, daß ich dich nicht wiedersehe. Bemühe dich, ein brauchbarer Mensch zu werden. Gott möge dich geleiten. Ich habe dich aufgezogen und dir einen guten Herrn verschafft. Sieh nun zu, wie du weiterkommst.« Und dann begab ich mich auf den Weg zu meinem neuen Herrn, der mich schon erwartete.

Wir verließen die Stadt und gelangten bald an eine Brücke. An ihrem Eingang steht ein steinernes Tier, das ungefähr die Gestalt eines Stieres hat. Der Blinde befahl mir nun, nahe an das Tier heranzutreten. Und als ich dort stand, sagte er zu mir:

»Lazaro, leg dein Ohr an diesen Stierkopf, und du wirst ein lautes Getöse darin vernehmen.«

In dem Glauben, daß es so sei, trat ich nichtsahnend heran. Als mein Herr merkte, daß ich den Kopf nahe an dem Stein hatte, holte er mit der Hand kräftig aus und stieß mich so mit aller Wucht kräftig gegen den verteufelten Stein, daß ich den Schmerz drei Tage lang spürte. Dabei sagte er noch zu mir:

»Dummkopf, merke dir, ein Blindenjunge muß ein bißchen gescheiter sein als der Teufel.« Und er lachte laut über den Scherz.

Mir aber war, als wenn ich in diesem Augenblick aus der Einfalt, in der ich meine Kindheit verträumt hatte, erwachte, und ich dachte bei mir: »Der Mann hat recht, es wird Zeit, daß ich die Augen offenhalte. Ich stehe allein und muß sehen, wie ich im Leben vorwärtskomme.«

Dann machten wir uns wieder auf den Weg, und in den paar Tagen brachte er mir die ganze Diebes- und Gaunersprache bei. Als er sah, daß ich dafür recht begabt war, freute er sich und sagte: »Gold und Silber kann ich dir nicht geben, aber wie man sich in der Welt durchschlägt, das will ich dir zeigen.«

In seinem Beruf war er ein Genie. Wohl hundert und mehr Gebete wußte er auswendig und sagte sie mit ruhiger, tiefer Stimme so feierlich her, daß die ganze Kirche davon widerhallte. – Daneben hatte er noch tausend andere Mittel und Wege, den Leuten das Geld aus der Tasche zu ziehen. Er rühmte sich, Gebete für alle möglichen Anliegen und Leiden zu kennen: für Frauen, die keine Kinder bekamen, für solche, die in Kindsnöten waren, oder für unglücklich Verheiratete, damit ihre Männer sie wieder liebten. Für Schwangere sagte er voraus, ob sie einen Jungen oder ein Mädchen zur Welt brächten. So lief ihm die ganze Welt zu, besonders die Frauen, die alles glaubten, was er sagte. Bei allem, was er einnahm, war er doch der geizigste und schäbigste Mensch, den ich je gesehen habe. Er ließ mich fast verhungern und gönnte mir kaum das Notwendigste. Wahrlich, wenn ich mir nicht mit meiner Schlauheit und viel listigen Kunstgriffen zu helfen gewußt hätte, so wäre ich manchmal vor Hunger umgekommen.

Das Brot und alles andere trug der Blinde in einem leinenen Sack, dessen Öffnung mit einem eisernen Ring zugezogen wurde; daran hing ein Vor-

hängeschloß. Wenn er etwas hineintat oder herausnahm, war er so wachsam und zählte genau nach, daß niemand in der Welt ihn um ein Brotkrümchen hätte betrügen können. Ich nahm den kümmerlichen Brocken, den er mir gab, und mit zwei Bissen war er verschlungen. Wenn er aber den Sack abgeschlossen hatte und beruhigt dachte, ich sei nun mit anderen Dingen beschäftigt, trennte ich oft die Naht an einer Seite ein wenig auf – später nähte ich sie wieder zu – und nahm größere Stücke Brot, gerösteten Speck und Wurst heraus. So suchte ich stets die passende Gelegenheit, mich für die Entbehrungen, die der blinde Schurke mir zufügte, zu entschädigen.

Wenn schon in normalen Zeiten auf das Kind kaum einmal Rücksicht genommen wurde, so hatte es unter den kriegerischen Ereignissen, als das schwächste Glied der Gesellschaft, besonders zu leiden, sobald es des Schutzes der Familie beraubt war. Besonders wenn in Kriegszeiten die Dörfer verwüstet wurden und die Bewohner in Scharen flüchteten, wurde die Not der Kinder unerträglich. Viele zogen dann in die Wälder, andere irrten auf den Straßen umher. WILLIBALD PIRKHEIMER erzählt in seinem ›Schweizerkrieg‹, daß ihm *bei dem Berge Braja zwei alte Weiber begegneten, die vierzig Kinder, Knaben und Mädchen, wie eine Herde Schafe vor sich hertrieben. Sie waren jämmerlich ausgehungert, ihre Eltern gestorben, ihre Häuser verbrannt. Sie wurden auf eine Matte geführt, wo sie auf die Knie fielen, das Gras abrissen und zum Munde führten. Die Hälfte der Kinder hatte der Hunger bereits hinweggerafft.*

Auch bei Ereignissen des öffentlichen Lebens, die eigentlich nicht für die Augen des Kindes bestimmt waren, konnte es nicht auf Schonung rechnen. Als kleiner Erwachsener nahm es an allem teil, an den Freuden genauso wie an den Schrecken der Straße. Bei öffentlichen Hinrichtungen auf dem Marktplatz oder am Galgen standen die Kinder stets als Zuschauer dabei. Noch bis ins 19. Jahrhundert hinein waren sogar die Lehrer an vielen Orten verpflichtet, die öffentlichen Hinrichtungen mit ihren Schulkindern zu besuchen, weil man diese ›Abschreckung‹ als eine wirksame erzieherische Maßnahme ansah.

Auch die Zeit des Hexenwahns machte mit ihren Schrecken nicht vor den Kindern halt, viele verloren Vater und Mutter, denen man eine Verbindung mit dem Teufel vorgeworfen hatte und die mit dem Tode auf dem Scheiterhaufen bestraft wurden. Es kam sogar vor, daß man Kinder anklagte. Von einem zehnjährigen Mädchen in Arnstadt berichtet die Chronik, daß es gemeinsam mit der Großmutter der Hexerei angeklagt wurde. Als diese den Scheiterhaufen besteigen mußte, hat man das ›Erbhexlein‹ mitgeführt. *Ist aber dem Kind nichts angethan worden, hernach aber, als auf den heiligen Pfingstabend, hat das Mädchen einen Staupenschlag und Stockschilling, wie es das Urtheil mit sich bracht, durch den Richter bekommen und ist im Hospital St. Georgij eingethan und von dem lahmen Schulmeister im Beten unterrichtet worden.*

In einer Bamberger Druckschrift aus dem Jahre 1659 wird verzeichnet, daß *etliche Mägdlein von sieben, acht, neun und zehn Jahren unter diesen Zauberin gewesen, deren zweiundzwanzig sind hingerichtet und verbrannt worden, wie sie denn auch Zeter über die Mütter geschrien, die sie solche Teufelskunst gelehrt haben.*

Wie eng das Kinderleben einst mit der Erwachsenenwelt verknüpft war, davon geben uns heute noch die Kinderreime, die meist auf ein hohes Alter zurückblicken, ein anschauliches Bild. Wer einmal eine Sammlung alter Kinderreime zur Hand nimmt, der begegnet allen Ereignissen des täglichen Lebens unserer Vergangenheit, besonders denen, die auf der Straße in Erscheinung traten. Da wird von Hochzeit und Tod, von Krieg und Not gesungen. Tanz und Liebe, Reisen und Wandern, alles spiegelt sich in den kindlichen Reimereien wider. Wir bekommen einen Einblick in die verschiedenen Handwerke, hören alte Wetterregeln und Zaubersprüche, deren Sinn längst verlorengegangen ist. In den Reigenliedchen und Abzählreimen, die auf der Straße gesungen werden, klingen häufig ganz bestimmte Zeitereignisse auf.

Als Napoleon mit seinen Soldaten halb Europa eroberte, da leierten die Kinder: »Jetzt kommen die Franzosen, mit ihren roten Hosen ...« Einige Jahre später kam er geschlagen von Rußland zurück. Nun hörte man sie beim Auszählen sprechen:

1, 2, 3, 4, 5, 6, 7,
wo sind die Franzosen geblieben?
Zu Moskau in dem tiefen Schnee,
da rufen sie all: »O weh, o weh!
Wer hilft uns aus dem tiefen Schnee?«

Als während des zweiten Weltkrieges jahrelang, Tag für Tag die Bomben auf die Städte des Ruhrgebiets herniederprasselten, zählten die Kinder beim Fangenspiel aus:

Achtung, Achtung,
Ende, Ende,
über Holland ziehn Verbände,
über Duisburg schießt die Flak,
du bist ab.

Die Zahl der Reime, die die Kinder auswendig können, wird immer kleiner, je mehr die Straße als Spielplatz zurücktritt.

Wenn es den Kindern in der Vergangenheit auch an Schulwissen mangelte, so sammelten sie ihre Erfahrungen doch recht intensiv auf der Straße und im Umgang mit den Erwachsenen. Diese planlose, aber vielseitige Bildung vermittelte den Kindern nicht selten eine recht umfassende Kenntnis ihrer Umwelt und des öffentlichen Lebens. Aber die ›Schule‹, durch die sie gingen, war hart, grausam und zuweilen von einer Roheit, vor der wir unsere Kinder heute bewahren möchten. Noch heute klingt in manchen alten Abzählreimen, die die Kinder gedankenlos dahinträllern, etwas von dieser rauhen Welt auf. Obschon die Erwachsenen längst die grobe, unverblümte Ausdrucksweise der alten Volkssprache abgelegt haben und ein einigermaßen ›stubenreines‹ Schriftdeutsch sprechen, zählen die Kinder auf der Straße immer noch gelegentlich aus:

1, 2, 3, bicke, backe, hei,
bicke, backe, Pfannenstiel,
alte Weiber fressen viel.
Die jungen müssen fasten,
Brot liegt in dem Kasten.
Kommt die Maus,
frißt es raus.
Kommt der Has,
sagt etwas.
Kommt die Geiß,
tut ein Scheiß.
1, 2, 3, du bist frei!

Mit der Erfindung des ›selbstfahrenden Wagens‹ änderte sich das Bild der Straße. Das holprige Katzenkopfpflaster mußte einer glatten Asphaltdecke weichen, und statt des bunten Treibens von schwatzenden Frauen, spielenden Kindern, sich balgenden Hunden und rumpelnden Fuhrwerken sieht man nun immer mehr eine Kette von Autos in schnellstem Tempo vorbeisausen.

Die Straßenverkehrsordnung sah sich schließlich gezwungen, das Spielen auf der Fahrbahn ganz zu verbieten. Werfen und Schleudern von Bällen und anderen Gegenständen, Seilspringen, Kreisel- und Reifenspiel, Roller- und Rollschuhfahren und ähnliche Spiele sind heute nur noch auf Straßen erlaubt, die durch ein Schild als ›Spielstraße‹ gekennzeichnet sind.

Da der Autoverkehr etwas rascher gewachsen ist als die Einsicht, daß Kinder auch zum Laufen und Springen Platz brauchen und daß der moderne Verkehr ihnen den angestammten Raum geraubt hat, gibt es noch viel zuwenig Spielplätze, auf denen sich die Kinder ohne Gefahr aufhalten können. So sind denn immer noch viele Kinder, da sie keinen anderen Auslauf haben, auf die Straße angewiesen. Wenn ihnen auch von den Eltern eingeschärft wird, daß sie die Fahrbahn nicht betreten, sondern nur auf dem Bürgersteig bleiben dürfen, so passiert es doch immer wieder, daß sie plötzlich und unmotiviert auf die Straße laufen. Selbst ein ruhiges, sonst zuverlässiges Kind, das nur einige Häuser weit zum Einkaufen geschickt wird, ist durchaus fähig, weil es auf der anderen Straßenseite etwas bemerkt hat, plötzlich daraufzuzulaufen.

Solche spontanen Reaktionen sind typisch für kleine Kinder, da sie sich aber mit einem schnell fahrenden Auto nicht in Einklang bringen lassen, muß der Fahrer, sobald er am Straßenrand kleine Kinder beobachtet, besondere Aufmerksamkeit und Umsicht walten lassen. Familienväter ken-

Auf einem Berliner Hinterhof. Heinrich Zille um 1910

nen diese unbedachte und oft unberechenbare Verhaltensweise der kleinen Kinder, aber junge oder kinderlose Leute sind sich der Gefahren manchmal gar nicht in genügendem Maße bewußt.

Sind Kinder erst einmal an den Straßenverkehr gewöhnt, so zeigen sie meist eine erstaunliche Umsicht und ein schnelles Reaktionsvermögen. Schwierig ist nur die Übergangszeit. Da sie nach Möglichkeit nicht auf der Straße spielen sollen und vielfach auch gar nicht können, sind sie zunächst nicht an den Verkehr gewöhnt.

Manchmal ist der Schulweg die erste Berührung mit der Straße. Hier hilft die Schule durch Verkehrserziehung. Oft tritt auch die Polizei helfend und beratend in Erscheinung. In vielen Städten kommen die Polizeibeamten zu den Erstkläßlern in die Schulstube, um ihnen Kasperltheater vorzuführen, ein heiteres Spiel, das Belehrungen über die Gefahren im

Straßenverkehr enthält. Oder sie veranstalten Spiele mit kleinen Autos, um die Kinder mit den Verkehrsregeln bekannt zu machen. Da Kinder an Verkehrsfragen meist stark interessiert und von Natur aus wißbegierig sind, hat man mit dieser Art von Verkehrserziehung gute Erfahrungen gemacht.

Wo der Schulweg des Kindes über eine verkehrsreiche Straße führt, werden Schülerlotsen aufgestellt, die, mit weißen Helmen und Warnschild versehen, das Recht haben, Autos zu stoppen und ihre Mitschüler in Gruppen über die Straße zu geleiten. Durch diese verantwortliche Tätigkeit wachsen die Kinder als aktiv Beteiligte in die Gepflogenheiten des Straßenverkehrs hinein. Dadurch wächst ihre Sicherheit, aber auch ihre Umsicht und Hilfsbereitschaft. So wird langsam im Kinde das Gefühl dafür entwickelt, wie es sich auf der Straße in dieser oder jener Situation verhalten muß.

Die kleinen Fabrikarbeiter

Kinderarbeit hat es zu allen Zeiten gegeben. Im Haushalt der Bauernfamilie mußten stets die Kinder ›mit anfassen‹. Es hing von der Gut- oder Böswilligkeit der Eltern ab, ob diese Mitarbeit die Kräfte der Kinder überstieg oder nicht. Wenn hier eine Ausbeutung stattfand, so vollzog sie sich unter Ausschluß der Öffentlichkeit. Man hielt es selten für schicklich, sich einzumischen, da das Verhältnis zwischen Eltern und Kindern vornehmlich durch Elternrechte und Kindespflichten geregelt war.

So ist es zu verstehen, daß man jahrhundertelang Kinderarbeit und -ausbeutung stillschweigend duldete. Daß sich diese Einstellung gegen Ende des 18. und seit Beginn des 19. Jahrhunderts langsam änderte, hat verschiedene Ursachen. Wenn auch die Philanthropen nur einen kleinen Kreis von geistig interessierten Menschen ansprachen, so hatten sie doch, von England ausgehend, den Anstoß zu einer kinderfreundlicheren Grundhaltung gegeben. Bei der Befreiung des Kindes von allzustrengem Zwang, einer Erziehung, die Spiel- und Bewegungsfreude legitimierte und dem Wissensdrang Nahrung bot, dachte man zwar zunächst nur an die Kinder wohlhabender Eltern. Aber den ›Menschenfreunden‹ konnte auf die Dauer nicht verborgen bleiben, daß zur gleichen Zeit, während man ihre humanen Erziehungsgedanken in ganz Europa diskutierte und bewunderte, eine neue Form von Kinderelend von ihrem eigenen Heimatland ihren Ausgang nahm: die Kinderarbeit. So dehnte sich das einmal geweckte Gewissen allmählich auch auf die Kinder der niederen Stände aus.

England war dem Kontinent nicht nur auf dem Gebiet der Erziehung um Jahrzehnte voraus, sondern auch in der Anwendung der Technik. Die Erfindung der Spinnmaschine und des mechanischen Webstuhls bewirkten hier schon früher als anderswo eine Umstellung auf die Fabrikarbeit.

Die Kinderarbeit bestand allerdings schon lange vorher unbeachtet und ungescholten, im Gegenteil, man fand sie durchaus lobenswert. Im Kampf gegen die immer weiter um sich greifende Armut hatte man beobachtet, daß die fleißigen und geschickten Arbeiter seltener verarmten als diejenigen, die nichts gelernt hatten. Darum versuchte man die Bettlerkinder schon früh zur Arbeit heranzuziehen und sie so eine bestimmte Fertigkeit zu lehren.

J. Locke hatte zwar schon zu Beginn des 18. Jahrhunderts darauf hingewiesen, daß Bildung und Erziehung der Erlernung eines Handwerks voraufgehen oder mit ihr Hand in Hand gehen müssen, und er forderte Schulen gegen die Verwahrlosung. Aber Regierung und Parlament neigten mehr zu dem Gedanken der Arbeitserziehung, besonders die Unternehmer unter den Abgeordneten, denen durch die Schulerziehung billige Arbeitskräfte entzogen worden wären.

England knüpfte damit an eine Tradition an, die schon Königin Elisabeth zur Bekämpfung der Armut angewandt hatte. Es gelang ihr durch entsprechende Gesetze, ein ganzes Volk – mit Ausnahme der Wohlhabenden – einem Arbeitszwang zu unterwerfen. Wer seine Kinder nicht ernähren konnte, dem wurden sie abgenommen und zu einem Handwerker in die Lehre gegeben. In der Struktur des mittelalterlichen Zunftwesens und seiner strengen Ordnung bot diese Methode eine gewisse Sicherheit, denn wer einmal ein Handwerk gelernt hatte, konnte so leicht nicht verarmen. Gegen Ende des 18. Jahrhunderts verkehrte sich dieses Gesetz, das helfen sollte, die Existenz der Kinder zu sichern, ins genaue Gegenteil. Als ›Lehrlinge‹ konnten nämlich alle Kinder zur Fabrikarbeit gezwungen werden. Durch diesen Mißbrauch griff mit der Zeit eine regelrechte Verwilderung der Armenpflege um sich. Scharenweise wurden die Kinder aus den Waisenhäusern direkt an die Fabriken verkauft. *Um die ersten, durch Wasserkraft betriebenen, langsam gehenden Maschinen zu versorgen, reichten Kraft und Aufmerksamkeit von vier- bis sechsjährigen Kleinkindern hin. Sie wurden täglich bis zu zwölf- und fünfzehnstündiger Arbeit angehalten und nötigenfalls wachgepeitscht.*

Am Anfang dieses rücksichtslosen Mißbrauchs der Kinder zur Fabrikarbeit steht der einseitig egoistisch ausgelegte Begriff der Freiheit. Ein unbekümmertes, blindwütiges Gewinnstreben ging Hand in Hand mit einer absoluten Mißachtung der Rechte des Mitmenschen. Das Kind wurde als eine reine Sache angesehen, als Mittel zur Erzeugung von Waren. In seiner neugewonnenen Gewerbefreiheit sah sich der Unternehmer nicht mehr als verantwortliches Glied der Gemeinschaft, sondern nur seinem Profit verpflichtet. In seiner Sozialgeschichte Englands sagt A. Held:

Wir müssen konstatieren, daß eine Art von Unterdrückung und Elend der unteren Klassen als ein durchaus eigentümliches Produkt der modernen Großindustrie bezeichnet werden muß – nämlich die Ausbeutung der Kinder unter Auflösung der Familienbande und gänzlichem Mangel an Rück-

sicht auf die Heranziehung einer gesunden und kräftigen Generation. England hat den traurigen Ruhm, nicht nur die Großindustrie geschaffen, sondern auch dieses Übel gewissermaßen bis zur Vollkommenheit ausgebildet zu haben ...

Wenn auf den folgenden Seiten des öfteren Zeugnisse über den Mißbrauch der Kinder in den englischen Fabriken gebracht werden, so muß man dazu bemerken, daß in allen Industriezentren Europas bald ähnliche Zustände einrissen. Aber nirgendwo hat man sie mit solcher Offenheit angeprangert wie gerade in England.

Bereits im Jahre 1802 erließ die englische Regierung ein Kinderschutzgesetz, das die Kinderarbeit auf zwölf Stunden beschränkte und in der Nacht ganz verbot. Wenn dieses Gesetz auch zunächst erfolglos blieb, so war doch ein erster Schritt getan.

Einige Jahre später machte ROBERT OWEN durch seine Bemühungen um die Erziehung der Fabrikkinder breite Kreise auf das Kinderelend aufmerksam. 1828 erschien ein Buch, das großes Aufsehen erregte: *Die Memoiren Robert Blincoes, eines Waisenknaben, der aus dem Werkhaus St. Pancras, London, im Alter von sieben Jahren weggeschickt wurde und die Greuel einer Baumwollfabrik in seiner Kindheit und Jugend erdulden mußte, mit einer genauen Schilderung seiner Leiden,* so lautete der Titel. Der Verfasser, J. BROWN, hatte ROBERT BLINCOE 1822 kennengelernt und seine Aussagen aufgeschrieben. Sie wurden mehrfach veröffentlicht.

Im Jahre 1819 wurde die Arbeit in der Baumwollindustrie für Kinder unter neun Jahren in England verboten, aber auch dieses Gesetz drang noch nicht durch. Immerhin gab es nun hin und wieder Fabrikinspektionen. 1833 berichtet eine Kommission, *daß die Fabrikanten Kinder selten mit fünf, häufig mit sechs, sehr oft mit sieben, meist mit acht bis neun Jahren zu beschäftigen anfingen, daß die Arbeit oft vierzehn bis sechzehn Stunden (außer Freistunden zu Mahlzeiten) täglich dauere, daß die Fabrikanten es zuließen, daß die Aufseher die Kinder schlugen und mißhandelten, ja oft selbst tätige Hand anlegten.*

Noch üblere Zustände herrschten im Bergbau:

Es gibt Fälle, daß Kinder schon mit vier Jahren, manchmal mit fünf, fünf bis sechs, sechs bis sieben, sieben und acht Jahren in diesen Bergwerken zu arbeiten anfangen; das gewöhnliche Alter zum Arbeitsanfang ist aber das achte und neunte Lebensjahr. – Die harte Arbeit des Schiebens und Ziehens der Kohlenwagen von den Werken nach den Hauptgängen oder bis an den Eingang des Schachtes beginnt zu verschiedenen Lebensjahren, von sechs an aufsteigend; es ist dies eine Arbeit, welche, wie alle Zeugen versichern, das unausgesetzte Anstrengen aller physischen Kräfte der jugendlichen Arbeiter erfordert. – In allen Distrikten, wo auch Arbeiterinnen in den Kohlengruben arbeiten, verrichten beide Geschlechter genau dieselbe Arbeit und auch während derselben Zeitdauer; Knaben, Mädchen, junge Männer und junge Frauenzimmer, sogar verheiratete und schwangere

Frauen sind fast nackt, während sie arbeiten, und die Männer in vielen Gruben gänzlich nackt.

Bereits 1816 teilte Sir Robert Peel einer Untersuchungskommission mit, daß er seine Baumwollbetriebe mit technischen Neuerungen versehen habe, die so große Profite ermöglichten, daß sich die Ausnutzung der Kinderarbeit erübrigte. Aber die meisten Unternehmer nahmen das gar nicht zur Kenntnis. Sie protestierten gegen die Einschränkung der Kinderarbeit mit dem Argument, *daß Englands aufblühende Textilindustrie ruiniert, seine Herrschaft auf dem Weltmarkt untergraben würde, wenn Fabrikarbeit zehnjähriger Kinder und Nachtarbeit Jugendlicher verboten würde. Die Arbeit schade den Kindern nicht, sondern schütze sie vor Verwahrlosung und erziehe sie zum Fleiß. Beschränkung der Kinderarbeit beschränke die Freiheit wie den nationalen Wohlstand.*

Dieser Wohlstand kam allerdings nur einigen wenigen zugute. *Die Profite der Fabrikanten waren enorm,* berichtet John Fielden im Anschluß an eine Reise durch Lancashire, *Tausende Hände waren plötzlich erheischt. Sofort sprang die Gewohnheit auf, ›Lehrlinge‹ aus den verschiedenen Pfarrei-Arbeitshäusern zu beziehen. Viele Tausende dieser kleinen hilflosen Kreaturen von sieben bis dreizehn oder vierzehn Jahren wurden so nach Norden spediert. Aufseher wurden bestellt, um ihre Arbeit zu überwachen. Es war das Interesse dieser Sklaventreiber, die Kinder aufs äußerste abzuarbeiten, denn ihre Zahlung stand im Verhältnis zum Produktenquantum, das aus dem Kinde erpreßt werden konnte. Grausamkeit war natürliche Folge. In vielen Fabrikdistrikten, besonders Lancashire, wurden die herzzerreißendsten Torturen verübt an diesen harmlosen und freudlosen Kreaturen, die den Fabrikherren konsigniert waren. Sie wurden zu Tod gehetzt durch Arbeitsexzesse ..., sie wurden gepeitscht, gekettet und gefoltert mit dem ausgesuchten Raffinement von Grausamkeit; sie wurden in vielen Fällen bis auf die Knochen ausgehungert, während die Peitsche sie an der Arbeit hielt. – Eben traten wir in den großen Spinnsaal ein, wo die Fabrikkinder arbeiteten. Da saßen dann in langen Reihen die armen kleinen Wesen, blaß, mager, abgezehrt, in derselben Stellung vom Morgen bis zum Abend. Die Spindeln drehten sich mit rasender Schnelligkeit. Wenn die führende Hand des Kindes aus Müdigkeit sinkt oder zittern will, so reißt der Faden. Und der Spinnmeister, der zwischen den Reihen einhergeht, hat ein gutes Auge und eine schnelle Hand – und wehe dem armen Jungen, der auf einen Augenblick vergißt, daß er nur eine Maschine sein soll! Zu dieser abspannenden Arbeit kommt eine erstickende Hitze. Die Dampfmaschine befand sich neben dem Saale und hauchte eine glühende Wärme aus. Die Luft, ohnedies schon durch herumfliegende Baumwollfasern fast uneinatembar geworden, ließ sich nur mit Mühe in die Lungen einziehen und verursachte meist nach wenigen Minuten einen Husten, der nicht zu stillen war. Es gab darunter vielleicht nicht ein Dutzend Kinder, die nicht unheilbar schwindsüchtig wären.*

Kinderarbeit in einem englischen Bergwerk.
Kinder werden vor Ort geschafft. 1844

Daß sich, angesichts eines solchen Elends, das Gewissen jener Zeit nur selten regte, liegt an der Fähigkeit des Menschen, unbequeme Dinge und Unrecht einfach zu übersehen. Viele bringen es mit dieser Begabung sogar so weit, daß sie dem Elend, wenn sie wirklich einmal damit konfrontiert werden, einen anderen Sinn unterschieben, der es verharmlost oder in eine Wohltat umkehrt, damit ihr Gewissen sich weiterhin eines ruhigen Schlafes erfreuen kann. Hiervon gibt uns der Bericht des Dr. Ure ein anschauliches Bild:

Ich habe manche Fabrik besucht, in Manchester und Umgegend, aber nie Kinder mißhandelt, körperlich gezüchtigt oder nur übel gelaunt gesehen. Sie schienen alle heiter und alert, an dem leichten Spiel ihrer Muskeln sich erfreuend, die ihrem Alter natürliche Beweglichkeit in vollem Maße genießend. Die Szene der Industrie, weit entfernt in meinem Gemüt traurige Emotionen hervorzubringen, war mir stets aufheiternd. Es war entzük-

kend, die Hurtigkeit zu beobachten, mit der sie die zerrissenen Fäden wiedervereinigten, sowie der Mulewagen wieder zurückging, und sie in Muße zu sehen, wie sie, nachdem ihre zarten Fingerchen ein paar Sekunden in Tätigkeit gewesen waren, sich in allen erdenklichen Stellungen amüsierten, bis das Ausziehen und Aufwinden wieder fertig war. Die Arbeit dieser flüchtigen Elfen schien einem Spiel zu gleichen, worin ihnen ihre Übung eine gefällige Gewandtheit gab.

Daß diese Kinder sich kaum einmal beklagten, haben mehrere Beobachter bestätigt, dazu schreibt MR. HORNE:

Ich kann es nur als einen Beweis der Armut ihres Geistes und ihrer moralischen Natur betrachten, wenn so viele Aussagen von Kindern und jungen Leuten, die sich in traurigen Verhältnissen befinden, so gar nichts Klagendes an sich haben. Viele dieser armen Kinder, die selbst angegeben haben, zwölf bis vierzehn Stunden für 1 sh. 6 Pence oder 2 sh. 6 Pence per Woche zu arbeiten, wovon sie aber nicht einen Penny zu eignem Gebrauch hätten und während welcher Arbeitszeit sie oft nicht zu regelmäßigen Stunden ihre Mahlzeiten erhielten; die nur mit Lumpen bekleidet waren und zugaben, daß sie sich oft übel oder gar krank fühlten und daß sie nicht genug zu essen bekämen; die zuweilen arg geprügelt wurden, es aber »nur einen oder zwei Tage spürten« – diese armen Kinder antworteten dennoch, daß »sie gerne arbeiten«, »gut behandelt würden«, »nur bestraft würden, wenn sie es verdient hätten« etc. Sie kannten offenbar nichts anderes, als aufzuwachen und Tag für Tag zur Arbeit zu gehen und fortzuarbeiten, bis man ihnen erlaubte aufzuhören. Eine Frage, wie: »Bist du müde?«, war früher niemals an sie gestellt worden, und sie verstanden sie entweder gar nicht, oder sie hatten nur irgendeine unbestimmte Vorstellung von dem, was man meinte.

Daß sich unter den Befürwortern der Arbeitserziehung, wie man die Ausbeutung der Kinder nannte, viele sogenannte gute Christen befanden, entrüstete die Philanthropen und Pädagogen, die gegen die Kinderarbeit kämpften, aufs höchste, und sie veröffentlichten Berichte, in denen die unverantwortliche geistige und moralische Verwahrlosung zutage trat, der die Kinder ausgesetzt waren:

Ich bin überzeugt, sagt MR. SYMONS, *daß die Mehrzahl der Kinder sogar im Bezug auf die Wahrheiten des Christentums und die Tatsachen der Heiligen Schrift sich in einem Zustand heidnischer Unwissenheit befinden. Das Zeugnis der Kinder gibt ein Bild moralischer und geistiger Finsternis, daß jedes christliche Gemüt von Schrecken und Mitleid ergriffen werden muß.* JAMES TAYLOR, ein kluger aber gleich seinen Arbeitsgenossen ununterrichteter elfjähriger Junge, *hatte von der Hölle gehört, wenn die Arbeiter in der Grube fluchen; hat niemals von Jesus Christus gehört noch von Gott, ausgenommen, wenn die Grubenleute sagen »Gott verdammt«. Er weiß nicht, in welcher Grafschaft er wohnt, war nie woanders als hier in der Grube und in Rochdale, hat nie von London gehört.*

Es gibt hier herum viele erwachsene verheiratete Männer, vierzig bis fünfzig Jahre alt, die kein Wort aus der Bibel wissen, die den Lohn, den sie erhalten müssen, nicht berechnen können, und das sind gerade die schlimmsten Subjekte: sie trinken fürchterlich, vertrinken das, was ihre Familie brauchte, und fluchen entsetzlich. Sie haben schmutzige Gewohnheiten, führen verderbte Gespräche und gefallen sich nur noch in unzüchtigen Reden. Sie sagen, ihre Väter hätten es genauso wie sie gemacht, und das ist wahr, und zwar aus denselben Ursachen, von denen jetzt die armen Kinder betroffen werden.

MR. HORNE weist in seinem Bericht darauf hin, daß diese Kinder zunächst nicht einmal besonders lasterhaft sind, daß ihnen aber jedes moralische Gefühl fehle, weil sie niemals die Liebe ihrer Eltern oder ihrer Mitmenschen gespürt haben:

Ich schreibe dieses zum großen Teil dem Umstand zu, daß die Kinder in so zartem Alter schon zur Arbeit geschickt werden und daß die Eltern fast allein auf den Verdienst der Kinder bedacht und darum besorgt sind. Instinktiv fühlt das Kind, daß es nur als ein Stück Maschine benutzt wird. Bald läßt bei der fortwährenden Arbeit die Liebe zu den Eltern nach und erstirbt ganz. Geschwister werden in früher Jugend getrennt und wissen oft später nur wenig voneinander, da sie kaum Zeit hatten, sich kennenzulernen.

Einige Jahrzehnte später bahnte sich auf dem Kontinent dieselbe Entwicklung wie in England an. In allen Textilgebieten wurden Spinnmaschinen und mechanische Webstühle aufgestellt, in Deutschland strömten nach Aufhebung der Leibeigenschaft viele Bauern in die wachsenden Industriestädte. Hier wurden zwar viele Hände gebraucht, aber die Neuhinzukommenden fanden nur schwerlich Unterkunft. Aus dieser Notlage entwickelte sich ein erbarmungsloser Mietwucher, der Frauen und Kinder zum Mitverdienen zwang.

Die neuentstandenen Fabriken waren zum Teil aus Handwerksbetrieben hervorgegangen, und die Löhne richteten sich immer noch nach dem Existenzminimum des vormals ledigen Handwerksgesellen, der sich gewöhnlich in einigen Jahren selbständig machte. Von einem solchen Lohn konnte aber kein Arbeiter eine Familie ernähren. Frauen und Kinder bekamen, wenn sie dieselbe Arbeit verrichteten, nur die Hälfte oder nur ein Viertel des Lohnes. So gingen die Unternehmer mehr und mehr dazu über, Kinder einzustellen.

Die Kinderarbeit fand hier ganz ähnliche Befürworter wie in England. Der Krefelder Bürgermeister sagte 1824:

Die Kinder, welche auf den Fabriken arbeiten, gehören zur geringsten Volksklasse, sie leben in ihrer ersten Kindheit meistens in Armut und Elend, sie laufen gewöhnlich über die Gassen und sind ausgelassen. Wenn sie nun etwas herangewachsen sind, gewöhnlich wenn sie sieben Jahre alt sind, so werden sie, sobald sich Gelegenheit dazu bietet, in einer Seiden-

und Wollenfabrik an die Arbeit gesetzt und sind dann teils sitzend, teils stehend in verschiedentlichen Lokalen beschäftigt, ohne daß anstrengende Arbeit von ihnen gefordert wird. Diejenigen Kinder des gleichen Standes, welche nicht auf Fabriken arbeiten, fahren fort herumzulaufen, man bemerkt in körperlicher Beziehung keinen Unterschied, ihre Ungezogenheit wird aber immer größer.

In Wuppertal, wo sich in den Nachbarstädten Elberfeld und Barmen die Textilbetriebe rasch vergrößerten, bekam FRIEDRICH ENGELS den ersten Anschauungsunterricht über den Mißbrauch der Kinderarbeit. In seinen zwischen 1838 und 1841 erschienenen ›Briefen aus dem Wuppertal‹ schreibt er:

In Elberfeld allein werden von 2500 schulpflichtigen Kindern 1200 dem Unterricht entzogen und wachsen in den Fabriken auf, bloß damit der Fabrikherr nicht einem Erwachsenen, dessen Stelle sie vertreten, das Doppelte des Lohnes zu geben nötig hat, den er einem Kinde gibt. Die reichen Fabrikanten aber haben ein weites Gewissen, und ein Kind mehr oder weniger verkommen zu lassen, bringt keine Pietistenseele in die Hölle, besonders, wenn sie alle Sonntage zweimal in die Kirche gehen.

Hier entlädt Friedrich Engels seinen Zorn auf seine nächsten Verwandten und Bekannten, die auf ähnliche Weise wie der Krefelder Bürgermeister die Kinderarbeit rechtfertigten. Die meisten Fabrikanten sahen in ihr ein notwendiges Übel, um dem Ausland gegenüber konkurrenzfähig zu bleiben.

Aber die Unternehmer zeigten in manchen Fällen auch ein gewisses Mitleid, wenn sie direkt auf das Elend der Kinder hingewiesen wurden.

Kinderarbeit in englischen Bergwerken. 1844

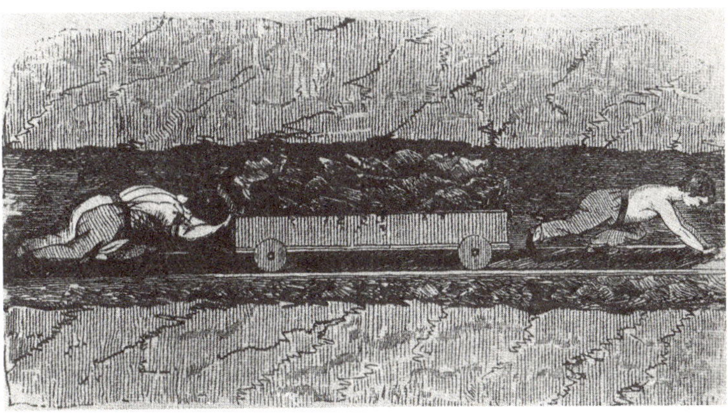

Darum konnte der Barmer Fabrikant SCHUCHARD, als er im Landtag für ein Gesetz gegen den ärgsten Mißbrauch der Kinderarbeit plädierte, einen gewissen Erfolg buchen, als er sagte:

Moralisch betrachtet möchte es zu wünschen sein, daß sich die Spinnereien in unserer Gegend nicht vermehren. Es sind Jammerhöhlen, worin die Jugend geistig und körperlich verkrüppelt wird. Wie ist es aber auch anders möglich bei einer zusammengetriebenen Horde von Kindern, die von morgens fünf Uhr bis abends neun Uhr zu Zwangsarbeit eingeschlossen werden. Es ist herzergreifend, wenn man gefühl- und gewissenlose Mütter ihre fünf- bis achtjährigen Kleinen frühmorgens in Regen und Schnee, in ärmlicher Kleidung sieht hinaustreiben zu der oft eine halbe Stunde entfernten Spinnerei, wo die armen Würmer schlecht ernährt, ohne den ganzen Tag einen warmen Bissen zu erhalten, ihre geringen Kräfte aufwenden müssen, bis in die späte Nacht hinein, wo sie, stumpf und entkräftet, ihren z. T. entfernteren Heimweg antreten.

In der Entgegnung darauf wirft man ihm vor, den Gegenstand vom falschen Standpunkt zu beleuchten, denn die Fabrikarbeit, so drückend sie auch zugegebenermaßen oft sei, mildere ein bereits vorhandenes, schlimmeres Elend. Ein Abgeordneter weist darauf hin, daß in seiner Gegend die Kinder täglich 4 und 1/2 Pfennig und ein Butterbrot verdienen, *wären dort Industrieentwicklungen, die Sie ›Höhlen des Jammers‹ nennen, so würden diese Kleinen drei- bis fünfmal besser belohnt werden. Sie beschimpfen, worum uns unsere östlichen Nachbarn mit Recht beneiden ...*

Man pflichtete Schuchard bei, daß die Kinder eines gewissen Schutzes bedürfen, jedoch sollten die Gesetze keine zu großen Beschränkungen enthalten, da *dadurch der Bestand unserer Industrieanlagen wegen der Konkurrenz des Auslandes unmöglich gemacht wird.*

Als dann vor der Abstimmung Schuchard noch einmal das Wort ergriff und sagte: *Könnten Sie, hochverehrte Herren, doch einmal die Jammerszenen mit ansehen, wenn die armen, zarten Kinder morgens früh um fünf Uhr im kalten oder nassen Wetter weinend und widerstrebend von der Mutter in ein solches Gefängnis geschleppt werden, auch Ihnen würde das Herz zerreißen,* da bekam er mit 60 gegen 9 Stimmen die Mehrheit. Eine Eingabe an den König wurde gemacht, aber erst einige Jahre später, am 6. 4. 1839, erließ der König ein Gesetz, nach dem Kinder unter neun Jahren nicht mehr in der Fabrik arbeiten durften. Es blieb jedoch ohne Wirkung, weil man darauf verzichtete, Kommissionen einzusetzen, die die Einhaltung des Gesetzes überprüften. So konnte die Kinderarbeit ungehindert fortbestehen.

Die kleinen Schwerarbeiter hielten das drückende Leben meist nicht lange aus. Viele von ihnen starben mit spätestens fünfzehn bis zwanzig Jahren. Andere trugen für ihr weiteres Leben schwere körperliche und seelische Schäden mit sich. Das änderte sich auch nur unwesentlich, als im Jahre 1853 ein etwas schärferes Gesetz erlassen wurde, das den Kindern erst ab zwölf Jahren und dann auch nur für sechs Stunden die Fabrikarbeit erlaubte und täglich drei Schulstunden zur Pflicht machte.

Trotz Fabrikinspektionen, die nun eingeführt wurden, entzogen sich viele Betriebe der Durchführung, indem sie notfalls lieber die Strafen zahlten. Zudem konnten die vielen in der Heimarbeit beschäftigten Kinder nur schwer kontrolliert werden.

Durch den Zwang zum Schulbesuch bekamen die Fabrikkinder eine zusätzliche Last aufgebürdet, sie mußten nun, nachdem sie den ganzen Tag gearbeitet hatten, von acht bis zehn Uhr die Abendschule besuchen. Daß der Lehrer dabei keine aufmerksamen Schüler hatte und daß von diesem Unterricht nicht allzuviel haftenblieb, kann sich jeder leicht vorstellen. Der Pädagoge DIESTERWEG, der eine einheitliche Nationalschule anstrebt und sich über die Schwierigkeiten durchaus im klaren ist, versucht den Staat auf seine versäumten Pflichten gegenüber den Witwen und Waisen und allen sozial Schwachen hinzuweisen, indem er einmal den Tageslauf eines Kindes unbemittelter Eltern schildert:

Im Sommer um fünf oder sechs Uhr, im Winter um sechs oder sieben Uhr oder sobald es Tag ist, ruft die Glocke das Kind in die Fabrik. An den meisten Fabrikaten kann das Kind vom achten oder neunten Jahre an gebraucht werden. Sobald es in dem Fabrikhause angekommen ist, geht es an die Maschine und verrichtet sein Geschäft. Meist ist seine Arbeit einfach und leicht, immer ein und dieselbe, vom Morgen bis zum Mittage. Wo noch eine kleine Abwechslung stattfindet, da ist sie so unbedeutend, daß sie nach wenigen Tagen zum einförmigen Mechanismus wird. Nur im Anfang bedarf es zur genügenden Verrichtung seiner Geschäfte der Aufmerksamkeit; nach kurzer Zeit spinnt und spult, klopft und hämmert es maschinenmäßig fort, von Minute zu Minute, von Stunde zu Stunde, bis die Mittagsglocke die Arbeiter eine Stunde entläßt. Das Kind eilt nach Hause, verzehrt sein mageres Mittagsbrot, wandert um ein Uhr wieder seinem Kerker zu, beginnt da und damit, wo es eine Stunde vorher aufhörte, und setzt seine Tätigkeit von Minute zu Minute, von Stunde zu Stunde fort, bis sieben oder acht Uhr am Abend. Die meisten Arbeiten erfordern ein beständiges Sitzen oder ein beständiges Stehen; zuweilen, im besseren Falle, wechseln sie einander ab.

Das ist der Beruf der Kinder am Montag, Dienstag, Mittwoch, Donnerstag, Freitag und Samstag, täglich ungefähr nicht weniger als zwölf bis vierzehn Stunden, also den ganzen Tag, die ganze Woche, das ganze Jahr hindurch, mit der kurzen Unterbrechung einer Stunde des Tages und eines Tages in der Woche.

Nachdem das Fabrikkind den ganzen bösen Tag den Faden gezogen hat, schleppt es die müden Glieder und den noch erschlafften Geist heim in die Hütte, sich sehnend nach Ruhe. Dem glücklicheren Kinde winkt sie auf weicherem Lager, das Fabrikkind hat am Feierabend, wo jeder Erwachsene, auch der fleißige Schlossermeister, seine Handwerksstube ver-

Kinderarbeit in einer Buntpapierfabrik. 1858 zu Aschaffenburg

läßt, noch nicht Feierabend. Es muß zur Schule. In der Hast wird der Hunger mit Brot oder Kartoffeln gestillt, die bestaubten Kleider werden etwas gestäubt, Gesicht und Hände gewaschen, und nun geht es, wie wenn es von einem bösen Geist gejagt würde, durch die kotigen Gassen nach der fern liegenden Abendschule, wo eine neue Qual der Kinder wartet. Wenn der erste Kindesunterricht, wie er gewöhnlich erteilt wird, mit Recht von Graser eine Kindesqual genannt wird, so wird der Unterricht, den nun die Fabrikkinder empfangen, notwendig für sie zur Marter. – Kaum ist der beweglichste Lehrer imstande, die Kinder halb munter und wach zu halten. Und wenn er alle seine Kräfte, nachdem der Tag auch für ihn kein Ruhetag gewesen ist, anstrengt, und alle Kunst aufbietet, welche die Pädagogik an die Hand gibt, so bewirkt er höchstens, daß die Kinder mit abgestumpfter Aufmerksamkeit beim Unterrichte verweilen. Daß er darauf denken muß, den ganzen Unterricht zu mechanisieren und alles dem Gedächtnisse einzudrücken, ist für sich klar. So erlebt das Kind nun noch im Dunste der Kerzen und sich plagend mit den schweren Elementen der Lese-, Schreib- und Rechenkunst und mit dem Behalten des Katechismus eineinhalb oder zwei Stunden, bis die Zehn-Uhr-Glocke endlich zur Heimat geleitet. Halb schlafend schleppt das Kind sich heim und wirft sich auf sein Strohlager. Nun beginnt das eine glückliche Drittel seines Lebens. Sein Schlaf ist tief und fest; nach solcher Erschöpfung verlangt die Natur einen lang anhaltenden Schlaf. Aber die Nacht ist schon vorüber; schon graut der Morgen; da zieht der Teufel – zürne nicht, Leser, es gilt unglücklichen Kindern! – die Fabrikglocke. Und die Mutter schüttelt ihr Kind aus dem Schlafe. Schlaftrunken rafft es seine Lumpen zusammen und eilt in jedem Wetter aus der Wärme des nächtlichen Lagers in die neblichte, kalte Winterluft, nicht umsehend und an der Frische des Morgens sich erlabend, sondern nur des Stockes des Aufsehers gedenkend und bemüht, der Strafe der Verspätung zu entgehen. Das Kind steht beim Aufgange der Sonne wieder da, wo es beim Untergange derselben stehenblieb; das Spinnrad läuft, die Spulen rasseln, die Fabrik ist im Gange.

Daß diese unmenschliche Situation so lange unverändert bestehenblieb, lag zum Teil an der Unfähigkeit der verantwortlichen Stellen, die neuen Verhältnisse und die damit verbundenen Möglichkeiten überhaupt zu erkennen, geschweige denn, daraus Konsequenzen zu ziehen. Die einzigen menschlichen Regungen, die man sich leistete, waren gelegentliches Mitleid und bescheidene Almosen. Soziale Verantwortung galt schon als verdächtig, und wer gar die Forderung nach einem gewissen sozialen Ausgleich stellte, dem wurden umstürzlerische Absichten unterschoben. In einer amtlichen Provinzialkorrespondenz hieß es:

Auf keinen Fall darf der Wahn Fuß fassen, als könne der Staat durch gesetzliche Bestimmungen oder Verordnungen den Notständen abhelfen, welche mit den Bedingungen der Arbeit überhaupt und mit dem in der Weltordnung begründeten Unterschied von Arm und Reich zusammenhängen.

Daß das heraufziehende technische Zeitalter auch eine Beseitigung der Klassenunterschiede herbeiführen würde, die den Kindern aller Stände gleiche Chancen der Bildung und der Lebensbedingungen zu bieten vermöchte, ahnten damals weder die Reichen noch die Armen, da die Unternehmer zunächst allen Nutzen, den die Maschinenarbeit brachte, gierig an sich gerissen hatten. Die verarmten Handwerker und Bauern sahen sich als Fabrikarbeiter in einem Grade ausgestoßen, daß sie allen Boden unter den Füßen verloren.

Die Frauen, seit eh und je an ein Übermaß an Arbeit und Selbstaufopferung gewöhnt, litten meist schweigend unter der Not. Auch von den Kindern hörte man selten einmal eine Klage. »Sie wissen es nicht besser«, so sagte man wohl von ihnen. Die Männer hingegen, die zu allen Zeiten, auch unter den armseligsten Verhältnissen, immer noch ›Herr im Hause‹ gewesen waren, wurden psychisch am schwersten getroffen, wenn Frau und Kind in die Fabrik gingen und sie selbst untätig zu Hause saßen oder wenn der winzige Lohn in keiner Weise zum Leben reichte. In ihrer Verzweiflung setzten sie dann nicht selten ihre letzten Pfennige in Branntwein um.

Wie aus zeitgenössischen Berichten hervorgeht, war der moralische Tiefstand der Arbeiter im Wuppertal besonders groß, und er muß vor dem

Hintergrund der scheinheiligen Frömmigkeit der Unternehmer besonders makaber gewirkt haben. FRIEDRICH ENGELS beschreibt seine damalige Umgebung als eine Gesellschaft von armen Säufern und reichen Frömmlern, die ihre Rollen nur insofern gelegentlich vertauschten, als hier und da ein Säufer bekehrt wurde und ein Frömmler sich heimlich dem Suff ergab.

In jenen Jahren hatte jedes Land seine eigene charakteristische Form des Kinderelends, das von mutigen Schriftstellern aus den dunklen Winkeln herausgeholt und schonungslos bloßgestellt wurde. In Frankreich klagten VICTOR HUGO und EMILE ZOLA die Gesellschaft an, die die Kinder der Armen gleichgültig verkommen ließ. In England schilderte CHARLES DIKKENS deren Elend, so daß sich das Parlament eingehend mit dem dunklen Punkt der Kinderausbeutung befaßte. Als in Deutschland zum erstenmal ›Hanneles Himmelfahrt‹ auf die Bühne kam, da schrieb der FÜRST ZU HOHENLOHE-SCHILLINGSFÜRST: *Ein gräßliches Machwerk, sozialdemokratisch-realistisch, dabei von krankhaft sentimentaler Mystik, unheimlich, nervenangreifend, überhaupt scheußlich... Wir gingen nachher zu Borchard, um uns durch Champagner und Kaviar wieder in eine menschliche Stimmung zu versetzen.* Nach der Aufführung von HAUPTMANNS ›Weber‹ kündigte der Kaiser empört seine Loge. Dem Wuppertaler Heimatdichter HAUSMANN erging es nicht viel besser, als er in den siebziger Jahren in plattdeutschen Reimen die Lebensgeschichte des Proletarierkindes ›Mina Knallenfalls‹ aufzeichnete. Dieses Bänkellied fand eine rege Verbreitung, war aber offiziell verboten, denn es stellte allzu deutlich die Lebensbedingungen bloß, unter denen die Arbeiterkinder damals aufwuchsen:

Eck si an de Foahr ertrocken,
Min Vader wor fuselkrank,
Min Moder, die streckte Socken
On spolden onger de Hank.

Vi hatten dän böwerschten Auler
För twentig Daler gepeit,
Wo onger hauler de bauler
Eck kom op de Welt äs Weit.

Die Kamer wor nu tum Danzen
Wall ews nit engerecht,
Doch Tummelskopp schlogen de Wanzen
Äm neits do dörch et Gesecht.

Vi hatten en Stall voll Blagen,
Dat wor en Gekreisch un Gequetts,
Vi soten em Dreck bis am Kragen;
Met vier Johr kreeg eck de Krätz.

Vi sökten Äsche an Schrowen,
Dat wor de wohlfeilste Brank,
Söß hatten vi nix em Owen
Äs höchsten Kengergestank.

Dat Freten wor ok sonn Dengen!
Bi us geng et schmal on Dott;
Des Sonndags, dann wol seck fengen
Märr höachsten en Lus em Pott.

Vi konnen vor Elend nit gapen,
En Klöngeln stoken vi all,
On hatten, grad wie de Apen
Molls ömmer Striet on Krawall.

Min Vader schlog op de Moder
Molls los wie en Knöppelruß,
Vi kreegen dobi us Foder
Tusamen klatschteb se us.

Eck kon nix nettes drenn fengen;
Et woar en ewig Gedöhn
On eck bruk geweß nit tu sengen:
»O Jugend, wie bist du so schön.«

Bis zum Jahre 1919 war dieses Gedicht verboten. und als es gegen Ende der zwanziger Jahre bei einer Veranstaltung einmal vorgetragen werden sollte, verließen die Damen der Gesellschaft empört den Saal.

Um die Jahrhundertwende ging die Fabrikarbeit der Kinder allgemein etwas zurück, weil es mit der Schulpflicht nun schon etwas genauer genommen wurde. In einem Bericht aus dem Jahre 1876 heißt es bereits, daß die Kinderarbeit zwar ungern vermißt wird, *trotzdem ist sie an manchen Orten aufgehoben worden, weil die Schulbeiträge für die Kinder deren Arbeitspreis so erhöhen, daß ihre Verwendung sich nicht mehr rentiert.*

In Zeiten der Konjunktur mußten die Kinder allerdings immer noch einspringen. Auch als 1903 die Fabrikarbeit für alle Kinder unter dreizehn Jahren verboten wurde, gab es noch viele Beschäftigungen, mit denen sich die Kinder unter der Hand Geld verdienen mußten, da der schmale Lohn von monatlich 50 bis 60 Mark für eine Familie mit mehreren Kindern nicht ausreichte. Daß Kinder Zeitungen austrugen, Botengänge machten, war an der Tagesordnung.

Noch bis kurz vor dem ersten Weltkrieg begegneten die Gewerbe-Inspektionen ständig Kindern, die durch Heimarbeit viele Stunden des Tages beschäftigt waren. Wo Armut herrschte, da gab es auch stets Kinderarbeit.

Im süddeutschen Raum wurden alljährlich in den Sommermonaten viele Kinder an die Bauern vermietet, die früh um vier Uhr aufstehen und das Vieh versorgen mußten, von acht bis ein Uhr zur Schule gingen und anschließend bis um neun oder zehn Uhr das Vieh hüteten.

In Italien herrschte noch lange die Unsitte, kleine, zartgebaute Kinder bei den Kaminfegern arbeiten zu lassen, die sie auf barbarische Weise mißbrauchten. Die Angst vor dem schwarzen Mann ist zum Teil auf diese schreckliche Sitte zurückzuführen, kleine Kinder zum Fegen des Kamins in den schwarzen Schlund hinabzulassen. Aber selbst in dem wohlhabenden und fortschrittlichen Amerika gab es bis zu Beginn des 20. Jahrhunderts, nach dem Bericht von H. G. WELLS, noch 1 700 000 Kinder unter fünfzehn Jahren in Fabriken, Bergwerken und Werkstätten. Da es an einer einheitlichen Sozialgesetzgebung fehlte, nisteten sich in einzelnen Staaten Zustände ein, wie sie hundert Jahre zuvor, in den Zeiten des englischen Frühkapitalismus, nicht schlimmer gewesen sein konnten. *Kleine, schwache Kinder von fünf bis sechs Jahren gehen wie Erwachsene in die Fabriken, viele Kinder arbeiten die Nacht hindurch.*

Von Massachusetts berichtet CAREY, wie *kleine, nackende Knaben, frei geborene Amerikaner, für Herrn Borden, den New Yorker Millionär, arbeiten, sie haben Tuch in Bleibottiche und eine chemische Lauge zu pakken, die ihre kleinen Körper bleicht, daß sie aussehen wie die Leiber Aussätziger.* Und in Illinois mußten die Kinder *in jenen schmutzstarrenden Pferchen der großen Schlachthäuser Chicagos, knöcheltief in Blut watend, Eingeweide reinigen.*

FRIEDRICH HARKORT hatte bereits 1844 verlangt:

Laßt die Kinder in ihre natürliche Stellung zurückkehren, gebt ihnen die von Gott verliehenen Rechte ihrer Jugend, Freuden, Gespielen, Bewegung, Himmel und Erde zurück, bannt den Fluch, der über dem Sprößling der Armen schwebt.

Aber von dieser Forderung wurden die ›Armen‹ noch nahezu hundert Jahre ängstlich ausgeschlossen. Erst nach dem ersten Weltkrieg fühlt sich der Staat ausdrücklich für alle Kinder, ohne Ausnahme, verantwortlich. In der deutschen Verfassung von 1922 heißt es:

Jedes deutsche Kind hat ein Recht auf Erziehung zur leiblichen, seelischen und gesellschaftlichen Tüchtigkeit.

Wenn auch nun die Kinderarbeit in den Fabriken durch Gesetz unterbunden war, so bestand sie doch auf dem Lande noch ungehindert fort, da sie dort zu den vom Gesetz ausdrücklich genehmigten Ausnahmen gehörte. Von dem Verbot der Kinderarbeit waren nämlich alle Land- und Hauswirtschaftsbetriebe nicht betroffen.

Als 1938 ein neues Gesetz erlassen und grundsätzlich alle Arbeit für Kinder unter vierzehn Jahren verboten wurde, galt das wiederum nur für Handel und Gewerbe, nicht aber für die Haus- und Landwirtschaft. Neue Gesetze entstehen immer nur, wenn die Notstände durch Erhebungen belegt werden können. Nachdem in den fünfziger Jahren im Raume Göttingen durch zahlreiche Umfragen zutage trat, daß in der Landwirtschaft viele Kinder unter vierzehn Jahren so stark beschäftigt waren, daß sie in der Schule zurückblieben, kam es 1956 zu einem Gesetzentwurf, der zwar von dem Grundsatz ausging: *Die Beschäftigung von Kindern ist verboten*, aber die Einschränkung enthielt, daß *verwandte Kinder und Jugendliche im Familienhaushalt und in der Landwirtschaft nicht* unter dieses Verbot fallen.

Die Bemühungen um ein Verbot der Kinderarbeit sind, auch in den letzten Jahren noch, von vielen Erwachsenen etwas schief angesehen worden. Mit dem Argument ›Arbeit schadet nicht‹ versuchte man den Kinderschutz als überflüssig hinzustellen. Dabei wurde übersehen, daß niemand etwas gegen eine leichte Mithilfe in einem vernünftigen Elternhaus einzuwenden hat. Nur dort, wo die Mithilfe in Ausnutzung ausartet, muß das Kind geschützt werden. Für solche Fälle ist ein Gesetz nötig, um eingreifen zu können, wenn der geistigen und körperlichen Entwicklung des Kindes Gefahr droht.

In den Städten ist die Kinderarbeit seit dem Bestehen der Gesetze fast ganz zurückgegangen. Nur in Gegenden, wo Heimarbeit üblich ist, werden gelegentlich noch Kinder, auch wenn sie unter zehn Jahren sind, eingespannt. Wo immer früher die Kinder stark ausgenutzt wurden, zum Beispiel im Zirkus, sind sie heute durch Gesetze geschützt. Im Zirkus dürfen Kinder über sechs Jahren ein bis zwei Stunden mit einem Elternteil beschäftigt werden. Auch hier hat sich die Lage für die Kinder bedeutend gebessert. Auf den Zirkusplätzen sieht man heute vorwiegend gut gepflegte und spielende Kinder. Die Schaustellereltern achten selbst darauf, daß die Kinder zu ihrem Recht kommen und eine gute Erziehung genießen. Wo sich der Zirkus gerade aufhält, gehen die Kinder zur Schule und zeigen im allgemeinen überraschend gute Leistungen. Umsicht und schnelle Auffassungsgabe erwerben sich diese Kinder durch den schnellen Wechsel und das Leben auf dem Zirkusplatz, wo sie durch Zusehen und -hören spielend in die Tätigkeit der Erwachsenen hineinwachsen.

Diese Teilnahme am Leben der Eltern und das zunächst spielerische, langsame Einüben in die Welt der Erwachsenen sollte sich auch beim Landkind eigentlich positiv auswirken können. Bei einer leichten Mitarbeit wäre das auch durchaus der Fall. Aber leider wird, auch heute noch, in vielen Landhaushalten wenig oder gar keine Rücksicht auf die Kinder genommen.

Vor wenigen Jahren machte die Arbeiterwohlfahrt in den Gebieten Niedersachsen, Nordhessen und Baden-Württemberg Erhebungen über die Kinderarbeit. Dabei wurde die übliche und gelegentliche Mithilfe der Kinder im Haushalt nicht berücksichtigt, sondern nur intensive Arbeit gerechnet, die normalerweise von Erwachsenen verrichtet wird. *In einem Dorf in Württemberg arbeiteten von neunzehn Flüchtlingskindern einer*

Klasse zehn Mädchen und Knaben täglich achteinhalb Stunden, in den Ferien noch mehr und sonntags fünf Stunden.

Die meisten Kinder waren im Stall und mit Wasser-, Holz- und Kohlenholen beschäftigt und konnten ihre Schulaufgaben nur mangelhaft ausführen. Besondere Belastungen ergaben sich während des Rübenverziehens, zur Zeit des Heumachens und Getreideeinfahrens und bei der Kartoffel- und Rübenernte.

Bauernkinder unter zehn Jahren werden noch verhältnismäßig geschont, während dies bei Pflegekindern unter zehn Jahren, die aus einem benachbarten Pflegeheim des Dorfes zur Arbeit kommen, nicht der Fall ist. Ein Bauer genierte sich nicht, dem Jugendamt zu schreiben: *Hiermit bestelle ich einen elfjährigen, kräftigen Jungen.* Das Pflegegeld für solche Kinder wird gern angenommen, und dazu nimmt man die kostenlose Arbeitskraft des Knaben in Anspruch. Viele Jugendämter aus Großstädten ›lieferten‹ sogar unbekümmert solche Pflegekinder. Sie kamen oft aus entfernten Großstädten, und da die örtlichen Jugendämter keine Nachricht erhielten, fiel die Aufsicht einfach aus.

Diese Landkinder kannten kaum Spiel oder Sport. Die stärkste Beanspruchung der Kinder wurde in den bäuerlichen Klein- und Mittelbetrieben beobachtet. Auf stark mechanisierten Bauernhöfen war die Kinderarbeit nur minimal. Dabei wäre die Kinderarbeit durch rationelle Arbeitsweise und planvolle Zeiteinteilung durchaus so herabzumindern, daß sie ein vernünftiges Maß an leichter Mithilfe nicht überschreitet. Aber da in der althergebrachten Vorstellung der Bauern das Kind immer noch wenig gilt, nimmt man kaum einmal Rücksicht. Kinder müssen immer zur Hand sein, darum werden sie ständig – Kinderarbeit kostet ja nichts – planlos beansprucht, wenn der Erwachsene sie nötig zu haben glaubt oder wenn sie gerade herumstehen. *Lauf mal eben schnell hierhin, oder dorthin – hol mal eben – faß mal mit an...* So geht es den ganzen Tag. Nie ist dem Kind eine zusammenhängende Freizeit vergönnt. Das spielerische Tun kann sich, da es ständig gestört wird, überhaupt nicht entfalten. So kommt es, wenn überhaupt, nur zu kurzen, hastigen Spielen, die nicht viel Denken und Überlegen erfordern.

Kinder brauchen aber Zeit zum Spielen, um sich produktiv entfalten zu können. Die ständige Inanspruchnahme des Kindes, die eine selbsttätige, spielerische Betätigung verhindert, führt fast immer zu einer körperlichen und geistigen Einseitigkeit und Beschränktheit. Dieser Zustand wird sich erst ändern, wenn sich auch die ländlichen Haushalte zu einer rationellen und zeitsparenden Arbeitsweise bequemen.

Noch vor hundert Jahren dachte man, wenn man vom Kinderschutz sprach, ausschließlich an das Kind, das außerhalb der Familie aufwuchs. Da die Eltern das unumschränkte Besitzrecht über ihre Kinder besaßen, war alles, was innerhalb der Familie geschah, tabu. Die Öffentlichkeit hatte kein Recht, sich einzumischen, wenn ein Kind von seinen Eltern mißhandelt wurde. Da nur wenige, robuste Kinder sich gegen eine schlechte Behandlung auflehnten, erfuhr die Umgebung nur selten oder ungenau von dem Leid vieler Kinder. Da zudem mit diesen Grobianen unter den Eltern ›nicht gut Kirschen essen‹ war, scheuten die Nachbarn eine Einmischung.

Im Jahre 1874 wurde zu New York eine Missionarin von einem Sterbenden, den sie pflegte, auf die an einem Kinde der Wohnungsnachbarn verübten Mißhandlungen aufmerksam gemacht. Vergebens versuchte die Missionarin, durch die Polizei oder durch Wohltätigkeitsvereine Hilfe zu erlangen, da schritt sie schließlich zur Selbsthilfe und trug das arme kleine Opfer in eine alte Pferdedecke eingewickelt zum Präsidenten des Tierschutzvereins, Elbridge T. Gerry, der erschüttert anerkannte, daß ein Kind ebensoviel Schutz gegen Roheit genießen müsse wie ein Tier.

Dieser Vorfall wurde durch die Zeitungen rasch bekannt und erregte die Menschen, weil er so dramatisch den wunden Punkt in der Tragödie der vielen mißhandelten Kinder bloßlegte. Wenn auch manche Menschen wußten, daß hier und da ein Kind von seinen Eltern mißhandelt wurde, so scheuten sie doch den Ärger und schwiegen.

Ein weiteres Hindernis bei der Aufdeckung solcher Untaten bildete das Elternrecht, das der Öffentlichkeit jede Einmischung verbot. Diese unhaltbaren Zustände drängten nach einer Änderung. Auf das unerschrockene Eingreifen der Missionarin hin wurde die ›Society for the prevention of cruelty to children‹ gegründet. Sie nahm schließlich Einfluß auf die Gesetzgebung und setzte auch die Errichtung eigener Jugendgerichtshöfe durch.

In England wandte sich um die Jahrhundertwende die Kinderschutzgesellschaft an die Öffentlichkeit. Da Zahlen meist nur wenig sagen, versuchte sie die Menschen dadurch wachzurütteln, daß sie den *Zug der 428 000 mißhandelten Kinder, deren Vorbeimarsch 81 Stunden dauern würde,* genau schilderte. Sie ließ vor dem geistigen Auge des Lesers diese Kinder vorbeiziehen, *darunter 61 000 mit Wunden, Striemen, Brandblasen bedeckt, oder mit gebrochenen Gliedern, erloschenen Augen, stierem Blick, zugrunde gerichtet durch Mißhandlungen mittels Schaufeln, Stielen, Lederriemen, Schürhaken, Plätteisen, kochendes Wasser, glühende Zangen . . . Dazu 11 000 geschändete kleine Mädchen und die Särge von 18 000 Opfern tödlicher Grausamkeit.*

Nun erwachte auch England. Die Regierung stellte 200 Inspektoren ein, die die Aufgabe hatten, Grausamkeiten an Kindern aufzudecken. Sie wurden von vielen Privatpersonen unterstützt.

In Italien schrieb der Kriminalist LINO FERRIANI ein Buch ›Entartete Mütter‹. Darin berichtete er an Hand von 232 Prozessen über das Elend der Kinder, die von ihren Eltern mißbraucht oder mißhandelt wurden.

In Deutschland schloß sich 1898 der ›Verein zum Schutze der Kinder gegen Ausnützung und Mißhandlung‹ zusammen, der durch viele ehrenamtliche Mitarbeiter das Elend der Kinder aufdeckte. Diese Arbeit wurde aber ständig erschwert, wenn nicht gar boykottiert, weil es noch keine entsprechenden Gesetze zum Schutz der Kinder gab.

Um auf die unglückliche und oft ausweglose Lage mancher Kinder hinzuweisen, schrieb die Polizeiassistentin H. ARENDT 1911 ein anklagendes Buch ›Kleine weiße Sklaven‹, in dem sie den Mißbrauch der Kinder schilderte, die von ihren Eltern verkauft, vermietet, mißhandelt und getötet worden waren. Sie deckte diese Fälle nicht nur auf, sondern wies auch nach, daß diese Untaten von der Polizei bewußt übersehen wurden, teils weil die gesetzliche Handhabe fehlte, andererseits aber auch, weil man solche Fälle oft auf die leichte Schulter nahm – es handelte sich ja ›nur‹ um Kinder. Das aufrüttelnde Buch erregte bei den Behörden viel Ärgernis. Man betrachtete damals das Kinderelend als einen Schönheitsfehler, an den man nicht gern erinnert sein wollte. Aber die Öffentlichkeit war nun auch in Deutschland alarmiert und verlangte nach einem erhöhten Schutz für die Kinder.

In England bewiesen Statistiken, daß nur 8 Prozent der Mißhandlungen an Kindern sich außerhalb der Familie abspielten. Das galt auch für die übrigen Länder. Nicht nur Trinker und Asoziale mißhandelten ihre Kinder, auch Wohlhabende und Gebildete gab es in diesem Personenkreis, Menschen mit leicht abnormer Veranlagung oder einer starken Erregbarkeit, die sich besonders oft an schwachbegabten Kindern ausläßt. Mangelnde Erziehungskenntnisse führten zu einer maßlosen Übertreibung des Züchtigungsrechtes. Daß sich die unmenschlichen Eltern oft nach außen hin mit einem Mantel der Ehrbarkeit umgaben, erschwerte den Nachweis und die Verfolgung der Tat. So blieben viele Fälle ungeahndet. Darum hat man immer wieder die Bürger zur Mitarbeit aufgefordert.

Das Bewußtsein der Öffentlichkeit hat sich allmählich gewandelt. Wenn man früher den Eltern das alleinige Recht zugestanden hatte, die Kinder gut oder schlecht, liebevoll oder roh zu behandeln, so regte sich nun das Gewissen und die Mitverantwortung für die mißhandelten Kinder. Nach dem ersten Weltkrieg kam es endlich zu Gesetzen, die das Recht des Kindes auf Schutz anerkannten und die Elterngewalt einschränkten.

Ein Teil der Kinderschutzgesetze existierte zwar auch früher schon, aber da die Tendenz vorherrschte, das Elternrecht möglichst nicht anzutasten, wirkten sie sich selten zu einem wirksamen Schutz für das Kind aus.

Daß der Schutz des Kindes bereits vor der Geburt beginnen und gesetzlich verankert sein muß, lehrten die Erfahrungen aus der Hitlerzeit. Hier hatte sich die Regierung angemaßt, bestimmte Volksgruppen als minder-

Velazquez 1599–1660
Die höfische Etikette verlangt von den Kindern, daß sie sich wie kleine Erwachsene benehmen.

KINDERARBEIT 1844
In englischen Bergwerken arbeiteten 6- bis 10jährige Kinder täglich bis zu sechzehn Stunden (oben).

GABRIEL METSU 1629–1677
Das kranke Kind ist in der Geborgenheit der häuslichen Atmosphäre am besten aufgehoben (Seite 278).

EUGEEN LAERMANNS 1864–1940
Mühe und Sorge begleiteten den Lebensweg des Arbeiterkindes. Aber um die Jahrhundertwende beginnt mit den ersten Kinderschutzgesetzen eine neue, bessere Zeit.

wertig einzustufen und durch einen medizinischen Eingriff fortpflanzungsunfähig zu machen. Diese Maßnahme wird seit 1954 auch im Strafgesetzbuch als strafwürdig verurteilt. Danach wird mit lebenslangem Zuchthaus bestraft, *wer in der Absicht, eine nationale, religiöse oder durch ihr Volkstum bestimmte Gruppe als solche ganz oder teilweise zu zerstören, vorsätzliche Maßregeln verhängt, die Geburten innerhalb der Gruppe verhindern sollen, ferner wer in der gleichen Absicht Kinder einer bestimmten Volksgruppe in eine andere gewaltsam überführt.*

Dem Schutz des werdenden Kindes dient auch der § 218, der die Mutter, die die Leibesfrucht abtötet oder diejenigen Personen bestraft, die ihr dabei behilflich sind.

Ein besonderer § 217 befaßt sich mit der Tötung des unehelichen Kindes, da dieses in vielen Fällen nicht freudig erwartet, sondern als eine Last empfunden wird, und dessen Leben darum besonders bedroht ist.

Der § 221 stellt die Aussetzung eines Kindes unter Strafe. *Das Verbringen des Kindes aus einem behüteten Zustand in eine lebens- oder gesundheitsgefährliche Lage.*

Kindsraub begeht, *wer ein Kind durch List, Drohung oder Gewalt seinen Eltern, seinem Vormund oder Pfleger entführt.* Diese Tat wird mit Gefängnis bestraft. Sie kommt bei zerrütteten oder geschiedenen Ehen gelegentlich vor, wenn ein Elternteil das Kind aus Rache, häufig aber auch aus Unkenntnis der Gesetze widerrechtlich beansprucht.

Wer ein Kind zu gewerblichen Zwecken, zur Bettelei oder zur Unzucht verkauft oder entführt, wird mit Zuchthaus bis zu zehn Jahren bestraft. So wird auch erpresserischer Kindesraub geahndet.

Mit der Mißhandlung der Kinder befaßt sich der § 223b. Wer Kinder mißhandelt oder quält, wird mit Gefängnis oder Zuchthaus bestraft. Diese Tat kommt auch heute noch häufiger vor, als allgemein bekannt ist. Da sich die brutale Behandlung, mehr noch als früher, hinter verschlossenen Türen abspielt, ist sie oft so schwer nachzuweisen. Der Kinderschutzverein appelliert darum immer wieder an die Öffentlichkeit und fordert sie auf, solche Fälle zu melden. Immer noch überwiegt die Zahl der durch Mißhandlung in der Familie gefährdeten Kinder bei weitem die der Bedrohungen durch Raub oder Überfall.

Aber auch hier könnte durch größere Vorsicht manches Unglück vermieden werden, wenn die Eltern ihre Kinder gewissenhaft beaufsichtigen würden. Gedankenlose Mütter leisten nicht selten dem Verbrechen Vorschub, indem sie ihre kleinen Mädchen mit allzu kurzen Kleidchen auf den Spielplatz schicken. Da man weiß, daß diese ›reizenden‹ Kleidchen auf Männer, die unter einem Mangel an sexuellen Hemmungen leiden, in der Tat eine aufreizende Wirkung ausüben, sollten die Mütter, um ihre Kinder zu schützen, in dieser Hinsicht etwas mehr Zurückhaltung walten lassen.

Mehr und mehr erstreckt sich der Kinderschutz heute auf neue Gebiete, die früheren Generationen noch nicht bekannt waren. Der Schutz gegen

Ausbeutung, der in der Vergangenheit vorherrschte, tritt immer mehr zurück. Statt dessen muß der Kinderschutz heute seine Aufmerksamkeit in steigendem Maße auf die Verlockungen der Konsumwelt richten und auf die Mittel der Meinungsbeeinflussung, die sich die schwachen Widerstandskräfte des Kindes zunutze machen.

Die Möglichkeiten eines wirksamen Kinderschutzes sind größer, wenn möglichst viele Länder zusammenarbeiten. Das hat man bereits um die Jahrhundertwende erkannt. Darum wurde in den Jahren von 1900 bis 1910 auf ein internationales Abkommen zur Bekämpfung des Kinderhandels hingearbeitet. Im Jahre 1910 setzte sich das Internationale Arbeitsamt auch für den Schutz der Kinder im Erwerbsleben ein, und 1919 stellte die Internationale Arbeitsorganisation die Beseitigung der Kinderarbeit in allen ihr angehörenden Ländern zur Bedingung. Die UNO legte die Rechte des Kindes im Jahre 1945 mit den Worten fest: *Dem Kind muß seine volle körperliche, geistige und seelische Entwicklung ermöglicht werden.*

Ohne den Völkerbund und später die UNO wären solche internationalen Abkommen nicht möglich gewesen. Erst im Rahmen dieser Vereinigungen kam ein Austausch von Erfahrungen zustande, der die Kinderschutzbestrebungen wirksam unterstützt. Durch die Zusammenarbeit der Länder in der UNO wurde aber auch allgemein bekannt, unter welch unzureichenden Bedingungen die meisten Menschen heute noch leben und wie viele Kinder nicht satt zu essen haben oder sogar vom Hungertod bedroht sind.

Die im Jahre 1947 gegründete Kinderhilfsorganisation UNICEF stellte sich zunächst nur die Aufgabe, die vielen Kinder zu unterstützen, die durch den Krieg und seine Folgen geschädigt waren. Bald dehnte sich aber die Hilfe auf die notleidenden Kinder in Asien, Afrika und Lateinamerika aus. In der Hälfte der Welt sterben von 1000 Neugeborenen regelmäßig 300 an Unterernährung und mangelnder Pflege. Die UNICEF unterstützt hier die Bevölkerung zu einem Teil direkt und daneben durch Anregung zur Selbsthilfe. Sie veranlaßt die jeweilige Regierung zur Einrichtung einer öffentlichen Kinderhilfe, regt aber auch private Helfer zur Tätigkeit an. Sie liefert Materialien und Werkzeuge, die im Lande selbst nicht erhältlich sind, ferner Milchpulver und Medikamente. Sie stellt Ingenieure zum Bau von Fabriken, aber auch Stipendien für die Schulung von heimischen Arbeitskräften zur Verfügung. Geld wird immer nur dann investiert, wenn die Regierung des Landes mindestens den gleichen Betrag für denselben Zweck aufgebracht hat.

Neben solch indirekter Hilfestellung schaltet sich die UNICEF vor allem dort ein, wo Kinder direkt bedroht sind: im Kampf gegen die Kindersterblichkeit, bei der Seuchenbekämpfung und bei mangelnder Ernährung, durch Ausgabe von Medikamenten und Trockenmilch.

Seit einiger Zeit beschäftigt sich die Forschungsstelle der UNICEF mit der Herstellung neuer, stark eiweißhaltiger Nahrungsmittel, die aus Sojabohnen, Fischmehl, Erdnüssen, Sonnenblumen und Kokosnüssen hergestellt werden und die bei relativ geringem Aufwand möglichst großen Nutzen zu bringen imstande sind.

Dem Kampf gegen die Unwissenheit und den Aberglauben widmet sich der Gesundheitsdienst, der ständig Helfer ausbildet, die der Bevölkerung bei der Pflege und Ernährung des Säuglings und Kleinkindes mit Rat und Tat zur Seite stehen sollen.

Miseris et malis

Das Menschenkind ist, wenn es zur Welt kommt, ein ungemein gebrechliches Wesen. Nirgendwo in der Tierwelt ist ein Neugeborenes so lange auf Pflege und Fürsorge angewiesen. Noch bis vor hundert Jahren starben mehr als die Hälfte aller Kinder im Säuglings- und Kleinkindalter, darum hatten Krankheiten immer etwas Bedrohliches an sich. NICCOLO ALLUNO, ein italienischer Maler des 15. Jahrhunderts, zeigt uns eine Mutter, die ihr Kind krampfhaft festzuhalten sucht, weil eine grausige Schreckensgestalt, ein schwarzbehaartes Ungeheuer, ihr das Kind entreißen will. Diese Darstellung entspricht genau der in alten Zeiten vorherrschenden Auffassung, daß alle Krankheiten, von denen das Kind befallen wird, auf teuflischen Einfluß zurückzuführen seien. Mit Zaubersprüchen suchte man gegen die Dämonen, die dem Kind Schaden zufügten, anzugehen.

Daneben gab es allerdings auch schon im Altertum Ärzte, die durch Säfte und Salben und sogar durch gewagte Operationen zu heilen verstanden. Der berühmte Arzt der Antike, HIPPOKRATES, berichtet auch schon von Kinderkrankheiten, wie Fieber, Durchfall und Krämpfe, die damals häufig vorkamen. Genau wie heute bekamen die Kinder beim Zahnen oft Fieber oder Erbrechen. Die Heilung der Kinderkrankheiten scheint aber damals große Schwierigkeiten bereitet zu haben, denn die Behandlung mit wunderbaren oder magischen Mitteln spielte eine weit größere Rolle als die mit natürlichen.

Noch im Mittelalter glaubte man daran, daß hochgestellte Personen im Besitz von wunderbaren Heilkräften wären. Im Königsbuch des Isländers SNORRI wird erzählt:

Der Sohn einer vornehmen Witwe hatte ein großes Geschwür in der Kehle, so daß er keine Speisen mehr zu sich nehmen konnte. König Olaf von Norwegen legte seine Hand auf die Kehle des Knaben und strich lange über das Geschwür hin, bis dieser den Mund wieder schließen konnte.

Von den GRAFEN VON ALT RAPPERSWIL berichtet die Chronik noch um 1539: *Und so reine Leut warends, wenn man ihnen ein Kind bracht, besorgt, daß es ein Stumm oder ein Blind werden wollte, und sie es küßten, ward es grecht und gsund.*

Bei kleineren Beschwerden oder Verletzungen behalf man sich mit

Zaubersprüchen: Wenn sie nicht jedermann geläufig waren, so wußten die alten Frauen sie zu sprechen. Daß bei den Kinderkrankheiten böse Mächte mitwirkten, daran zweifelte, auch nach der Christianisierung, niemand, und man suchte sie mit heidnischen oder quasi-heidnischen Mitteln zu bekämpfen. Kinderkrämpfe wurden dem Nachtgeist zugeschrieben, dagegen sollten Amulette helfen, aber auch Kräuter und ›Beschreien‹ der Kinder. Dabei unterschied man ›Vergalsterung‹, lautes, gellendes Geschrei, und ›Zauberrunen‹, ein leises Raunen, aus dem sich später die Schlafliedchen und der Nachtsegen entwickelten.

Gegen Fieber legte man das Kind auf das Dach oder auf den Ofen. Wenn es nicht zunehmen wollte, mußte man es in den Backofen schieben, und gegen anhaltendes Schreien wurde empfohlen, es dreimal durch die Sprossen einer Leiter zu ziehen.

Die weitverbreitete Furcht und Unwissenheit bei Krankheiten aller Art versuchte die Äbtissin von Bingen, die HEILIGE HILDEGARD, bereits im 12. Jahrhundert durch ein medizinisches Hausbuch zu bekämpfen, aber über Kinderkrankheiten ist darin noch wenig zu finden. Im 15. und 16. Jahrhundert kamen einige Bücher heraus, die sich mit den Krankheiten der Kinder befaßten. Vieles war darin von HIPPOKRATES übernommen und durch die Sitten und Gebräuche der Zeit ergänzt. 1485 erschien ein ›grundgelehrtes Werk‹ von CORNELIUS ROELAUS VON MECHELEN. Er empfiehlt darin, den Kindern bei Fallsucht einen Smaragden oder eine Pfingstrose um den Hals zu hängen. Bei Augenentzündung soll das Auflegen vom Mist eines weißen Hahnes mit etwas Honig und Essig, bei Stuhlverstopfung Mäusedreck, in Wasser gelöst, helfen.

Diese Art von Behandlungen ist während des ganzen Mittelalters bis tief in die Neuzeit hinein gang und gäbe. Als Krankheitsursache gilt fast immer, daß *die Kinder von Unholden werden verderbet*, damit sind die Hexen gemeint, *welche des Nachts herumbschweyfen und die Kinder durch ihre zauberische Segen und anderen teuflischen Künsten dermaßen zurichten, daß sie nicht zunehmen können.*

In einem Buch von MERCATUS, das 1615 zu Frankfurt am Main erschien, wird zwar schon die Atrophie bei Kindern auf natürliche Ursachen zurückgeführt, zum Beispiel auf ungeeignete Nahrung, Verstopfung der Nahrungswege usw. Das hindert den gelehrten Arzt und Professor jedoch nicht, auf die Rolle der Hexen hinzuweisen, die bei dieser Krankheit auch mit im Spiele sind:

Man zweifelt, auf welchem Wege die Hexen und üblen Weiber ihr Werk ausführen, doch wird dies eine für sicher gehalten, daß es Hexen gibt und daß dies durch viele Autoritäten und Zeichen bewiesen wird. Das heilige Amt der Inquisition bestraft sie ernst und gerecht mit Hinrichtungen nach einer sehr ausreichenden Untersuchung der Rechtslage und ihrer Verbrechen. Übrigens steht nicht sicher fest, wie Hexen und üble, gefährliche Personen die genannten Übeltaten ausführen und die Krankheiten in unsere Körper hineinbringen, da es verschiedene Möglichkeiten zu schaden gibt. Sicher erscheint nur, daß es oft durch einen Pakt mit den Dämonen geschieht.

Daß viele Krankheiten ansteckend sind, daß sie ›übertragen‹ werden, hatte man zwar auch schon beobachtet, aber meist falsch gedeutet. Da der ›böse Blick‹ als Krankheitsursache immer eine wichtige Rolle spielte, ersparte man sich lange Zeit jedes weitere Nachdenken darüber. Ein im Dreißigjährigen Krieg erschienenes medizinisches Buch lehnt zwar erstmalig diese Erklärung ab, räumt aber ein, daß die Konstitution von üblen, schlecht veranlagten Frauen durch gewisse Ausstrahlungen schlecht auf das Kind einwirken könne. Da kleine Kinder noch zart und empfindlich wären, könnten sie durchaus unter solchen Einflüssen erkranken.

Der Arzt und Schriftsteller THOMAS BROWNE sollte im Jahre 1664 als Sachverständiger in einem Prozeß gegen zwei Frauen auftreten, die angeblich Kinder verhext hatten. Die Kinder litten unter Zuckungen, Lähmungen, Blindheit und Erbrechen. Aber die Anschuldigungen waren nicht klar zu beweisen und reichten nach Meinung der Richter zu einer Verurteilung nicht aus. Thomas Browne stellte sich jedoch auf den Standpunkt, wer nicht an die Existenz von Hexen glaube, sei ein Atheist. Er erklärte den Richtern, daß der Teufel auf eine ›natürliche Weise‹ die überflüssigen Säfte des Körpers übermäßig aufrühre und errege, dabei suche er solche Menschen besonders heim, deren Körper dafür disponiert seien. Bei den verhexten Kindern handele es sich um natürliche Krankheiten, die durch die List des Teufels abnorm verstärkt worden wären. Diesen Vorgang habe die Hexe – im Bündnis mit dem Teufel – herbeigeführt. Die beiden Frauen wurden daraufhin verurteilt und eine Woche später gehängt.

Unter diesen Umständen konnte sich die abergläubische Furcht bei den Kinderkrankheiten noch lange erhalten. Noch zu Beginn des 19. Jahrhunderts wurde als Heilmittel Mäusekot, Regenwurmöl, Menschenhirnschale von einem Geköpften oder Gehängten empfohlen.

Heute noch kennt man in manchen Gegenden die Sitte, den Neugeborenen ein rotes Korallenkettchen zu schenken, wenn auch niemand mehr daran denkt, daß dies einst ein altes Mittel gegen das Verhexen der Kinder darstellte.

Dreiblättrig Kraut
Heil mir die Haut,
Still mir mein Blut,
Daß mirs nimmer weh tut!

So murmelten die alten Frauen, wenn das Kind sich verwundet hatte. Von solchen und ähnlichen Sprüchen blieben uns die ›Heile, heile Segen‹-Reime, mit denen wir heute noch die Kinder ablenken und beruhigen, wenn sie sich gestoßen haben.

Ziemlich früh begann man schon damit, die magische Wirkung der Zaubermittel auf die Heiligenfiguren zu übertragen. Daraus entwickelte sich nach und nach ein lebhafter Verkehr mit den verschiedensten Heiligen, da jeder für eine andere Krankheit, mancher für mehrere, als zuständig und heilkräftig galt. Diese Sitte mag schließlich die allgemeine Hysterie mehr und mehr von dem Hexenwahn abgelenkt haben, ebenso die merkwürdige Methode, bei der die Krankheit ›transplantiert‹, das heißt auf einen Gegenstand oder ein Tier übertragen wurde:

Hat das Kind Mundfäule, so muß der Vater morgens nüchtern ihm dreimal in den Mund hauchen, alsdann hänge er sieben Holzwanzen zum Verdorren in den Schlot. Solche und ähnliche Empfehlungen sind in vielen medizinischen Hausbüchern zu finden.

Zögernd rücken schließlich die Gelehrten von den abergläubischen Methoden und von dem Hexenglauben ab. Dr. Hofrat Storch, der 1750 eine Abhandlung über Kinderkrankheiten schreibt, glaubt zwar noch an Zauberei, warnt aber davor, sie durch ›magische‹ Mittel zu heilen. Er selbst hat zwar, wie er sagt, nur wenig ›verdächtige‹ Krankheiten unter seinen Händen gehabt:

Sollte mir es aber, nach Göttlichem Willen, begegnen, so würde mich nicht verleiten lassen etwas, davon ich nicht genug Räson finden könnte, zu adhibieren, vielmehr würde christliche Eltern den Rath geben, ein solch göttliches Verhängnis in Geduld zu tragen, und ihre unschuldigen Kinder lieber dem lieben Gott durch einen frühzeitigen Tod überlassen, als sich selbst und ihre Kinder dazu, durch abergläubische und verbotene Mittel einer seelenverderbenden Gefahr zu exponieren.

Immer noch kapitulierten viele Ärzte vor den Kinderkrankheiten, da eine spezielle Kinderheilkunde nicht existierte. Zwar kannte man schon im alten Rom den Spruch: *Knaben müssen anders behandelt werden als Männer,* aber Konsequenzen hatte man daraus kaum einmal gezogen. Wie es um die Behandlung der kranken Kinder stand, darüber berichtet ein Berliner Arzt um 1800:

Die meisten hiesigen praktischen Ärzte wußten mit kranken Kindern in der That noch durchaus nicht umzugehen, und viele von ihnen gestanden es geradezu. Ja, es gab welche, die erklärten, zu kleinen Kindern, namentlich zu Neugeborenen oder Säuglingen, wenn sie erkranken, solle man sie nicht rufen. Solche Kinder könnten ihnen nichts sagen, könnten ihnen keine Auskunft geben, und die Hebammen und Muhmen wüßten damit besser Bescheid als die Ärzte. Ein neugeborenes Kind, ein Säugling sei noch gar nicht als daseiend zu betrachten, sondern gleichsam als geliehen, und man müßte es darauf ankommen lassen, ob es sich durchsiechen werde.

So waren die Mütter mit ihren kranken Kindern weiterhin auf den Rat der ›Hebammen und Muhmen‹ angewiesen, und der Landarzt Rahts konnte noch im Jahre 1891 berichten:

Bei allen Altersklassen hatte ich mehr zu tun als bei kleinen Kindern, und als ich nach einigen Monaten meinen dortigen Kollegen, einen alten, erfahrenen Sanitätsrat, deswegen interpellierte, erwiderte er lächelnd, ich

Das kranke Kind. Käthe Kollwitz (1867–1945)

solle nur darauf verzichten, zu zarten Kindern geholt zu werden, dazu spanne kein Bauer sein Pferd an den Wagen und hole den Arzt, die kleinen Kinder würden im Erkrankungsfalle entweder von einer klugen Frau, höchstens von der Hebamme kuriert, oder sie sterben, und dann ist der Trost rasch bei der Hand, daß es im nächsten Jahre ja Ersatz gebe.

Kein Wunder, daß die Säuglingssterblichkeit unter diesen Umständen immer noch erschreckend hoch war. Am meisten gefürchtet waren die Pokken, die, wenn eine Epidemie auftrat, regelmäßig ein Drittel aller Kinder hinwegrafften. Schon um 1800 entdeckte der englische Arzt JENNER, daß mit Kuhpocken infizierte Menschen von den echten Pocken verschont blieben, und er machte den Vorschlag, alle Kinder gegen Pocken zu impfen, aber man wies ihn mit der Warnung zurück, er solle seinen Ruf als Wissenschaftler damit nicht gefährden. Niemand ahnte damals, daß diese Methode hundert Jahre später die Menschheit von einer schweren Plage befreien sollte.

Jahrzehnte bevor JENNER die Kuhpockenimpfung anregte, kannte man in England bereits die Impfung von Mensch zu Mensch. GOETHE, der als Kind selbst an Pocken erkrankte, berichtet darüber in ›Dichtung und Wahrheit‹:

Die Einimpfung der Pocken wird bei uns immer noch für sehr problematisch angesehen, und ob sie gleich populäre Schriftsteller schon faßlich und eindringlich empfohlen, so zauderten doch die deutschen Ärzte mit einer Operation, welche der Natur vorzugreifen schien. Spekulierende Engländer kamen daher aufs feste Land und impften gegen ein ansehnliches Honorar die Kinder solcher Personen, die sich wohlhabend und frei von Vorurteilen fanden. Die Mehrzahl war jedoch noch immer dem alten Unheil ausgesetzt; die Krankheit wütete durch die Familien, tötete und entstellte viele Kinder, und wenige Eltern wagten es, nach einem Mittel zu greifen, dessen wahrscheinliche Hilfe doch schon durch den Erfolg mannigfaltig bestätigt war.

Wie solch eine ›Operation‹ vor sich ging, hat uns JOHANNA SCHOPENHAUER, die Mutter des Philosophen, in ihren Erinnerungen berichtet. Sie wurde als Kind mit ihren Schwestern in Danzig schutzgeimpft:

Unsere Eltern, wir drei unglückseligen Hauptpersonen ..., das Alles wurde an einem recht unfreundlichen Apriltage in Kutschen gepackt und im abgelegensten Winkel der Stadt, mitten in einem sehr schmutzigen Hühnerhofe vor einem alten, ärmlich aussehenden Hause abgeladen. Da saßen wir nun unter freiem Himmel, wir armen kleinen Mädchen, zitternd vor Angst und Kälte, umschnattert von Gänsen und Enten, umschnüffelt von neugierigen Ferkeln. Jeder von uns brachte Doctor Wolf mit einer in Blatterneiter getauchten goldenen Nadel acht kleine Wunden bei, zwei an jeder Hand, zwischen Zeigefinger und Daumen, und zwei an jedem Knie; ... zu jeder der acht kleinen Wunden, die wir erhielten, mußte neuer Eiter von den Blatternkranken geholt werden, folglich mußte Herr Nixius (der Wundarzt) 24mal, bis zum vierten Stock unter dem Dache des baufälligen Hauses hinauf- und wieder herabsteigen. In der Haustüre nahm Florentine (das Jungfernmädchen) ihm die Nadel ab, um jeder durch ihn möglichen Gefahr der so gefürchteten inneren Ansteckung vorzubeugen. Florentine überreichte sie unserer einige Schritte weiterhin stehenden Kasche (Kinderfrau), von dieser erhielt sie, abermals in einiger Entfernung, unsere Mutter, die sie dann endlich dem Doctor Wolf übergab.

Man begann damals zu ahnen, daß Unsauberkeit und Ansteckung in irgendeinem Zusammenhang stehen, aber wie sollte man sich davor schützen? Da man die Abwässer überall unbekümmert versickern ließ, wurde das Wasch- und Trinkwasser hoffnungslos verunreinigt. Der dörfliche Straßengraben, der an jedem Haus vorbeisickerte und in dem die Kinder mit nackten Füßen herumwateten und -wühlten, enthielt Schmutzwasser, menschliche und tierische Exkremente in bunter Mischung. Aber auch in den Straßen der europäischen Hauptstädte sah es im 19. Jahrhundert nicht gerade appetitlich aus, wie uns ein Wiener Bürger berichtet:

Gleiche schädliche Luft (wie im Prater) duftete aus dem Wienfluß, vielmehr aus der stinkenden Pfütze, die sich nur nach schwerem Regen auf kurze Zeit verlor, aus welcher sich unausstehlicher Gestank, selbst einen Teil der Stadt nicht ausgenommen, verbreiteten und ihre Wirkung ausübte. Es wurden überdies von den Bewohnern häuslicher Unrat, Mist, Fleischabfälle, selbst tote Katzen und Hunde hineingeworfen, die da in Verwesung übergingen.

Wir wissen, daß man selbst bei vielen wohlhabenden Leuten jener Zeit das Waschen nur auf Gesicht und Hände beschränkte und mit dem Wäschewechsel äußerst sparsam wirtschaftete. Für die Kinder der Armen gehörte die Sauberkeit in das Gebiet des unerreichten Luxus, denn das Wasser mußte von oft entfernt liegenden Brunnen in Eimern herbeigeschafft werden. In einem Bericht aus Manchester aus dem Jahre 1859 heißt es:

Kinder von so schmutzig lebenden Leuten werden selten mehr als einmal in vielen Wochen gebadet, und auch dann nur sehr unvollkommen und ohne Seife. Später haben sie sich an den Schmutz gewöhnt und handeln danach. Das Hemd sowie die übrigen Kleider tragen sie, bis ihnen die Fetzen herunterfallen. So ist ihre Bekleidung ständig schmutzig, kotig und stinkend. Das Zimmer, in dem sie sich befunden haben, behält noch längere Zeit nach ihrer Entfernung den Geruch des Elends.

In den Städten litten die Kinder nicht nur unter der dauernden Ansteckungsgefahr durch den Schmutz, dazu kam noch der Mangel an frischer Luft und Sonne, da viel zu viele Menschen in den engen Gassen zwischen lichtlosen Höfen wohnten:

Es gibt Kellerwohnungen, die bei jedem Gewitterregen überschwemmt und wo der Fußboden und die Wände niemals recht trocken werden. Diese Wohnungen sind eng und niedrig, und wenn sie auch Raum genug hätten, so ziehen doch viele und so starke Familien hinein, die in einer einzigen kleinen und niedrigen Stube essen, arbeiten, schlafen, einheizen, Licht brennen, sich an- und auskleiden, krank liegen und ausdünsten, daß einer, der solche Luft nicht gewohnt ist, ohnmächtig werden muß, wenn er in einen solchen faulen Gestank kömmt. Aus solchen unterirdischen Löchern kommen gemeiniglich die ansteckenden Krankheiten hervor.

Zu dem Mangel an Sauberkeit und frischer Luft kam die unzureichende oder auch falsche Ernährung der Kleinkinder und Säuglinge. Lange Zeit glaubte man, feste Nahrung sei für Kinder unter drei Jahren nicht bekömmlich. Frisches Obst galt als gesundheitsschädlich, Gemüse als unverdaulich für Kleinkinder und Säuglinge. Brot wurde von der Mutter oder Großmutter vorgekaut, bevor man es dem Kind in den Mund stopfte. Von der ›stärkenden‹ Wirkung des Weines war man so überzeugt, daß man ihn auch den kleinsten Kindern nicht vorenthielt. Einige Ärzte warnten zwar gelegentlich vor einem Zuviel, aber daß man einem Kind beim Entwöhnen in Wein getauchte Brotkrumen verabreichte und unruhige Kinder mit Branntwein einschläferte, war eine weitverbreitete Sitte.

Schlafsaal im Findelhaus zu Paris 1846

Erst langsam konnte sich die Erkenntnis durchsetzen, daß für Kinder andere Bedingungen gelten als für Erwachsene. In den Spitälern lagen noch bis Ende des 18. Jahrhunderts Kinder und Erwachsene zusammen. In dem großen Pariser Krankenhaus ›Hôtel Dieu‹, wo in jedem Saal zirka hundert Betten standen, steckte man acht bis neun Kinder in ein großes Bett. Auf den Gedanken, ansteckende Krankheiten in gesonderten Räumen zu behandeln, war noch niemand gekommen.

Selbst als 1802 in Paris das erste Kinderkrankenhaus eingerichtet wurde, besserten sich die Zustände zunächst nur wenig:

Wie viele Kinder sah ich in dieses Hospital eintreten und in kurzer Zeit, von den herrschenden Masern, Stickhusten usw. befallen, ein Opfer der Anstalt werden, die ihnen Hilfe und Rettung bringen sollte, berichtet ein Wiener Arzt.

Trotzdem war mit diesem Krankenhaus der Anfang einer Kinderheilkunde gemacht. Jahrzehntelang strömten aus allen Teilen des Landes die Ärzte hierher, um das Wesen der Kinderkrankheiten zu studieren. Nach und nach entstanden in allen Teilen Europas Kinderkrankenhäuser. Diese Anstalten haben die Erfahrungen der Ärzte auf dem Gebiet der Kinderheilkunde vertieft, aber gesund werden konnten die kleinen Patienten hier nur selten. Da es sich ja ›nur‹ um Kinder handelte, mußten sie mit dem Raum vorliebnehmen, der in der Klinik übrigblieb. Noch 1894 berichtet ein Arzt über die Verhältnisse in der Berliner Universitätskinderklinik:

Sie war in einem Seitenflügel des alten Charité-Krankenhauses in aneinanderstoßenden, nur auf einer Seite mit Fenstern versehenen, halb dunklen Sälen und einigen kleinen Zimmerchen untergebracht. Die Säuglinge lagen zusammengepfercht in einem kaum lüftbaren Durchgangszimmer.

Um die Jahrhundertwende trat hier ein grundlegender Wandel ein. Das soziale Gewissen, das man vorher immer nur bei einzelnen, warmherzigen Persönlichkeiten angetroffen hatte, entfaltete sich nun auf einmal sprungartig zu einer allgemeinen sozialen Verantwortung. Die alten düsteren, unsauberen Kinderkliniken sind inzwischen durch luftige, helle geräumige Anstalten ersetzt worden, in denen peinlichste Sauberkeit herrscht. Hier behandelt man nur noch akute Kinderkrankheiten, während pflege- und erholungsbedürftige Kinder in Bädern und Erholungsheimen Aufnahme finden. Ein Netz von Fürsorgeeinrichtungen, Mütterberatungen sorgt für die Aufklärung der Mütter über die Pflege und Ernährung des Säuglings. Mit langsam steigendem Wohlstand konnte die Hygiene den Schmutz besiegen. Wasserleitung und Kanalisation bewirkten eine rapide Vermehrung der Badewannen. Stadtrandsiedlungen schossen wie Pilze aus dem Boden, und den Erfolg dieser allgemein verbesserten Lebensbedingungen können wir heute noch an den Statistiken ablesen: Schlagartig sank die Säuglingssterblichkeit auf ein Mindestmaß herab.

Mit der erhöhten Fürsorge für das kranke Kind wandelte sich allmählich auch die Einstellung zu denen, die blind oder taub geboren werden oder mit verkrüppelten Gliedern zur Welt kommen.

Heute erregt ein Mensch, der anders aussieht, als man es gewohnt ist, höchstens noch Neugier, in alten Zeiten dagegen wurde alles Fremde und Andersartige mit Furcht und Abscheu betrachtet. Unheimlich war auch das mit körperlichen Fehlern behaftete Neugeborene. Seit der Annahme des christlichen Glaubens durfte man zwar krüppelhafte Kinder und Mißgeburten nicht mehr töten oder aussetzen, daß es aber bei der Geburt dieser Kinder ›nicht mit rechten Dingen‹ zugegangen war, das stand für jedermann außer Zweifel. Wechselbälge nannte man diese armen Geschöpfe, und selbst Martin Luther glaubte noch an ihre dunkle Herkunft:

Solche Wechselbälge oder Kielkröpfe supponit Satan in locum verorum filiorum (unterschiebt der Teufel an Stelle der wahren Kinder) *und plaget die Leute damit. Denn diese Gewalt hat der Satan, daß er die Kinder auswechselt, und einem für sein Kind einen Teufel in die Wiege legt, das denn nicht gedeihet, sondern nur frisset und säufet; aber man saget, daß solche Wechselbälge und Kielkröpfe über 18 und 19 Jahre nicht alt werden.*

Das Leben, das diesen Kindern bevorstand, war meist eine unvergleichliche Leidensgeschichte, denn die Umwelt tat nichts, um ihnen das Leben leichter zu machen. Im Gegenteil, sie wurden wegen ihres fehlenden Augenlichts, ihrer Taubheit oder ihrer verkrüppelten Glieder sogar noch verhöhnt.

Eine Ausnahme machten hier und da nur die Blinden. An Stelle der mangelnden Sehfähigkeit entwickelte das blinde Kind meist ein außergewöhnliches Tastvermögen, das die Umwelt in Erstaunen versetzte. Auch musikalische Begabungen waren nicht selten. Oft vermittelte eine erhöhte Sensibilität dem Blinden auch Einsichten, die dem Sehenden verschlossen waren. So nahm der Blinde unter den Körperbehinderten oft eine gewisse Sonderstellung ein. Er wurde in manchen Gegenden als besonders weise, als von Gott ausgezeichnet, verehrt, oder man sagte ihm nach, daß er mit dem Teufel im Bunde stehe.

Viel schwerer hatten es die Taubgeborenen. Ihr Leiden wurde meist nicht unmittelbar nach der Geburt bemerkt. Man hielt diese Kinder, die nicht sprechen ›wollten‹, für verstockt und suchte ihre vermeintliche Bosheit durch Schläge auszutreiben. Noch schlimmer erging es denen, die im Anschluß an eine Krankheit oder einen Unglücksfall ertaubten, denn man sah in der Taubheit eine Strafe Gottes für irgendwelche Übeltaten. Die armen Kranken wurden nicht selten gefoltert und hingerichtet. ARISTOTELES hielt die Tauben für Idioten, und dieser Ansicht begegnen wir sogar noch bei KANT und bei HERDER, die der Meinung waren, daß taubstumme Kinder immer ›unmenschliche Tiere‹ bleiben.

Am schwersten hatten die krüppelhaften Kinder zu leiden. Die Eltern schämten sich ihrer, da sie sich von Gott gestraft oder vom Teufel gezeichnet fühlten, und die Umwelt überschüttete die armen kleinen Wesen mit Hohn und Spott. Geistig waren diese Kinder meist völlig normal, so erwarben sie sich in der Schule des Leidens, die sie durchmachen mußten, oft eine hohe Intelligenz, die sich aber in der boshaften Atmosphäre, die ihnen überall entgegenschlug, kaum harmonisch entfalten konnte. In ständiger Abwehr gegen die seelische Grausamkeit der Mitmenschen bekamen die Krüppel oft eine ungewöhnlich scharfe Zunge, eine derbe Schlagfertigkeit oder einen bissigen Humor. So entstand die tragische Figur des verkrüppelten oder zwergenhaften Hofnarren, die zur grausamen Belustigung der Potentaten herhalten mußte.

Von jedermann herumgestoßen, verhöhnt und mißhandelt, hatten die körperbehinderten Kinder natürlich wenig Gelegenheit, schöne Tugenden zu entfalten. Das einzige Vorrecht, das sie genossen, war die behördliche Erlaubnis, zu betteln. Sie machten sich aber auch oft kein Gewissen daraus zu stehlen, was man ihnen freiwillig nicht gab. Darum warf man sie kurzerhand mit Dieben und Verbrechern in einen Topf. Die Inschrift ›Miseris et malis‹ über den Armen-, Kranken- und Strafanstalten spricht es deutlich aus, daß diese Häuser unter ihrem Dach das ganze ›Gesindel‹ versammelten, mit dem man nichts zu tun haben wollte, das den ehrbaren Leuten ausgesprochen lästig war.

Nur ganz vereinzelt kamen warmherzige und verständige Menschen einmal auf den Gedanken, die Körperbehinderten zu bilden. In Spanien hört man im 16. Jahrhundert von einem Mönch, der die tauben Kinder unterrichtet. Er lehrte sie Buchstaben und Worte schreiben, indem er ihnen den Sinn durch Gebärden erklärte. 1620 erschien ein Buch von PABLO BOUET, ›Von der Natur der Buchstaben und der Kunst, Stumme sprechen zu lehren‹, darin wurde ein Fingeralphabet beschrieben, das der Lehrer dem tauben Schüler in die Hand tastete. Mit dieser ›Sprache‹ konnten sich die Taubstummen wenigstens untereinander verständigen. Aber die Öffentlichkeit zeigte noch wenig Verständnis für diese Bemühungen, sondern verfolgte die Nachfolger Pablo Bouets als Zauberer.

In Lüneburg wurden im 18. Jahrhundert dem Pfarrer RAPHEL drei taubstumme Kinder geboren. Er gab sich mit ihrer Erziehung größte Mühe, denn er hatte eine soeben erschienene Schrift des Schweizer Arztes AMAN gelesen: ›Der redende Taube oder die Methode, durch welche der Taubgeborene sprechen lernen kann.‹ Man glaubte bis dahin noch, daß die tauben Kinder auch stumm seien, denn man hatte nicht bedacht, daß sie nur deshalb ihre Sprechwerkzeuge nicht benutzen lernen, weil sie weder ihre eigene noch die Stimme anderer hören können.

Der Pfarrer veranlaßte seine Kinder, durch Freude, Erschrecken oder Schmerz irgendwelche Töne von sich zu geben, und ließ die Laute, die er selbst von sich gab, von den Kindern erfühlen, indem er ihre Hand an seine Kehle legte. Aus den Lauten entwickelte er nach und nach die Vokale, ließ die Mundstellungen bei den Lauten und auch bei den Konsonanten nachmachen, und dabei mußten sich die Kinder im Spiegel beobachten.

In Frankreich bekam der 1712 in Versailles geborene MICHEL EPÉE die Aufgabe, zwei taube Mädchen zu unterrichten. Er kannte die Methode des Schweizer Arztes nicht, hatte aber beobachtet, daß die Taubstummen sich untereinander durch Gebärden verständigen. Er wußte auch, daß bestimmte Mönchsorden, die das Schweigegelübde abgelegt haben, sich verbotenerweise durch eine Zeichensprache so gut auszudrücken verstehen, daß sie sich sogar Witze erzählen können. Michel Epée benutzte eine von ihm selbst erfundene Gebärdensprache und lehrte die Kinder zugleich die Schriftsprache. 1770 gründete er eine Anstalt für taube Kinder, die nach der Französischen Revolution zur Nationalanstalt erhoben wurde.

Im 19. Jahrhundert entstanden in vielen europäischen Ländern ähnliche Anstalten für Taubstumme. Einige unterrichteten die Kinder nach der Amanschen Methode, andere nach der von Epée. Über hundert Jahre dauerte der Streit darüber, welche die bessere von beiden Methoden sei. Die Psychologen erklärten die Amansche Methode für unnatürlich, da die tauben Kinder in der Tat nur unter großen Schwierigkeiten die Lautsprache erlernten, während sie sich die Gebärdensprache und das Fingeralphabet spielend aneigneten. Aber im Umgang mit den sprechenden Mitmenschen bedeutete die Lautsprache doch eine bedeutende Erleichterung. Einige Lehrer versuchten es auch mit beiden Methoden, sie lehrten zuerst das Fingeralphabet und dann die Lautsprache.

Das Jahrhundert der Aufklärung brachte auch für die blinden Kinder neue Wege in eine bessere Zukunft. In Paris lebte gegen Ende des 18. Jahrhunderts eine hochbegabte blinde Sängerin und Pianistin aus Wien, THERESIA VON PARADIES. Sie war wegen ihrer ausgezeichneten Bildung und ihres menschlich sympathischen Wesens geachtet und beliebt. Im Jahre 1783 lernte sie einen französischen Beamten kennen, der sich für ihr Schicksal brennend interessierte. Er war Zeuge eines Blindenkonzerts geworden, bei dem ein geschäftstüchtiger Wirt die Blinden in alberner Verkleidung, mit umgekehrten Notenblättern musizierend, dem Gespött der Zuschauer preisgab. Dieses traurige Erlebnis hatte in VALENTIN HUY den Entschluß reifen lassen, die Blinden das Lesen zu lehren. Theresia von Paradies erzählt ihm, daß sie einen kleinen Setzkasten besitzt, mit dem sie einem blinden Freund Briefe druckt, die er sich dann vorlesen läßt. Nun entwikkelt Huy eine erhabene Druckweise, die von den Blinden ertastet werden kann. Er gründet eine Blindenschule, in der die Kinder eine Perlschrift lernen, die sie mit Stecknadeln in das Papier stechen. In dieser Schule wird auch LOUIS BRAILLE ausgebildet, der später die Blindenschrift entwickelt, die seit 1870 an allen Blindenschulen eingeführt wurde und, mit einigen Verbesserungen, heute noch in Gebrauch ist.

Seitdem hat sich für die blinden Kinder ein weites Feld von Bildungsmöglichkeiten aufgetan. Durch ihren besonders feinen Tastsinn, durch die fehlende äußere Ablenkung, die ihnen eine erhöhte Konzentration ermöglicht, leisten sie sogar in den für sie geeigneten Berufen oft mehr als die Sehenden.

Das einmal geweckte Gewissen, das sich für die Schwachen und Hilfsbedürftigen einsetzte, nahm sich schließlich auch der verkrüppelten Kinder an. 1832 wurde in Bayern eine Erziehungsanstalt für verkrüppelte Kinder gegründet, und bald folgten in allen Ländern ähnliche Stiftungen. Seit 1909 gibt es eine organisierte Krüppelfürsorge, die sich auch mit der Entwicklung von orthopädischen Hilfsmitteln befaßt. Durch Krücken oder Prothesen bekommen die Kinder die Gehfähigkeit oder die Möglichkeit zu greifen. Sie werden aber auch durch Gymnastik, Sport und Geschicklichkeitsübungen in ihrer Bewegungsfähigkeit gefördert.

Mit besonderer Sorgfalt widmet man sich heute aber auch der sozialen Erziehung der körperbehinderten Kinder, denn sie brauchen einen starken moralischen Halt, um mit den erschwerten Lebensbedingungen fertig zu werden.

Auch die Mitmenschen machen diesen Kindern oft das Leben schwer. Wenn früher die Blinden, Tauben und Krüppel unter der Lieblosigkeit der Menschen litten, so werden sie heute oft durch zu starke, wenn auch mitleidige Beachtung und Betreuung behindert. Zur Schau getragenes Mitleid schafft eine gedrückte Atmosphäre, in der kein Kind gedeihen kann. Für viele blinde Kinder beginnt erst in der Blindenanstalt ein fröhliches, unbeschwertes Leben, weil sie hier, unter ihresgleichen, nicht bemitleidet werden, sondern wie ein natürliches Kind leben. Sie dürfen laufen und springen, turnen und klettern und sogar Stelzen laufen. Man versucht hier, diesen Kindern mit allen Mitteln eine größtmögliche Selbständigkeit zu geben.

Mehr und mehr geht man dazu über, die Eltern von körperbehinderten Kindern in Erziehungskursen über den Umgang mit diesen Kindern zu belehren, denn hier kann ein Zuviel an Liebe und Betreuung oft genausoviel Schaden anrichten wie zuwenig. Das Kind soll ja vor allem lernen, sich selbst so gut wie möglich zu helfen, aber um das richtige Gleichgewicht zwischen Helfen und Gewährenlassen zu finden, ist eine gewisse heilpädagogische Schulung nötig.

Darüber hinaus fehlt es auch immer noch an einer entsprechenden Aufklärung der Öffentlichkeit. Wie oft wird ein körperbehindertes Kind von Nachbarn und Straßenpassanten durch falsches, zur Schau getragenes Mitleid belästigt, das sich entweder in taktloser Neugier oder in überflüssiger, übertriebener Hilfestellung auswirkt. Wenn wir jedoch auf die geschichtliche Entwicklung zurückblicken und feststellen, wie die Verantwortlichkeit für die Schwachen und Hilfsbedürftigen in den letzten Jahrhunderten ständig gewachsen ist, dann dürfen wir auch damit rechnen, daß sich in absehbarer Zeit ein taktvolles und verständiges Verhalten den Körperbehinderten gegenüber einstellen wird.

Am schwersten unter den kranken und anomalen Kindern haben es bis heute diejenigen, bei denen der Geist, der Wille oder das Gefühlsleben nicht ganz harmonisch entwickelt ist. Diesen Kindern begegnet man in der Öffentlichkeit immer noch mit viel Unverständnis, weil ihnen der seelische Defekt oft als Bosheit ausgelegt wird. Es ist bis heute noch viel zuwenig bekannt, wodurch diese ›Schwererziehbaren‹ sich von den normal veranlagten Kindern unterscheiden.

Vor einem Gemüseladen steht eine Kiste mit rotbackigen Äpfeln. Ein kleiner Junge, der an der Hand seiner Mutter vorübergeht, greift in die Kiste und kann dann gar nicht verstehen, daß er den Apfel wieder hergeben soll. Brüllend hält er ihn fest, und die Mutter hat alle Mühe, ihn aus seinen kleinen Händchen zu befreien. Zwei Jahre später weiß derselbe Junge ganz genau, daß man so etwas nicht tut, und wenn ihn die Äpfel noch so freundlich anlachen, er kann sich beherrschen und läßt sie liegen.

Es gibt aber auch Kinder, die sich nicht beherrschen können. Ihre Wünsche sind heftiger als die Kraft, sie zu unterdrücken. Diese Kinder bedürfen einer besonders sorgfältigen Erziehung. Wenn man sie falsch behandelt, besteht für sie die Gefahr zu asozialem oder sogar kriminellem Verhalten.

Bei einigen ist der Wille zu schwach, bei anderen fehlt es am Verstand, bei manchen ist das Gefühl zu stark oder zu schwach entwickelt. Früher hat man diese Kinder ausnahmslos als böse und sündhaft betrachtet. Das einzige ›Heilmittel‹ waren Prügel, die keine Wirkung zeigten und schließlich in Mißhandlungen ausarteten. Diese Methode verschlimmerte das Übel nur, und so landeten diese Kinder über kurz oder lang in einer Strafanstalt.

Der Wiener Theologe MILDE, der bereits zu Beginn des 19. Jahrhunderts eine ›Moralische Heilkunde‹ für die Schwererziehbaren anregte, hatte seine Kindheit in Brünn verbracht, wo auf dem nahen ›Spiegelberg‹ eines der fürchterlichsten Verliese Mitteleuropas existierte. Die unmenschliche Behandlung, die den dort Eingekerkerten zuteil wurde, hat ihn so nachhaltig beeindruckt, daß er sich sein Leben lang für eine heilpädagogische Erziehung der abartig Veranlagten einsetzte. Er mahnte die Erzieher, Anthropologie zu studieren, da die sittlichen Fehler meist auf Geistes- oder Willensschwäche zurückzuführen seien. Einzelne hochbegabte Pädagogen haben seitdem immer wieder versucht, durch heilpädagogische Mittel auf die Schwererziehbaren einzuwirken. Der Erfolg hat ihnen auch recht gegeben, aber in der Öffentlichkeit bringt man diesen Bemühungen immer noch wenig Verständnis entgegen.

Vielleicht gesteht man den geistesschwachen unter den schwererziehbaren Kindern noch am ehesten zu, daß sie in ihrer Entwicklung benachteiligt sind. Aber leider herrschen auch hier noch alte Vorurteile. Welchen vernünftigen Grund könnten sonst Eltern haben, sich eines geistesschwachen Kindes zu schämen. Viel zu leicht wird meist die Hoffnung auf eine, wenn auch noch so geringe Bildungsfähigkeit aufgegeben. Dabei sind nur eine sehr geringe Anzahl der Geistesschwachen völlig bildungsunfähig.

In den Pflegeanstalten für Geistesschwache begann man zunächst mit einer praktischen Schulung, inzwischen hat man erkannt, daß viele dieser Kinder musikalisch ansprechbar sind oder sich zeichnerisch und plastisch auszudrücken verstehen, so kann sich der Gesichtskreis dieser Kinder oft durch eine musische Beeinflussung noch beträchtlich erweitern.

Besonders schwer haben es häufig die Kinder mit einer leichteren Geistesschwäche, die zu Hause erzogen werden und zur Not sogar eine Schule besuchen können. Weil man bisher den Wert eines Menschen allzusehr und zu ausschließlich nach seinen intellektuellen Fähigkeiten bemessen hat, wurden Geistesschwäche, ja selbst mindere intellektuelle Begabung als eine Schande angesehen.

Auch bei der Erziehung der normalen Kinder herrscht heute immer noch die theoretische Bildung vor, während die praktische und soziale Erziehung, die Gefühls- und Willensbildung stark vernachlässigt wird. Ein gesundes Kind überwindet diesen Mangel, dank seiner seelischen Robustheit, meist in den Jahren nach der Schulzeit wieder. Aber das geistesschwache Kind scheitert bei einer rein theoretischen Erziehung vollständig und wird für viel ›dümmer‹ gehalten, als es in Wirklichkeit ist.

Das geistesschwache Kind braucht nicht nur eine andere, sondern eine bessere Erziehung als das normale. Was eigentlich jedes Kind in der Schule lernen müßte: wie man lebt und wie man arbeitet, wie man sich seinen Mitmenschen gegenüber verhält, das muß das geistesschwache Kind unbedingt lernen. Man lehrt es diese Dinge an praktischen Tätigkeiten aus dem wirklichen Leben, nachdem man das einzelne Kind, seine Schwächen und seine Fähigkeiten, vorher sorgfältig beobachtet hat. Die Geistesschwäche wird dadurch nicht behoben, diese Kinder sind ständig auf eine verständnisvolle Rücksichtnahme, auf die Hilfe und den Takt ihrer Mitmenschen angewiesen. Aber mit Einsicht und Überlegung ist es durchaus möglich, viele von ihnen so in die Gesellschaft einzugliedern, daß sie, ihren Kräften entsprechend, ihren Platz ausfüllen. Das wird ihnen oft dadurch erschwert, daß die ›normalen‹ Menschen so ungebildet oder taktlos sind und nicht wissen, daß Geistesgaben kein Verdienst und ihr Mangel keine Schande ist.

Noch weniger Toleranz erfahren die Schwererziehbaren, deren Gefühls- oder Willensleben nicht normal entwickelt ist. Diese Kinder wirken äußerlich betrachtet ganz gesund, es fehlt ihnen körperlich und geistig scheinbar nichts. Sie erregen aber Aufmerksamkeit und Unwillen, weil sie sich nicht beherrschen können. Sie lassen sich leicht beeinflussen, von guten wie von schlechten Vorbildern, sind leicht erregbar, triebhaft oder streitsüchtig, manchmal auch unehrlich. Ihre Veranlagung ist, an der gesunden gemessen, ausgesprochen disharmonisch. Manchmal sind sie geistig sogar hochbegabt, aber es fehlt ihnen der regulierende Einfluß des Gefühls oder des Willens.

Diese Kinder werden von den meisten Erwachsenen scharf verurteilt. Dabei sind sie im Grunde genauso ›behindert‹, wie etwa die Blinden oder die Tauben. Der Mangel, an dem sie leiden, liegt aber weniger erkennbar im seelischen Bereich. Man kann ihnen keine gelbe Armbinde umhängen, sie sind darauf angewiesen, daß Eltern und Erzieher einige Menschenkenntnis besitzen und den Grund ihres anomalen Verhaltens in ihrem unterentwickelten Gefühls- oder Willensleben erkennen.

Diese Art von schwererziehbaren Kindern entwickelt sich bei falscher oder mangelhafter Erziehung fast immer zu Störenfrieden der Gesellschaft, sie werden asozial oder kriminell. Auch diese Kinder leiden ganz besonders unter der heute üblichen normalen Schulerziehung, weil hier die soziale Erziehung und die Willens- und Gefühlsbildung so stark vernachlässigt werden. Wenn diesen charakterschwachen Kindern frühzeitig eine sorgfältige Willens- und Gefühlsbildung zuteil würde, könnten viele von ihnen vor kriminellem oder asozialem Verhalten bewahrt bleiben.

Unter den Verbrechern, die heute unsere Strafanstalten bevölkern, befinden sich nachweislich 80 Prozent, die bei einer besseren Erziehung vielleicht etwas haltlose und leichtfertige Menschen, aber niemals straffällig geworden wären.

In der Erziehung dieser gefährdeten Kinder sucht man darum heute neue Wege. Daß die Strafe dabei ein vollkommen ungeeignetes Mittel ist, hat man längst erkannt. Man schlägt ja auch keinen Tauben, weil er nicht hört. Einem willensschwachen Kind gibt man Gelegenheit, seinen Willen zu üben, und ein unbeherrschtes, begehrliches Kind wird behutsam auf eine produktive Tätigkeit und auf positive Ziele gelenkt. Ein Junge mit einem zunächst krankhaften Zerstörungstrieb wurde durch verständnisvolle Lenkung eines Psychologen zu einem tüchtigen Sprengmeister beim

Tunnelbau. Als sein Lehrer ihn später einmal fragte, ob er mit seinem Beruf zufrieden sei, antwortete er strahlend: »Na und ob, da krachts, dös mog i, do bin i dabei!«

Bei der Behandlung der Schwererziehbaren hat die Psychologie in den letzten Jahrzehnten unschätzbare Dienste geleistet. Sie bemüht sich, aus minderbegabten oder schwach veranlagten Kindern, die man früher als hoffnungslos ›dumm‹, ›faul‹ oder ›böse‹ abstempelte, vollwertige Glieder der menschlichen Gesellschaft zu machen. Während man in vergangenen Zeiten diese Kinder durch rohe oder grausame Behandlung systematisch verdarb und unbrauchbar machte, gibt man ihnen heute die Hilfe und den Halt, den sie so notwendig brauchen.

Wem gehört das Kind

Vor dem Richter stehen zwei Frauen und streiten sich um ein Kind. Die eine hat es geboren und pocht auf ihr Besitzrecht. Die Rivalin, eine Magd, hat das Kind großgezogen, als die Mutter mit einem anderen Manne ging und das Kind alleine ließ. Wenn der Richter das Kind gefragt hätte, bei wem es bleiben möchte, hätte es sich wahrscheinlich für die Magd entschieden, da es seine Mutter gar nicht kannte. Aber der Richter wollte die Entscheidung nicht von dem Willen eines unverständigen Kindes abhängig machen, er fand einen anderen Weg. Mit einem Stück Kreide zeichnete er auf den Boden einen Kreis, stellte das Kind hinein und forderte die beiden Frauen auf, das Kind bei der Hand zu nehmen. Auf ein verabredetes Zeichen sollte jede Frau versuchen, das Kind auf ihre Seite zu ziehen. Als der Richter das Zeichen gab, zog die Mutter das Kind mit einem energischen Ruck auf ihre Seite. Die Magd dagegen gab sofort nach, als sie den harten Griff der Mutter spürte, weil sie fürchtete, dem Kind den Arm auszureißen. Von diesem fürsorglichen Verhalten leitete der Richter seinen Urteilsspruch ab. »Du hättest das Kind, um es zu besitzen, unbedenklich in Stücke gerissen«, sagte er der Mutter und übergab das Kind der Magd, die es nicht nur großgezogen, sondern durch diese Probe gezeigt hatte, daß ihr das Wohl des Kindes höher stand als sein Besitz.

Diese Geschichte erzählt man sich in etwas abgewandelter Form bei verschiedenen Völkern. Sie entstammt einer Zeit, die noch keine geschriebenen Gesetze kannte. Der hier gefundene Urteilsspruch deckt sich bereits genau mit unserer heutigen Auffassung, die den Schutz des Kindes als ihre vornehmste Pflicht ansieht. Er beweist aber auch, daß dieser Schutzgedanke der Menschheit eingeboren ist, wenn er auch im Laufe der Jahrhunderte oft verwischt, zurückgedrängt oder ganz unterdrückt wurde.

Im Altertum besaß der Vater ziemlich eindeutige Besitzrechte über das Kind, er konnte darüber verfügen wie über jede andere Sache aus seinem

Die Geburt eines Kindes gilt als bewiesen, wenn man seine Stimme an den vier Wänden vernommen hat. Die vier Zeugen deuten auf ihre Ohren, zum Zeichen, daß sie das Kind gehört haben. Sachsenspiegel, um 1200

Besitz. Im frühen Mittelalter schloß das alte Muntrecht zwar gewisse Schutzpflichten mit ein, aber sie bezogen sich vor allem auf den zu vererbenden Besitz. Eine Wandlung im Verhältnis zum Kind hatte sich bereits in Rom, zur Zeit der Geburt Christi, angebahnt. In dieser Zeit allgemeiner Veränderungen stellten die Philosophen alles in Frage, was bis dahin gelebt und gelehrt worden war, insbesondere die bisherigen Besitzansprüche des Menschen. *Sage nie von deinem Besitz: Ich habe ihn verloren,* rät EPIKTET, *sondern sag: Ich habe ihn zurückgegeben. Dein Kind ist dir gestorben, sage, es ist zurückgegeben! Dein Weib ist gestorben, sage, es ist zurückgegeben! Dein Landgut wurde dir genommen, es wurde zurückgegeben! Aber ein Bösewicht, so rufst du leidenschaftlich, hat es mir fortgenommen. Was liegt daran? Was besagt es, durch wen es der Geber aller Dinge zurückfordert? Wir sind alle Reisende in fremder Herberge – auf dem Wege zur ewigen Heimat.*

Der Gedanke, daß das Kind ein Geschenk Gottes ist, wurde durch das vordringende Christentum mehr und mehr befestigt. Theoretisch stand das Kind, sobald es getauft war, unter dem Schutz Gottes. Aber die kinderfreundliche Botschaft Jesu wurde von den stolzen Römern ebensowenig erfaßt wie von den robusten Germanen. Das Kind blieb weiterhin unter dem handfesten Besitzrecht des Vaters, wie im römischen Recht. Auch von einem Recht der Mutter ist dabei niemals die Rede, da die Frau ebenfalls zum Eigentum des Mannes zählt. Bezeichnenderweise erhält ›das‹ Weib genau wie ›das‹ Kind im mittelalterlichen Sprachgebrauch den sächlichen Artikel.

Während des ganzen Mittelalters wird dieses fast uneingeschränkte Besitzverhältnis zwischen Vater und Kind aufrechterhalten und dadurch gekennzeichnet, daß man dem Vater alle Rechte zuerkennt, während von seinen Pflichten kaum einmal die Rede ist. Nur Besitz kann die Rechtsansprüche des Kindes geltend machen. Um so mehr wird von den Pflichten des Kindes seinen Eltern gegenüber gesprochen, es sind Gehorsamspflichten, die sich praktisch auf alles beziehen, was der Vater von seinem Kind fordert. Zwar hatte das sogenannte ›Kleine Kaiserrecht‹ von 1326 den Versuch gemacht, die Besitzrechte des Vaters einzuschränken, wenn er sich als erziehungsunfähig erwies. Im Kapitel 5 ›Von dem Vater, der unberechtigt mit seinem Sohne lebt‹, heißt es da:

Wenn ein Vater mit seinem Kinde in Unfrieden lebt, ohne daß es das Kind verdient, und die Schuld beim Vater liegt, dann hat der Kaiser erlaubt den nächsten Verwandten des Vaters, daß sie den Sohn vom Vater wegnehmen, wobei ihm aber das Erbe gesichert bleibt.

Hier kam einmal das Recht des Kindes zur Geltung, es vermochte sich jedoch nicht durchzusetzen. In den allgemeingültigen Sitten waren der kindliche Gehorsam und die elterliche Gewalt stets die Richtschnur bei allen nur denkbaren Streitigkeiten. Dieses Verhältnis änderte sich rechtlich erst nach der Französischen Revolution. Im ›Code Civil‹ wird das Rechtsverhältnis der Eltern in einen Auftrag zur Fürsorge, zum Schutz und zur Erziehung des Kindes umgewandelt, und im BGB, das am 1. Januar 1900 in Kraft trat, ist die frühere ›Herrschaftsmacht‹ des Vaters in ein ›Schutzverhältnis‹ umgeformt. Gleichzeitig schaltet sich der Staat als eine Art Obervormund ein, der, wenn es notwendig erscheint, die Aufgaben des Vaters kontrolliert und korrigiert.

Im allgemeinen Rechtsempfinden war jedoch das alte Machtverhältnis zwischen Vater und Kind so schnell nicht umzuwandeln. Das kommt in vielen Gerichtsurteilen zum Ausdruck, die für relativ kleine Eigentumsdelikte hohe Strafen aussprachen, während ein Vater, der sein Kind mißhandelt hatte, viel gnädiger davonkam.

So berichtet der ›Wuppertaler Generalanzeiger‹ am 23. 3. 1895 von einem Mann, der zu *drei Jahren Zuchthaus und zehn Jahren Ehrverlust verurteilt wurde, weil er unter den Merkmalen des Einbruchs 80 Mark gestohlen hatte, zwei andere Diebstähle, die ihm auch zur Last gelegt wurden, konnten nicht genügend nachgewiesen werden, sonst wäre die Strafe noch höher ausgefallen.* Am selben Tag stand vor dem gleichen Richter ein Vater, der sein Kind so unmenschlich mißhandelt hatte, daß die Polizei zu Hilfe gerufen werden mußte. Dieser Mann wurde, wie die Zeitung vermerkt, nur deshalb so ›hoch‹, nämlich mit sechs Monaten Gefängnis, bestraft, weil er bereits mehrfach vorbestraft war, *sein Strafregister zählte nach Seiten.*

Diese milden Strafen entsprachen der tief eingewurzelten Vorstellung, daß die Besitzrechte des Vaters eine Einmischung verbieten. Hand in Hand damit ging die immer noch sehr rückständige Einstellung zur Prügelstrafe. Diese auf dem Faustrecht beruhende Methode, die dem Stärkeren das Recht zuspricht, dem Schwachen Gewalt anzutun, gehörte zu den anerkannten Mitteln, das Zusammenleben zwischen Eltern und Kindern zu ordnen.

Selbst als das BGB längst in Kraft getreten war, konnten sich die Richter bei Mißhandlungen von Kindern immer noch nicht zu strengeren Strafen entschließen. *Im Jahre 1910 stand in Berlin ein Ehepaar unter Anklage, dessen Kind fast zum Skelett abgemagert und dessen ganzer Körper mit Striemen und eitrigen Stellen bedeckt war. Lippe, Nase und Zahnfleisch waren aufgeschlagen, das Gesäß zeigte große Verbrennungen, weil das Kind zur Strafe auf den heißen Ofen gesetzt worden war. Das Urteil lautete: Zwei Monate Gefängnis für die Mutter und Freispruch für den Vater.*

Wenn uns heute solche milden Urteile in Erstaunen versetzen, so müssen wir uns daran erinnern, daß eine jahrhundertealte Vorstellung, die dem Vater das unumschränkte Recht über das Kind zubilligt, sich nur langsam wandelt. Erst in den Jahren nach dem ersten Weltkrieg trat auch hier eine Änderung im Bewußtsein der Öffentlichkeit ein.

Mehr und mehr sind seitdem die Besitzansprüche zurückgetreten und haben dem Pflichtbewußtsein Platz gemacht. Nicht als ob es in der Vergangenheit nur Rabeneltern gegeben hätte: Auch damals kannten und befolgten viele Väter und Mütter – ohne gesetzliche Nötigung – ihre Aufgabe, das Kind zu schützen und zu fördern; es geschah nur unter einem autoritären Gesichtspunkt. Eine humanitäre Einstellung, wie sie heute allgemeinverbindlich geworden ist, konnten sich nur Eltern leisten, die in guten Verhältnissen lebten. Die meisten Eltern waren durch die wirtschaftliche Notlage gezwungen, die Kinder vom reinen Nützlichkeitsstandpunkt zu sehen. Viele Kinder, das bedeutete viele Hände, die bei der Arbeit mithelfen konnten. Unkosten verursachte ein Kind so gut wie keine. Bis zum zweiten Lebensjahr wurde es von Muttermilch ernährt und lief nahezu unbekleidet herum. Auch in den darauffolgenden Lebensjahren fielen die Ausgaben für die äußerst dürftige Kleidung und Nahrung kaum ins Gewicht. Die Arbeitsfähigkeit hingegen begann schon in zartem Alter.

Zwar gibt es auch heute noch Eltern, bei denen der egoistische Gedanke, daß Kinder zum Mitverdienen heranwachsen, im Vordergrund steht, aber sie sind nicht nur in der Minderzahl, ihr Egoismus hat viel geringere Möglichkeiten, sich zu entfalten, da sich mit den wirtschaftlichen Verhältnissen auch die Sitten geändert haben. Ein Kind verursacht heute, verglichen mit früheren Zeiten, vom ersten Lebenstag an beträchtliche Unkosten. Dabei hat sich unmerklich das Besitzdenken in ein fürsorgerisches umgewandelt. Unterderhand hat bei diesem Prozeß die Frage: »Wem gehört das Kind?« einen anderen Sinngehalt bekommen. Wenn wir heute diese Frage stellen, so bedeutet sie für uns vielmehr: Wohin gehört das Kind, wo ist es am besten aufgehoben? Daß ein Kind ohne die Geborgenheit und die Liebe einer Familiengemeinschaft nicht wachsen und gedeihen kann, ist zu Beginn unseres technischen Zeitalters manchmal übersehen worden. Die neuen Möglichkeiten, die sich aus der Beherrschung der Materie entwickeln ließen, blendeten die Urteilskraft der Menschen zeitweilig so, daß die materiellen Bedürfnisse maßlos überbewertet und Regungen wie Liebe, Zuneigung, Anhänglichkeit als angenehm, aber letztlich unwichtig und sentimental betrachtet wurden. Unbedenklich trat man in jener Zeit für eine Heimerziehung auch der kleinsten Kinder ein. Wo es aus praktischen Erwägungen notwendig erschien, glaubte man die kleinen Kinder in gutgeführten Heimen bestens aufgehoben.

Erst als man bemerkte, daß Säuglinge und Kleinkinder, die in Heimen aufwachsen, selbst bei bester Körperpflege geistig und auch körperlich verkümmern, erkannte man die lebenspendende Kraft der Liebe und der persönlichen Fürsorge, die weder durch gesunde Kost noch durch sorgsame Körperpflege ersetzt werden kann. In den ersten Lebensjahren braucht das Kind die Fürsorge einer einzelnen Person, die ihm ihre Liebe schenkt. Das kann im Notfall auch eine Ersatzmutter sein. Aber bei einer Betreuerin, die gleichzeitig zehn bis zwanzig Kinder zu versorgen hat, wird das Kind zwangsläufig zu einer mehr oder weniger unpersönlichen Karteinummer. Die Pflege und Erziehung eines Kleinkindes ist eine einmalige, unverwechselbare ›schöpferische Leistung‹, die sich der Bewältigung am Fließband entzieht.

Die Familie kann nur schwer ersetzt werden. Daß die Verschiedenartigkeit der Menschen auch eine verschiedenartige Erziehung bedingt, ist inzwischen allgemein anerkannt und auch in den Gesetzen berücksichtigt worden. Die Eltern haben das Recht, die Erziehung der Kinder selbst zu bestimmen. *Pflege und Erziehung der Kinder sind das natürliche Recht der Eltern und zuvörderst ihnen obliegende Pflicht. Über ihre Betätigung wacht die staatliche Gemeinschaft,* heißt es im Grundgesetz. Die Erklärung der Menschenrechte der Vereinten Nationen formuliert diesen Gedanken noch etwas genauer: *In erster Linie haben die Eltern das Recht, die Erziehung zu bestimmen, die ihre Kinder genießen sollen.*

Dieses Recht findet durch die allgemeine Schulpflicht eine Einschränkung, die von den meisten Eltern wortlos akzeptiert wird. Die Schule erfüllt die anerkannte Aufgabe der Vermittlung von Wissen. Damit könnte sie sich begnügen, wenn alle Eltern so gebildet wären, daß sie ihrer Erziehungsaufgabe einigermaßen zufriedenstellend nachkommen würden.

Diese zusätzliche Erziehungsaufgabe mag ein Grund, aber sicher nicht der einzige sein, warum die Schule so viel Zeit benötigt, um ihrer Aufgabe gerecht zu werden. So wie die Dinge heute liegen, ›gehört‹ das Kind den überwiegenden Teil des Tages der Schule. Nur wenige, theoretisch begabte Kinder sind imstande, ihre Hausaufgaben in verhältnismäßig kurzer Zeit zu bewältigen. Die Mehrzahl ist von Schule und Hausaufgaben durchschnittlich acht bis zehn Stunden des Tages in Anspruch genommen, die jüngeren etwas weniger, die älteren etwas mehr. Da bleiben dem privaten Zusammenleben in der Familie nur knappe Reste, Stunden, in denen sich die Kinder von den Strapazen des allzulangen Sitzens erholen müssen, und die kaum noch Zeit für ein persönliches, produktives Tun lassen. So wird die Einflußnahme der Eltern auf ein Mindestmaß eingeschränkt. Da die Schule sich immer noch – bis auf wenige Ausnahmen – darauf beschränkt, Kenntnisse einzupauken, haben die Kinder keine Gelegenheit, sich durch selbständige Tätigkeit auf das Leben vorzubereiten.

Solange sich die Eltern gegen diesen Zustand nicht wehren, fehlt dem Kind nahezu jede Möglichkeit, sich in der selbständigen Bewältigung von Problemen zu üben, die das Leben später von ihm fordert, und wir werden weiterhin über politisches Mitläufertum und infantiles Verhalten in unserer Konsumwelt zu klagen haben. Wie sollen Menschen selbständig denken und handeln können, die in den entscheidenden Lebensjahren, in ihrer Kindheit, nur darauf abgerichtet wurden, nachzusprechen, was der Lehrer ihnen vorspricht, die sich jahrelang darin üben, den Wissensstoff, den sie geboten bekommen, so lange zu wiederholen, bis sie ihn ›auswendig‹ können.

Änderungen treten immer erst dann ein, wenn sie von vielen Bürgern ernsthaft gewollt sind. Manchmal gibt das Gesetz den neuen Verhältnissen erst nach, wenn sie bereits in der Praxis vollzogen sind. Während in vergangenen Jahrhunderten das alleinige Bestimmungsrecht des Vaters allgemein anerkannt wurde, ist im 20. Jahrhundert die Mutter gleichberechtigt an seine Seite getreten. Diese Wandlung, die sich inzwischen längst eingebürgert hatte, wurde 1953 auch gesetzlich festgelegt. Seitdem sind in der elterlichen Gewalt die Unterschiede zwischen Vater und Mutter beseitigt. Da die Mutter heute die gleiche Bestimmungsgewalt besitzt wie der Vater, können ihr auch Pflichten auferlegt werden, die früher nur dem Vater oblagen.

Unter normalen, geordneten Familienverhältnissen treten diese Gesetze kaum einmal in Erscheinung. Nur in Streitfällen werden sie gefragt. Früher konnte das Gericht darauf verweisen, daß bei Meinungsverschiedenheiten im Zweifelsfalle immer der Vater das letzte Wort hatte. Wenn sich heute Vater und Mutter nicht darüber einig sind, welche Schule das Kind besuchen soll, wie sein Vermögen am besten anzulegen ist oder dergleichen, dann haben sie die Pflicht, sich so zu einigen, daß das Wohl des Kindes den Ausschlag gibt. Wenn sie über das Wohl des Kindes verschiedener Ansicht sind und jeder auf seinem Standpunkt beharrt, kann der Vormundschaftsrichter angerufen werden. Aber solch hartnäckige Streitigkeiten sind selten, meist kommt es in solchen Fällen zu einer Trennung.

Bei der Scheidung erhält einer von den Partnern das Sorgerecht über die Kinder zugesprochen. Dabei steht die Überlegung im Vordergrund, daß das Kind, wenn es noch klein ist, bei der Mutter am besten aufgehoben ist.

Vor einigen Jahren heiratete in einer westdeutschen Großstadt ein junges Paar. Beide waren in Breslau geboren und von dort geflüchtet. Die Mütter hatten die Ehe gestiftet, weil sie sich aus der alten Heimat kannten. Nach einjähriger Ehe, der soeben ein Kind entsprungen war, verlangte die junge Frau die Scheidung, weil ihr aus verschiedenen, übrigens triftigen Gründen der Mann so zuwider war, daß sie nicht mit ihm zusammen leben wollte. Der Mann hatte die Scheidung nicht verlangt, so wurde die Frau schuldig geschieden. Der Mann beantragte das Sorgerecht über das eben geborene Kind und erhielt es, versicherte aber der Frau, daß sie das Kind behalten könne. Nach sechs Jahren verlangte der Mann – er hatte inzwischen wieder geheiratet – das Kind zurück, und die Frau war maßlos empört, weil sie nicht wußte, daß der Vater das Kind rechtlich beanspruchen konnte. Als während der Scheidung das Wort Sorgerecht fiel, hatte sie angenommen, es handele sich um den monatlichen Unterhaltsbeitrag, den der Mann für das Kind zu zahlen hatte.

Solche und ähnliche Fälle kommen häufig vor, weil sich die junge Frau, wenn sie heiratet, im allgemeinen wenig um die rechtlichen Bedingungen kümmert, die das Zusammenleben zwischen Eltern und Kindern regeln. Wer sich nicht aus persönlicher Initiative über diese Dinge informiert, erfährt nur vom Hörensagen etwas darüber. Die Komplikationen, die durch diese Unwissenheit entstehen, schaden in erster Linie den Kindern. Auch aus diesem Grunde wären Elternschulen dringend notwendig, die die Eltern nicht nur über pädagogische, sondern auch über rechtliche Fragen aufklären.

Alle Gesetze, die das Verhältnis zwischen Eltern und Kindern betreffen, haben heute in erster Linie das Wohl des Kindes im Auge. Vom Recht der Eltern ist nur da die Rede, wo man den privaten Raum der Familie gegenüber öffentlichen Einflüssen abgrenzen und erhalten möchte. Wenn man früher von ›Besitzrechten‹ und ›Herrschaftsmacht‹ der Eltern sprach, so steht heute die Pflicht zur Pflege des hilfsbedürftigen und die Erziehung des heranwachsenden Menschenkindes im Vordergrund. Langsam, aber stetig hat sich im Laufe der letzten Jahrhunderte die Einstellung zum Kinde geändert. Es ist von einer Sache zu einer Person erhoben worden. Diese Wandlung wird selbst in unserer Umgangssprache deutlich. »Wie heißt du?« so fragt man ein Kind, wenn man sich nach seiner Herkunft erkundigt oder wenn man es lehren will, sich auszuweisen. Früher lautete diese Frage: »Wem gehörst du?« In einigen ländlichen Gegenden hat sich diese Redensart noch erhalten. Bald wird uns nur noch der sächliche Artikel an die Stellung des Kindes in der Vergangenheit erinnern.

Wenn im alten China ein Vater vor dem Richter erschien und seinen Sohn verklagte, so forschte niemand nach, ob der Vater die Wahrheit sagte oder ob der Sohn die ihm zur Last gelegte Tat auch wirklich begangen hatte. Das erschien unwichtig, weil der Sohn sowieso auf jede Anklage des Vaters hin bestraft wurde. Man war der Meinung, daß ein Sohn sich schon strafbar macht, wenn sein Vater mit ihm unzufrieden ist.

Elternmord galt als das schlimmste aller Verbrechen. Wenn ein Sohn seinen Vater ermordet hatte, übernahm der Kaiser persönlich das Richteramt. Alle Beamte des Distrikts wurden sofort entlassen mit der Begründung, daß nur unter einer schlechten Verwaltung eine so frevelhafte Tat vorkommen könne. Den Schuldigen riß man in Stücke, und sein Haus mußte wie ein Krankheitsherd vom Erdboden verschwinden.

Der umgekehrte Fall, daß ein Vater sein Kind tötete, kam dagegen häufig vor und erregte keinerlei Aufsehen: Es war das Recht des Vaters, sein Kind zu töten oder auszusetzen. Das Recht stand eindeutig auf der Seite des Vaters, und genauso bedingungslos gehörte die Pflicht zum Kind.

Die Vorstellung von der Gehorsamspflicht des Kindes war in der Vergangenheit fast in allen Ländern so streng und konsequent, daß das Kind für respektloses Verhalten immer harte Strafen zu erwarten hatte. Ein Sohn, der seinen Vater schlug, wurde im Alten Testament mit dem Tode bestraft. Wie empfindlich man sogar auf die Ungezogenheit der Kinder reagierte, darüber können wir im Zweiten Buch der Könige nachlesen, wo vom Propheten Elisa berichtet wird:

Und er ging hinauf gen Beth-El. Und als er auf dem Wege hinanging, kamen kleine Knaben zur Stadt heraus und spotteten sein und sprachen zu ihm: Kahlkopf, komm herauf! Kahlkopf, komm herauf! Und er wandte sich um; und da er sie sah, fluchte er ihnen im Namen des Herrn. Da kamen zwei Bären aus dem Walde und zerrissen der Kinder zweiundvierzig.

Gemessen an dieser unerbittlichen Haltung, weist die Zeit nach Christi Geburt einen deutlichen Umschwung auf. Das sonst so strenge Rechtsempfinden des Mittelalters kennt doch schon eine Einschränkung des Züchtigungsrechtes. Sie betrifft zwar nicht den Vater, sondern den Erzieher und Lehrer des Kindes, der, wenn er ein Kind schlägt, bestimmte Grenzen nicht überschreiten darf, wie es im ›Schwabenspiegel‹ aus dem Jahre 1265 heißt:

Schlägt ein Mann sein Lernkind mit Ruten oder mit der Hand ohne Blutspuren, so tut er nicht Unrecht. Blutet es aus der Nase, so hat er's nicht zu büßen. Schlägt er es aber anderweitig blutig (ausgenommen die Züchtigung mit der Rute), so muß er der Sippe und dem Richter Buße leisten. Schlägt er es tot, so hat er es zu büßen nach dem Gesetz. Niemand soll seinem Lernkind mehr als zwölf Schläge ohne Gefährdung geben.

Wie in der allgemeinen Vorstellung, so galt auch im Rechtsleben das

Kind als kleiner Erwachsener. Es erhielt, wenn es sich vergangen hatte, dieselbe Strafe wie der Erwachsene, nur in etwas kleinerem Umfang.

Angesichts schwerer Vergehen zeigt allerdings die Rechtsprechung schon so etwas wie ein halbes Eingeständnis der Tatsache, daß ein Kind sich der Schuld noch nicht bewußt und darum als noch nicht voll zurechnungsfähig zu betrachten ist. Das Lübische Recht aus dem Jahre 1180 empfiehlt darum:

Hat ein Kind ein anderes getötet, so soll der Richter das angeklagte Kind vor das getötete bringen lassen, und er soll nehmen einen Pfennig in die eine Hand und einen Apfel in die andere und dem lebendigen Kinde hinhalten. Greift es nach dem Apfel, so mag man die Tat seiner Kindheit zulegen, tastet es nach dem Pfennig, so muß es vor dem Rechte stehen.

In diesem Richterspruch wird das alte ›Gewalt-geht-vor-Recht-Denken‹, das sich in der sozialen Stellung des Kindes noch lange erhalten hatte, überwunden. Die im frühen Mittelalter geübte symbolische Rechtsprechung, stets bemüht, die geistige Ordnungsmacht gleichnishaft darzustellen, suchte auch für das Kind einen ihm gemäßen Ort im Rechtsgefüge zu finden. In späteren Jahrhunderten, als eine rationalere Denkweise in die Rechtsprechung eingedrungen war, erinnerte man sich in schwierigen Fällen noch gelegentlich dieses alten, symbolischen Rechtsdenkens. In seinem ›Rollwagenbüchlein‹ erzählt Jörg Wikram:

In einer Stadt, Franecker genannt, gelegen in Westfriesland, da ist es geschehen, daß junge Kinder, fünf-, sechsjährige Mägdlein und Knaben, miteinander spielten. Und sie ordneten ein Büblein an, das solle der Metzger sein, ein anderes Büblein, das solle Koch sein, und ein drittes Büblein, das solle Sau sein. Ein Mägdlein, ordneten sie an, solle Köchin sein, wieder ein anderes, das solle Unterköchin sein; und die Unterköchin solle in einem Geschirrlein das Blut von der Sau empfahn, daß man Würste machen könne Der Metzger geriet nun verabredetermaßen an das Büblein, das die Sau sein sollte, riß es nieder und schnitt ihm mit einem Messerlein die Gurgel auf; und die Unterköchin empfing das Blut in ihrem Geschirrlein. Ein Ratsherr, der von ungeführ vorübergeht, sieht das Elend; er nimmt von Stund an den Metzger mit sich und führt ihn in des Obersten Haus, welcher sogleich den ganzen Rat versammeln ließ. Sie saßen all über diesem Handel und wußten nicht, wie sie ihm tun sollten, denn sie sahen wohl, daß es kindischerweise geschehen war. Einer unter ihnen, ein alter weiser Mann, gab den Rat, der oberste Richter solle einen schönen roten Apfel in die Hand nehmen, in die andere einen rheinischen Gulden, solle das Kind zu sich rufen, und beide Hände gleich gegen dasselbe ausstrecken; nehme es den Apfel, so solle es als ledig erkannt werden, nehme es aber den Gulden, so solle man es auch töten. Dem wird gefolgt; das Kind aber ergreift den Apfel lachend, wird also aller Strafe ledig erkannt.

In der allgemeinen Rechtsunsicherheit des Mittelalters konnte sich das ›Kleine Kaiserrecht‹ von 1326, das den Knaben mit zwölf und das Mädchen mit vierzehn Jahren rechtsfähig machte, nur begrenzt auswirken. In

Dresden wurde im Jahre 1676 eine Dreizehnjährige als Giftmischerin verklagt und zum Tode durch das Schwert verurteilt und 1555 ein elfjähriger Junge enthauptet, weil er einen Schulkameraden erwürgt hatte.

Mehr und mehr setzte sich jedoch in den folgenden Jahrhunderten der Gedanke durch, daß ein Kind noch nicht voll verantwortlich für seine Tat sei. Papst CLEMENS XI. trat zu Beginn des 18. Jahrhunderts dafür ein, daß ›verbrecherische‹ Knaben nicht durch Strafe und Gewalt, sondern durch Erziehung und Fürsorge zu bessern seien: *Parum est coercere improbas poena nisi probos efficias disciplina.*

In allen Ländern entstanden um diese Zeit einzelne, aber weithin beachtete Anstalten zur Aufnahme und Erziehung verwahrloster Kinder. Man begann einzusehen, daß ein großer Prozentsatz der Kinder nur darum strafbare Handlungen begangen hatte, weil sie unter vollkommen unzureichenden Lebensbedingungen aufwuchsen. Diese Besserungsanstalten versuchten, jede auf ihre Weise und einem dem Geist ihrer Zeit entsprechenden Wege, die gefährdeten Kinder vom Verbrechen fernzuhalten.

In Preußen richtete AUGUST HERMANN FRANCKE 1695 die Hallenser Anstalten ein. Besserung und Bewahrung wollte man hier vornehmlich durch Arbeit und Gebet bewirken. Buße und Reue sollten die Kinder auf den rechten Weg führen, Frohsinn und Spiel galten als nachteilig für die Erziehung zum brauchbaren Menschen und waren verpönt.

In Württemberg entstanden um 1700 Wohltätigkeitsvereine, die die Ursachen der Verbrechen weniger in der Bosheit und Faulheit als in der Armut und mangelnden Erziehung sahen. Sie verlangten darum keine Reue, sondern suchten Erziehungshilfe zu geben.

Auch PESTALOZZI ging es vor allem um die *Errettung der im niedersten Stande der untersten Menschen vergessenen Kinder. – Den zum Landläufling, vielleicht zum Schelmen emporwachsenden Sohn, und das Mädchen, das ohne Hilfe und Führung zum Elend ehrlosen Lebens bestimmt, sich selbst und dem Vaterlande fast notwendig verlorengehen muß, die wollte ich retten und ihnen eine Erziehung zu einem nützlichen und tätigen Leben verschaffen.*

Im Jahre 1813 sammelte in Norddeutschland JOHANNES DANIEL FALK verwahrloste Kinder um sich. *Die Väter der einen waren in Tirol gesteinigt, die der anderen in Spanien verbrannt, der dritten in Rußland erfroren oder in jenen Schreckenstagen erschlagen, erschossen oder auch im Kampf fürs Vaterland gefallen.* Er gründete die ›Gesellschaft der Freunde in der Not‹ und richtete im Lutherhof in Weimar eine Durchgangsstelle ein, von wo aus er die Kinder in christlichen Handwerker- und Bauernfamilien unterbrachte. Von Schulerziehung hielt er allerdings nicht viel: *Was in aller Welt nützen oder frommen dem Staate Spitzbuben, die schreiben, Spitzbuben, die lesen, Spitzbuben, die rechnen können, sie sind ihm nur um so nachteiliger.* Ihm genügten Liebe und fröhlicher Arbeitsfleiß als Erziehungsmittel.

Einen großen Schritt weiter ging WICHERN, als er 1833 das ›Rauhe Haus‹ gründete. Er wollte den gefährdeten Kindern das geben, was ihnen vorenthalten worden war: *die gemütliche Wohnungs-, Tisch- und zugleich auch Arbeitsgemeinschaft, mit all der Freude und der Erholung, dem Feier- und Festleben des kleinen, abgeschlossenen häuslichen Kreises.* Er suchte eine ganzheitliche, praktische, wissenschaftliche und sittliche Ausbildung zu verwirklichen. Um diesem Ziel möglichst nahezukommen, richtete er innerhalb des Heimes kleine Gruppen ein, die sich in Arbeitsgemeinschaften fortbilden konnten. Wichern verwarf jede Massenerziehung, er suchte dem einzelnen das zu geben, was er *nach seiner Eigentümlichkeit, nach seiner ganzen Besonderheit, für seine innerste Lebenseinstellung bedarf.* Während die meisten Besserungsanstalten jener Zeit noch viel mit den Strafanstalten gemeinsam hatten, lebten die Kinder im Rauhen Haus unter zwangloser Aufsicht. *Das Leben des Kindes gedeiht nur in Freiheit,* sagte Wichern, *das heißt, der wahren Freiheit, die ebensofern ist von Zwang, als sie nicht Zügellosigkeit ist und sich nicht mit Willkür erfüllt, sondern mit dem ordnenden Gebot, das in der Freiheit sich in Geist und Leben verwandeln kann. In dieser Freiheit und zu dieser Freiheit erzieht das Rauhe Haus seine Kinder, und in der Bewahrung dieser Freiheit werden sie unter der Zucht der Liebe und im Gehorsam geübt. – Wir schmieden unsere Ketten inwendig und verschmähen die, so man von außen anlegt; denn es steht geschrieben, so euch Christus frei macht, seid ihr recht frei.*

Wichern predigte keine Buße und keine Reue, sondern schuf kleine Gemeinschaften mit Familiencharakter, in denen die gegenseitige Liebe gedeihen kann. Er erkannte, daß nur in einem kleinen Gemeinwesen die moralischen Kräfte wachsen, die mitmenschliche Verantwortung geübt werden kann.

Der Erziehungsgedanke Wicherns fand zunächst so gut wie gar keine Nachahmung. Die Straf- und Besserungsanstalten dienten weniger der Besserung als der Vergeltung. Die Wärter waren regelrechte Prügelknechte. Hin und wieder drangen Einzelheiten über die Mißhandlung der Kinder an die Öffentlichkeit. In der preußischen Erziehungsanstalt Mietschien wurde der Pfarrer BREITHAUPT vor ein Gericht gestellt. Er hatte mit seinen Gehilfen die Kinder jahrelang auf die grausamste Weise mißhandelt, bekam aber nur acht Monate Gefängnis. Das Gewissen der Öffentlichkeit nahm an diesen Tatsachen nur wenig Anstoß. Mit einem straffällig gewordenen Kind hatte kaum jemand Mitleid, darum konnten die unwürdigen Zustände auch lange ungestört erhalten bleiben.

In England nahm man sich schon früh der verwahrlosten Kinder an. 1788 gründete JOHN HONWARD einen Verein, der sich die Aufgabe stellte, Kinder nach ihrer verbüßten Strafe aufzunehmen und erzieherisch zu betreuen. Im 19. Jahrhundert lösten Miß CARPENTER und LORD SHAFTESBURY, unterstützt durch CHARLES DICKENS, eine Welle von Maßnahmen aus, die der Bildung und Besserung verwahrloster und straffällig gewordener Kinder galten.

In Amerika gab es seit 1899 besondere Jugendgerichtshöfe, dort vertrat man die Auffassung, daß der junge Übeltäter wieder gesellschaftsfähig gemacht werden muß. Die Straftat galt nicht als Verbrechen, sondern als Erziehungsbedürftigkeit. In den Erziehungsanstalten erzog man die Kinder durch Selbstverwaltung zur Selbstverantwortung. Sie hatten Gelegenheit, zu lernen und sich handwerklich zu bilden, und richteten, nach dem Muster der Vereinigten Staaten, eine kleine Republik ein. Durch Beschäftigung mit Verwaltungsaufgaben bekamen sie das notwendige Bürgergefühl, die Mitverantwortung, an der es ihnen gemangelt hatte. *Wir behandeln unsere boys wie gentlemen,* so hieß es, *und erwarten eine gleiche Behandlung uns gegenüber.*

Erst um die Jahrhundertwende begann sich auch in den anderen Kulturstaaten die Einstellung zum jugendlichen Missetäter zu ändern. In Deutschland konnte theoretisch um 1900 ein Kind unter zwölf Jahren nicht mehr bestraft werden, praktisch kam es aber doch gelegentlich vor. Ein Zwölfeinhalb- oder ein Dreizehnjähriger wurde genauso abgeurteilt wie ein Erwachsener, er bekam höchstens in Anbetracht seiner jungen Jahre eine etwas mildere Strafe, aber das Verfahren richtete sich ganz nach den bei Erwachsenen üblichen Vorschriften.

Im Jahre 1909 bekam in Flensburg ein vierzehnjähriger Schulknabe wegen Diebstahls neun Monate Gefängnis. Ein fünfzehnjähriger Lehrling mußte wegen Diebstahls im Rückfall dreieinhalb Jahre ins Gefängnis. Einige zehn- bis dreizehnjährige Schulkinder, die Steine auf die Schienen gelegt hatten, mußten je ein Jahr ins Gefängnis. Daß diese Kinder ihre Strafe in der Gesellschaft von erwachsenen Verbrechern absitzen mußten, erregte damals nur wenige Menschen. Der immer noch weit verbreitete Gedanke, daß Strafe eine Abschreckung und Vergeltung darstellen solle, nahm auf die besondere Situation der Kinder und Jugendlichen keine Rücksicht. Reformvorschläge wurden zwar schon seit 1891 immer wieder vorgelegt und beraten, aber erst nach dem ersten Weltkrieg kam es zu einer Änderung. Jetzt wurde auch in Deutschland der Erziehungsgedanke in den Strafvollzug aufgenommen. Endlich nahm man offiziell zur Kenntnis, daß die Verwahrlosung beim Kind in den meisten Fällen einem Versagen der Eltern oder schlechten Umwelteinflüssen zuzuschreiben ist, und erkannte, daß die Strafe im alten Sinne den Jugendlichen noch mehr herunterzieht, weil sie sein Selbstbewußtsein untergräbt und ihn daher wieder rückfällig werden läßt.

Mit Kindern unter vierzehn Jahren hatte der Richter fortan nichts mehr zu tun, da sie nicht mehr dem Strafgesetz unterstanden.

Man schuf in den zwanziger Jahren die weibliche Kriminalpolizei, psychologisch, pädagogisch und sozial geschulte Beamtinnen, die eine vorbeugende und beratende Tätigkeit ausführten. In verschiedenen anderen

Ländern gibt es bereits aktive Bestrebungen zur Verhütung von kindlichen Missetaten. In Liverpool hat man für jeden Distrikt einen erfahrenen Polizeibeamten eingesetzt, der sich in Verbindung mit Geistlichen, Lehrern, Jugendführern und Wohlfahrtsbeamten um die gefährdeten Kinder kümmert. Durch Jugendklubs sucht man einen ständigen Kontakt mit den Kindern und Jugendlichen zu halten, und der Polizeibeamte ist im allgemeinen zu einer Vertrauensperson für die Kinder geworden.

In New York richtete die Polizei Sportligen ein. Außerdem bestehen viele ›Heime der offenen Tür‹, die von 15 bis 22 Uhr geöffnet sind. Dort stellen sich immer viele ehrenamtliche Bürger zur Verfügung, die sich mit den Kindern durch Beschäftigungen und Spiele unterhalten. Einmal im Jahr veranstaltet die Polizei einen Vergnügungstag mit Wettkämpfen und Spielen für alle Sieben- bis Fünfzehnjährigen, die sich gut geführt haben. Eis, Getränke und Karussellfahren sind an diesem Tage frei, und die Kinder bekommen Preise für die besten sportlichen Leistungen. Seit dem Bestehen dieser Einrichtungen ist die Jugendkriminalität von 5,3 Prozent auf 1,2 Prozent gesunken.

In Arnheim in Holland hat die Polizei einen anderen Versuch unternommen, indem sie die Kinder zu ›Hilfspolizisten‹ machte. Sie stattet Jungen unter fünfzehn Jahren mit blauem Pullover, weißem Koppel und einem Sheriffstern aus, die gleichaltrige Missetäter ›verwarnen‹ oder ›verhaften‹ dürfen, wenn sie bei mutwilliger Zerstörung von Blumenbeeten, beim Ausnehmen von Vogelnestern ertappt werden oder auf verkehrsreichen Straßen Fußball spielen.

Auf eine ähnliche Weise arbeitet die ›Jugendpolizei‹ in Vienna in West Virginia. Dort werden acht- bis fünfzehnjährige geeignete Kinder ausgewählt und mit Ausweis, Uniformhemd und Armbinde versehen. Jedes Mitglied verpflichtet sich zur Einhaltung von ›10 Verhaltensregeln‹. Hierbei steht nicht so sehr die Aufdeckung von Vergehen im Vordergrund. Diese ›Jugendpolizei‹ soll vielmehr durch gutes Beispiel wirken und andere von bösen Taten abhalten. Die Mitglieder veranstalten in den Ferien Wanderfahrten und treiben Sport. Durch diese Art von Beschäftigung hat man gute Erfolge erzielt, denn die meisten Untaten entstehen aus Langeweile. Wenn die Kinder nichts Besseres zu tun wissen, erwachen die negativen, zerstörerischen Kräfte. Beschäftigte Kinder begehen viel seltener Unarten als unbeschäftigte, darum kann man diese vorbeugende Gefährdetenfürsorge gar nicht hoch genug einschätzen. Bei allem Respekt vor den fürsorgerischen Maßnahmen darf man jedoch nicht übersehen, daß sie alle nicht bis zur Wurzel des Übels vordringen.

Früher brachte die wirtschaftliche Not und die unerbittliche Strenge die Kinder zum Stehlen und zum Lügen. Wenn heute ein Kind ohne Not und ohne Strenge zum Verbrecher wird, dann sind fast immer die Eltern schuld, die ihm entweder ein schlechtes Beispiel gegeben oder in der Erziehung versagt haben.

Im 20. Jahrhundert sind gewaltige Anstrengungen gemacht worden, um die wirtschaftliche Not zu beseitigen. Wenn es uns bis jetzt trotzdem nicht gelungen ist, die Jugendkriminalität auf ein Mindestmaß zu beschränken, dann sollte uns das eigentlich nicht wundern, haben wir doch bis heute noch keinen Weg gefunden, die Eltern in die ›Kunst des Erziehens‹ einzuführen. 95 von 100 Eltern haben nicht die geringsten pädagogischen Kenntnisse. Trotz ihres offensichtlichen Versagens sind die Versuche, die Eltern zu bilden, vergleichsweise gering. Wie zur Zeit FRIEDRICHS DES GROSSEN, als man Hirten und Kriegsinvaliden zu Lehrern machte, glauben heute noch viele, erziehen brauche man nicht zu lernen.

Niemand darf heute ohne Führerschein ein Auto steuern, man findet es sogar recht und billig, daß versierte Techniker und Autoschlosser sich einer Fahrprüfung unterziehen müssen. Aber wir schauen tatenlos zu, wie unschuldige, gut veranlagte Kinder von ihren unwissenden Eltern durch schlechtes Beispiel oder durch Unkenntnis in Erziehungsfragen mehr oder weniger gründlich verdorben werden.

Das Kind in der modernen Zivilisation

Seit Beginn des Maschinenzeitalters streiten sich die Geister darum, ob die Technik dem Menschen zum Fluch oder zum Segen geworden ist. Vor hundert bis zweihundert Jahren sah es tatsächlich so aus, als ob die Maschinen nur dazu geschaffen wären, eine kleine Schicht unvorstellbar reich und den Rest von 95 Prozent bettelarm zu machen.

Im 20. Jahrhundert hat sich dieser beklagenswerte Zustand grundlegend gewandelt. Wenn wir unsere heutige Zeit mit den Verhältnissen um die Mitte des 19. Jahrhunderts vergleichen, müssen wir eingestehen: Es gibt keine armen Leute mehr, denn so arm, wie damals gut zwei Drittel der Bevölkerung war, ist heute fast niemand mehr.

Der steigende Wohlstand ist nicht zuletzt den Kindern zugute gekommen. Sie hungern und frieren nicht mehr, fast jedes hat ein eigenes Bett und besucht, ordentlich gekleidet, eine Schule. Seitdem die Eltern von der drückenden Sorge um das tägliche Brot befreit sind, denkt niemand mehr daran, die Kinder der Schule fernzuhalten, um sie durch Fabrikarbeit Geld verdienen zu lassen. Die Unsitte, Säuglinge mit Alkohol einzuschläfern, während die Mutter der Berufsarbeit nachging – früher weit verbreitet –, erregt heute nur noch Abscheu. Die Kinderschutzgesetze, die dergleichen verbieten, muten uns heute oft wie Anachronismen an, so selbstverständlich ist uns das Recht des Kindes auf gesunde Pflege und Entwicklung geworden.

Das Kind ist heute nicht mehr wie einst das letzte Glied auf der sozialen Stufenleiter, der Willkür der Erwachsenen schutzlos ausgeliefert. Es stellt für Eltern wie für die Öffentlichkeit ein kostbares Gut dar, das es zu pflegen und erhalten gilt. Daß diese veränderte Einstellung sich allmählich durchsetzen konnte, verdanken wir nicht nur dem Einfluß einzelner sozial denkender Pädagogen des 19. und 20. Jahrhunderts, sondern auch dem wirtschaftlichen Aufschwung, der, im Gefolge des modernen Maschinenzeitalters, nun endlich auch der breiten Masse zugute kommt. Dank diesen besseren Lebensbedingungen hat sich das Bild des Kindes sichtbar gewandelt. Gut gepflegt, ernährt und gekleidet sind heute so viele Kinder, daß es geradezu als öffentliches Ärgernis empfunden wird, wenn es an diesen Dingen mangelt. Die veränderten Lebensbedingungen haben sich sogar auf das Längenwachstum und auf die körperliche Entwicklung ausgewirkt. Die Schuhnummern und Kleidergrößen setzen die Eltern in Erstaunen, weil sie alle bisher gewohnten Maße übertreffen. Wir erleben jetzt die umgekehrte Erscheinung wie unsere Vorfahren vor hundert Jahren, als die Militärärzte feststellen mußten, daß die Körpermaße der Rekruten mit zunehmender Armut immer mehr abnahmen.

Wenn heute gelegentlich die geistige Reife mit der verfrühten körperlichen Entwicklung nicht Schritt hält, so kann man das – hoffentlich – als eine Übergangserscheinung ansehen, die sich aus der mangelnden Erziehungsfähigkeit der heutigen Erwachsenengeneration herleitet, die den veränderten Lebens- und Umweltbedingungen noch nicht voll gewachsen ist.

Bei den Kindern dagegen beobachten wir oft eine stärkere Anpassung an die neuen Gegebenheiten der technischen Zivilisation. Sie zeigen eine schnellere Auffassungsgabe und bewegen sich dementsprechend wendiger, umsichtiger als die Kindergeneration vor dreißig bis fünfzig Jahren. Durch Radio, Fernsehen, gedrucktes Wort und Bild besitzen sie größere Kenntnisse über ihre nähere und weitere Umgebung, über Dinge des öffentlichen Lebens. Sie scheuen sich nicht mitzureden, wenn von einem Erdbeben in China, von der Wahl des Bundestages, vom letzten großen Fußballspiel die Rede ist. Dabei drücken sie sich unter Umständen geschickter aus als ihre Eltern. Demzufolge ist das Auftreten der Kinder allgemein sicherer und freier geworden. Das wird ihnen von älteren Leuten freilich nicht selten als Unbescheidenheit ausgelegt.

In jeder Generation streitet sich das konservative, bewahrende Element mit dem fortschrittlichen, das ›mit der Zeit gehen‹ möchte; aus einer Synthese zwischen beiden entwickelt sich schließlich das, was einer jeden Zeit als erstrebenswertes Leitbild vorschwebt. Für den konservativen Betrachter sind die Wandlungen unserer Zeit um so verwirrender, als sich nicht nur das Erscheinungsbild der Kinder stark geändert hat. Während sich früher das Kind in allen Lebensäußerungen tunlichst der Erwachsenenwelt anzupassen hatte, ist heute eine völlige Umkehr eingetreten, denn der Erwachsene bemüht sich meist krampfhaft, jugendlich zu erscheinen, und versucht das Älterwerden schamhaft zu verbergen.

Wenn heute die Außenwelt oft mehr auf den Jugendlichen als auf den Erwachsenen zugeschnitten erscheint, so bedeutet das jedoch durchaus nicht immer ein echtes Eingehen auf das kindliche Wesen. Zwar erfährt das Kind heute, statistisch gesehen, eine bedeutend erweiterte Fürsorge, es partizipiert am allgemeinen Wohlstand, aber auf einigen Gebieten unseres Lebens ist es durch Gedankenlosigkeit und mangelnde Rücksichtnahme stark benachteiligt, wenn nicht gar gefährdet.

Man akzeptiert die Bedürfnisse des Kindes im allgemeinen nur, soweit sie die Bequemlichkeit der Erwachsenenwelt nicht behindern oder stören. Da sich der Bedarf an Ernährung und Kleidung mit dem der Erwachsenen deckt, mangelt es den Kindern auf diesen Gebieten nicht. Anders verhält es sich im Hinblick auf den Wohn- und Lebensraum. Das lebhafte Bewegungsbedürfnis ist eine Eigenart des Kindes, die es nicht mit dem Erwachsenen teilt, der ohne Schwierigkeiten stundenlang auf einem Sessel sitzen kann, weshalb er nur schwer begreift, daß ein Kind etwas mehr Raum benötigt. Wo der Wohnraum der Familie beengt ist, findet eine Einschränkung selten auf Kosten der Möbel statt, die man für unentbehrlich hält, obgleich sie oft nur repräsentieren – fast immer muß das Kind auf seinen Bewegungs- und Spielraum verzichten. Zusätzlich zu den langen Schulstunden, die es vorwiegend in sitzender Haltung verbringt, sieht sich das Kind gezwungen, auch innerhalb der Wohnung seine Glieder möglichst ruhig zu verhalten. Einige reagieren darauf mit übertriebener Wildheit, bei vielen machen sich aber auch körperliche und seelische Hemmungen und Schäden bemerkbar. Wo der natürliche Bewegungsdrang zurückgehalten wird, treten nicht selten ungewollte Zuckungen, Fingerlutschen oder unbeherrschte rhythmische Bewegungen mit dem Kopf oder den Gliedern auf.

Wie im privaten Bereich, so wird auch im öffentlichen Leben noch viel zuwenig Rücksicht auf das Spiel- und Bewegungsbedürfnis des Kindes genommen. Repräsentativbauten und schmückende Grünanlagen haben den Vorrang vor Kinderspielplätzen. Daß dieser Zustand nicht unabänderlich ist, beweisen uns die skandinavischen Länder mit ihren vorbildlichen Anlagen, auf denen sich die Kinder frei bewegen und, unter der Aufsicht von Fachkräften, ungehindert spielen können.

An ausreichendem Wohnraum mangelt es allerdings, wie überall in der Welt, auch in diesen Ländern noch, und solange Familien mit kleinen Kindern auf engem Raum zusammengedrängt wohnen müssen, werden wir es auch noch mit Kindern zu tun haben, die sich durch die verschiedensten ›Unarten‹ gegen die Beschränkung ihres Bewegungsraumes zur Wehr setzen.

Wo immer heute Kinder in Gefahr geraten, ist die Situation aber nicht mehr so ausweglos wie im vergangenen Jahrhundert. Wo es früher an den nötigen Mitteln fehlte, ist heute oft allein der gute Wille in der Lage, eine Änderung zu schaffen. Das gilt auch für die Bedrohung des Kindes durch verschiedene Zweige der gewerblichen Wirtschaft, die durch Reklame und verlockende äußere Aufmachung die Begehrlichkeit des Kindes nach Süßigkeiten, minderwertigem Lesestoff und ähnlichem ›Verschwendungskonsum‹ zu wecken suchen. Gedankenlose Erwachsene, die weniger an das Wohl des Kindes denken, sondern sich für den Augenblick Ruhe verschaffen oder sich beliebt machen wollen, unterstützen dieses durch die Konsumindustrie einmal geweckte Wunschdenken der Kinder durch permanentes Verteilen kleiner Geschenke. Öfters aber noch regen die Erwachsenen durch ihr eigenes Verhalten die Kinder zum unaufhörlichen ›Habenwollen‹ an.

Als Antreiber dieser stetigen Begehrlichkeit betätigt sich, für Kinder wie für Erwachsene, die Mode, die, je schneller sie wechselt, immer neue Wünsche weckt. Schule und Elternhaus können den Kindern in dieser Lage kaum einen Halt bieten, weil sie diese neue Situation oft noch nicht wahrgenommen haben oder selbst in ihrem Sog schwimmen. Sie beklagen wohl häufig den ›Materialismus‹ der Kinder, ohne zu bemerken, daß sie selbst ständig vom Geld und von ihren Kaufwünschen reden.

Ansätze zu einer gewissen Selbsthilfe beobachtet man aber schon hier und da bei den Kindern, wenn sie sich recht sachlich für Qualitätsunterschiede der Waren interessieren oder Preisfragen diskutieren. Dieses ›wirtschaftliche Denken‹ wird von den Erwachsenen oft als unkindlich und materialistisch ausgelegt, kann aber, richtig gelenkt, der erste Schritt einer Abwehr gegen aufdringliche Reklame und Kauflockungen sein.

In dem wirtschaftlichen Denken der Kinder liegt eine weniger große Gefahr als in der Ichbezogenheit ihrer Wünsche. Unlängst wurde einer Gruppe von Kindern die Frage vorgelegt: »Was würdest du tun, wenn du soundso viel Geld hättest?« Keines antwortete darauf mit utopischen Wünschen oder Luftschlössern. Alle hatten ganz konkrete und profitbestimmte Verbrauchsmöglichkeiten im Sinn. Nicht eines wollte, obschon man sie darauf hingewiesen hatte, von der Möglichkeit Gebrauch machen, einen anderen Menschen zu erfreuen. Diese Einstellung läßt darauf schließen, daß den Kindern der Gedanke, anderen eine Freude zu machen, völlig fremd war. Wenn sich das Denken und Wünschen der Erwachsenen nicht so ausschließlich auf ihre eigene Person, auf ihre eigene Familie konzentrierte, würden auch die Kinder ein offeneres, mitmenschlicheres Denken an den Tag legen.

Vor den Gefahren, die Reklame und ähnliche Verlockungen auf die Begehrlichkeit und den Egoismus ausüben, suchen die modernen Diktaturen die Kinder weitgehend zu bewahren, indem sie verführerische Reklame unterbinden und minderwertige geistige Nahrung, wie Schundhefte und grausame Filme, einfach verbieten. Hierdurch wird eine Gruppe von Kindern, die labileren, vor vielen schlechten Einflüssen geschützt, dafür müssen sich alle, auch die selbständigeren, gefallen lassen, daß man ihnen die Entscheidung über ›gut‹ und ›schlecht‹ abnimmt. Wenn man dem Kinde keine Gelegenheit gibt, seine freie Entscheidung zu üben, sucht seine Kritikfreude andere Objekte. Es entwickelt entweder eine Opposition um jeden Preis oder einen heuchlerischen Konformismus.

Den besten Erfolg in der Erziehung gewährleisten immer die Mittelwege, übertriebener Zwang scheitert genauso wie übertriebene Freiheit. Ganz allgemein muß man an den meisten Ländern westlicher Zivilisation kritisieren, daß es an echtem Verantwortungsgefühl dem Kinde gegenüber noch mangelt. Die Erkenntnis, daß man die Kinder durch minderwertige Filme und schlechte Literatur geistig unterernährt und seelisch vergiftet, ist noch nicht in das Bewußtsein der breiten Öffentlichkeit gedrungen. Wenn es im 19. Jahrhundert gewaltiger Anstrengungen bedurfte, die Kinder vor Unterernährung und Überanstrengung zu schützen, so stehen wir heute vor der Aufgabe, sie vor schlechter oder verdorbener geistiger Nahrung zu bewahren. Durch ein bloßes Verbot der Fabrikarbeit war den Kindern seinerzeit wenig geholfen. Ebenso würde heute ein Verbot der Schundliteratur nicht viel ausrichten. Echte Hilfe bieten nur positive Erziehungsmaßnahmen. Wer dem Kinde eine spielerische Betätigung zu bieten vermag, die einen größeren Anreiz, eine tiefere Befriedigung vermittelt, hat es nicht nötig, Schund und Schmutz zu verbieten. Wo es an einer solchen Betätigung fehlt, verliert das Kind langsam die Fähigkeit, sich aus eigener Initiative mit einer Sache zu beschäftigen. Es überläßt sich willenlos den zufälligen Einflüssen, aber auch den negativen Angeboten der Außenwelt.

Von diesen negativen Einflüssen macht sich der Erwachsene oft ein falsches Bild, weil er die Situation von seiner eigenen Passivität aus beurteilt. Das gesunde Kind ist aber von Natur aus aktiv, bewegungsfreudig. Das Fernsehen bedeutet ihm nicht, wie manchem Erwachsenen, einen Ersatz für eigenes Erleben. Viel lieber spielt es selbsttätig mit wirklichen Gegenständen und lebendigen Spielkameraden; nur wo ihm diese Möglichkeit über lange Zeit hinweg entzogen wird, verkümmert allmählich seine Aktivität, darum sind die meisten Schäden, wenn man ihre Ursache behebt, wiedergutzumachen.

Leider ist heute die Erziehungswilligkeit der Erwachsenen immer noch zu schwach und ihre Bequemlichkeit zu stark entwickelt. Man glaubt, genug getan zu haben, wenn das Kind gut ernährt und gekleidet ist. Wo diese beiden Dinge zum ausschließlichen Lebensinhalt werden, entsteht der Materialismus und die Ichbezogenheit, die man an der ›Jugend von heute‹ so gern tadelt.

Auch heute werden Kinder mit den besten Anlagen geboren. Dem kindlichen Egoismus steht die Kontaktfreudigkeit, die Mitteilsamkeit ebenbürtig zur Seite. Daß die Kinder trotz dieser Anlagen heute oft zuwenig Rücksichtnahme und Hilfsbereitschaft zeigen, verdanken wir ausschließlich dem schlechten Beispiel der Erwachsenenwelt. Alle zivilisierten Länder haben in den letzten Jahrzehnten eine mehr oder weniger beschleunigte Industrialisierung erlebt. Die daraus entstandene Begehrlichkeit der Menschen nach immer neuen Konsumgütern wäre vielleicht längst auf ein erträgliches Maß beschränkt, wenn sie nicht immer wieder durch alle erdenklichen Reklametricks angefeuert würde. Wenn den durchaus legitimen Kauf- und Besitzwünschen ein ebenso starkes Verantwortungsgefühl für den Mitmenschen gegenüberstünde – immerhin können sich zur Zeit mehr als zwei Drittel der Weltbevölkerung nicht satt essen – wenn die Kinder erlebten und sähen, daß die Erwachsenen sich untereinander mit Rücksichtnahme und Hilfsbereitschaft begegneten, dann hätten wir nicht über ihren Egoismus zu klagen. Wir dürfen das Verhalten der Kinder in der Öffentlichkeit getrost als einen Spiegel betrachten, in dem wir uns selbst wiedererkennen.

Die angelsächsischen und skandinavischen Länder, die in der wirtschaftlichen oder in der sozialen Entwicklung den anderen Ländern um einige Jahre oder Jahrzehnte voraus sind, haben es bereits seit längerem mit der sogenannten ›Wohlstandsverwahrlosung‹ der Kinder und Jugendlichen zu tun. Man weist bei uns gern etwas triumphierend auf die erhöhte Jugendkriminalität in diesen Ländern hin. Weniger verbreitet ist hierzulande die Tatsache, daß in diesen Ländern seit einigen Jahren ein starkes Interesse und eine aktive Anteilnahme der Erwachsenen an allen Problemen der Kinder und Jugendlichen besteht, daß Bücher über pädagogische Fragen einen großen Absatz finden, weil es inzwischen zum guten Ton gehört, sich mit der Erziehung zu befassen. Man hat die Versäumnisse erkannt und bemüht sich redlich durch Selbstkritik und positive Erziehungshilfe, die Generation von morgen zu verantwortungsbewußten Bürgern heranzubilden. *Wo aber Gefahr ist, wächst das Rettende auch,* sagt Hölderlin. Nach Rettungsmöglichkeiten unermüdlich Ausschau zu halten, würde uns sicherlich mehr helfen als alles Klagen über Verhältnisse, die durchaus zu ändern wären, wenn wir uns nur darum bemühten.

Das Bild des Kindes

Die Entdeckung des Kindes
In der Zwangsjacke der Mode
Die Revolution in der Kinderkleidung
Auseinandersetzung mit der Wirklichkeit
So ihr nicht werdet wie die Kinder

Die Entdeckung des Kindes

Die Beurteilung der äußeren Erscheinung wandelt sich. »Nicht schön sein, sondern gefallen macht schön«, sagt man. Am sinnfälligsten wird dieses Wort, wenn man es auf neugeborene Kinder anwendet. Es gibt sicherlich ausgesprochen schöngesichtige unter ihnen, aber selbst die Kahlköpfigen, Runzligen und die Greisenphysiognomien haben in den Augen der nächsten Angehörigen ihren ganz besonderen Liebreiz.

Sobald das erste ›dumme‹ Vierteljahr vergangen ist, wenn das Kind zu lächeln beginnt oder wenn es gar die ersten Worte stammelt, die ersten tapsenden Schritte tut, steht das schöne oder nicht schöne Aussehen überhaupt nicht mehr zur Debatte, weil es für uns häßliche Kinder so gut wie garnicht gibt. Die unbeholfenen Bewegungen erscheinen uns anmutig, das Kauderwelsch entzückt die Erwachsenen so sehr, daß mancher nicht der Versuchung widerstehen kann, sich diese Kindersprache anzueignen. Die verwunderten Augen, mit denen das Kind in die Welt blickt, sind für uns der Inbegriff der Unschuld und wecken Erinnerungen an ein verlorenes Paradies.

Die Zuneigung zum Kind ist nicht bei allen Menschen gleich groß, ja, man kann sogar verschiedene Erfahrungen in bezug auf die Kinderfreundlichkeit ganzer Völker machen. Jedoch werden diese Unterschiede belanglos, wenn wir die heutige Einstellung mit der der Vergangenheit vergleichen.

Bei den Griechen wurde das Bild des Kindes von einem Schönheitsbegriff geprägt, der sich konsequent an die soziale Rangordnung einer vertikal gegliederten Gesellschaft anlehnt. Das Gute, das Schöne und Starke sind eins, sie stehen auf der obersten Stufe, unten ist das Böse, das sich in der Vorstellung des Griechen mit dem Häßlichen und dem Schwachen deckt. ARISTOTELES unterscheidet Menschen, die von Natur aus Sklaven, und solche, die zum Herrschen geboren sind. Er sieht darin nicht nur eine nützliche, sondern auch eine gerechte Einrichtung. Nach seiner Ansicht muß der Schwächere dem Stärkeren dienen, weil der Starke naturgegeben der bessere Mensch ist.

Da in der Rangordnung der Geschlechter der Mann an der Spitze steht, deckt sich seine Erscheinung mit dem, was man unter schön, gut und stark versteht. Also verkörpert der Mann die vollendete Schönheit. Die Frau genießt weit geringeres Ansehen. Sie ist schwächer, darum hat sie dem Manne zu dienen. Das bedeutet zugleich, daß man sie als weniger schön empfindet. Am niedrigsten wird das Kind eingeschätzt. Es ist vom Vollkommenheitsideal der Griechen am weitesten entfernt. Da alles an ihm sich noch im Werden befindet, kann man sein Äußeres unmöglich als ›schön‹ empfinden.

Wie wenig sich die Griechen bemühten, die Eigenart des Kindes zu erkennen, zeigen die – übrigens sehr seltenen – Darstellungen. Da sie es kaum des Abbildens wert erachteten, erscheint es nur dort, wo der thematische Zusammenhang es erfordert. Die Knaben, die auf einem Grabrelief oder in einem Festzug gezeigt werden, sind keine Kinder, sondern Männer in verkleinertem Maßstab. Die Putten, nackte kleine Menschen, die mit Bändern und Flügeln geschmückt auf vielen Darstellungen herumschwirren, haben nur allegorische Bedeutung. Da man die Kinder auch als Wesen betrachtet, die *mit der Erde und dem Irdischen noch keine Gemeinschaft haben*, gibt man den Putten Kindergestalt.

Erst als die idealisierende und heroisierende Darstellung in der späten Antike einer realistischeren Gestaltung Platz machte, tritt uns das Kind entgegen in seiner wirklichen Gestalt und mit einem Gesichtsausdruck, der etwas von seiner Seele widerspiegelt. Aber die Grundeinstellung der Griechen, die das Kind als etwas Unvollkommenes, als eine noch nicht vollwertige und darum minderwertige Ausgabe des Erwachsenen betrachten, wirkt in der sozialen Stellung des Kindes sowie in seiner Darstellung noch jahrhundertelang nach.

Nur *ein* Kind macht hier eine Ausnahme: der Jesusknabe. Daß von nun an ein Kind, das schwächste und unangesehenste Glied der Gesellschaft, die höchste Verehrung genießt, zeigt den Beginn der Umwandlung der antiken Welt, die sich langsam, aber beharrlich im Laufe der kommenden Jahrhunderte vollzieht.

Dabei geht der Wandel in der Darstellung des Jesusknaben der Emanzipation des Kindes stets um einige Jahrhunderte voraus. Mit festen Bändern, straff gewickelt, erscheint es in den Buchmalereien und Domplastiken des 13. bis 16. Jahrhunderts. Dieses Wickelkind ist jedoch weniger Abbild als Symbol, ebenso wie der etwas ältere Jesusknabe, der, mit einem Hemd bekleidet, auf dem Schoß der Mutter sitzt und uns, das Zepter in der Hand, mit dem Gesicht eines Mannes anblickt. Die Zeit, in der sich das frühe Christentum zum erstenmal mit der weltlichen Macht identifizierte, schuf ein Jesuskind, das als Herrschergestalt in Erscheinung treten mußte. Zuweilen reckt sich sogar aus dem engverschnürten Bündel des Wickelkindes ein selbstbewußter Männerkopf gebieterisch empor. Diesen frühen Darstellungen liegt der Gedanke an eine Wirklichkeitsnähe noch fern, sie beabsichtigten eine religiöse Überhöhung der Repräsentation einer Machtfülle.

Erst in der Renaissance beginnt der Mensch die Natur wahrzunehmen und nachzubilden. Als PETRARCA, *der erste moderne Mensch*, Bergwanderungen unternimmt und sich bei einer Besteigung des Mont Ventoux der Begeisterung über die Schönheit der Natur hingibt, ist er sich noch nicht ganz über die Zulässigkeit dieses neuen, bis dahin nicht gekannten Naturgefühls im klaren:

Ich erschrak und zürnte mir selbst, daß ich nun auch irdische Dinge bewunderte, der ich doch längst hätte lernen sollen, daß nichts staunenswerter ist als der Geist, vor dessen Größe nichts anderes groß ist.

Diese Unsicherheit weicht im Laufe des 14. und 15. Jahrhunderts allmählich einem legitimierten Lobgesang auf die Schönheit und Größe der Schöpfung Gottes, wie sie in den Buchmalereien ihren Niederschlag findet.

Auch die Darstellung des Jesuskindes wird davon betroffen. Es ist von nun an so zu sehen, wie die Kinder zu allen Zeiten geboren wurden: ›nackt und bloß‹. Unbeholfen liegt es auf den ersten Bildern da, mit Proportionen, die den ungeübten Blick des Malers verraten. Aber langsam erschließt sich dem Blick des Künstlers die Eigenart des Kindes, er beherrscht die Größenverhältnisse und schildert in der Art der Bewegungen, im Ausdruck des Gesichts, ein Kind ›wie es leibt und lebt‹.

Dieses Jesulein erfreut sich bereits einer Freiheit, wie sie den kleinen Wesen seiner Zeit noch nicht vergönnt war, die, in das Wickelband gezwängt, Arme und Beine eng an den Körper gepreßt, kein Glied zu rühren vermochten. Nur selten zeigt uns ein Maler, wie MANTEGNA, das Jesuskind in der zeitgemäßen, engen Verpackung. Meist darf der kleine Jesus sich frei bewegen, nach einem Apfel oder einer Blume greifen, mit den Beinen strampeln, wie es den kleinen Erdenbürgern erst fünfhundert Jahre später erlaubt wurde.

Die einmal begonnene Verweltlichung kennt bisweilen keine Grenzen, aus den Engeln, den Botschaftern Gottes, die in der Bibel eine meist sehr ernste Mittlerrolle zwischen jenseitiger und diesseitiger Welt bilden, werden – in Anlehnung an die ›Engel‹ des Altertums, die antiken Putten – niedliche Wesen, strampelnde Säuglinge, Kinder mit verträumtem Blick.

Maria mit dem Jesusknaben. Albrecht Dürer, 1471–1528

Immerhin helfen die ›süßen‹ Engelgestalten das allgemeine Bild des Kindes aufwerten. Mehr und mehr entdecken einzelne Künstler die Eigenart, die Anmut und den Reiz des kindlichen Erscheinungsbildes. Es dauert aber noch lange, bis diese neue ›Ansicht‹ ins Bewußtsein der breiten Öffentlichkeit dringt.

In der Zwangsjacke der Mode

Wo in den folgenden Jahrhunderten Kinder auftragsgemäß gemalt werden, da wünscht man sie steif und still, vornehm und repräsentierend wie Miniaturausgaben von Erwachsenen zu sehen. Aber ist es nicht schon ein revolutionärer Entschluß, daß man jetzt überhaupt Kinder des Malens wert erachtet? Porträts von Kindern waren im Altertum und im frühen Mittelalter so gut wie unbekannt. Erst die Renaissance, die den Menschen seine Umgebung erkennen, sich seiner selbst als Person bewußt werden läßt, lenkt den Blick auf die Gestalt des Kindes. Daß der Mensch dabei das Kind zunächst nur als Verkleinerung seiner selbst erlebt, ist nur natürlich. Die seit der Renaissance geübte Besinnung auf die Antike läßt das Vollkommenheitsideal der Griechen in neuem Glanz erstrahlen. Dabei wird das Kind, das unter dem Einfluß des Christentums langsam eine gewisse Aufwertung erfahren hat, zwar schon als Person geachtet, aber mehr denn je in die Formvorstellungen der Erwachsenen gepreßt. ›Geschnürt und geschiert‹ wie ihre Eltern, trugen die Kinder, was immer die Mode vorschrieb. In engen Strumpfhosen oder weiten, geschlitzten Beinkleidern, mit riesigen Halskrausen und abenteuerlichem Samtbarett sehen wir die kleinsten Knaben wie ihre Väter. Die Mädchen mußten sich wie ihre Mütter in ein enges Korsett zwängen, wurden mit Hauben, wattierten Ärmeln und Reifröcken ausstaffiert. *Die zepfeln sie unde swenzeln sie uf, so sie dann noch kume vier Jahre alt sind,* tadelt der Volksprediger Berthold von Regensburg.

In steifer Haltung sehen wir diese zwergenhaften Erwachsenen mit komischer und zugleich trauriger Würde. Das freudlose Aussehen der Kleinen braucht einen nicht zu wundern, wenn man hört, daß sie schon in zartem Alter den Schnürleib tragen mußten, ja man zwang sie sogar, darin zu schlafen. Die Prinzessin Wilhelmine von Preussen erzählt in ihren Erinnerungen, daß sie vom siebenten Lebensjahr an Tag und Nacht ein Korsett tragen mußte, ein Gerüst aus Eisenstangen. Auch den Knaben legte man solch eiserne Schnürbrust an, um sie an gerade Haltung zu gewöhnen und die Figur recht schlank erscheinen zu lassen. Schließlich kam man von diesem Brauch aber wieder ab, weil die Knaben durch diese Behandlung bucklig und hochschultrig wurden. Als in Spanien die schlanke Mode herrschte, schnürte man den kleinen Mädchen Bleiplatten auf die Brust, um die Entwicklung des Busens zu verhindern. *Die Kinder kommen kaum aus der Wiege,* donnert Abraham a Sancta Clara von der Kanzel, *so werden sie gleich geschmiert, geschniert, geschmückt, gedrückt, und hat die Seel in ihrem zarten Leib gar ein hartes Quartier, indeme die Kinder gleich von Jugend auf mit Brusteisen, Halseisen dergestalten zusammengepfränget werden, daß sie fast keinen Atem schöpfen können. Dieses alles geschieht, damit man sie gewöhne, einen geraden Leib zu erhalten, und sollte man ihnen auch einen Bratenspieß durchziehen. So ist es die Gewohnheit der Welt.*

Nun erwecken die Bilder der als kleine Damen und Herren aufgeputzten Kinder, die uns in Museen und Ahnengalerien überliefert sind, den Eindruck, als hätten alle Kinder der Vergangenheit solch kunstvoll geschneiderte, luxuriöse Kleider getragen. Aber ihre Zahl war verschwindend klein. Wenn man bedenkt, daß bis vor etwa zweihundert Jahren noch nahezu 90 Prozent der Bevölkerung dem Bauernstande angehörten, sieht die Wirklichkeit der damaligen Kinderwelt etwas anders aus.

Von den Kindern der Bauern besitzen wir nur spärliche Darstellungen. Wo sie einmal zufällig auftauchen, springen die dem Wickelband entwachsenen Krabbelkinder völlig nackt herum. Die größeren tragen, Knaben wie Mädchen, überhängende, auf den Abbildungen meist zerrissene Kittelchen. Die Buben der Armen besaßen, wie THOMAS PLATTER von sich erzählt, noch nicht einmal Höschen. MURILLO, der immer wieder Kinderszenen gemalt hat, zeigt sie uns ausnahmslos barfüßig, zerlumpt und zerrissen.

Nur bei den niederländischen Genremalern des 15. bis 17. Jahrhunderts erfahren wir etwas mehr über Bauern- und Bürgerkinder, wie sie spielen und arbeiten, weinen und lachen, schreien und strampeln, wie sie lesen und schreiben lernen und bei den ausgelassenen Festen der Erwachsenen im Wege stehen, wenn man sich nicht gerade den Scherz macht, ihnen Wein in den Mund zu gießen. Neugierig, abwartend und unbeholfen drücken sich diese als kleine Männer und Frauen verkleideten Kinder am Rande der Erwachsenenwelt herum.

Doch bereits in der Renaissance beschränkt sich der Kleiderluxus für Kinder schon nicht mehr nur auf den Adel, auch der mehr oder weniger wohlhabende Bürger zeigt den Ehrgeiz, seine Kinder herauszuputzen. Vorübergehend herrscht die Mode, Kinder als Prinzessinnen zu verkleiden und in diesem Aufputz porträtieren zu lassen. So findet die zunehmende Beachtung des Kindes zunächst nur in Äußerlichkeiten ihren Ausdruck, und man sucht die kleinen Wesen in die Etikette und Repräsentation der Erwachsenen einzufügen.

Den Höhepunkt unkindlicher Verkleidungskunst bildet schließlich das Rokoko. GOETHE erinnert sich noch genau seiner neuen Sommerkleider, die er damals zum Pfingstfest erhalten hatte:

Der Anzug bestand in Schuhen aus sauberem Leder, mit großen silbernen Schnallen, feinen baumwollenen Strümpfen, schwarzen Unterkleidern von Sarsche und einem Rock von grünem Berkan mit goldenen Baletten. Die Weste dazu von Goldstoff war aus meines Vaters Bräutigamsweste zugeschnitten. Ich war frisiert und gepudert, die Locken standen mir wie Flügelchen vom Kopfe. ERNST MORITZ ARNDT erzählt von den Qualen, die ihm das Flechten des Zopfes bereitete. Man ließ die Kinder sogar gepuderte Perücken tragen, angeblich *der Reinlichkeit wegen.*

Der gekünstelte Lebensstil dieser Zeit beschränkte sich aber nicht nur auf die Kleidermode. Das Kind sollte sich auch bereits die Umgangsformen der Erwachsenen aneignen. Man engagierte Tanzlehrer, die die Kinder gezierte Menuettschritte lehrten und sie in das komplizierte System der Begrüßungsformalitäten einführten. Da lernten die kleinen Damen und Herren die Knickse und Verneigungen, die Kratzfüße und Bücklinge, all die Gesten und Bewegungen, mit denen sich höher- und niedriger gestellte Personen zu begrüßen und sorgsam zu klassifizieren pflegten. Mit erzwungener Geziertheit und etwas hilfloser Koketterie schauen uns die Kinder der Rokokozeit an, ein zur Maske erstarrtes Lächeln auf dem Gesicht.

Wie man den Kindern ein geziertes Benehmen aufzwang, so suchte man auch ihren Geist zu drillen. Mit dem fünften Lebensjahr begann man damit, ihnen die drei alten Sprachen einzutrichtern. Diese kleinen, dressierten Wesen konnten bereits mit zwölf Jahren die Bibel in hebräischer, griechischer und lateinischer Sprache lesen.

Aber gerade in dieser unkindlichsten aller Zeiten tritt ein Wandel ein. Während die Erwachsenen sich gegenseitig an gekünsteltem Wesen überbieten und in Formalitäten erstarren, gerät es auf den Kinderbildern auf einmal in Bewegung. Die steife Pose wird aufgegeben, und das Kind nimmt eine zufällige, lockere Haltung an. Selbst da, wo es noch die unbequeme Kleidung der Rokokozeit trägt, malt man es nicht mehr so steif und verkrampft; es nimmt auf einmal eine lebendigere Stellung ein. Man zeigt es mit einem Tier beschäftigt, in ein Spiel vertieft, lesend oder schreibend; auf alle erdenkliche Weise sucht man das Kind in einer natürlichen Haltung darzustellen. Auf den Stichen von CHODOWIECKI geht es sogar manchmal recht turbulent zu; da sieht man die jungen Damen in ihrem Reifrock Federball und Blindekuh spielen, und die jungen Herren wälzen sich mit Haarbeutel und Zopf balgend auf dem Fußboden herum.

Die Revolution in der Kinderkleidung

Das erste Kind, das im Wandel dieses Zeitgeistes ohne Zwang und Drill, frei und fröhlich aufwuchs, hieß ›Emile‹ und war eine Erfindung von JEAN-JACQUES ROUSSEAU. Als IMMANUEL KANT dieses Buch in die Hände bekam, unterbrach er zum ersten und einzigen Mal seinen geregelten Tageslauf und las in einem Zuge die aufregende Geschichte von der Befreiung des Kindes zu Ende. An diesem Tag, so berichtet eine Anekdote, blieb in Königsberg die Zeit stehen, weil der Küster nach dem Verdauungsspaziergang des pünktlichen Professors jeden Mittag die Uhr stellte.

Der Knabe Emile lebte aber nur auf dem Papier. Die wirkliche Befreiung des Kindes ging von England aus. Der Gesundheitsapostel JOHN LOCKE hatte bereits hundert Jahre früher die Fenster der Kinderstuben aufgestoßen und frische Luft, viel Bewegung und gesunde, leichte Kleider für die Kinder gefordert. Von diesen Ideen wurden immer mehr Menschen angesteckt. Als die Kinder auf dem Kontinent noch mit Reifrock und Perücke einherstelzten, trugen die Mädchen auf den englischen Bildern aus derselben Zeit schon lose Hängekleidchen aus Musselin und die Knaben einfache Hosen und Jacken in der Art der Matrosenanzüge. Diese ›englische Mode‹ löste noch vor der Großen Französischen eine Revolution im kleinen aus. Die Gräfin BOIGNE berichtet, daß sie als Kind in einem einfachen englischen Batiströckchen und nicht wie eine Dame gekleidet von ihrer Mutter am Hof von Versailles vorgestellt und von der Hofgesellschaft als Wunder angestaunt wurde. Als sich die neue, einfache Art der Kinderkleidung schließlich durchgesetzt hatte, wurde der Wandel allgemein begrüßt. In seinem ›Tableau de Paris‹ stellt SEB. MERCIER befriedigt fest, daß der Kindheit nun endlich ihre Natürlichkeit zurückgegeben sei, und er preist den Unterschied zwischen der einfachen neuen Art der Kleidung gegenüber der überwundenen. Damals habe der Knabe mit seinem gepuderten Haar und seinen Spitzenmanschetten neben einem englisch gekleideten Jungen wie ein geputzter Affe ausgesehen.

Auch in Deutschland freundete man sich bald mit der neuen englischen Kindermode an. Hier waren es vor allem die Ärzte, die sich für ihre Verbreitung einsetzten. Bereits im Jahre 1761 hatte die Haarlemer Akademie die Preisfrage gestellt: *Welche Maßregeln sind zu ergreifen hinsichtlich Bekleidung, Ernährung und körperlicher Übung der Kinder vom Augenblick ihrer Geburt an bis zum Jünglingsalter, um ihnen ein langes und gesundes Leben zu sichern.* Diese Frage wurde nun überall lebhaft diskutiert. Nacheinander begann man die Schuhe, die Kleider, die Kopfbedekkung des Kindes einer kritischen Untersuchung zu unterziehen und warf all die ungeheuerlichen, ungesunden Requisiten der Kindermode über Bord. Manche gingen mit ihren Reformvorschlägen schon so weit, daß sie Knaben und Mädchen in völlig gleicher Weise gekleidet sehen wollten. Der Hofrat und Leibarzt von Schaumburg-Lippe, BERNHARD CHRISTIAN FAUST, veröffentlichte 1791 den Entwurf zu einer Landesordnung über die künftige Kinderkleidung und anschließend einen Gesundheitskatechismus, der weite Verbreitung fand, darin hieß es: *In der Verschiedenheit der Kleidung bei Knaben und Mädchen liegt sicher eine der großen Hauptursachen des Verderbens der Menschheit.* Er wollte die Hose ganz abschaffen und schlug einen Kittel vor, den beide Geschlechter tragen sollten. Andere versuchten umgekehrt, die Hose für Knaben und Mädchen einzuführen.

Um die Mädchen mutig, kraftvoll, degagiert, wie man sich ausdrückte, zu machen, kleidete man sie als Knaben, erzählt die Braut Theodor Körners, TONI ADAMBERGER. *Auf die Bäume zu klettern, über Stock und Steine zu springen, jede Art von körperlicher Ungezwungenheit auszuüben, war Mode geworden.* GOETHE läßt diese Zeitströmung im ›Wilhelm Meister‹ aufklingen, als er Mignon mit einem Schneider zu Wilhelm schickt:

Sie brachte graues Tuch und blauen Taffet und erklärte, daß sie ein neues Westchen und Schifferhosen, wie sie solche an Knaben in der Stadt gesehen, mit blauen Aufschlägen und Bändern haben wollte.

Besonders reformfreudig zeigten sich die Philanthropen und ihre Anhänger. In ihren Internaten trugen die Kinder lange offene Haare und bequeme lange Hosen. In dem berühmten Philanthropin Basedows waren die Kinder in blau-weiß gestreifte Zwillichanzüge gekleidet, im Schnepfental zog man ihnen rote Jacken an. Manche Institute entwarfen Phantasiekostüme für die kleinen Insassen, die an militärische Uniformen erinnerten. Wie so oft, folgten auch hier den betonten Freiheitstendenzen die Uniformierungsbestrebungen auf dem Fuße.

Gegen beide wandte sich Goethe im ›Wilhelm Meister‹; er machte den Vorschlag, die Kinder ihre Kleider selbst wählen zu lassen. Goethe, der sich stets um einen harmonischen Ausgleich zwischen Freiheit und Gebundenheit bemüht, gönnt dem Kinde im Hinblick auf seine Kleidung ein größeres Selbstbestimmungsrecht als die Philanthropen, er läßt den Vorsteher der ›Pädagogischen Provinz‹ erklären:

Wir lassen bei sonstiger Strenge und Ordnung in diesem Falle eine gewisse Willkür gelten. Innerhalb des Kreises unserer Vorräte an Tüchern und Verbrämungen dürfen die Zöglinge nach beliebiger Farbe greifen, so auch innerhalb der mäßigen Beschränkung Form und Schnitt wählen; dies beobachten wir genau, denn an der Farbe läßt sich die Sinnesweise, an dem Schnitt die Lebensweise des Menschen erkennen. Doch macht eine besondere Eigenheit der menschlichen Natur eine genauere Beurteilung gewissermaßen schwierig: es ist der Nachahmungsgeist, die Neigung sich anzuschließen. Sehr selten, daß einer der Zöglinge auf etwas verfällt, was noch nicht dagewesen, meistens wählen sie etwas Bekanntes, was sie gerade vor sich sehen. Doch auch diese Betrachtung bleibt uns nicht unfruchtbar; durch solche Äußerlichkeiten treten sie zu dieser oder jener Partei, sie schließen sich da oder dort an, und so zeichnen sich allgemeinere Gesinnungen aus: wir erfahren, wo jeder sich hinneigt, welchem Beispiel er sich gleichstellt. Nun hat man Fälle gesehen, wo die Gemüter sich ins Allgemeine neigten, wo eine Mode sich über alle verbreiten, jede Absonderung sich zur Einheit verlieren wollte. Einer solchen Wendung suchen wir nun auf gelinde Weise Einhalt zu tun: wir lassen einfach die Vorräte ausgehen; dieses und jenes Zeug, eine und die andere Verzierung ist dann nicht mehr zu haben; wir schieben nun etwas Neues, etwas Reizendes herein; durch helle Farben, durch kurzen knappen Schnitt locken wir nun die Munteren, durch ernste Schattierungen, bequeme faltenreiche Tracht die Besonnenen, und stellen dadurch so nach und nach ein Gleichgewicht her. Denn der Uniform sind wir durchaus abgeneigt: sie verdeckt stets den Charakter und entzieht die Eigenheiten der Kinder, mehr als jede andere Verstellung, dem Blick des Vorgesetzten.

Die Eigenwilligkeit jener Zeit ging so weit, daß sie sich zeitweise ganz von der Diktatur der Mode befreite. Mancher kleidete die Kinder ganz nach seiner Phantasie, Goethe zog seinem Sohn August eine Bergmannstracht an, Karl Immermann erinnert sich an Spielgefährten, die zu fünf Geschwistern stets mit gelben Nankinghosen, roten Jacken mit blauem Samtkragen bekleidet waren. Wilhelm Grimm schreibt an einen Freund

und erzählt ihm, sich auf die gemeinsame Jugendzeit besinnend, von den wechselnden Verkleidungen, in denen der Freund erschien:

Zuerst erblickten wir Dich in einer dunkelblauen Jacke mit silberweißen Knöpfen und kurzen wohlzugeschnallten Hosen, ein kleiner garstiger Schabbesdeckel zierte Dein lockenreiches langes Haar. Dieser blauen sukzedierte baldigst eine hellgrüne, dazu lange Nankinghosen, ein etwas besserer runder Hut, die Haare immer noch fliegend. Der Winter war schlimm, ein grauer Überrock kam und das Verbot der runden Hüte. Du hattest zuerst einen kleinen dreieckigen und die ersten vierzehn Tage auch noch lange Haare dabei, woraus späterhin ein garstiger Zopf wurde. Die folgenden Ostern ward Dir der neue Mensch und zwei neue Röcke wurden Dir angezogen, der eine braun marmoriert, der andere dunkelblau mit Stahlknöpfen und schwarzen Hosen.

Dieser Individualismus in der Kindermode war jedoch nur von kurzer Dauer, bald lehnte man sich wieder an das Vorbild der Erwachsenen an, wenn man nicht von der Biedermeierzeit das Gegenteil behaupten will, denn hier war zum erstenmal die Kindermode der Erwachsenen vorausgegangen. In den Bildern der Biedermeierzeit tritt uns auch zum erstenmal das ›befreite Kind‹ entgegen. Unbeschwerte Knabengesichter und naive, neugierige oder verträumte Mädchengestalten, Kinder, die scheinbar unbeobachtet spielen und sich frei und ungehemmt bewegen.

Die Freude an der neuentdeckten Anmut, an dem Liebreiz der Natürlichkeit des Kindes ist so groß, daß sie unter dem Pinsel des Malers oft schon wieder zur Koketterie entartet. Die Mode tut das Ihrige dazu, die unbekümmerte Nachlässigkeit der Kinder zu einem Stil zu erheben. Der schiefsitzende Kragen, die heruntergerutschte Hose, der von der Schulter fallende Ärmel werden ›modern‹.

In diesem spielerischen Tändeln mit der Natürlichkeit steckt bereits der Beginn eines neuen Zwangs. Mit der politischen Reaktion der fünfziger Jahre legte auch die Mode sich neue Fesseln an. Genau wie die Mutter zwängt sich das kleine Mädchen wieder in steife Krinolinen, die Eisenstangen des Korsetts hat man zwar durch Fischbeinstäbe ersetzt, aber für kindliche Bewegungsfreiheit bleibt nur wenig Raum.

Diesem Rückschritt in der Mode entsprachen die allgemeinen Erziehungsvorstellungen. Die Empfehlungen der fortschrittlichen Pädagogen drangen kaum durch, man rief wieder nach Strenge und Unterordnung. Die politischen und sozialen Umwälzungen, hervorgerufen durch die Industrialisierung, warfen ihre Schatten voraus. Je mehr mit dem Anwachsen der Industrie die Armut überhandnahm, desto ängstlicher klammerten sich die wohlhabenden Schichten an ihre Privilegien.

Warnend beschwört GOTTFRIED KELLER in seinem ›Grünen Heinrich‹ noch einmal das Bild eines Kindes aus der Vergangenheit, das unter dem Druck einer unnachgiebigen Erziehung langsam verkümmert:

Im Pfarrhaus hing ein altes dunkles Ölgemälde, das Bildnis dieses merk-

würdigen Kindes enthaltend. Es war ein außerordentlich zart gebautes Mädchen in blaßgrünem Damastkleide, dessen Saum in einem weiten Kreise starrte und die Füße nicht sehen ließ. Um den schlanken feinen Leib war eine goldene Kette geschlungen und hing vorn bis auf den Boden herab. Auf dem Haupte trug es einen kronenartigen Kopfputz aus flimmernden Gold- und Silberflittern, von seidenen Schnüren und Perlen durchflochten. In seinen Händen hielt das Kind den Totenschädel eines anderen Kindes und eine weiße Rose. Noch nie habe ich aber ein so schönes, liebliches und geistreiches Kinderantlitz gesehen, wie das blasse Gesicht dieses Mädchens; es war eher schmal als rund, eine tiefe Trauer lag darin, die glänzenden dunklen Augen sahen voll Schwermut und wie um Hilfe flehend auf den Beschauer, während um den geschlossenen Mund eine leise Spur von Schalkheit oder lächelnder Bitterkeit schwebte.

Es war dies das Bild eines ›ungeratenen‹ Kindes aus vornehmer Familie, das man einem Landpfarrer zur Erziehung übergeben hatte, der sein lebhaftes Temperament zähmen sollte. Gottfried Keller läßt den Pfarrer in seinen Tagebuchaufzeichnungen selbst sprechen:

Heute habe ich von der hochgeborenen und gottesfürchtigen Frau von M. das schuldende Kostgeld für das erste Quartal richtig erhalten, alsogleich quittiert und sogleich Bericht erstattet. Ferner der kleinen Meret (Emerentina) ihre wöchentlich zukommende Correction ertheilt und verscherpft, indeme sie auf die Bank legte und mit einer neuen Ruthen züchtigte, nicht ohne Lamentieren und Seufzen zum Herren, daß Er das traurige Werk zu einem guten Ende führen möge. Hat die Kleine zwaren jämmerlich geschrieen und de- und wehmütig um Pardon gebeten, aber nichtsdestoweniger nachher in ihrer Verstocktheit verharret und das Liederbuch verschmähet, so ich ihr zum Lernen vorgehalten. Habe sie derowegen kürzlich verschnauffen lassen und dann in Arrest gebracht, in die dunkle Speckkammer, allwo sie gewimmert und geklaget, dann aber still geworden ist, bis sie urplötzlich zu singen und jubiliren angefangen nicht anders wie die drey seligen Männer im Feuerofen, und ich habe zugehöret und erkennt, daß sie die nämliche versificirten Psalmen gesungen, so sie sonst zu lernen refusirete, aber in so unnützlicher und weltlicher Weise, wie die thörichten und einfältigen Ammen- und Kindeslieder haben; so ich solches Gebahren für eine neue Schalkheit und Mißbrauch des Teufels zu nemen gezwungen ward.

An der Schwelle einer neuen Zeit, die sich der Eigenart kindlichen Wesens mehr und mehr aufschließt, wird hier noch einmal das Bild des gequälten, eingeengten, unverstandenen Kindes heraufbeschworen, wie es uns aus alten Bildern oft so wehmütig anblickt. In diesem Bewußtwerden vergangenen Kinderelends liegt aber bereits der Keim zu einer neuen Einstellung zum Kind.

Rousseau hatte die Welt mit seinem ›Emile‹ aufgeschreckt. Der Streit der Meinungen, den er entfachte, änderte aber zunächst nur wenig an der Lage des Kindes. Die Erwachsenen waren vorerst zur Genüge damit beschäftigt, sich selbst zu befreien. Die alte Gesellschaftsordnung, die die Menschen, wie in einem Opernhaus, sorgsam nach Rängen getrennt, *übereinander* plazierte, war den Bedürfnissen des technischen Zeitalters nicht mehr gewachsen. Unter Drängen und Stoßen, mit viel gutem Zureden und noch mehr bösen Worten versuchte man sich allmählich *nebeneinander* einzurichten. Daß in diesem Gedränge – auch die Frauen wollten endlich zu ihrem Recht kommen – das Kind an letzter Stelle berücksichtigt wurde, ist gut zu verstehen.

Aber, während das Kind noch auf seine Befreiung warten mußte, eilten die bildenden Künstler ihrer Zeit schon voraus. Sie zeigten bereits das Idealbild eines Kindes, wie es erst hundert Jahre später Wirklichkeit werden sollte. Während bis zum Beginn des 19. Jahrhunderts mit wenigen Ausnahmen Kinder der kleinen Oberschicht gemalt wurden, macht sich nun das immer breiter werdende Bürgertum bemerkbar.

Schon Runge und seine Zeitgenossen hatten uns gelegentlich einen Blick in die bürgerlichen Kinderstuben tun lassen. In der zweiten Hälfte des 19. Jahrhunderts entdecken die Impressionisten das Kind, das sich ganz unbeobachtet fühlt. Sie malen es beim Spielen, beim Essen, beim Schlafen, ganz ohne Pose, in seiner natürlichen Haltung. Aber immer noch ist es das behütete Kind in einer behaglichen Umgebung. Nur selten bekommen wir, wie bei Daumier, das Kind armer Leute zu sehen.

Erst als Charles Dickens im ›Oliver Twist‹ das Elend der Kinder mit minuziöser Genauigkeit beschreibt, können sich die Gebildeten eine Vorstellung vom Leben der Armen machen. Das Leid des kleinen Oliver geht ihnen zu Herzen. Dickens läßt noch weitere Bücher folgen. Sie finden reißenden Absatz. Was man früher gleichgültig übersehen hatte, wird nun als brennendes Problem diskutiert.

Mit dem Abbild des armen Kindes wird die Öffentlichkeit zum erstenmal auf breiter Basis konfrontiert, als die englischen Zeitungen um die Mitte des Jahrhunderts einen Parlamentsbericht über die Kinderarbeit veröffentlichen. Die Bilder der kleinen Fabrikarbeiter, die die Spinnmaschinen bedienen und die sich im Bergbau abplagen, wecken das Gewissen der Öffentlichkeit. In allen europäischen Ländern drucken die Zeitungen diese illustrierten Berichte ab und lenken die Aufmerksamkeit auf das Elend der Kinder der Armen, das man bis dahin gar nicht wahrgenommen oder als unabänderlich betrachtet hatte.

Mit dem Erwachen einer sozialen Verantwortung tritt in der realistischen Malerei das Kind der ›breiten Masse‹ als ein malenswertes Motiv in Erscheinung. ›Realistische‹ Darstellungen sind es zwar zunächst noch nicht.

Linolschnitt eines sechsjährigen Kindes

Man schildert mit Vorliebe die rührenden oder drolligen Seiten der Kinder des ›niederen Volkes‹, die brave, bescheidene, saubere Armut, ihre staunenswerte Genügsamkeit, das rührende Bild der alten Bäuerin mit ihrem Enkel, die kleinen Bauernkinder als fleißige Helfer ihrer Eltern; das sind ergötzliche Anblicke. Doch allmählich schärft sich der Blick. Von den leicht idealisierenden Malern wie THOMA geht der Weg über LEIBL zu LIEBERMANN, dessen nichts beschönigendes Auge die Welt des Kindes sieht wie sie ist. Er malt das kleine Mädchen, das unter der Obhut einer Erzieherin lesen lernt, mit der gleichen objektiven Einfühlung wie die Kinder des Armenhauses.

PAULA MODERSOHN geht noch einen Schritt weiter. Mit leidenschaftlichem Ernst sucht sie die seelische Existenz des Kindes zu erkennen und sichtbar zu machen. Den stillen, in sich ruhenden Gesichtern ihrer Bauernkinder haftet nichts ›Kindisches‹ mehr an. Hier bezeugt der Erwachsene zum erstenmal dem werdenden Menschen, dem Kinde, seine Ehrfurcht.

Die Expressionisten setzen diesen Weg fort. In ihrem Bemühen um den seelischen Ausdruck wenden sie sich – jeder auf seine Weise – mit besonderer Vorliebe dem bis dahin vernachlässigten, dem verlassenen, kranken, armen, frühreifen Kinde zu. Wie weggewischt sind auf einmal die süßen, engelhaften Gestalten; mit plakathafter Eindringlichkeit sehen uns die ernsten, oft sogar häßlichen Kindergesichter wie eine Mahnung an. Bei KÄTHE KOLLWITZ schließlich wird jedes Kinderbild zu einer sozialen Anklage, die zu einer Veränderung der Verhältnisse aufruft.

Während die Maler zu Beginn des zwanzigsten Jahrhunderts um Einfühlung in die Eigenwelt des Kindes ringen, bauen die Fotografen umständlich ihre Camera obscura auf. Aber, was uns ihr Objektiv da wiedergibt, das ist zunächst noch keine Wirklichkeit, sondern die Wunschvorstellung der Menschen der ausgehenden Kaiserzeit. Vor einem theaterkulissenhaften Hintergrund, der bürgerlichen Wohlstand vortäuschen soll, stehen steife Kindergestalten mit verkrampften Gesichtern, allein oder an der Hand ihrer Eltern, die sich, umgeben von Parkbäumen und Säulenportalen aus Pappmaché, in Positur gesetzt haben. Säuglinge werden nackt, auf einem Bärenfell liegend, fotografiert. Diese Demonstration einer gesünderen Lebensweise entspricht jedoch auch noch nicht den wirklichen Zuständen. Dieselben Babys, die auf dem Bild so frei und ungehemmt strampeln, liegen zu Hause viel zu warm eingepackt in schlecht gelüfteten Schlafstuben.

Der damaligen Wirklichkeit kommt vielleicht der Schulfotograf am nächsten. Wie sie in der Schulklasse, in militärischer Ordnung, mit gefalteten Händen, hintereinander aufgereiht sitzen, so baut der Fotograf die Kinder vor seinem Knipskasten auf. Knaben mit kurzgeschorenen Köpfen und knielangen Hosen. Die Kleinsten in der ersten Reihe, auf einer niedrigen Bank sitzend, alle dem Befehl gehorchend: Arme verschränken! Dahinter, in schnurgeraden Linien, die Größeren, beide Hände an der Hosennaht. Die ausnahmslos ernsten Gesichter blicken entweder ängstlich und verschüchtert drein, oder mit der forsch gehorchenden Habacht-Stellung des Soldaten.

Nach den beiden Weltkriegen haben wir gelernt, dieser strengen Ordnung zu mißtrauen. Die steife Fotografie ist zum lapidaren Foto geworden. Der technische Fortschritt hat den ›Apparat‹ zu einem Gebrauchsgegenstand gemacht, dessen sich jedermann bedient. Bei einem Blick in die Fotoalben des Herrn ›Jedermann‹ erkennen wir auf den ersten Blick, was ihm vor allem als abbildenswert erscheint. Neben den beliebten Reisebildern sind es Kinder und immer wieder Kinder, auf die er seine Linse richtet.

So ihr nicht werdet wie die Kinder

Wenn in den verschiedenen Kapiteln dieses Buches an vielen Beispielen gezeigt wurde, wie sich die soziale Stellung des Kindes seit dem Eintritt des Christentums in die Geschichte langsam aber grundlegend änderte, so tritt dieser Wandel wohl am sinnfälligsten beim Kinderbild zutage. Während es im Altertum fast gar nicht, im Mittelalter selten des Darstellens wert erachtet wurde, steht das Bild des Kindes heute im Mittelpunkt des Interesses. Es gibt wohl kaum ein Kind, von dem nicht wenigstens *ein* Foto existiert. In vielen Familien erzählen dicke Alben die ganze Entwicklungsgeschichte des heranwachsenden Kindes.

Dieser Wandel ist nur zu einem Teil dem technischen Fortschritt zu verdanken. Parallel zu der äußeren ›Befreiung‹ des Kindes hat sich ein Wandel im Denken vollzogen, den wir erst heute langsam zu überschauen beginnen. Der nachdrückliche Hinweis Jesu auf den Wert und die Bedeutung des kindlichen Wesens konnte nicht verstanden werden, solange der Mensch in seinem subjektiven Denken gefangen war. Seitdem der Mensch sich seiner selbst als eines denkenden Wesens bewußt wurde, sieht er sich als Einzelwesen an. Die zwischenmenschlichen Beziehungen deutete er rein subjektiv. Selbst das Mitleid, das Mitgefühl ist lange Zeit von den Philosophen nur als eine durch fremdes Leid ausgelöste Vorstellung vom eigenen möglichen Leid gesehen worden.

Mit den ersten Erkenntnissen der Psychologie, als man die Regungen der Seele zu messen und zu wägen beginnt, wird dieses subjektive Denken sogar noch verstärkt. Man sah die Seele als das Innere und die Welt als das Äußere, wie durch einen tiefen Graben voneinander getrennt. Diese Zwiespältigkeit bestimmt auch noch die Anfänge der Kinderpsychologie. Durch viele Einzelbeobachtungen suchte man sich ein Bild von der Seele des Kindes zu machen. F. A. LANGE nannte diese Zergliederung einmal eine ›Psychologie ohne Seele‹. Erst in allerjüngster Zeit hat die Psychoanalyse den Schritt in die Synthese gewagt. Auf der Suche nach Brücken zwischen dem Menschen und der Welt, zwischen dem inneren und dem äußeren Leben erkennen wir heute die transzendente Kraft der Liebe, die sich zwar der Erforschung durch Wägen und Messen entzieht, aber als eine Realität erlebt wird.

In dieser Betrachtungsweise sieht sich der Mensch nicht mehr als Einzelwesen, sondern als einen lebendigen Teil einer lebendigen Welt. Auch das Kind, als ein Teil des Ganzen, steht nicht mehr isoliert dazwischen. Seine Verhaltensweisen, die dem Erwachsenen früher oft unverständlich oder gar böse erschienen, bekommen einen neuen, positiven Sinn, da sie im Zusammenhang mit seiner Entwicklung und zugleich als ein vollgültiges Stadium des Menschseins erkannt werden.

Im kindlichen Wesen – jahrhundertelang als dumm, naiv, unvollkommen abgetan – sieht man nun auf einmal die starken schöpferischen Kräfte. Wenn alle Kinder hielten, was sie im Alter von fünf, sechs Jahren versprechen, sagte GOETHE einmal, dann hätten wir lauter Genies. Als in den zwanziger Jahren das Buch von G. HARTLAUB ›Der Genius im Kinde‹ erschien, da rückte die Kindermalerei auch ins Blickfeld der Kunst. Die Maler des zwanzigsten Jahrhunderts, die sich gerade von den Fesseln der Konvention befreiten und nach unverbildeten, ursprünglichen Formvorstellungen suchten, spürten die innige Verwandtschaft mit dem unbekümmerten bildnerischen Gestalten des Kindes. Sie entäußerten sich aller Routine und stellten sich bewußt – man darf ruhig sagen – in aller Demut auf die Stufe des Kindes.

In diesem Tun sind sie von der Außenwelt lange Zeit mißverstanden worden. Erst als der Erwachsene, in jahrelanger Gewöhnung, die Schönheit der Kindermalerei sehen lernte, fand er auch einen leichteren Zugang zu den Äußerungen der modernen Kunst. Langsam trat zutage, daß es den Malern bei der Verwendung der Formenwelt des Kindes, bei der Unbeholfenheit des Strichs, bei der Tendenz zu verwischen, zu verschmieren, weniger auf eine direkte Nachahmung ankommt als auf ein Hinhorchen auf die tastenden Anfänge kindlicher und darum menschlicher Lebensäußerungen. Mag es manchen Maler verlocken, die Anmut in der Hilflosigkeit kindlicher Linienführung nachzuempfinden, mag bei vielen der höchst moderne Wunsch nach immerwährender Jugend, die Angst vor dem Reifer- und Älterwerden mitspielen, wenn man diesen Zug der Zeit einmal ins allgemeine transponiert, so wird auch hier und da etwas von der weitsichtigen, tiefsinnigen Empfehlung Jesu, *so ihr nicht werdet wie die Kinder* ... als Antriebskraft dahinterstehen.

Wie auch immer die Motive dieser Hinwendung zum kindlichen Wesen beschaffen sein mögen, das zuweilen etwas spielerische, oft aber auch ernstzunehmende Mißtrauen gegen die Perfektion und Routine der modernen Maschinenwelt läßt den Wunsch nach einer ursprünglicheren, einmaligen, eigenständigen Leistung wach werden. Im naiven, spielerischen, kindlichen Vorgehen glaubt der Künstler den Zugang zu dem verlorenen Paradies so gut wie zu einer künftigen Vorstellungswelt am ehesten finden zu können.

Daß dieser Weg nicht schnurgerade zum erwünschten Ziel führt, können wir heute schon beobachten. Während die Schülergeneration der Großen Naiven noch emsig in den Fußstapfen ihrer Lehrer am kindlichen Wesen prosperiert und mit großem Ernst spielerische Schöpfungen hervorbringt, hat sich die moderne Gebrauchskunst bereits des naiven ›Stils‹ bemächtigt und läßt ihn zu einer Koketterie mit dem Kindischen einfrieren. Da erstarren die kindertümlichen Zeichen zu routinierten, dekorativen Ornamenten oder dümmlichen Karikaturen, eine Formenwelt, die auf das Kind befremdend und verwirrend wirkt. Aber die äußeren Formen wandeln sich. Das Bild des Kindes wird davon nur oberflächlich berührt. Unterdessen schreitet die ›Befreiung des Kindes‹ in allen Ländern weiter fort. Als letztes Kapitel der ›Befreiung des Menschen‹, mit dem eine neue Zeit beginnt.

Indem der Erwachsene das Kind, sein Wesen, seine Lebensäußerungen erkennt und ernst nimmt, erschließen sich ihm neue schöpferische Impulse. Wenn er die frische, offenherzige, arglose Art des Kindes in sich selbst nicht verkümmern läßt, wird er den Problemen der Zukunft nicht mehr so verkrampft gegenüberstehen wie der in Konventionen erstarrte mißtrauische Erwachsene vergangener Zeiten.

In der liebenden Hinwendung zum Kind weitet sich aber auch sein Blick für die Einheit der Welt, in der wir heute miteinander leben und aufeinander angewiesen sind. Die alten Schranken der Fremdheit zwischen den Völkern lassen sich leichter überbrücken, seitdem wir uns den hilfsbedürftigen Kindern verpflichtet fühlen. Mehr und mehr erkennen wir die Menschheit als eine Familie und fühlen die Verantwortung, die uns mit den Kindern unserer ›Verwandten‹ verbindet, die heute noch in den Fesseln wirtschaftlicher Not, in der Enge von Aberglauben und Unwissenheit leben. Wir kennen das Bild dieser Kinder gut. Die Fotolinse zeichnet scharf und unverblümt, was uns die Maler unserer Vergangenheit verschwiegen haben. Bei den Bemühungen, diesen Völkern auf dem Wege zur sozialen und wirtschaftlichen Sicherheit behilflich zu sein, kann uns der Rückblick auf unsere eigene Vergangenheit manche Einsichten vermitteln.

Literaturverzeichnis

Adelmann. Das Eigenrecht des Kindes und die menschliche Gesellschaft. Langensalza 1931
Agahd, K. Kinderarbeit. Jena 1902
Aick, G. Die Befreiung des Kindes. Hamburg 1963
Alt, R. Bildatlas zur Schul- und Erziehungsgeschichte. Berlin 1962
Kinderausbeutung und Fabrikschulen des industriellen Kapitalismus. Berlin 1913
Andersen-Nexö, M. Stine Menschenkind. Berlin 1948
Arnim, Bettina v. Dies Buch gehört dem König.
Arnold, F. C. Das Kind in der deutschen Literatur des 11.–15. Jahrhunderts. Greifswald 1905
Atlantis, Sonderheft Schulen. 1953
Augustinus. Bekenntnisse
Bachofen, J. J. Mutterrecht und Urreligion. Leipzig 1927
Bergemann-Koenitzer. Das plastische Gestalten des Kleinkindes. Weimar 1930
Behrens. G. Schulen der Zukunft. UNESCO Dienst 1962
Biesalski. Leitfaden der Krüppelfürsorge. Leipzig 1909
Birt, Th. Das Kulturleben der Griechen und Römer. Leipzig 1928
Boehn, M. v. Modespiegel. Braunschweig 1919
Puppen und Puppenspiele. München 1929
Boesch, H. Kinderleben in der deutschen Vergangenheit. Leipzig 1900
Böhme, M. Deutsches Kinderlied und Kinderspiel. Leipzig 1897
Bonnhoff, G. J. Auch die Gestrauchelten gehören zu uns. Frankfurt 1959
Borgius, W. Die Schule ein Frevel an der Jugend. Berlin 1930
Braun, L. Die Emanzipation des Kindes. München 1911
Brugge. Die Bekämpfung der Säuglingssterblichkeit. Leipzig 1905
Budde, G. Kampf gegen die Lernschule. Berlin 1930
Mehr Freude an der Schule. Langensalza 1911
Burck. E. Die altrömische Familie. 1942
Brueckner. Die Jugendkriminalität. Hamburg 1961
Caillois, R. Die Spiele und die Menschen. Stuttgart 1960
Campanella. Der Sonnenstaat. Berlin 1955
Chiout, H. Schulversuche. Dortmund 1955
Colozza. Psychologie und Pädagogik des Kinderspiels. Altenburg 1900
Comenius, J. A. Die Mutterschule. Halle 1874
Pädagogische Schriften. Langensalza 1883
Unterrichtslehre. Wien 1876
Deutsch. Die Kinderarbeit und ihre Bekämpfung. Zürich 1907

Deutsche Schulversuche. Berlin 1924
Dickens, Ch. Oliver Twist
Die Schulen in Westeuropa. Christian Verl. Bad Nauheim
Dix, C. W. Das Seelenleben des Kindes im ersten Lebensjahr. Jena 1939
Dolch, J. Lesebuch zur Erziehungswissenschaft. Frankfurt 1940
Dolci, D. Umfrage in Sizilien. Olten 1959
Die Jugend großer Deutscher von ihnen selbst erzählt. Insel 1958
Eccardus. Geschichte des niederen Volkes. Berlin 1907
Elternrecht und Kindesrecht. Europ. Verlagsanstalt Frankfurt 1954
Engels, F. Briefe aus dem Wuppertal. 1842
Die Lage der arbeitenden Klassen in England. Stuttgart 1913
Der Ursprung der Familie. Zürich 1848
Erman, A. Zaubersprüche für Mutter und Kind. Berlin 1901
Europäische Unterrichtsformen seit dem Weltkriege. Quelle u. Meier 1924
Falk, F. Schule, Unterricht und Wissenschaft im Mittelalter. Regensburg 1907
Familles dans la monde. Paris 1950
Fehr, H. Die Rechtsstellung der Frau und der Kinder in den Weistümern. Jena 1912
Fielding, H. Tom Jones, die Geschichte eines Findlings. Berlin 1951
Fischer. Denkwürdigkeit eines Arbeiters. Jena 1900
Freytag, G. Bilder aus der deutschen Vergangenheit.
Froebel, Fr. Die Menschenerziehung. Leipzig 1913
Fröhner, Stakelberg, Eser. Ehe und Familie. Bielefeld 1956
Froese, L. Schule und Gesellschaft. Weinheim 1962
Fuchsloch, K. Das Soziologische im Spiel des Kindes. Leipzig 1930
Geschichte der Erziehung. Berlin 1960
Gesell, A. Säugling und Kleinkind in der Kultur der Gegenwart. Bad Nauheim 1952
Goethe, J. W. Dichtung und Wahrheit
Wilhelm Meister
Gorer, G. Die Amerikaner. Zürich 1956
Gorki, M. Meine Kindheit. Berlin 1946
Grötzinger. Kinder kritzeln, malen, zeichnen. München 1952
Groos, K. Die Spiele des Menschen. Jena 1899
Haase, E. Die Grundlagen der sozialen Gesinnung in der kindlichen Spielgesellschaft. Langensalza 1924
Hadriga, F. Kinder ohne Eltern. Wien 1956
Hanselmann. Einführung in die Heilpädagogik. Zürich 1958
Hartlaub, G. Der Genius im Kinde. Breslau 1930
Heiteres und Ernstes aus der Geschichte der Prügel. Von einem Philanthropen. Leipzig 1887
Held, A. Zwei Bücher zur sozialen Geschichte Englands. Leipzig 1881
Hetzer, H. Das volkstümliche Kinderspiel. Wien 1927
Kindheit und Armut. Leipzig 1929
Hildebrandt, P. Das Spielzeug im Leben des Kindes. Berlin 1904
Hoehn, E. Kind und Gesellschaft. Weinheim 1955
Hoffmann. Handwörterbuch des deutschen Aberglaubens. Leipzig 1927
Hoffmann, J. Hausväterliteratur u. Predigten über den christlichen Hausstand. Göttingen 1959
Hoppe, R. Geschichte der Kinderarbeit, Dokumente. Berlin 1958

Jünger, F. G. Die Spiele. Frankfurt a. M. 1953
Keller, G. Der grüne Heinrich
Kellner, L. Erziehungsgeschichte in Skizzen und Bildern. Essen 1880
Key, E. Das Jahrhundert des Kindes. Berlin 1903
Kipp, H. Die Unehelichkeit. Berlin 1933
Klee, E. Die Familienerziehung bei Pestalozzi. Zürich 1955
Köchler. Die Persönlichkeit des dreijährigen Kindes. Leipzig 1926
Konrad von Fussesbrunn. Die Kindheit Jesu. Straßburg 1881
Kool, C. Das Kinderspiel im indischen Archipel. Kempen 1923
Kowalewsky. Erinnerungen. Weimar 1962
Krecker, M. Aus der Geschichte der Kleinkindererziehung. Berlin 1959
Kuczynski. Geschichte der Kinderarbeit in Deutschland. Berlin 1958
Kueussberg, E. v. Rechtsbrauch im Kinderspiel. Heidelberg 1952
Kügelgen. Jugenderinnerungen eines alten Mannes. Stuttgart 1922
Kujjawa, G. v. Ursprung und Sinn des Spiels. Köln 1949
Lazarillo von Thormes (1554) Leipzig 1962
Lechner, M. Erziehung und Bildung in der griech. röm. Antike. München 1933
Lehmann, A. Aberglaube und Zauberei. Stuttgart 1929
Lenz. Kinder dichten. Wiesbaden 1958
Locke, J. Gedanken über Erziehung. Langensalza 1883
Lorenz. Volkserziehung und Volksunterricht im späten Mittelalter. Paderborn 1887
Makarenko, A. S. Ein Buch für Eltern. Berlin 1958
Merle, H. Das Blinden-, Idioten- und Taubstummen-Bildungswesen. Norden 1887
Metzger, J. Spielsachen. Lahr 1962
Meyer, L. F. Über den Hospitalismus der Säuglinge. Berlin 1913
Montaigne, M. Gesammelte Schriften. Leipzig 1908
Montessorie, M. Selbsttätige Erziehung im frühen Kindesalter. Stuttgart 1913
Moor, P. Die Bedeutung des Spiels in der Erziehung. Bern 1962
Morus, Th. Utopia. Zürich 1945
Nyberg, B. Kind und Erde. Studien zur Urgeschichte der Elternschaft und des Kinderschutzes. Helsinki
Oeter, F. Familie im Umbruch. Gütersloh 1960
Owen, R. Pädagogische Schriften
Paul, J. Über die Wüste und das gelobte Land des Menschengeschlechts. Jena 1916
»Levana« oder Erziehlehre. Stuttgart 1948
Peiper, A. Chronik der Kinderheilkunde. Leipzig 1955
Pen Chen Shue. Die chinesische Erziehungslage im Hinblick auf die europäischen Reformen. Weimar 1928
Pestalozzi, J. H. Briefe an einen Freund über den Aufenthalt in Stans. Berlin 1927
Wie Gertrud ihre Kinder lehrt. Berlin 1927
Petschernikowa. Die erzieherische Bedeutung der Arbeit des Kindes in der Familie. Berlin 1953
Pfeil, E. Die Berufstätigkeit der Mütter. Tübingen 1961
Platon. »Staat« und »Gesetze«
Ploß, H. Das Kind in Brauch und Sitte der Völker. Leipzig 1911
Quellen zur Geschichte der Erziehung. Berlin 1960
Ragaz, L. Die pädagogische Revolution. Wernigerode 1920
Reble, A. Pestalozzis Menschenbild und die Gegenwart. Stuttgart 1952

Redslob, E. Die Welt vor hundert Jahren. Leipzig 1940
Rehm, M. Das Kind in der Gesellschaft. München 1925
Reicke, E. Der Lehrer. Leipzig 1905
Rocholz. Alemannisches Kinderspiel. Leipzig 1857
Roth. Jugend, Schule, Reform und Restauration. Berlin 1961
Rousseau, J. J. Bekenntnisse. Leipzig 1916
Emile oder: Über die Erziehung. Paderborn 1961
Rüdiger, H. Briefe aus dem Altertum. Leipzig 1941
Rüssel. Das Kinderspiel. München 1953
Rufer, A. Pestalozzi, die französische Revolution und die Helvetik. Bern 1928
Sastrow, B. Ein deutscher Bürger des 16. Jahrhunderts. Leipzig o. J.
Schelsky. Wandlungen der deutschen Familie. Dortmund 1953
Scherr, J. Deutsche Kultur- und Sittengeschichte. Stuttgart 1949
Scheuerl, H. Beiträge zur Theorie des Spiels. Weinheim 1954
Schmidt, K. A. Geschichte der Erziehung vom Anfang bis auf unsere Zeit. Stuttgart
Schulformen, Schulversuche. Leipzig 1925
Schulformen und Versuchsschulen. Leipzig 1925
Schultz-Handke, H. Das abartige Kind in der Gegenwart. 1950
Schulz, W. Die germanische Familie in der Vorzeit. Leipzig 1925
Schwendimann. Der Bauernstand. Einsiedeln 1945
Sharma, V. N. Die indische Familie. Essen 1955
Indische Erziehung. Weimar 1936
Spann, O. Die Lage und das Schicksal der unehelichen Kinder. Leipzig 1909
Spencer, H. Die Erziehung. Leipzig 1927
Stein. Elternrecht. Heidelberg 1958
Steinhausen. Häusliches und geselliges Leben im 19. Jahrh. Berlin 1898
Strack, K. Geschichte des deutschen Volksschulwesens. Gütersloh 1876
Tagebücher aus dem Ghetto. Leipzig 1958
The child in human progress. New York 1928
Thurnwald, R. Die Familie der Wildbeuter in der Frühzeit. In: Gegenwartsprobleme der Soziologie. 1949
Vogelhuber, O. Geschichte der neueren Pädagogik. München 1952
Veltheim – Lottum. Kleine Weltgeschichte des städtischen Wohnhauses. Heidelberg 1952
Werden und Wesen der Waldorfschulen. Stuttgart 1956
Wilckens, L. v. Tageslauf im Puppenhaus, Bürgerliches Leben vor 300 Jahren. München 1956
Wilhelm, Th. Die Pädagogik Kerschensteiners. Stuttgart 1957
Wikram, J. Rollwagenbüchlein
Zulligner. Heilende Kräfte im kindlichen Spiel. Stuttgart 1952
Schwierige Kinder. Bern 1951
Helfen statt strafen. Stuttgart 1956

Verzeichnis der Textabbildungen

Verzeichnis der Bildtafeln

Der Schutzumschlag zeigt einen Ausschnitt aus »Die Hülsenbeckschen Kinder« von Philipp Otto Runge. Das Original befindet sich in der Hamburger Kunsthalle. Foto: Kleinhempel, Hamburg.